# 考虑媒介与情感特征的在线文本特征识别与危机应对

**Online Text Feature Recognition and Crisis Response Based on Media and Emotional Characteristics**

易　岚　刘春年　廖晓锋　等著

中国财经出版传媒集团
中国财政经济出版社

**图书在版编目（CIP）数据**

考虑媒介与情感特征的在线文本特征识别与危机应对／易岚等著．—北京：中国财政经济出版社，2023.5

ISBN 978－7－5223－2074－8

Ⅰ.①考…　Ⅱ.①易…　Ⅲ.①突发事件－信息管理－公共管理－研究　Ⅳ.①G203

中国国家版本馆CIP数据核字（2023）第045396号

责任编辑：彭　波　　　　责任印制：史大鹏

封面设计：卜建辰　　　　责任校对：胡永立

中国财政经济出版社 出版

**URL**：http：//www.cfeph.cn

E－mail：cfeph@cfeph.cn



社址：北京市海淀区阜成路甲28号　邮政编码：100142

营销中心电话：010－88191522

天猫网店：中国财政经济出版社旗舰店

网址：https：//zgczjjcbs.tmall.com

北京财经印刷厂印刷　各地新华书店经销

成品尺寸：170mm×240mm　16开　23.5印张　367 000字

2023年5月第1版　2023年5月北京第1次印刷

定价：108.00元

ISBN 978－7－5223－2074－8

（图书出现印装问题，本社负责调换，电话：010－88190548）

本社质量投诉电话：010－88190744

**打击盗版举报热线：010－88191661　QQ：2242791300**

# 序

本书围绕考虑媒介与情感特征的在线文本特征识别与危机应对的基本理念、实践案例，论述了在线文本特征识别的基本理论和方法。本书的主要研究对象是在线文本的特征识别和危机应对，先是考虑对突发公共危机事件下的用户信息需求进行分析研究，探究其影响因素，并结合社交媒体的用户情感特征，构建附加情感特征的社交媒体应急信息质量评价指标体系，然后再着眼于情绪化在线评论下的用户风险感知的影响因素的研究，最后对在线文本特征识别进行分析，研究如何更好地进行舆论危机识别以及提出应对策略。通过本书的学习，读者能够了解对考虑媒介与情感特征的在线文本特征识别与危机应对的相关理论和方法，熟悉基于在线文本的特征识别与舆情危机应对实践，以便能正确地认识在线文本的情感特征以及有效地进行适当的舆情引导活动。

本书是国家自然科学基金“考虑媒介与危机类型双因素作用的用户信息需求波动机理及优化研究”（课题编号：72064027）阶段成果之一。

在本书的研究过程中，参阅了大量的国内外书籍和期刊，并在参考文献中尽可能逐一列出，在此特向这些作者表示深深的感谢。由于作者的疏忽，难免有挂万漏一的情况，敬请见谅。

本书共分为八章，具体分工如下：

第1章：易岚；第2章：易岚；第3章：夏婷玉、刘春年、易岚；第4章：田琦、刘春年、易岚；第5章：陈梦秋、刘春年、易岚；第6章：苏隽熙、刘春年、易岚；第7章：肖迪、刘春年、廖晓锋；第8章：祝雯洁、刘春年、廖晓锋。

易岚同志负责全书的总纂和审定，独立完成字数15万字。刘春年同志参与了全书的统稿、审读和编纂工作。

考虑媒介与情感特征的在线文本特征识别与危机识别的理论、方法与实践仍在发展中，有待不断充实和完善。由于编者水平有限，不足之处在所难免，欢迎专家和广大读者批评指正。

**作者**

2023 年 1 月

# 前　言

本书围绕考虑媒介与情感特征的在线文本特征识别与危机应对展开了系列研究。主体内容涵盖如下：

本书从突发公共危机事件下的公众用户入手，将精细加工可能性模型、信息需求理论、使用与满足理论等与用户应急信息需求相结合，利用半结构化访谈法结合扎根理论探究用户应急信息需求变动的影响因素，在此基础上通过结构方程模型对其因果关系进行检验，通过定性比较分析进行组态研究，得出突发公共危机事件背景下，不同因素对于用户信息需求变动的作用机理以及因素之间不同的条件构型对信息需求的影响。

在对相关理论进行总结的基础上，在梳理国内外研究者相关研究成果的基础上，利用专家咨询法，筛选得出信息表达、信息内容、信息效用三个评价维度及十二个具体评价指标，在此基础上，结合社交媒体情感特征构建了附加情感特征的社交媒体应急信息质量评价指标体系。

结合风险分析、认知心理、舆情管理、社会管理、应急管理等多学科的最新研究成果，通过 Meta 分析方法识别公众风险感知的影响因素，在此基础上结合风险感知情绪模型，构建公众风险感知影响因素模型并进行实证分析。通过对情绪性评论下公众风险感知影响因素的研究成果，为优化突发事件环境下社交媒体用户风险行为管理，降低突发事件中舆情发酵所导致的损失，及时发现突发事件用户信息传播中存在的问题提供理论和现实依据，为提高舆情管理能力和应急管理水平做出贡献。

从二手交易平台出发，研究线上二手交易过程中的用户体验。首先，通过文献研读梳理，在扎根理论的支撑下提炼范畴、构建理论模型、提出假设；其次，以问卷形式收集数据，并对结果进行分析和验证，最终验证了“个性、信任和隐私对二手交易平台用户体验的作用”理论模型的合理性。

以“玛丽亚飓风”事件为案例，基于爬取的相关在线评论文本，分别从人群、内容、情绪三个维度属性上提取文本特征，全面地梳理突发事件网络舆情的传播特点与演化过程，明晰突发事件网络舆情的演化机理。整合梳理突发公共事件网络舆情应对过程中存在的问题，系统地从政府舆情引导、公众舆情意识以及媒体的舆情导向三个方面提出了网络舆情的引导策略，寻求科学、理性地为政府对突发事件的舆情把控提供理论和实践上的参考。

把情境危机沟通理论作为主要理论基础，将其运用到高校网络舆情危机应对策略的研究中，结合内容分析法、案例分析等研究方法，搜集和选取相关真实案例进行深入研究，探究在媒体效能的评估下有着不同危机历史的高校，在采用不同的回应策略时，对于高校声誉的影响、被归因责任的程度之间会产生怎样的差异。在把握高校网络舆情危机的发展规律和时代新特点的基础上，能够给高校在网络舆情危机的判断和处理中提供一定的指导。

# 目录

# 第1章 绪　论

## 1.1 研究背景与研究问题

### 1.1.1 社交媒体信息研究现状

社交媒体是一个基于Web2.0的理论和信息技术，在互联网背景下，允许用户生成信息并进行实时交换的应用（代宝、邓艾雯，2018），与传统媒体不同，社交媒体出现后，用户可以与全世界数千人甚至数万人就某一事件或某一产品进行沟通（邓胜利、付少雄，2018），他们甚至不需要出现在现场或真正购买产品，他们可以寻求、分享事件现场人员提供的第一手信息或视频，也可以咨询已购买用户的产品体验（刘鲁川等，2018）。在这种环境下，社交媒体用户增长迅速，信息传播速度加快，信息内容呈多样化发展，因此，世界各国学者开始从多种角度对社交媒体信息进行研究，例如，在社交媒体信息传播方面，Stieglitz和Dang－Xuan（2011）从情绪与信息传播的关系角度对社交媒体信息进行研究，发现情绪化的社交媒体信息比中性信息传播更迅速；Kazama和Imada（2012）从信息传播特征角度提出一种新的方法来分析信息传播属性，以用于信息推荐和排名。在社交媒体信息利用方面，Hyvarinen和Saltikoff（2015）从信息内容角度提出利用社交媒体信息包含的坐标和时间戳，将其用于气象观测；Chou和Hunt（2009）从信息用户特征角度提出利用社交媒体将健康信息传递给特定用户群组；张艳丰和彭丽徽（2019）在对不同类型社交媒体用户倦怠心理和行为特征分析的基础上，结合扎根理论和SSO理论挖掘导致社交媒体用户倦怠的原因要素和结果要素，构建了针对社交媒体中用户倦怠行为的理论模型并对社交媒体用户进行心理画像分析，为社交媒体用户持续深入研究提供指导；王晰巍和贾若男（2018）在对期望确认原理、沉浸原理、信息系统构建原理进行剖析的基础上，利用问卷调查法分析了社交媒体平台用户转移行为及其影响因素，认为社交媒体平台的信息质量、用户服务和系统响应以及社交媒体平台所供给的沉浸式体验对于用户满意度具有正向影响。

### 1.1.2 文本情感特征研究现状

文本的情感特征研究又被称为文本的观点信息挖掘，是对文本信息进行处理、解析的过程，目的是提炼出文本信息的主观性情感色彩。按照所分析文本信息的不同粒度，可以将文本分为词语、句子、篇章等多个分析层系。文本情感特征分析可以从评论、反馈或批评中为不同的目标提供有用的指标。总体来看，现有研究主要从两个方面对文本情感特征进行研究：一方面是针对文本情感特征算法，通过不断调整情感词典或提出新算法来提升文本情感特征分析精度；另一方面，从不同角度分析论证文本情感特征算法的应用情况。海内外研究者已针对文本信息情感特征分析进行了大量研究并取得了一定成绩，研究结论涉及多个领域。例如，Vashishtha 和 Susan（2019）使用包含多个词汇和数据集的无监督模糊规则计算社交媒体文本中的情感，将情感特征分为正面、负面和中性情感类，为研究者对社交媒体情感特征进一步研究提供参考；Wolk（2020）认为虽然当前金融环境中比特币和其他密码货币越来越受到金融体系的合法性审查，但是货币价格的波动取决于用户的看法和意见，而不是金融机构的监管，因此针对此情况，提出将情感分析作为一种计算工具来分析社交媒体和网络搜索对于密码货币的看法，从而预测不同事件间隔比特币和其他密码货币的价格；Zhou 和 Xu（2019）认为了解顾客的回购和在此光顾意图是企业长期竞争优势的基础，而在线评论会包含客户对于品牌商品和服务的态度，因此运用对评论文本进行分析，计算其包含的情感特征值，有助于分析不同顾客的回购意愿，为企业精细化营销战略的拟定和品牌细分提供依据；徐健（2013）在对文本情感特征研究涉及的逻辑基础、典型分析方法、研究中存在的问题以及未来发展趋势进行分析的基础上，认为对网络用户进行情感极性分析在政治、财经等多个领域中具备应用条件，可以通过网络用户情感预测社会活动趋势，但当前研究中还存在网络用户情感代表性、网络用户情感分析准确率等问题有待进一步完善；肖璐和陈果（2016）在对企业候选竞争产品进行分析的基础上，抽取企业产品评论并对其中涉及的产品特征信息进行提取，在此基础上利用情感分析技术对消费者产品评论进行解析，挖掘出与本企业产品相似或劣势互补的竞争产品，为企业未来产品规划及发展提供参考；马岳松和许鑫（2016）通过抓取并对豆瓣电影用户评价进行情感分析发现，豆瓣电影评价中评价者的情感极性特征与其对电影的评分相关度较高，且可以根据用户评论预测用户对于电影的评价。

### 1.1.3 在线文本特征识别研究现状与不足

网络在线文本分析一直是国外学者的研究热点，大数据环境下提供的海量网络评论文本具有极大的研究价值，引起了来自计算机、社会学、市场营销和经济学等跨学科领域学者浓厚的研究兴趣，国外学者普遍将在线评论视为遍布各个网站和网络的用户意见库，如网民可以通过在网络上查找评论和意见来判断商品，还可以在线上社交软件上来讨论社会事件和政策等。在网络舆情的研究上，国外没有专门阐述“网络舆情”的词汇，对“网络舆情”相应的表述为“Internet Public Opinion”，多译为“网络上公众意见”“民众意见”“群意”“民意”等。国内外对舆情的研究由于不同的社会背景所造成研究内容及侧重点各有所不同，国外的研究主要集中在网民意见提取、网络信息传播与管理、网络信息传播过程仿真等方向。

（1）在线评论网络用户意见提取。

国外有关在线评论用户意见提取主要集中在社会学领域、市场营销领域等方面。根据本书的具体研究内容，在此着重介绍社会学领域的在线文本研究现状。在有关社会问题的研究上，主要表现为民众意见调查，民意调查的实证研究是国外社会视角下在线评论研究与舆情研究的重要组成部分，目的是“准确地收集公众对社会事件的意见，通过公众的态度变化反映公众对公共事务的态度，给予政府部门相关政策实施与修改参考”，用于调查关于社会事件、政党选举、政府决策、商品调查、媒体影响等问题的公众意见（王石番，1995）。Benjamin 等（1983）通过分析 1935 ~ 1979 年美国的民意和政策数据，发现公众的偏好和政策的变化之间存在一致性，尤其是对于重大问题上的民意变化，通常是政策制定或修改的直接原因。Kherwa 等（2014）从受欢迎的电子商务网站、论坛或线上社交软件收集网民的评论，使用自然语言和语法规则处理数据，通过挖掘评论以找出用户评论中确切谈论的内容、人们表达的情感以及法律政策概述的正面和负面特征，并形成各种可视化图形。Sul 等（2016）对推特上的250 万条推文进行了情绪分析，研究表明推特上关于某家特定公司的用户情绪将对公司未来的股票回报率有重大影响。Joyce 等（2017）基于 2016 年的美国总统大选事件，对 Twitter 上的网民评论进行情感分析，计算推文表达的情绪，然后将情绪与投票数据进行比较，观察它们之间有多大的相关性从而判断公众对某位总统候选人的好恶。Bovet 等（2016）在 7300 万推特数据的基础上，制作了 Twitter 用户之间互动的社交网络模型，并推断出每个推特用户对美国总统候选人的支持程度，由此预测总统候选人的胜出情况。Lestari 等（2019）同样调查了 2019 年印度尼西亚总统大选第一次辩论后，民众在 Twitter 上发表的对印度尼西亚总统大选的看法，通过计算第一次辩论后收集的政治推文的情感以预测网民的情绪，并生成模型来预测民众对下一次辩论的情绪。Vieweg 等（2010）通过对 Twitter 上两次北美突发事件的推文进行分析，为在紧急情况下使用信息提取技术提取有用信息提供参考。Mendoza 等（2010）以 2010 年智利地震为研究案例，根据 Twitter 上的相关推文对在地震后出现的社会现象进行了研究，认为根据推文来分析监测突发事件后的谣言情况是可靠的。一些学者针对突发灾害事件，通过对推文的文本情感极性分析得出在应急期间公众情绪变化的关键（Makarand，2018；Nastaran，2019；Gul，2017）。Neppalli 等（2017）对飓风“桑迪”期间的推文进行情感分析，并在以飓风为中心的地理地图上可视化在线用户的情感。Singh 等（2018）则以相关社会突发事件推文为数据，通过改进的情感分析技术来处理、发现和推断用户的时空情感。

（2）网络信息传播与管理。

在国外的网络信息研究领域中，网络信息管理研究要早于网络信息传播研究，且从某种角度上来看网络信息传播可以看作传播学研究的一个引申领域，因此网络信息传播研究借鉴了传播学的研究理论，很多研究对象、方法、模型与传播学类似，这在研究中属于一个大的研究领域。

美国危机传播学者 Fearn（2016）认为，危机信息传播贯穿在危机事件发生的前中后三个时期，并在组织与公众之间传播。危机管理专家 Robert（1998）认为，成功的媒体管理可以树立危机管理人员在公众心中的形象，弥补管理者在工作中出现的失误，减少管理者在应对危机时的压力干扰，是正确处理危机事件的重要手段。Steven（2002）在1986年提出了危机传播的阶段分析理论，将危机事件分为潜伏期、爆发期、蔓延期、恢复期四个阶段，每个阶段有各自不同的阶段特点，如潜伏期最容易让人忽略、爆发期易对公众造成心理伤害、蔓延期持续时间较长、恢复期间需警惕危机复发。Thomas（1998）提出了一种研究危机传播的理论和视角，认为突然发生并能够迅速引起公众关注的“焦点事件”，可以促使政府意识到政策、管理行为上的缺失并加以改进，即通过危机事件对公共政策产生后继影响。Stewart等（2007）通过数学建模来描述在线广告信息产生、消亡和转移路径。

还有学者对网络信息挖掘进行研究。如Ratkiewicz（2011）构建了一个机器学习框架，结合了Twitter上信息传播网络的拓扑结构，对平台上有关政治信息的错误传播进行研究。还有学者对网络信息的生存周期进行了研究，如Hilary（2011）发现新闻链接被点击查看的有效时间约为5分钟，之后进行浏览的人数逐渐下降，同时Facebook、Twitter、YouTube等网络社交软件中，Twitter与Facebook的信息生命周期约在3小时，YouTube的信息周期能达到7小时以上。

（3）网络信息传播过程与仿真。

利用构建模型的方法研究网络舆情演化规律是国外学者的研究热点之一。Galam（2002）试图用多数原则来解释舆情的演化过程，并由此提出了能对公众关注焦点的演变、不实信息传播和扩散等现象进行解释的MR舆情演化模型。Warshaw等（2012）开发了一个多层次的回归和后分层（MRP）模型来改善由于国家调查的样本量不足而导致的国会和州立法地区对公众舆论知之甚少。Gruhl等（2004）利用传染病理论模型模拟每个用户之间的信息传播过程，并根据Twitter上的推文来验证模型效果。Sznajd等（2001）根据社区中的舆论传播现象设计了舆论交互作用模型及其修正模型。随后，针对Sznajd模型交互规则较为简单的缺陷，Deffuant等（2001）在Sznajd模型的基础上提出了通过观点连续化和制定观点来调整交互边界的Deffuant模型，即有限信任模型，从而模拟个体对事件的态度，增加了模型对舆情演化过程的描述能力。一些学者分别运用社会网络结构和复杂网络结构对Deffuant提出的“有限信任模型”中的初始空间结构进行了改进（Weisbuch，2006；Lorenz，2004）。Sousa（2004）基于“Sznajd模型”，构建了互联网环境下舆论演化的元胞自动机模型，从宏观角度研究了互联网因素对舆论演化的影响。Hegselmann 和 Krause（2002）根据个体在接受观点时的实际情况提出了 HK 模型，该模型对不同类型的人的表达观点赋予不同权值进而描述每个人的观点形成过程。

目前国内对在线文本的研究主要集中在评论影响效应、商品观点态度、用户情感分析、文本主题识别等方面。本书中主要涉及文本主题特征识别和用户情感分析两个方面，以此着重介绍这两个方面的交叉研究现状。对有关突发公共事件网络舆情的研究，主要集中在网络舆情的概念、特点、影响因素与管控、传播与演化、监测系统与技术等方面。

（1）在线文本情感分析与主题识别。

当前，学者对在线文本的情感研究主要从情感分析关键技术（王仁武、宋家怡、陈川宝，2017；唐晓波、兰玉婷，2016；聂卉、刘梦圆，2019；朱晓霞、宋嘉欣、孟建芳，2019）、情感分析应用（范炜昊、徐健，2018；马松岳、许鑫，2016）等方面进行。丁诗晴（2016）以在线旅游网站的评论文本为例，构建 LDA 主题模型，并基于文本挖掘方法进行用户情感分析。赵晓航（2016）基于相关应急事件，针对危机传播阶段的特征，对爬取的数据进行了主题提取和情感分析。蒋知义等（2018）对网络舆情进行情感倾向分析和舆情追踪，在构建了一个情感分类词典的基础上建立相应的情感倾向分析模型，并对具体网络舆论事件的舆情演化各阶段进行探究。安璐等（2017）将突发事件微博舆情演化分成 3 个维度，分别为舆情演化的生命周期阶段、主题与情感，并提出在分析舆情发展过程时，可将在线文本主题与文本表达的情感特征相结合。王晰巍等（2019）基于情感极性及情感强度理论构建新媒体环境下网络舆情用户情感演化模型，并以微博平台为例进行实证。张凌等（2019）则从情感强度和认知强度两个维度探讨了网络信息传播性强弱的内在原因。沙勇忠等（2015）根据灾后相关微博内容数据计算网民情感，研究了在突发事件中不同情感极性对事件的影响。

（2）突发公共事件网络舆情概念与特点研究。

王来华（2010）认为网络舆情研究是舆情研究中一个新的和重要的组成部分，“网络舆情”主要是指公众在线上发表的社会观点与立场。谈国新等（2010）认为舆情包括网络舆情，网络舆情主要指在社交网站上呈现出的网民对社会上人与事的看法，是对舆情新特征的综合和强化。刘毅（2007）认为，网络舆论是每个网民情绪、态度和意见的总和，这些情绪、态度和意见由互联网表达传播，并与公众自身利益紧密相关。在突然发生、难以预测的突发事件的舆情概念研究上，康伟（2012）认为，突发事件网络舆情是指个人、团体和组织通过新闻报道、网民评论等方式，针对突发事件在网络空间发布和传播的包含观点、立场、情感以及行为倾向的信息。郑昌兴（2015）认为，突发事件网络舆情是在互联网平台上，人们对突发事件的所有看法、立场、情感和行为倾向的总和。从上述学者对舆情的定义可知，突发事件网络舆情是网络舆情研究对象中的一个分支，其主要研究对象为可能或已经造成严重社会危害的突发事件公共话题。

突发公共事件由于其破坏力严重，因此与常规事件相比具有不同的网络舆情特点。喻国明（2009）认为，在我国网络热点事件中，网民精英阶层较少，在网络上的发言具有“有主张，少论据”的两大特点且易于情绪化。李纲（2014）认为，突发公共事件网络舆情具备突发性、信息不确定性、信息泛滥性、群体极化、控制难度大等特征。卿立新（2013）认为，网络舆论扩散规律、突变规律、转化规律、共振规律、波动规律、衰减规律为突发事件舆情在形成过程中的六大规律，并且在不同的舆情阶段有不同的表现方式。孙帅（2014）认为，突发事件中的网络舆情，在突发事件基本特性如突发性、不确定性、群体扩散性的基础上，还具有互联网传播的匿名性、即时性、跨地域性，这些特性决定了突发事件网络舆情十分复杂，这也是导致突发事件网络舆情难管理的主要原因。

（3）突发公共事件网络舆情的影响因素与管控。

公众、意见领袖、媒体、政府等不同的主体，对网络舆情有着不同的影响，管控的策略也随着舆情发生的背景环境而有所不同。由于网络舆情能在较短时间内形成舆论，对社会造成重大影响，因此可以从舆情的影响因素入手对突发事件网络舆情进行管控。

在主体因素的研究上，姜珊珊等（2010）将突发事件分为前、后两个阶段，对每个阶段的意见领袖构成主体进行分析，找出每个阶段意见领袖构成差异的原因。陈福集等（2015）在考虑到外界环境中一些重要节点对舆情传播影响的基础上，设计意见领袖识别算法并进行仿真验证，通过意见领袖的行为预测舆情的演化趋势。王佳敏等（2016）基于用户的影响力和活跃度，构建微博意见领袖指标体系，通过实证分析探究意见领袖的影响力程度。张玉强

（2011）认为，政府的公信力、公众对政府行为和言论的认可度、政府的处置方式都会影响网络舆情的走向。张宇（2015）认为，政府在事后的响应时间、策略以及信息公开的情况都会对网络舆情的传播、社会公众的心理状态产生影响。梁红霞（2011）通过构建舆论演化模型并实证仿真表明，当危机来临后，网民高度关注政府是否能够真实公开危机信息，以及信息公开的速度与透明度。这为政府处理危机事件时提供了决策依据。曾润喜（2010）认为舆情在演化的过程中易形成某种特定的基调，与此同时，媒体的议程设置也会加剧网络舆情的发展，媒体报道的时间越快，舆情消解越快。在其他影响因素的研究上，姜胜洪（2012）认为人们日常面临的矛盾、困难、压力和挑战，会造成部分社会成员心理压力增大，对于一些事件需要得到相关管理者解释及妥善解决，当公众未能得到事件的真相时就会产生各种不满情绪，导致突发事件网络舆情的爆发。

（4）突发公共事件网络舆情的传播与演化。

国内学者对网络中舆情的传播过程有着较多的研究，通过归纳演化特点为舆情管控提供参考。部分学者在生命周期理论的基础上，划分突发事件网络舆情的演化阶段，对不同阶段的特征规律进行解读。兰月新和曾润喜（2013）根据突发事件网络舆情信息的数据特征，将舆情分为潜伏期、扩散期和消退期。易承志（2011）认为各舆情阶段有各自的主导机制，且各机制并不是仅作用于某一阶段，而是存在于突发事件网络舆情演变的整个过程。曾润喜等（2014）对其他学者分别提出的网络舆情传播的三阶段、四阶段、五阶段、六阶段模型进行对比，分析现有传播模型优缺点并研究网络舆情在传播阶段中不同阶段的特性。

还有部分学者基于其他相关学科的理论方法对网络舆情的机理进行研究。张凤哲（2020）借鉴了社会燃烧理论，对网络舆情从燃烧物质、助燃剂和点火温度 3 个方面进行分析，并构建危机形成机理模型。夏立新等（2019）基于网络案例构建网络舆情事件链，为监测网络舆情发展态势提供了参考依据。李明等（2020）从信息生态视角提炼出五个解释变量，基于 40 起突发事件梳理网络舆情的发生机理。刘华欣（2013）从传播学的角度对突发事件的舆情阶段性管理提供理论依据。赖胜强等（2019）用扎根理论的方法对具体案例中的网民评论内容进行文本分析，构建了网络舆情传播的机理模型。

(5) 突发公共事件网络舆情监测评估体系与预警系统。

在目前大数据时代下，由于研究数据具有信息量大、控制难度大等特点，学者对网络舆情的研究方向逐渐转移到通过定性研究和定量研究的结合，建立健全的风险评估指标体系，运用工具监测网络舆情，对网络舆情的未来风险进行评估。突发事件网络舆情预警的目的在于及时发现危机，判断危机规模并模拟舆情未来走向，为实施舆情应急预案提供支持。马哲坤等（2019）基于知识图谱理论，完善了网络舆情的监测算法，提高了监测的准确性和全面性。张艳丰等（2017）基于扎根理论挖掘舆情要素，在判定舆情信息语义隶属度的基础上建立舆情监测预警模型。陈越等（2011）则对舆情监测系统存在缺少知识库支撑的问题进行了研究，为完善我国舆情监测系统提供了新思路。兰月新（2011）通过对突发事件网络舆情的机理研究，对网络舆情安全评估指标体系每级指标进行改进，提高了评估的及时性与准确性。陈新杰等（2012）细化了舆情监测指标体系的末级指标，加入了视听化程度、内容详略度等指标完善模型。李弼程（2010）提出了一个包含从信息采集至走势分析、危害评估等舆情监测全过程的网络舆情监控与预警模型。

从现有的文献资料来看，在线文本分析与突发公共事件网络舆情已具有一定的研究成果，国外研究主要着眼于微观思路和物理学方法，研究热点主要在民众在线意见提取、网络信息传播与管理、信息传播过程仿真等方向；国内研究主要围绕在影响因素、生命周期、数学建模和复杂网络仿真几个方面。但是总体上看，还有许多可以继续完善和补充的地方，具体表现在以下几个方面：

①在研究维度上，已有文献的研究维度较为单一，研究内容界限划分明显，虽然有部分学者对突发事件的演化进行了跨维度交叉研究，但研究视角仍然存在完善的空间，并未考虑到每个维度之间彼此关联、互相作用的关系。综上所述，本书从社会学视角出发，将在线文本中涉及的人群属性、内容属性、情绪属性作为三个研究维度，将体现人群属性的意见领袖、体现内容属性的事件、体现情绪属性的情感一一对应，多维度分析突发事件在线文本的特征，并以“玛丽亚飓风”事件为例进行实证分析。

②突发自然灾害事件网络舆情案例研究需要进一步加强，舆情演化过程有待进一步探索。不同类型的突发事件由于影响因素不同，故网络舆情的演变特征也不尽相同，目前突发事件网络舆情的研究选取案例多为突发事故灾害与突

发社会安全事件，而忽视了突发事件中自然灾害类的舆情。本书以完整的突发自然灾害事件作为案例支撑，研究网络舆情的演化过程、传播特征、引导策略，努力拓展突发事件网络舆情的研究范围。

③对突发事件网络舆情的演化需要加强辩证性分析。自然灾害、事故灾害、公共卫生事件与社会安全问题虽是不同类型的突发事件，但并非彼此隔离，在一定条件下，不同类型的突发事件由于事件的不断演化，会向其他灾害类型转化，因此，在突发事件演化的不同阶段，舆情会呈现不同的态势，网络舆情的影响因素、引导策略也自然不同，舆情演变更为复杂。基于上述问题，本书通过对突发事件在线文本的特征识别，探索相关事件的线上舆情走势与不同阶段的舆情传播特征，以辩证的思维方式研究突发事件及其舆情引导策略。

### 1.1.4 应急信息管理研究现状

突发应急事件是指事件发生前较难预测的小概率复杂事件，且该事件发生后易造成大范围、高强度的破坏以及可能的二次危害，因此较难采用常规的处理方式进行应对。在当今信息时代背景下，突发事件发生后，大量应急相关信息会通过不同社交媒体平台进行快速传播，因而如何从社交媒体平台海量、零散、无序的应急信息中提取有价值的信息辅助应急决策，如何应对舆论，使社交媒体用户快速了解相关应急信息，扼制虚假信息的传播，已经成为当前环境中亟待解决的问题（刘春年、田琦，2019）。

自 20 世纪 80 年代以来，以应急决策效率为核心的应急信息管理已经成为一个新的跨学科研究方向，海内外学者针对基于突发事件的应急信息管理领域的研究已经取得了较为丰硕的成果。例如，Li 和 Xie（2017）认为，数据驱动的应急信息管理旨在应用先进的数据搜集和分析技术，以实现更有效和更及时的应急管理，因此他们在概述应急信息管理系统的要求和系统架构的基础上，总结了最新的数据驱动技术，并对当今研究中常用的数据挖掘和机器学习技术进行讨论，分析当前研究中的不足，并对未来研究发展进行预测，为应急信息管理系统未来发展提供参考；Koswatte 和 McDougall（2015）认为，当前环境下，公民参与定位可以使灾难报告特征更为明显，人群生成的地理空间数据的可用性较高，当灾难发生时，人群支持和人群生成的空间数据会提升应急信息管理和应急响应效率，因而他们通过澳大利亚广播公司的QLD洪水危机地图对2011年昆士兰洪水期间发生的人群通信行为进行了分析，结果表明需要进一步对信息位置及其可用空间数据进行语义处理来提高数据质量；Zheng和Shen（2013）认为，高效的发现、搜集、组织、搜索和传播应急信息的技术已经成为高效应急信息管理和灾后重建任务的重要组成部分，因此，他们设计并开发了基于网络的业务连续性信息网络系统和运行在移动设备上的权威先灾害情况检测系统，利用数据挖掘和信息检索促进应急信息传播，帮助受影响的用户及时了解灾害及灾后重建信息。

## 1.2 研究内容与研究意义

### 1.2.1 研究内容

相关研究内容涉及如下：

第一，突发公共危机事件下用户信息需求的影响因素研究。首先，利用文献调研法对国内外研究现状进行综合述评，对本书需要用到的相关概念与理论进行界定与阐述，具体包括“突发公共危机事件”“用户信息需求”等相关概念、“精细加工可能性模型”“信息需求理论”“使用与满足理论“等相关理论。其次，基于扎根理论，采用半结构化访谈和数据库文献检索的方法进行编码分析，构建突发危机事件发生背景下用户信息需求的影响因素模型。再次，根据扎根理论得出的影响因素，运用结构方程模型方法对变量之间的因果关系进行检验与解释。最后，根据扎根理论归纳提炼的核心影响因素与问卷调查数据，用定性比较研究方法做进一步条件构型分析，检测这些核心影响因素条件构型与用户信息需求满足之间的关系。

第二，附加情感特征的社交媒体应急信息质量研究。在社交媒体用户情感特征提取方面，基于SOR理论，从两起突发应急事件发生后社交媒体用户信息行为入手，利用自制Python网络爬虫程序提取社交媒体用户评论文本并通过Python程序、云词图和SnowNLP算法对用户评论文本进行分析，探究突发事件发生后知乎平台用户情感特征；在用户对社交媒体应急信息质量主观评价方面，首先采用专家咨询和层次分析法，确定十二个具体评价指标和信息表达、信息内容、信息效用三个评价维度间的权重，通过问卷调查法，搜集知乎用户在两起突发应急事件发生后对于知乎平台应急信息质量的评分，利用云理论对问卷调查结果进行分析，构建社交媒体应急信息质量综合评价云模型并进行可视化，结合突发应急事件发生后社交媒体用户情感特征及用户对于社交媒体应急信息质量评价，对知乎平台应急信息质量进行分析，并针对分析结果中用户情感特征与用户评价存在差异的问题进行解析。

第三，情绪化在线评论下公众风险感知影响因素研究。结合风险分析、认知心理、舆情管理、社会管理、应急管理等多学科的最新研究成果，通过Meta分析方法识别公众风险感知的影响因素，在此基础上结合风险感知情绪模型，构建公众风险感知影响因素模型并进行实证分析。在研究过程中，本书通过情景分析理论，通过给定特定的情绪化评论情景，通过社会的风险放大理论、媒介依赖理论等来分析用户的风险感知演化规律、影响因素及其带来的各种心理行为或现实行为，并且在研究公众心理和行为的过程中纳入调节定向因素，对公众的风险决策行为进行一个更加深入的研究。

第四，个性、信任和隐私对二手交易平台用户体验的作用研究。从二手交易平台出发，研究线上二手交易过程中的用户体验。首先，通过文献研读梳理，在扎根理论的支撑下提炼范畴、构建理论模型、提出假设；其次，以问卷形式收集数据，并对结果进行分析和验证，最终验证了“个性、信任和隐私对二手交易平台用户体验的作用”理论模型的合理性。

第五，基于多维属性分析的在线文本特征识别与舆情引导研究。通过对“玛利亚飓风”事件在线文本的特征提炼，总结相关管理人员在应对过程中的问题与原因，有针对性地提出舆情引导策略。从横向上看，在对“玛利亚飓风”事件进行在线文本分析时，从三个维度上对案例中的具体情况进行统计分析，通过时序图更直观地说明舆情的变化特点。在提出问题原因与引导策略时，将理论基础与案例中的现象结合起来，让建议更具有实际意义。

第六，新媒体环境下高校网络舆情危机应对策略及效果检视研究。把情境危机沟通理论作为主要理论基础，将其运用到高校网络舆情危机应对策略的研究中，结合内容分析法、案例分析等研究方法，搜集和选取相关真实案例进行深入研究，探究在媒体效能的评估下有着不同危机历史的高校，在采用不同的回应策略时，对于高校声誉的影响、被归因责任的程度之间会产生怎样的差异。这在一定程度上拓展了情境危机沟通理论的适用范围，也检视了情境危机沟通理论与媒体效能理论的合理性与适用性，丰富了高校应对网络舆情危机的理论基础和思路。

### 1.2.2 研究意义

在网络社交媒体日益盛行的环境下，突发公共事件网络舆情的演化态势、影响因素更为复杂，且对于不同的灾害事件有着不同的舆情演化过程。因此基于突发公共事件具体案例，对网络在线评论文本进行特征识别，找出影响网民态度的因素，探究突发事件网络舆情的传播特征，从事件发生的根源解释突发公共事件舆情传播过程中出现问题的原因，便极具理论意义。自我国加强应急管理建设后，越来越多的学者选择以我国在线社交软件平台为数据获取基点，对突发事件后的舆情进行分析研究。然而基于国外社交平台线上评论，对突发事件相关文本内容进行特征识别，发现并总结舆情演化过程，可以为中外突发事件网络舆情对比、提炼舆情引导本质及机理提供参考。

突发事件的危害性与复杂性，决定了政府对突发事件的管理难度，在突发事件管理过程中，媒体、公众、意见领袖和管理人员在线上发表的言论在一定程度上决定着舆情的发展方向，若处理不当任其发展，则有可能造成另一场“社会危机”。因此，对突发事件后的在线评论文本进行分析、探究网络舆情的演化态势、总结引导把控舆情的策略，可以帮助政府判断舆情的走势，把握舆情事件的本质内容，为政府有针对性地采取有效管理措施提供参考。

## 本章主要参考文献

[1] 代宝，邓艾雯．社交媒体用户不持续使用和转移行为的影响因素分析［J］．情报科学，2018，36（5）：64－70.

[2] 邓胜利，付少雄．社交媒体附加信息对用户信任与分享健康类谣言的影响分析［J］．情报科学，2018，36（3）：51－57.

[3] 刘鲁川，李旭，张冰倩．社交媒体用户的负面情绪与消极使用行为研究评述[J]．情报杂志，2018，37 (1)：105－113.

[4] Stieglitz S, Dang－Xuan L. The Role of Sentiment in Information Propagation on Twitter—An Empirical Analysis of Affective Dimensions in Political Tweets：Australasian Conference on Information Systems, 2011 [C].

[5] Kazama K, Imada M, Kashiwagi K. Characteristics of information diffusion in blogs, in relation to information source type [J]. Neurocomputing, 2012, 76 (1)：84－92.

[6] Otto Hyvärinen E S A H. Validation of Automatic Cb Observations for METAR Messages without Ground Truth [J]. 2015, 54 (10)：2063－2075.

[7] Chou W Y S, Hunt Y M, Beckjord E B, et al. Social Media Use in the United States：Implications for Health Communication [J]. Journal of Medical Internet Research, 2009, 11 (4)：48.

[8] 张艳丰，彭丽徽，刘金承，等．新媒体环境下移动社交媒体倦怠用户画像实证研究——基于SSO理论的因果关系视角 [J]．情报学报，2019，38 (10)：1092－1101.

[9] 王晰巍，贾若男，王雷，等．社交媒体用户转移行为影响因素模型及实证研究[J]．图书情报工作，2018，62 (18)：45－54

[10] Vashishtha S, Susan S. Fuzzy rule based unsupervised sentiment analysis from social media posts [J]. EXPERT SYSTEMS WITH APPLICATIONS, 2019, 138 (UNSP 112834).

[11] Wołk K. Advanced social media sentiment analysis for short - term cryptocurrency price prediction [J]. Expert Systems, 2020, 37 (2)：e12493.

[12] Zhou Q, Xu Z, Yen N Y. User sentiment analysis based on social network information and its application in consumer reconstruction intention [J]. COMPUTERS IN HUMAN BEHAVIOR, 2019, 100：177－183.

[13] 徐健．基于网络用户情感分析的预测方法研究 [J]．中国图书馆学报，2013，39 (3)：96－107.

[14] 肖璐，陈果，刘继云．基于情感分析的企业产品级竞争对手识别研究——以用户评论为数据源 [J]．图书情报工作，2016，60 (1)：83－90.

[15] 马松岳，许鑫．基于评论情感分析的用户在线评价研究——以豆瓣网电影为例[J]．图书情报工作，2016，60 (10)：95－102.

[16] 王石番．民意理论与实务 [J]．台湾黎明文化事业公司1995年出版，1995.

[17] Kherwa P, Sachdeva A, Mahajan D, et al. An approach towards comprehensive sentimental data analysis and opinion mining, 2014 [C].

[18] Sul H K, Dennis A R, Yuan L I. Trading on Twitter: Using Social Media Sentiment to Predict Stock Returns [J]. Decision Sciences, 2016, 48 (3): 454-488.

[19] Joyce B, Deng J. Sentiment analysis of tweets for the 2016 US presidential election: 2017 IEEE MIT Undergraduate Research Technology Conference (URTC), 2017 [C].

[20] Bovet A, Morone F, Makse H A. Predicting election trends with Twitter: Hillary Clinton versus Donald Trump [J]. 2016.

[21] Lestari A, Karolita D. Summarizing Netizens'Sentiments Towards the 1 st Indonesian Presidential Debate using Lexicon Sentiment Analysis [J]. IOP Conference Series: Materials Science and Engineering, 2019, 546: 52041.

[22] Vieweg S, Hughes A, Starbird K, et al. Microblogging during two natural hazards events: What Twitter may contribute to situational awareness [M]. 2010.

[23] Mendoza M, Poblete B, Castillo C. Twitter Under Crisis: Can we trust what we RT? [M]. 2010.

[24] Kim J, Bae J, Hastak M. Emergency information diffusion on online social media during storm Cindy in U. S. [J]. International Journal of Information Management, 2018, 40: 153-165.

[25] Pourebrahim N, Sultana S, Edwards J, et al. Understanding communication dynamics on Twitter during natural disasters: A case study of Hurricane Sandy [J]. International Journal of Disaster Risk Reduction, 2019, 37: 101176.

[26] Gul S, Shah T, Ahad M, et al. Twitter sentiments related to natural calamities: Analysing tweets related to the Jammu and Kashmir floods of 2014 [J]. The Electronic Library, 2017, 36: 5.

[27] Neppalli V, Caragea C, Squicciarini A, et al. Sentiment analysis during Hurricane Sandy in emergency response [J]. International Journal of Disaster Risk Reduction, 2017, 21: 213-222.

[28] Singh N, Roy N, Gangopadhyay A. Analyzing the Sentiment of Crowd for Improving the Emergency Response Services, 2018 [C]. 06.

[29] Fearnbanks K, Ebrary I. Crisis communications: a casebook approach [J]. 2016.

[30] Heath R. Crisis Management for Managers and Executives [J]. 1998.

[31] Fink S. Crisis Management: Planning for the Inevitable [J]. 2002.

[32] Birkland T A. Focusing events, mobilization, and agenda setting [J]. Journal of public policy, 1998, 18 (1): 53-74.

[33] Stewart A, Chen L, Paiu R, et al. Discovering information diffusion paths from blogo-

sphere for online advertising，2007 [C]. 2007.

[34] Ratkiewicz J，Conover M D，Meiss M，et al. Detecting and Tracking Political Abuse in Social Media [J]. 2011.

[35] Mason H. You just shared a link. How long will people pay attention? [Z]. bitly blog, 2011.

[36] Galam S. Minority opinion spreading in random geometry [J]. The European Physical Journal B – Condensed Matter and Complex Systems，2002，25 (4)：403 – 406.

[37] Warshaw C，Rodden J. How Should We Measure District – Level Public Opinion on Individual Issues? [J]. The Journal of Politics，2012，74 (1)：203 – 219.

[38] Gruhl D，Guha R，Liben – Nowell D，et al. Information diffusion through Blogspace [M]. 2004.

[39] Sznajd – Weron K，Sznajd J. Opinion Evolution in Closed Community [J]. International Journal of Modern Physics C，2001，11.

[40] Deffuant G，Neau D，Amblard F，et al. Mixing beliefs among interacting agents [J]. Advances in Complex Systems，2001，3：87 – 98.

[41] Lorenz J. Consensus Strikes Back in the Hegselmann – Krause Model of Continuous Opinion Dynamics Under Bounded Confidence [J]. Journal of Artificial Societies and Social Simulation，2006，9.

[42] Weisbuch G. Bounded confidence and social networks [J]. The European Physical Journal B，2004，38 (2)：339 – 343.

[43] Sousa A O. Consensus formation on a triad scale – free network [J]. Physica A Statistical Mechanics & Its Applications，2004，348 (C)：701 – 710.

[44] Hegselmann R. OPINION DYNAMICS AND BOUNDED CONFIDENCE MODELS, ANALYSIS，AND SIMULATION* [J]. Journal of Artificial Societies & Social Simulation，2002，5 (3)：2.

[45] 王仁武，宋家怡，陈川宝. 基于 Word 2vec 的情感分析在品牌认知中的应用研究 [J]. 图书情报工作，2017，61 (22)：6 – 12.

[46] 唐晓波，兰玉婷. 基于特征本体的微博产品评论情感分析 [J]. 图书情报工作，2016，60 (16)：121 – 127.

[47] 聂卉，刘梦圆. 基于细粒度情感的评论感知效用预测研究 [J]. 情报理论与实践，2019，42 (9)：117 – 122.

[48] 朱晓霞，宋嘉欣，孟建芳. 基于动态主题——情感演化模型的网络舆情信息分析

[J]. 情报科学，2019，37（7）：72－78.

[49] 范炜昊，徐健. 基于网络用户评论情感计算的用户痛点分析——以手机评论为例[J]. 情报理论与实践，2018，41（1）：94－99.

[50] 马松岳，许鑫. 基于评论情感分析的用户在线评价研究——以豆瓣网电影为例[J]. 图书情报工作，2016，60（10）：95－102.

[51] 丁诗晴. 基于在线网站评论的中文文本挖掘［D］. 武汉：华中科技大学，2016.

[52] 赵晓航. 基于情感分析与主题分析的“后微博”时代突发事件政府信息公开研究——以新浪微博“天津爆炸”话题为例［J］. 图书情报工作，2016，60（20）：104－111.

[53] 蒋知义，马王荣，邹凯，等. 基于情感倾向性分析的网络舆情情感演化特征研究[J]. 现代情报，2018，38（4）：50－57.

[54] 安璐，吴林. 融合主题与情感特征的突发事件微博舆情演化分析［J］. 图书情报工作，2017，61（15）：120－129.

[55] 王晰巍，邢云菲，韦雅楠，等. 大数据驱动的社交网络舆情用户情感主题分类模型构建研究——以“移民”主题为例［J］. 2019.

[56] 张凌，罗曼曼，朱礼军，等. 情感视角下的社交网络信息传播分析研究［J］. 图书情报知识，2019（2）：111－119.

[57] 沙勇忠，阎劲松，王峥嵘. 雅安地震后红十字会的公众信任研究——基于微博数据的网民情感分析［J］. 公共管理学报，2015，12（3）：93－104.

[58] 王来华. 论网络舆情与舆论的转换及其影响［J］. 天津社会科学，2008（4）：66－69.

[59] 谈国新，方一. 突发公共事件网络舆情监测指标体系研究［J］. 华中师范大学学报（人文社会科学版），2010，49（3）：66－70.

[60] 刘毅. 略论网络舆情的概念、特点、表达与传播［J］. 理论界，2007（1）：11－12.

[61] 康伟. 突发事件舆情传播的社会网络结构测度与分析——基于“11·16校车事故”的实证研究［J］. 中国软科学，2012（7）：169－178.

[62] 郑昌兴，苏新宁，刘喜文. 突发事件网络舆情分析模型构建——基于利益相关者视阈［J］. 情报杂志，2015，34（4）：71－75.

[63] 喻国明，李彪. 舆情热点中政府危机干预的特点及借鉴意义［J］. 新闻与写作，2009（6）：57－59.

[64] 李纲，陈璟浩. 突发公共事件网络舆情研究综述［J］. 图书情报知识，2014（2）：111－119.

[65] 卿立新. 突发公共事件网络舆论及其应对研究［D］. 湖南师范大学，2013.

[66] 孙帅．突发事件网络舆情管理机制研究 [D]．苏州大学，2014.

[67] 姜珊珊，李欲晓，徐敬宏．非常规突发事件网络舆情中的意见领袖分析 [J]．情报理论与实践，2010，33 (12)：101 – 104.

[68] 陈福集，陈婷．舆情突发事件演化探析——基于意见领袖引导作用视角 [J]．情报资料工作，2015 (2)：23 – 28.

[69] 王佳敏，吴鹏，陈芬，等．突发事件中意见领袖的识别和影响力实证研究 [J]．情报学报，2016，35 (2)：169 – 176.

[70] 张玉强．网络舆情危机的政府适度反应研究 [D]．中央民族大学，2011.

[71] 张宇，王建成．突发事件中政府信息发布机制存在的问题及对策研究——基于2015 年“上海外滩踩踏事件”的案例研究 [J]．情报杂志，2015，34 (5)：111 – 117.

[72] 杜蓉，梁红霞．公共危机事件中政府对网络舆论的引导仿真 [J]．情报杂志，2011，30 (11)：61 – 66.

[73] 曾润喜，徐晓林．网络舆情的传播规律与网民行为：一个实证研究 [J]．中国行政管理，2010 (11)：16 – 20.

[74] 姜胜洪．怎样认识网络意见领袖的作用? [J]．红旗文稿，2012 (1)：38.

[75] 兰月新，曾润喜．突发事件网络舆情传播规律与预警阶段研究 [J]．情报杂志，2013，32 (5)：16 – 19.

[76] 易承志．群体性突发事件网络舆情的演变机制分析 [J]．情报杂志，2011，30 (12)：6 – 12.

[77] 曾润喜，王晨曦，陈强．网络舆情传播阶段与模型比较研究 [J]．情报杂志，2014，33 (5)：119 – 124.

[78] 张凤哲．基于社会燃烧理论的网络舆情社会稳定风险形成机理与管控 [J]．农业图书情报学报，2020，32 (2)：22 – 28.

[79] 夏立新，毕崇武，梅潇，等．基于事件链的网络舆情事件演化研究 [J]．情报理论与实践，2019：1 – 13.

[80] 李明，曹海军．信息生态视域下突发事件网络舆情生发机理研究——基于 40 起突发事件的清晰集定性比较分析 [J]．情报科学，2020，38 (3)：154 – 159.

[81] 刘华欣．群体性突发事件网络舆情演变机制的传播学解读 [J]．新闻知识，2013 (3)：10 – 12.

[82] 赖胜强，张旭辉．网络舆情危机事件对网民情绪传播的影响机理——基于 D&G 辱华事件的扎根理论研究 [J]．现代情报，2019，39 (9)：115 – 122.

[83] 吴绍忠，李淑华．互联网络舆情预警机制研究 [J]．中国人民公安大学学报

（自然科学版），2008（3）：38－42.

［84］马哲坤，涂艳．基于知识图谱的网络舆情突发话题内容监测研究［J］．情报科学，2019，37（2）：33－39.

［85］张艳丰，李贺，彭丽徽，等．基于语义隶属度模糊推理的网络舆情监测预警实证研究［J］．情报理论与实践，2017，40（9）：82－89.

［86］陈越，李超零，黄惠新．网络舆情监测与预警中的知识库研究［J］．图书情报工作，2011，55（S2）：262－266.

［87］兰月新．突发事件网络舆情安全评估指标体系构建［J］．情报杂志，2011，30（7）：73－76.

［88］陈新杰，呼雨，兰月新．网络舆情监测指标体系构建研究［J］．现代情报，2012，32（5）：4－7.

［89］李弼程，林琛，郭志刚．突发事件网络舆情研究探讨［J］．情报杂志，2010，29（7）：54－57.

［90］刘春年，田琦．基于突发事件的信息管理技术演化与系统实现进展研究［J］．情报理论与实践，2019，42（8）：90－96.

［91］Li T，Xie N，Zeng C，et al. Data－Driven Techniques in Disaster Information Management［J］．ACM.

［92］COMPUTING SURVEYS，2017，50（11）．［22］Koswatte S，McDougall K，Liu X. SDI and crowdsourced spatial information management automation for disaster management［J］．SURVEY REVIEW，2015，47（344）：307－315.

［93］Zheng L，Shen C，Tang L，et al. Data Mining Meets the Needs of Disaster Information Management［J］．IEEE TRANSACTIONS ON HUMAN－MACHINE SYSTEMS，2013，43（5）：451－464.

［94］李德毅，刘常昱．论正态云模型的普适性［J］．中国工程科学，2004（8）：28－34.

［95］Xu Q，Xu K. Quality evaluation of Chinese red wine based on cloud model［J］．JOURNAL OFFOOD BIOCHEMISTRY，2019，43（e1278710SI）.

［96］Xu Q，Xu K. EVALUATION OF AMBIENT AIR QUALITY BASED ON SYNTHETIC CLOUD MODEL［J］．FRESENIUS ENVIRONMENTAL BULLETIN，2018，27（1）：141－146.

［97］Liu Y P，Gao Y Q，CHEn H Y，et al. DAMAGE ASSESSMENT OF NATURAL DISASTERS BASED ON CLOUD MODEL［J］．APPLIED ECOLOGY AND ENVIRONMENTAL RESEARCH，2019，17（3）：5723－5735.

# 第 2 章　本书研究理论及研究框架

## 2.1　研究方法

本书通过第 3 章至第 8 章共 6 章围绕“考虑媒介与情感特征的在线文本特征识别与危机识别”这一主题开展相关研究，涉及的研究方法汇总如下：

（1）文献调研法。

搜集并整理国内外相关文献，在对文献进行调研阅读的基础上归纳总结，为研究提供理论依据。具体来说，第 3 章通过对国内知网数据库、国外 web of science 数据库、相关领域书籍及相关网络信息进行检索，阅读和参考危机管理、危机沟通、信息需求方面的资料，并梳理分析国内外研究现状及常用研究方法，建立研究的理论基础。第 4 章通过阅读和参考国内外应急信息质量、应急信息管理、云模型等方面的研究文献、工具书等；并对有关研究成果进行整理和归纳，分析海内外研究现状，建立理论分析基础。第 5 章通过对突发事件舆情管理、风险感知、社会放大框架、公众应急心理与行为等相关领域的文献做了大量的泛读与重点的精读，在历史研究现状的整理和综述上奠定了研究的基调和主要方向，并且对公众风险感知的模型、方法等进行了分类了解，进而获得了研究公众风险感知影响因素的新思路，确定了研究视角。第 6 章阅读和参考信任理论、“大五”人格理论、用户体验相关研究等方面的国内外研究文献、工具书的研究工作提供一定的理论依据。第 7 章对现有在线评论挖掘、网络舆情传播、突发公共事件演化、应急管理的专业文献深入阅读研究，并对文献进行梳理、归纳，分析研究成果、前沿动态和不足之处，确定研究范围。第 8 章收集整理学术界已有的相关成果，包括国内外期刊、经典文献、理论书籍等。在梳理、学习理论界的研究成果的基础上，对前人的研究程度、研究内容、研究方法等有一个方向性把握，再合理选择相关理论作为基础以构建本书研究框架，为后续研究工作提供理论方面的指导。

（2）扎根理论研究法。

第 3 章首先通过半结构化访谈和数据库文献检索等多种方法获取资料作为扎根理论的原始数据；然后进行三重编码分析，步骤包括开放式编码、关联式编码、选择性编码；最后将预留的 4 份访谈资料和 9 份文献资料进行理论饱和度检验，同时也对扎根资料进行抽样饱和度检验。检验通过后构建突发危机事件发生背景下用户信息需求的影响因素模型。第 6 章首先通过半结构化访谈的方式，与了解过或使用过线上二手交易平台的用户进行直接交流，记录下他们对二手交易平台使用过程中的感受以及对平台的看法；其次，本书通过三级编码对收集到的原始访谈材料进行进一步的剖析、提取、精炼，以把握语料的内涵，建立理论模型。

（3）问卷调查法。

为了对研究假设进行合理检验，第 3 章借鉴前人研究中被采用与被验证过的成熟量表，结合突发公共危机事件情境设计问卷题项，通过开展线上线下发放问卷收集数据的预调研对问卷进行检验分析，进一步修订问卷。最后开展正式调研，科学选取样本、收集调研数据，为实证研究检验奠定基础。第 5 章采取量表法对风险感知及其影响因素进行调查，以问卷的形式开展现实数据的收集，并且为了提高问卷的效度，在正式实证调研之前开展预调研，获取问卷的信效度，提高研究结果的可靠性。第 6 章通过纸质、二维码、链接填写等多种方式向被调查者发放问卷，并对收集到的问卷数据进行整理和清理，筛选出有效的问卷数据，为接下来的统计分析做好准备。

（4）结构方程模型法。

结构方程模型法是一种用于探究自变量与因变量之间因果关系的方法。这种方法不但可以研究直接观测的变量间的关系，也可以用于研究社会科学中难以直接观测的变量间的关系。这种方法的优势在于可以分析部分指标对整体的影响作用，还能研究指标之间互相影响关系。第 3 章根据前面的理论基础，结合精细加工可能性模型提出假设并构建模型，利用问卷数据进行实证分析检验模型的合理性。第 5 章采取结构方程模型研究方法，以便更加清晰地揭示变量之间的关系，更加深入地了解情绪化在线评论下公众风险感知心理和行为背后的联系。第 7 章在对收集到的有效问卷进行基本的统计分析、信效度检验之后，采用结构方程进行验证性因子分析，并对前面作出的研究假设进行验证。

(5) 定性比较研究方法。

定性比较研究方法是一种通过对合适数量的案例样本进行分析，挖掘其中蕴含的变量间的联系，进而构建出不同变量间的条件构型的一种研究方法，该方法综合了质性和量化两种研究手段，广泛运用于社会科学的研究当中。第3章定性分析了突发公共危机事件情境下用户信息需求的影响因素，并采用fsQCA3.0软件进行用户信息需求影响因素的前因条件组合分析。

(6) 类比归纳法。

第4章通过对海内外突发应急事件环境下信息质量评估的研究成果深入研究，对比分析海内外信息质量评估指标体系的特征。第7章通过对现有关于舆情演化阶段、意见领袖的评估指标等研究的梳理，根据前人研究所选取指标，为舆情演化阶段与意见领袖评估因素的建立提供依据。

(7) 云模型理论方法。

利用云模型对社交媒体中的应急信息进行信息质量评估，分析当前环境下社交媒体平台应急信息质量中存在的问题。

(8) 文本情感分析法。

第4章使用Python程序对突发应急事件发生后社交媒体平台用户信息行为进行分析，得出社交媒体平台用户的情感极性特点。第7章对获取到的网民在线评论文本进行情感分析，研究公众的情感走势，了解公众对原始事件及衍生事件的意见看法。

(9) 系统分析方法。

第4章运用硬系统分析法（HSM）和软系统分析法（SSM）对附加情感特征的社交媒体应急信息质量评估问题进行解析，确立研究步骤。

(10) Meta分析方法。

Meta分析方法是从已有的研究成果中，将影响因子的数据通过软件进行分析，来获得关键性的影响因素。该方法作为定量方法弥补了文献综述主观特点的不足，从统计学的角度再次验证已有研究成果，从而获得更系统性的结论。第5章通过Meta分析方法对风险感知影响因素的效应量进行统一标准化后进行分析，结合传统的文献综述方法整合了更为全面准确的风险感知影响因素。

(11) 跨学科研究与比较分析。

第5章的研究主要面向突发事件下信息社会公众的心理和行为，涉及管理学、心理学、传播学、灾害学等不同领域的相关知识，为了多层次地分析情绪化在线评论下公众风险感知影响因素，本章综合跨学科的相关文献及其研究成果，打破学科之间的局限，从多学科角度分析突发事件中公众信息心理和信息行为，体现研究的综合性和科学性。

（12）内容分析法。

第 7 章通过对选取案例的网民在线评论文本内容进行分析，判断在事件发生期间信息的传播重点，发现在突发事件中公众表达出的态度、意见、立场、关注焦点以及信息在传播过程中的变化规律。第 8 章针对所选的几个具体案例，收集与之相关的网络媒体报道，通过编码等内容分析法手段，对案例的相关网络报道文本进行结构化、标准化处理，分析数据得以探究影响不同高校在影响危机责任归因的三个变量与媒体效能之间的影响是否有显著差异。

（13）时间序列分析预测法。

对事件进行时间序列研究，可以根据事件的走势规律，通过建立走势模型预测下一段时间内的发展方向和发展水平。结合第 7 章研究内容，这种方法对于研究突发自然灾害发生后的公众情感倾向是一种合理的方法，可以有效预测公众在未来的情感走向。其中时序模型可细分为 AR 模型、MA 模型、ARMA 模型、ARIMA 模型四类，构建时要根据具体情况进行模型选择。

（14）案例分析法。

第 7 章选取“玛利亚飓风”突发自然灾害事件作为特定案例，收集网络社交媒体中真实的推文信息数据，研究突发公共事件防控中的舆情引导策略。第 8 章从近三年新华网当中高等教育网络舆情报告当中选取具有代表性的与高校网络舆情危机相关的几个具体典型案例，展开完整化、过程化、细致化的内容研究。再结合媒体对事件的报道来掌握所选网络舆情危机案例中的高校承担了什么程度的初始危机责任、有无危机历史以及在危机回应中采取了何种策略。

## 2.2　主体内容

本书围绕“考虑媒介与情感特征的在线文本特征识别与危机识别”这一主题，开展了以下六项子课题研究。

（1）突发公共危机事件下用户信息需求影响因素分析。结合精细加工可能性模型、信息需求理论、使用与满足理论，运用扎根理论、结构方程模型和定性比较研究等方法，探究突发公共危机事件下用户信息需求的影响因素。

（2）附加情感特征的社交媒体应急信息质量研究——以知乎为例。结合信息质量相关研究、云理论和 SOR 理论，运用类比归纳法、云模型理论方法、文本情感分析等方法，构建附加情感特征的社交媒体应急信息质量评价指标体系。

（3）情绪化在线评论下用户风险感知影响因素研究。结合风险感知情绪模型和调节定向理论，运用 Meta 分析、结构方程模型、跨学科研究与比较分析等方法，探讨情绪化在线评论情境下用户风险感知的影响因素。

（4）个性、信任和隐私对二手交易平台用户体验的作用——基于 SEM 和扎根理论的案例分析。结合信任理论和“大五”人格理论，运用问卷调查法、质性研究法和结构方程模型等方法，考察个性、信任和隐私对二手交易平台用户体验的影响。

（5）基于多维属性分析的在线文本特征识别与舆情引导——以 Twitter“玛利亚”飓风突发事件评论为例。结合信息不对称理论、沉默旋涡理论、反沉默旋涡理论、两级传播理论、生命周期理论、议程设置理论和情绪认知理论，运用时间序列分析预测法、情感分析法、案例分析法等方法，从多维属性对突发事件进行在线文本特征识别并进一步展开舆情引导相关研究。

（6）新媒体环境下高校网络舆情危机应对策略及效果检视——基于 SCCT 与 MET 的视角。基于 SCCT 与 MET 的视角，运用文献风险法、案例分析法和内容分析法，考察新媒体环境下高校网络舆情危机应对策略，并对其效果进行检视。

## 2.3 研究创新点

结合本书围绕“考虑媒介与情感特征的在线文本特征识别与危机识别”这一主题开展的六项研究，将本书的创新点梳理如下：

在突发公共事件下用户的危机信息需求研究方面，从研究内容上看，本书在访谈和文本资料编码的基础上，结合精细加工可能性模型探讨危机信息需求的外围路径（来源可信度）与中心路径（信息质量）及个人信息素养、危机事件、用户特征等其他因素的调节效应，分别使用SEM和fsQCA进行验证。因此，本书不仅拓展了用户危机信息需求的研究内容，丰富了相关理论知识，对有关用户信息需求影响因素的知识体系进行了补充。从研究角度上看，本书将扎根编码得出用户信息需求的主要影响因素进行多角度分析。一方面，从内因的角度出发探讨影响因素与需求维度之间的潜在关系；另一方面，从组态的视角出发分析用户认知需求、安全需求、情感需求三个维度的前因变量组合条件构型。因此，本书使用混合方法讨论多变量间的复杂因果关系为研究危机信息需求行为提供了新的研究视角。

在社交媒体应急信息质量研究方面，本书在梳理海内外信息质量评估研究成果的基础上，结合专家咨询意见、当前社交媒体平台发展状况等，构建了针对社交媒体平台的应急信息质量评价指标体系，该体系由信息内容、信息表达、信息效用三个维度及其下属十二个评估指标构成，能够较为全面地评估社交媒体应急信息质量。在此基础上，引入云理论，构建社交媒体应急信息质量综合评价云模型，实现了应急信息质量评估中定性与定量的统一。同时，本书还将社交媒体用户情感特征引入社交媒体应急信息质量评估中，基于SOR理论，提取突发应急事件刺激下社交媒体用户信息行为，通过对社交媒体用户信息行为反映出的情感及用户关注特点，间接评估社交媒体应急信息质量。

在突发事件环境下公众风险感知行为研究方面，本书尝试在舆情传播的大背景下聚焦到特定情绪化评论情景下对公众风险感知及其影响因素进行研究，在对目前的相关研究成果进行总结的基础上了解到现有研究背景大多立足于现实环境或案例，所依靠的事实环境都比较宏观。本书通过情景分析法，通过设定特定的情绪化在线评论情景，关注特定情景故事下公众的心理和行为，探讨社交媒体的互动性和公众的主动性如何共同造就公众的风险感知，投射突发事件下情绪化信息影响公众风险心理的认知过程，反映公众风险反馈行为的变化路径，为揭示和解决信息社会应急管理工作存在的问题提供新的特定情景研究环境和研究角度。目前相关研究在公众信息心理与行为方面趋向于结合心理学的理论，且大多关注公众情绪的识别、分类与影响，且较少关注认知层面的公众行为。本书尝试将公众情绪作为固定研究情景，关注该情景下公众风险心理和行为的变化，并且在解释公众风险感知如何影响公众行为的问题上尝试引入新的心理理论——调节定向理论，为合理科学地解释公众信息反馈行为提供了新的心理层面依据。本书在获得情绪化在线评论下公众风险感知的影响因素之余，丰富了公众风险感知的研究视角和研究模型，拓宽了解释社交媒体上公众信息心理和行为的研究思路。

在二手平台用户体验研究方面，首先，对于互联网平台或 App 的用户研究大多以用户使用意愿和使用行为的影响因素作为主题，较少关注到用户体验。同时，对于用户体验以及二手交易平台相关的研究，在隐私担忧、个性因素等对于用户体验的作用关系上仍处于空白。本书探讨个性、信任和隐私对二手交易平台用户体验的作用，能够为线上二手交易平台用户使用体验的研究提供新的思路与解释，丰富了理论模型从而为二手交易平台的进一步发展提供参考。其次，本书使用一个创新的方法来解释线上二手交易中的用户体验及其与其他维度的关系。在电子商务活动中，交易环境、交易背景是复杂的和独特的，本书使用质性研究和实证研究相结合来捕捉信任、隐私、先前体验和用户体验之间最复杂的关系。此外，这项研究补充了其他研究的空白，证明了扎根理论和结构方程方法的结合在解释社会科学研究中的复杂现象的相关性。最后，目前已有的二手交易平台相关研究主要聚焦在垂直平台或单一类型上，如二手车、二手房等，关于综合性二手交易平台的研究不够丰富。本书以闲鱼 App 为案例，分析个性、信任和隐私对二手交易平台用户体验的作用，归纳出相应的结论，为相关政策及监管条件的制定提供支持，也是为二手交易平台中用户行为的研究提供一种全新视角。

在在线文本识别与舆情引导研究方面，本书以“玛丽亚飓风”事件为案例，基于爬取的相关在线评论文本，分别从人群、内容、情绪三个维度属性上提取文本特征，全面地梳理突发事件网络舆情的传播特点与演化过程，明晰突发事件网络舆情的演化机理。重点分析在网络舆情的传播中，公众对事件关注焦点的转移路径和公众情感演化的激发器，以此把握在突发事件舆情应对中出现的问题情况。同时，结合近年突发公共事件网络舆情案例，整合梳理突发公共事件网络舆情应对过程中存在的问题，系统地从政府舆情引导、公众舆情意识以及媒体的舆情导向三个方面提出了网络舆情的引导策略，寻求科学、理性地为政府对突发事件的舆情把控提供理论和实践上的参考。

在高校网络舆情危机应对研究方面，首先是理论基础的选择，本书对高校舆情危机应对策略的探究除了选择 SCCT 作为理论基础以外，其中加入媒体效能的评估作用，把它作为一项指标用来观测有着不同危机历史的高校，在采用不同的回应策略时，对于高校声誉的影响、被归责程度之间会产生怎样的差异。因此，本书在 SCCT 和 MET 的视角下探讨国内高校应对网络舆情危机的效果，也丰富了情境沟通理论与媒体效能理论。其次是研究角度方面，先前的研究较少探究高校舆情危机应对效果的评估，本书结合几个高校舆情危机的真实案例，借助媒体效能评估高校在网络舆情危机处理中的表现，并由此检验了 SCCT 理论在中国高校网络舆论危机回应中的适用性。最后是研究方法上，本书结合了案例分析、比较研究和内容分析法，定性与定量方法相辅相成，通过选取高校网络舆情危机的案例，并收集与之相关的网络报道文本，在对大量文本展开内容分析编码后再把相关变量之间的数据进行卡方检验，探究危机历史、危机类型、危机回应策略、危机情境—危机回应策略匹配情况以及媒体效能几个维度之间的关联，进而针对结论和现实情况对高校网络舆情危机的应对提出了可行性的建议。

# 第3章　突发公共危机事件下用户信息需求影响因素分析

## 3.1　问题提出

（1）全球“高风险社会”的来临（陈振明，2021）。

当今世界已经进入高风险社会以及“后疫情时代”，面临自然、技术、制度和网络安全等各方面的威胁与风险。全球范围内的自然环境恶化，生物物种减少、气候变化、资源匮乏等问题日益加剧，环境污染事故频繁出现，自然灾害加剧，大量危机事件不断发生，如2002年“非典（SARS）”爆发、2005年印度洋海域发生海啸、2008年四川汶川大地震、2014年西非多国埃博拉疫情爆发。在非传统领域的公共安全风险挑战同样加大，新冠肺炎疫情的爆发极大地影响了世界，国际和平和安全的秩序也因此而发生了改变，给世界人民的生命安全造成极大的冲击。

党的十九届六中全会指出，世界现在正处在百年未有之大变局的新阶段，同时新冠肺炎疫情在全球范围交织影响，我国目前的外部环境更趋于复杂严峻，而国内新冠肺炎疫情防控的压力和经济社会发展的各项任务都极为繁重艰巨。当前我国正好处在两个百年的交替关键期，也是社会发展模式变革期。伴随着社会政治经济文化不断向前发展，在人民生活水平日益变好的同时，各种矛盾危机也逐步显露出来，现代化进程不断提高的同时，各类社会风险也悄悄潜藏在我们身边。近年来各类突发公共危机事件层出不穷，2008年的我国南方特大冰雪冰冻灾害、2010年的“舟曲泥石流特大山洪灾害”以及2019年底开始大范围爆发的新冠肺炎疫情。这一切都标志着中国社会已经进入了高风险阶段且面临多重叠加风险（葛天任、裴琳娜，2020），更是对我国应急管理工作提出了更新更高的要求。

（2）信息需求分析在应急管理中的重要性。

如何处理好各类社会风险事件，是对政府的应急管理能力和科学执政能力考验，相较国际上其他国家而言，我国的应急管理事业起步较晚。因此，不仅是在科学研究领域，在社会实践中应急管理也已成为热点（徐瑞霞，2011）。应急管理研究的核心内容是：在遵循科学理论引导前提下，从不同的危机事件或事件发展的不同阶段出发，利用现代化的技术和工具，最大限度地减轻突发公共危机事件灾害产生的后果，以及建立突发预警系统防患于未然。有效的应急信息需求分析方法能够帮助应急人员准确地掌握事件全部信息，同时能直接影响应急响应的效率和效果（金志敏，2013）。信息是开展一切工作的基础和前提。在实际应急管理工作中，首要环节一般是建立适宜当前环境的应急信息系统，建设好系统后，应急工作才能够有序进行（徐瑞霞，2011）。

（3）信息需求在信息社会尤为重要。

随着信息技术不断融入社会生活的各个方面，诞生了大量社交媒体，如微信、微博、腾讯QQ、小红书、抖音、知乎等。这些网络社交平台的迅速发展，促使民众逐渐习惯将信息获取渠道从线下转变到线上。这也迫使传统媒体在信息发布时更重视线上平台的热度和关注度。

随着以互联网为中心的信息技术飞速发展，使信息获取更为轻松便捷，我们的生活紧紧围绕在各类信息周围。社会发展和技术进步的同时，信息量也巨增，人类对信息的收集加工方式同样发生了巨大变化。在现代化社会中，离开信息便会寸步难行，同时为了在大量信息中能够找到自己所需要的信息，就必须明确信息需求点，这样才能满足我们信息需求。

（4）危机事件情景下满足用户信息需求的重要性。

信息缺乏是导致风险社会放大的原因之一（刘冰、王淼，2017）。突发公共危机事件发生后，公众对于危机事件产生的原因、导致后果、责任归因、解决措施及个人防护等方面产生了巨大且紧迫的信息需求。此外，因为个体间的知识储备认知能力存在较大差异，即便是同一事件，不同个体会有不同的解读方式，从而加大扩散社会风险的可能性。因此，满足公众的信息需求是危机沟通的关键，为避免突发事件次生危机的发生和蔓延需要政府、媒体等信息发布方及时、有效地填补信息缺口，满足公众的危机信息需求。

危机事件往往会引发网络舆情。在危机发生以后，危机沟通不能及时、有效地进行的重要原因之一是媒体的信息回应与公众的信息需求之间的信息差距。在危机事件发生情境下，政府、媒体提供完整、准确、及时的信息是危机管理中信息沟通的核心内容。移动互联网的信息传播环境，一方面新媒体、社交平台软件等信息传播工具给危机管理带来的负面影响，增加了信息传播的速度和广度，在传播过程中信息容易失真，甚至加速谣言的散播，导致舆情管控难度加大；另一方面，在互联网时代公众的信息需求更加显性具象，信息诉求表达也更加多样化，采用分析工具能发掘出信息供给方与信息接收方之间的信息差距，给危机信息回应提供有益指导。

处理危机事件，需要应急信息的支持。而当前学术界对于应急管理的信息需求缺乏足够的关注，相关研究也较为分散，因而本章从突发公共危机事件下的公众用户入手，将精细加工可能性模型、信息需求理论、使用与满足理论等与用户应急信息需求相结合，利用半结构化访谈法结合扎根理论探究用户应急信息需求变动的影响因素，在此基础上通过结构方程模型对其因果关系进行检验，通过定性比较分析进行组态研究，得出突发公共危机事件背景下，不同因素对于用户信息需求变动的作用机理以及因素之间不同的条件构型对信息需求的影响，以期为未来应急信息需求研究提供参考。先前的研究很少关注公众在突发公共危机事件情境下信息需求影响因素的内在机理，缺乏对信息需求影响因素的前因条件组合的因果路径分析。本章基于组态视角，采用模糊定性比较分析法分析了突发公共危机事件情境下信息需求影响因素的内在机理。因此，本项研究在丰富了现有的危机信息需求研究的同时，也给研究危机信息需求行为提供了创新视角。

突发事件发生后，应急信息会通过不同渠道迅速传播，因而了解用户应急信息需求特征，及时满足用户应急信息需求，有利于应急信息管理、应急响应与应急事件的后续工作的展开。本章从突发公共危机事件背景下的信息用户入手，探究用户应急信息需求影响因素及其因果关系，对未来应急事件舆情管理及应急信息治理有重大意义。本章归纳出突发公共危机事件情境下影响用户信息需求的主要因素在于危机事件本身、危机信息的有效性与时效性、发布危机信息的平台与创作者的可信度、用户特征与个人信息素养等，从影响因素出发，可以更有针对性地满足用户在认知、安全、情感等方面的信息需求。

## 3.2　文献综述与理论基础

首先在知网CNKI数据库中以检索式“主题=用户信息需求”进行检索，在web of science数据库中以检索式“主题=Information Need Or 主题=Information Demand”进行检索；然后将检索到的相关文献进行初步筛选，去除不相关文献；最后对国内外信息需求及危机信息需求领域现有研究成果进行可视化分析，直观了解目前的学术热点与发展趋势等。

最初信息需求的研究是在信息系统开发之前对于系统的功能需求进行调研（金志敏，2013）。最早的Information Need发表于1910年。现在，信息需求分析应用到了不同的领域，尤其是情报学领域，对信息需求形成了深入的理解（牛春华，2012）。

从情报学诞生之初研究者就将注意力放在对于“信息检索与搜寻”“用户研究”等主题方面的研究上。20世纪六七十年代，美国的信息科学与技术年评杂志“*ARIST*”发表对“信息需求与使用”的评论多达11次。到了20世纪80年代，情报学领域对于用户信息需求的研究趋向于以用户为中心，Dervi等（1981）提出“情境差距”一词，即不同的用户在不同的情境与时空下需要的信息是不同的，了解处在不断变化的用户需求和帮助用户克服不同情景下的信息差距就是信息需求分析研究的任务。Wilson（1981）指出信息需求不是人类最基本最首要的需求，这类需求包括住房需求、食品需求等，而由基本需求引发的信息需求属于第二性的次要需求。Martin Maguire和Nigel Bevan（2002）认为了解和理解用户的需求是信息系统设计中重要的一环，这对于交互式系统的成功至关重要，他们描述了适应各种情况的支持用户需求分析的一般方法，并用简短的案例研究说明这些方法在实践中的应用。Alan Davis和Oscar Dieste（2006）系统地回顾了关于需求诱导技术有效性的实证研究，在从研究中收集经验证据的汇总过程中最显著的结果是：结构化访谈似乎是需求诱导技术中最有效的方法之一。Vilma Vuori对观察法、问卷调查法、访谈法、关键情报主题法和成功因素分析法进行了论证，认为这四种方法可以运用到企业信息需求分析中。Sutcliffe A. G和Ryan M提出的需求分析方法是以情境为导向的，并用相应的实证研究进行验证分析。国外关于信息需求研究的论文数量整体处于上升的趋势，在 2011 年达到最高值。

而国内关于信息需求研究的论文数量远少于国际数量（李贺、张世颖，2014）。罗兴辉（2002）研究信息市场的供需关系，指出要实现信息市场供给与需求之间的衔接，达到“各得其所”的效果。颜海（2002）指出网络环境下用户信息需求的手段技术化、内容微观化、类型多样化、意识市场化等特点，并揭露了用户信息需求存在马太效应与罗宾汉效应。王能琴与朱书汉（2003）从信息需求现代化技术视角和信息需求增长的角度来阐述信息需求综合性增强、计算机化发展、网络化和通信技术现代化的变化趋势，并提出从信息技术和信息服务方面满足信息需求的对策。王志梅等（2004）研究网络环境下的用户信息需求特点与规律，提出要加强各信息机构与各信息系统间的合作与交流，培养高信息素养人才。孙耀明（2008）通过分析农民信息需求的内容、特点与途径，提出发展农村信息服务要发挥政府的主导作用与提高农民的信息素质。苏海霞等（2010）采用问卷的方式对 178 例住院肝炎患者进行访问调研，了解肝炎患者的信息需求，得出年龄、受教育程度与病程等因素会影响其信息提供满意度。徐险峰（2012）抽样调查湘鄂渝黔边区 5 个地州市的不同地区、不同收入、不同职业的农户，了解他们的信息需求状况与获取信息的渠道，得出影响农民信息利用能力的重要因素是文化程度。刘慧悦（2017）以九寨沟为例，分析旅游信息需求的层次性、需求内容与需求期限。储节旺与陈善姗（2018）通过分析“互联网 +”时代下网络用户的信息需求特点探讨其对电商模式的影响，并给出电商模式创新性构建、可持续发展、协同性构建、能动性与有用性发展等建议。唐伟鹏和熊凌（2019）指出网络环境下用户信息需求变化的影响因素主要有信息化水平等外部影响因素与个人信息素养等内部影响因素。蔡培等（2021）综合分析了国内外科研人员信息需求的研究主题、研究方法与研究方向，并针对国内目前的研究现状提出要提高科研人员机制保障、优化高校图书馆服务模式、改变图书馆员角色定位等三条建设性的建议。

从论文发布时间与数量来看，国外关于信息需求研究的论文从 1910 年 Information Needed 开始，整体数量呈上升趋势。国内关于信息需求研究的论文数量呈现波动式上升的趋势。根据时间线来梳理国内对于信息需求的研究方向，如图 3.1 所示，主要始于 1995 年。初始阶段，学者们主要关注在情报领域“情报用户学科情报”信息方面的需求，随后扩展到图书馆读者用户的信息需求，关键词有“用户研究”“信息服务”“读者工作”等；而后随着互联网的发展，学者们开始研究在网络环境下的用户信息需求，主要关键词有“网络环境服务创新”“云计算”“数字环境”“推荐服务”“个性化”等。近年来，特别是 2019 年末新冠肺炎疫情爆发以来，国内学者着重研究在突发公共危机事件下的用户需求，关键词有“应急管理”“应急信息”“健康素养”“情境”等。

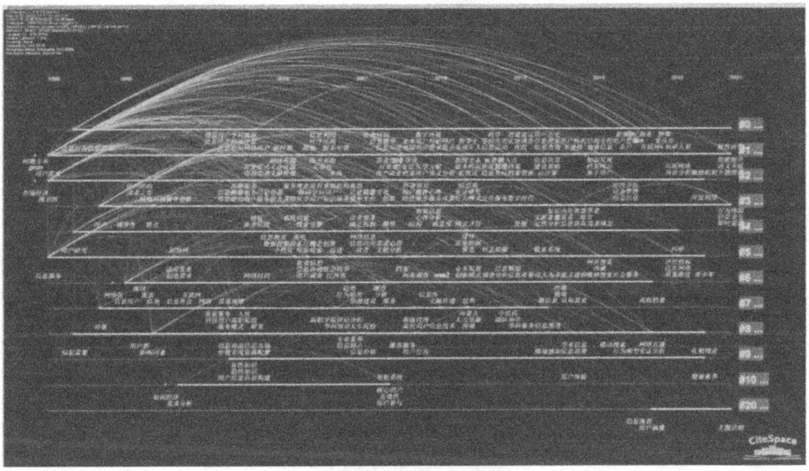


**图 3.1　国内信息需求时间序列分析**

通过关键词共现分析，如图 3.2 所示，可以看出国外对于信息需求的研究主要集中在信息行为（behavior）、信息系统（system）、社交媒体（social media）、信息需求影响因素（impact）等方面。国外论文的关键词更加分散，这与国际研究涉及的学科更广泛有关（李贺、张世颖，2014）。

如图 3.3 所示，国内对于信息需求的研究主要集中在网络环境下的用户需求分析、高校科研人员的信息需求、图书馆的知识服务、档案网站与档案信息等方面。相比国外分散的关键词，国内学者研究方向更加集中。并且研究重点也由宏观方面的网络环境下用户信息需求分析向微观方面的个性化服务转变。

图 3.2　国外研究关键词共现分析

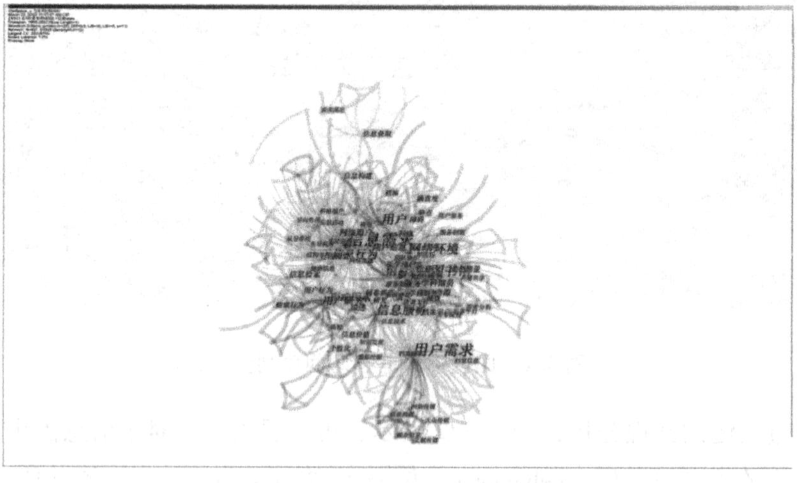

图 3.3　国内研究关键词共现分析

本部分对信息需求相关研究进行了综述，可以看出目前国内外关于信息需求的研究已经很成熟了，并且形成了丰富的信息需求理论和特定的信息需求分析方法，为本章研究奠定了理论基础。

国外对于危机信息需求的研究不断深化，主题主要集中在危机事件本身，将信息需求进行阶段性划分。在 Jeffrey 和 Klenk（1997）对危机信息需求按照突发公共危机事件发生前、发生过程中、发生后三个阶段进行划分，并对危机信息需求分析的相关概念进行界定。而 Aloysius 和 Rego（2001）把危机信息需求按照突发公共危机事件发生前与发生后两个阶段进行划分。近年来的研究与实事相结合，面向不同的危机事件情境对于信息需求进行研究。Thomas Tanner（2006）通过研究孟加拉国的气候变化与灾害风险评估来分析危机信息需求。且国外的危机信息需求更多地关注于危机信息管理中反映的在危机事件情景下公众的社会心理问题。

而国内对于突发事件中用户信息需求的研究自 2000 年开始到如今已颇有成效。许鑫和邓璐芗（2011）从信息供应链的角度出发建立信息供应链框架，并优化其信息需求模型。魏丹（2013）采用 KANO 分析调查研究公众对政府信息公开内容和公开方式的需求。牛春华（2013）从活动分析的视角研究社区应急管理人员的信息需求。邝玥、佘廉等（2013）通过分析危机事件背景下受灾者的信息需求的内容及产生过程，结合马斯洛的需要层次理论得出受灾者信息需求的特点。李纲、陈璟浩等（2013）通过分毒胶囊事件，并通过协整分析网络新闻与危机信息的时间序列，发现信息需求表达和新闻报道数量具有协整关系。解瑞谦等（2013）通过半结构化访谈了解到在 H7N9 疫情中居民的信息需求主要集中在“这个疾病有什么样的特征？它要如何归转？病毒的传播途径是怎样的？政府采取了什么样的防控措施？我该采取哪些防治措施？”上。雷志梅等（2014）分析应急信息需求及应急信息之间的内在关系，通过建立应急信息的生命周期模型来探讨突发事件的共性应急信息需求。王海鹰等（2016）从社会公众、地震系统、政府层面出发，整理归纳地震应急信息需求并提出相应的获取建议。郭路生、刘春年等（2017）基于 ZACHMAN 架构思想和威尔逊的信息搜寻语境模型构建多维度多视角的分析应急信息需求框架。杨雪等（2019）基于压力状态响应（PSR）与活动理论（AT）分析海上突发事件应急信息需求（2019）。韩玮、陈安等（2020）将突发公共卫生事件信息公开的公众需求类型划分为基本型、无差异型、期望型、魅力型四种需求类型。邓胜利、武奕等（2020）在百度问答和知乎中提取用户的健康信息需求，并揭示需求的分布与演化特征。杨康等（2021）探讨得出突发公共卫生事件中公众的信息需求主要围绕行为规范、个人情感、公众行为、风险认知四个方面。李月琳等（2020）研究大学生在突发公共卫生事件情境下的信息需求类型，结论显示大学生需要与学校、自身、社会和疾病相关的信息。陈静等（2021）以大学生为研究对象，研究在疫情期间大学生健康信息需求，通过用户自述的方式结合扎根理论方法分析信息需求动因与主题的分布、演化及关联。

危机信息需求发文量时间序列统计如图 3.4 所示。

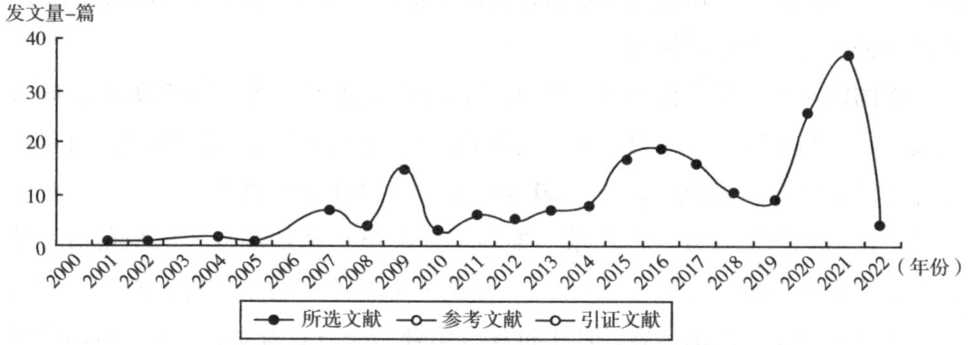


**图 3.4　危机信息需求发文量时间序列统计**

危机信息需求的研究自 2000 年以来呈现整体上升的趋势，如图 3.4 所示。而在 2019 年末新冠肺炎疫情发生后发文量迅速上升，在 2021 年达到最大值。关于危机信息需求的研究大多从危机事件本身出发，以问题为导向研究在危机情境下用户的信息需求。从不同的角度来论述在突发公共危机事件下危机信息需求或危机信息系统的管理。在研究方法方面，危机信息需求的研究多采用多维尺度分析（孟秋晴、熊回香、杨滋荣，2022）、内容分析法、质性分析方法、文本挖掘方法以及社会网络分析法等方法。从国内外研究现状来看，对于突发危机事件的应急管理或者单独的信息需求研究成果较多，相关的研究进展为本章开展突发公共危机事件的危机信息需求研究提供了丰厚的基础，使本章的研究能按照预期进展顺利进行。

用户的概念非常广泛。在情报学领域，用户即接受信息服务者，一般具有信息需求、信息能力、信息行为等特征。在对于用户的研究中，研究者在不同情况下为了各自的研究目的，对信息需求的界定存在一定的差异。普遍的看法是：信息需求是指信息用户为消除不确定性而产生的。本章对用户信息需求的界定是信息用户发出的需求，是指信息用户对于信息使用的动力和原因，是以信息作为使用意愿的需求。突发有迸发、爆发之意，突发事件是指出人意料地发生的事件。公共，意思是共有的、公用的，公共事件即涉及公众利益的事件。“危机”（Crisis）一词最早来源于希腊语，是有危险、祸害的时刻。综上所述，本章研究中的突发公共危机事件可以看作突然发生的，可能造成人员伤亡、经济损失或者公共安全危害的事件。例如，2019 年末的新冠肺炎疫情是近年来最严重的全球公共卫生突发事件，引发此次疫情的新冠肺炎病毒是具有的强大的感染性和传播性。并且在疫情爆发之初，无论是政府还是普通民众都处于一种无所适从的无序状态。结合以上对突发公共危机事件的描述可见，新冠肺炎疫情的爆发符合突发公共危机事件的定义。

精细加工可能性模型（ELM），是 20 世纪 80 年代社会心理学家 Petty 和 Cacioppo（1986）在总结诸多相关理论基础提出来的关于人们态度和认知的形成及变化的模型。其中“精细”是指对信息思考的深入程度（张梦雅、王秀红，2018）。“精细加工可能性”是指用户对于信息进行努力理解和仔细分析，最终达到被说服或者态度改变的可能性。ELM 模型又名双路径模型，根据人们思考信息的深入程度，将个体被说服的路径分为中心路径和外围路径两条。可能性高则依赖于中心路径，可能性低则依赖于外围路径。

影响精细加工可能性的主要因素是个人的动机和处理信息的能力。如果同时具有动机与能力，就会采用中枢路径；如果动机较小或者能力不足，则往往采用外围路径（杨雪梅，2019）。动机主要包括相关度、可信度、认知习惯等三个主要因素。相关度即用户个人与信息主题的相关程度，当用户与信息主题高度相关时更具有精细加工信息的动机。可信度即信息来源的可信程度，认知习惯即用户平时对于信息的思考程度，能力即个人处理信息的能力。

Julia Braverman（2008）的实验说明通过音频信息更具有说服力；Harrington 等（2009）研究受众是如何通过有说服力的健康信息获得最佳影响，这些信息吸引并保持注意力从而触发信息处理，最终导致态度改变；Wilson（2006）将 ELM 模型作为理论框架，探索个体在各种交流情境中采用的不同信息处理模式，研究如何设计有关营养的媒体信息消息以说服不同类型受众改变其营养态度和行为的来源和信息策略。Hans - Joachim Mosler 和 Thomas Martens（2007）通过活动策略和社区特征系统性的变化来了解和测试人群对环境保护态度的影响，结果表明有力的论证对接触者较多的绿色人群的影响最为有效；而 Chia - Ying Li（2013）则重点研究外围路径的说服效果。对于信息的特定目标群体，Tali Te'eni - HararI 等（2007）测试双路径模型在青少年领域的应用；之后 Flynn Brian（2011）探索基于精细加工可能性模型的预防青少年吸烟的潜在可能性，在课堂环境中对基于 ELM 的三种策略的 12 条吸烟预防信息进行了结构化评估，为有吸烟风险的青少年提供有用的策略，并且应该特别关注学业成绩较低的学生，以确保信息适合他们。

Debbie Goh 和 Jianxing Chi（2017）将在线健康论坛上关于轮状病毒疫苗的信息分为中心和外围线索，结果表明，论坛用户在帮助其他父母获得知识和做出疫苗接种决策的信息时，同时使用了中心和外围线索；Anol Bhattacherjee 和 Clive Sanford（2006）借助精细加工可能性模型比较两条路径的影响过程，发现信息质量和来源可信度影响用户对信息技术的接受态度，用户的专业知识与工作相关性在双路径中起调节作用；Jones 等（2003）引用精细加工可能性模型研究了来源可信度与信息框架对促进大学生体育锻炼的影响，发现从可靠来源获得积极框架沟通的参与者会有更多的积极锻炼意图和行为；Baek 等（2012）将在线消费评论分为评论评分与评论人可信度的外围路径和评论内容的中心路径，结果发现双路径都会对消费者做出购买决定产生帮助性影响。

国内引入 ELM 模型的研究成果也颇丰。赵超（2008）借鉴精细加工可能性模型，将实验对象分为浏览者与查找者，探讨不同状态下的网络用户介入程度、信息评价、自信心、行为意向等因素是否受影响。郭毅然（2010）认为，精细加工可能性的高低取决于道德教育对象的 MAO 水平（Motivation 动机、Ability能力、Opportunity 机会），可以通过双路径影响来实现道德教育对象态度的改变，同时对于不同 MAO 水平的对象要采取不同的说服策略；邹国振（2012）认为大众接受马克思主义大众化传播的基本路径有：对马克思主义认知、理解、认同、接受的中枢路径和不进行深入逻辑推理的边缘路径，他认为促进大众接受马克思主义应多样化的传播策略来激发大众的积极情感和提高其 MAO 水平；查先进等（2015）运用 ELM 模型考察用户在微博环境下信息质量与信息可信度对学术信息搜寻行为的影响，结果表明信息质量的影响大于信源可信度的影响。张晋朝结合 ELM 模型与其他相关模型，研究用户在不同的信息需求水平下学术型信息检索的特征与规律。

综上所述，精细加工可能性模型探索信息质量与来源可信度等因素对于改变被说服对象态度与行为的作用机制。因此，本章将选择 ELM 模型作为研究突发公共危机事件下用户信息需求影响因素的理论基础。

Kochen 研究消费者的信息需求，提出了经典的用户信息需求三层次理论，分别为客观层次、认识层次、表达层次的信息需求状态（胡昌平，2008）。而 TayLor（1968）则在 Kochen 的三层次基础上，在表达信息需求状态之后开始信息搜寻行为，将用户的信息需求划分为四个层次。C. W. Choo（2006）认为信息需求是动态变化的，通过研究用户所处的环境不同将需求分为三个层次。S. Reijo（2012）研究信息需求不同层次下形成的动因。用户在接触信息过程中，会自觉地意识到信息需求即认识层次，当表达出信息需求时就会进行信息搜寻（孙云峰、张宇、周中林，2015）。

信息科学领域，Wilson 将信息需求划分为生理需求、情感需求和认知需求，并且认为三种需求之间是息息相关的。Wilson 的信息需求划分跳出了以往对于信息需求水平层次的框架，更提出了在不同的情境下激发用户信息需求的影响因素也随之不同，因此需求分析要在特定情境下进行。总结影响信息需求的情境因素包括用户心理变化因素、用户人口统计学变量、情境环境变量以及信息来源特征（张恒梅，2020）。

因此，本章选择信息需求理论作为研究突发公共危机事件下用户信息需求影响因素的理论基础。

使用与满足理论是以人为中心，分析用户会出于什么样的原因、使用何种方式积极寻找信息，以满足自身特定需求的方法（Elihu et al.，1973）。使用与满足理论是传播学领域中流传最广、使用最多的理论之一，它从用户的心理需求与心理动机角度出发，探讨用户在使用媒介满足信息需求后的行为，并给出心理学和社会学方面的解释，例如，随时用手机进行人际沟通与信息查询使人能够有更多空间满足他们的情感需求，要提高用户通过网络获取信息的需求所得到的满意度。

因此，本章选择使用与满足理论作为研究突发公共危机事件下用户信息需求影响因素的理论基础。

## 3.3 突发公共危机事件下用户信息需求影响因素的模型构建

突发公共危机事件下用户信息需求的影响因素是复杂且多元的，因此本章根据程序化扎根理论，对收集到的原始资料数据进行开放性编码、主轴编码和选择性编码。扎根理论强调“一切皆为数据”，为了避免单一渠道收集数据的局限性，本章通过半结构化访谈、检索文献资料与媒体报道等多元的数据获取方法获取扎根材料，相互补充。

### 3.3.1 方法介绍

扎根理论（Grounded Theory）的创始人是巴尼·格拉泽与安塞姆·斯特劳斯，两人在 1965 年发表的《临终病人关怀》一文中萌芽，并于 1968 年发表《扎根理论的发现：质性研究的策略》一文中初创的方法。扎根理论的目的就是从资料中发现理论。与量化研究不同的是，扎根理论的基本宗旨是从原始的经验、资料和数据的基础上自下而上地建立理论，研究者在开始调查前不提出任何假设。而是直接从调查资料中以自下而上的方法进行分级概括、提炼与归纳，最终上升为理论。

扎根理论在 1967 年提出后，在定性研究中被认为是最科学的方法，最适用于进行理论建构的方法，广泛运用于社会科学领域。近年来，作为量化研究的有力补充的质性研究受到了来自更多领域学者的关注，而作为一种重要的质性研究方法的扎根理论也越来越被更多领域的学者所接受。

目前的扎根理论分为三个学派：经典扎根理论、程序化扎根理论和建构扎根理论。

（1）经典扎根理论（实证主义）坚持“不同的问题从不同的情境中涌现、不带有任何理论预设的研究原则，追求客观且科学的研究过程和普遍适用的研究结果，编码程序分为实质性编码与理论性编码两步。

（2）程序化扎根理论（诠释主义）要求对研究对象有足够想象力的解释。其认为套在同一个关系命题中相互联系的完善概念可以共同构成一个全面的、完整的框架，可以用来解释客观现象和预测下一步的进展情况。程序化扎根依次经过第一步开放性编码，然后主轴编码和最后选择性编码三步。开放性编码是将原始资料数据打散，进行概念化、范畴化的编码。主轴编码的研究顺序是因果条件、现象联络、中介条件、互动行动策略、结果。选择性编码是明确线索、在核心范畴中找出联系、明确主次和维度、检验初步理论、补充发展。

（3）建构主义扎根理论（建构主义）认为社会中不存在“客观真实”，社会习俗和规则都是人为的建构，注意研究者在理解和解释中的能动作用，研究是一种理论构建过程。建构扎根从初始、聚焦、轴心和理论四个步骤的编码中得出最终理论。

扎根理论广泛应用于社会科学领域中，而社会科学领域里的研究者各自研究问题不同，学科背景以及研究领域不同，在研究范式等方面也存在不小的差异，所以目前学术界在选择不同学派的扎根理论问题上并没有达成一致共识。在扎根理论的应用方面，国内外学者主要从具体案例中的原始资料出发，利用扎根理论进行理论建构、影响因素分析、评价模型构建、运行模式分析等方面的研究（张敬伟、马东俊，2009）。肖诗依（2021）从半结构化访谈的原始资料出发提炼归纳后疫情时代下的信息公开质量影响因素；张可贤（2021）在国内外已有研究成果的基础上研究在抖音短视频平台中用户对于健康类视频的转发行为影响因素；李彩容等（2020）采用扎根理论的方法自下而上地提炼出档案微信公众号的信息需求影响因素；张恒梅（2020）从访谈文本中获取健身类软件持续使用行为的变量；刘智颖（2021）通过扎根编码从研究型用户的访谈资料中归纳出他们在档案信息搜寻行为时的影响因素；王若佳等（2019）对在线问诊用户发布在平台中的负面评论进行质性分析，归纳出用户使用满意度的影响因素。基于此，本章选用包括开放性编码、主轴性编码和选择性编码的程序化扎根理论进行研究。

### 3.3.2　半结构化访谈

半结构化访谈的主题围绕以下问题进行：

（1）用户是如何看待突发公共危机事件的，对于危机事件的相关经历和感受如何；

（2）在危机事件情境下是如何了解到相关的危机信息的，有哪些获取信息的渠道；

（3）在突发公共危机事件情境下影响用户信息需求的关键因素有哪些。

访谈可以根据内容与操作过程不同，分为非结构化、半结构化和结构化访谈三种：

（1）结构化访谈又称标准化访谈，是一种高度控制访谈过程的访问。对于访谈对象的选取有统一的标准，并且提问的内容、方式和次序也有统一的标准。而这种统一的硬性标准很难深入地挖掘被访谈者的心路历程，标准化的问答使研究留于表面，无法进行恰当深入的解释。

（2）半结构化访谈指访谈者按照访谈提纲对被访谈者进行的非正式的粗线条式的访谈。访谈前只有一个粗略的基本框架，规定被访谈对象的条件、所要询问的问题等。而提出问题的顺序和方式、访谈对象回答的方式、访谈记录的形式和访谈的地点、访谈所需的时间等没有具体的要求，访谈者根据访谈时的具体情况灵活地进行处理，做出必要的调整。

（3）非结构化访谈是一种深度的自由访谈。访谈者与被访者在大致范围内可以无控制地自由交谈。因此，访谈双方在访谈过程中可以积极主动地创造性问答，更深入地进行探讨研究。而缺点是访谈结果难以科学量化和对不同被访谈者的问题进行对比分析。

因此，本章选择以半结构化访谈的方式收集第一手原始数据。在访谈提纲的指导下，在访谈过程中访谈者可以根据被访谈者的回答与实际情况进行发散或深入提问，更有效地了解被访谈者最真实的想法。本章结合当下突发公共危机事件发生的情况及研究的需要选取访谈的对象。在访谈的过程中深入了解被访谈对象所描述的经历过的关键事件及其在相关事件中的心路历程与心理感受，从而提高访谈内容的参考价值。每次访谈由一名访谈者与一名被访谈者组成，地点选择在安静不被打扰的教室，时间大约0.5小时。

预设访谈提纲：

（1）您印象最深的一次突发公共危机事件是什么？能详细说说您在此次危机事件中的经历或感受吗？

（2）对于此次突发公共危机事件您最想知道什么？最想获得什么信息？

（3）您是通过什么渠道获得危机信息的？

（4）请回忆一下您在什么情况下会主动地去搜索危机信息？

（5）您感觉到什么因素会影响您的信息需求呢？

（6）您比较倾向于获取哪种类型的危机信息？

具体访谈对象选取有过突发公共危机事件经历的用户，并尽可能地选取不同性别、年龄、职业和学历的人群。按照不再能从参与者那里收集到新的主题信息的理论饱和准则确定样本数量的选择。访谈时间介于 2021 年 10 月至 2021 年 12 月。为保护受访者的隐私，表 3.1 中仅展示受访者的性别、年龄与职业与访谈渠道，而受访者的具体信息与隐私信息则不予以展示。最终受访对象共 14 名，见表 3.1。

**表 3.1　　　　访谈用户信息**

| 编号 | 性别 | 年龄（岁） | 职业 | 访谈渠道 |
|---|---|---|---|---|
| 1 | 女 | 24 | 硕士研究生 | 现场访谈 |
| 2 | 女 | 19 | 大学本科生 | 电话访谈 |
| 3 | 男 | 27 | 博士研究生 | 现场访谈 |
| 4 | 女 | 49 | 林业工作者 | 现场访谈 |
| 5 | 男 | 48 | 酒店管理者 | 现场访谈 |
| 6 | 男 | 37 | 会计 | 现场访谈 |
| 7 | 男 | 25 | 硕士研究生 | 现场访谈 |
| 8 | 女 | 36 | 房地产工作者 | 视频访谈 |
| 9 | 男 | 18 | 武警士兵 | 电话访谈 |
| 10 | 男 | 26 | 综合文秘 | 现场访谈 |
| 11 | 女 | 63 | 大学教授 | 电话访谈 |
| 12 | 男 | 18 | 大学本科生 | 视频访谈 |
| 13 | 女 | 42 | 家庭主妇 | 现场访谈 |
| 14 | 女 | 56 | 档案馆退休人员 | 现场访谈 |

### 3.3.3　文献资料收集与整理

在知网数据库中搜索关键词“危机事件”与“信息需求”，检索出文献 32 篇；搜索关键词“应急信息需求”，检索出文献 109 篇；搜索关键词“危机信息需求”，检索出文献 108 篇。排除不相关文献，得到相关文献 69 篇。

在完成第一步原始数据资料的收集后，由两位编码人员对半结构化访谈的内容文本和文献资料进行分析与提炼，进一步挖掘、归纳总结突发公共危机事件下用户的信息需求。

### 3.3.4 扎根编码

为了尽可能地减少编码者主观性的影响，本章由两名编码员完成。首先对访谈文本和文献资料进行分类，商定判断标准。其次在研究材料中选取一部分作为预编码样本，分析两者编码的一致性程度。本章中两名编码者之间的信度值为 84.6%，超过编码一致性比率的标准 80%，说明编码员一致性较高，可以进行后续编码。

本章采用质性研究工具 Nvivo 软件辅助编码（见图 3.5）。14 份访谈资料预留 4 份进行饱和度检验，69 篇相关文献预留 9 篇进行饱和度检验。

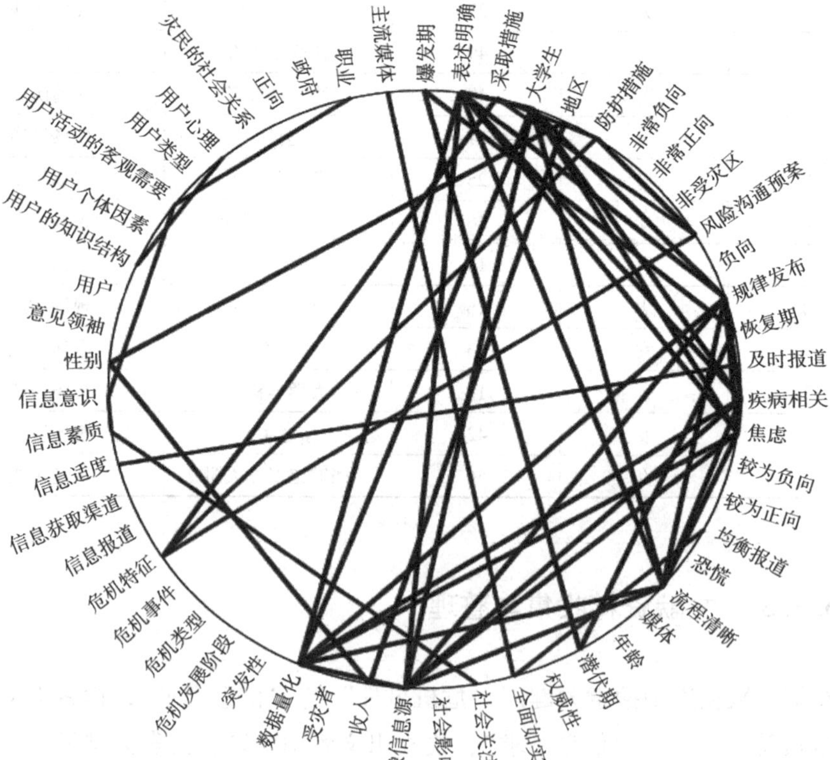


**图 3.5　Nvivo 按编码相似性聚类的节点**

开放式编码包括初始概念提取和初级范畴归纳（张敬伟、马东俊，2009）。对10份访谈文本与60篇相关文献进行开放式编码，围绕“突发公共危机事件下的用户信息需求影响因素”的主题进行提取与归纳。对于编码材料中的初始概念，若出现频次大于等于3则进行保留。将其编码归纳为权威媒体报道、虚假信息、提供全面情况、关键信息、信息数量、信息泛滥、及时了解情况、及时提供情况、每日更新、传统大众媒体、新媒体企业、专家学者、群众认可度、媒体互动、人际交流、社交软件平台、危机意识、了解程度、信息辨别、多渠道获取信息、信息检索、受波及程度等135个初始概念（见表3.2）。

**表3.2　初始概念结果（节选）**

| 初始概念 | 代表性语句 |
|---|---|
| 权威媒体报道 | 这个信息得是来自官方的信息才比较容易相信（访谈者8） |
| 虚假信息 | 印象特别深刻就是那段时间，有很多恐慌的信息，然后还有很多就比较虚假但是看起来又很真的信息（访谈者1） |
| 提供全面情况 | 希望官方能够对信息进行一个完整的整理，再发布，这样我们就能对事件的情况有个全面的了解（访谈者6） |
| 关键信息 | 大众媒体在第一时间内将关键信息传达给公众，对于帮助公众度过危机、稳定公众情绪是至关重要的（都杨、吴群红、郝艳华，2007） |
| 信息数量 | 网络新闻报道量越多，网民的信息需求表达也越强烈（李纲、陈璟浩，2013） |
| 社交软件平台 | 主要是通过线上，微博、微信公众号是主要的渠道（访谈者3） |

在此基础上，对初始概念进行聚类，将具有相同意义的概念进行综合形成初始范畴。最终共得到初始范畴35个，如表3.3所示。

**表3.3　初始范畴归纳**

| 初始范畴 | 初始概念 |
|---|---|
| 来源可靠 | 准确如实、精确可靠、权威媒体报道 |
| 真实正确 | 信息客观性、虚假信息、散布谣言、夸张表述 |
| 全面完整 | 提供全面情况、关键信息、需求导向 |
| 均衡报道 | 正面报道、负面报道、信息适度、信息泛滥、信息数量 |
| 及时传达 | 及时了解情况、尽快提供情况、分析舆论热点、传播易失控性、及时披露谣言 |
| 实时更新 | 跟踪监测、每日更新、动态性强 |
| 传统媒体 | 新闻报道、报纸专栏、无线广播 |
| 新媒体 | 信息服务机构、社交平台博主、两微一端 |

续表

| 初始范畴 | 初始概念 |
|---|---|
| 意见领袖 | 专家学者、专业技术人员、影响力、权威性、价值导向 |
| 主流媒体 | 传统大众媒体、电视、报纸、广播、群众认可度、网络微博、社交平台、手机短信、新闻资讯软件 |
| 普通媒体 | 影响力、权威性、价值导向、信息客观性、媒体互动 |
| 线下获取 | 电视、报纸专栏、无线广播、人际交流、宣传栏、会议传达、专家讲座 |
| 线上获取 | 社会平台软件、新闻资讯软件、手机短信消息 |
| 信息敏感度 | 识别信息资源、信息类型、信息载体、危机意识 |
| 信息认知度 | 关注程度、了解程度、信息服务需求、信息技术应用能力、信息化意识 |
| 识别虚假信息 | 信息辨别、官方发布、谣言 |
| 获取信息能力 | 信息交流、对外交往能力、多渠道获取信息 |
| 处理大量信息 | 信息搜寻、信息检索、信息过滤 |
| 个体差异 | 地区、年龄、收入、性别、职业、受波及程度、应对突发事件能力 |
| 行为习惯 | 日常对健康的重视程度、对信息的关注程度 |
| 初始范畴 | 初始概念 |
| 文化程度 | 受教育程度、学历、学习经验、对新事物的接受能力、适应能力 |
| 认知差异 | 信息理解、吸收利用、了解程度 |
| 焦虑 | 信息焦虑、信息措施焦虑、焦虑程度、不确定性、对真相缺乏认识 |
| 恐慌 | 危机意识、恐慌心理、被传染、被波及、人身安全 |
| 受害者型危机 | 自然灾害、谣言污蔑、遭受暴力攻击、遭受恶意攻击 |
| 意外型危机 | 遭受质疑、产品事故、意外事件 |
| 可预防型危机 | 人为错误导致、欺骗、违法违规 |
| 波及范围 | 严重程度、可防控性、失控性、健康危害、病死率、病例数量、传染性 |
| 社会影响 | 伤亡程度、财产损失数额、受影响的地域范围、规模、经济影响、教育影响、旅游影响 |
| 潜伏期 | 潜伏状态、危机之初、事前防范、不被关注、保持警惕、识别预警、事前监测 |
| 爆发期 | 损害程度、危及范围、信息需求量大、群体性特点、解决问题、需求信息粒度细、噪声干扰 |
| 恢复期 | 防止次生灾害、灾后重建计划、评估损失、安抚受灾者、恢复正常秩序 |
| 政府机制 | 监测机制、应对机制、问责机制、信息图谱、政府公信力、信息内部流通度、应急管理、决策执行、反应速度、工作动态、部门联动 |
| 防控手段 | 应急保障相关政策、政府已采取措施、处置方式、行动速度、行动效率 |
| 风险沟通 | 交换信息、了解舆论、舆情热点、引导舆论、风险沟通预案、沟通模型、信息储备 |

对生成的初始范畴进行聚类即为主轴编码，将具有相同性质的初始范畴进行主轴编码，将其归纳到更具有概括性的新范畴，上升为信息准确性、信息完整性、信息时效性、平台可信度、创作者可信度等 15 个主范畴。具体的主范畴名称和关系结构内涵示例如表 3.4 所示。

表 3.4　主范畴归纳

| 主范畴 | 初始范畴 | 关系结构内涵 |
|---|---|---|
| 信息有效性 | 来源可靠 | 信息准确无误、含义明确、易于理解、完整全面 |
| | 真实正确 | |
| | 全面完整 | |
| | 均衡报道 | |
| 信息时效性 | 及时传达 | 信息更新及时，时效性强 |
| | 实时更新 | |
| 平台可信度 | 传统媒体 | 发布危机信息的平台是可信的 |
| | 新媒体 | |
| 创作者可信度 | 意见领袖 | 发布危机信息的创作者是可信的 |
| | 主流媒体 | |
| | 普通媒体 | |
| 信息获取渠道 | 线下获取 | 线下传统渠道获取与线上新媒体网络获取危机信息相结合 |
| | 线上获取 | |
| 信息意识 | 信息敏感度 | 用户的信息敏感度和信息认知度会影响用户对危机意识的认知 |
| | 信息认知度 | |
| 信息能力 | 识别虚假信息 | 信息用户的信息能力存在巨大的差异，用户间存在信息鸿沟（郭路生、刘春年、胡佳琪，2017） |
| | 多途径获取信息 | |
| | 处理大量信息 | |
| 用户类型 | 个体差异 | 用户类型的差异导致了用户信息需求的个性化，进而影响到对信息需求的认识与表达（黄清芬，2004） |
| | 行为习惯 | |
| 知识结构 | 文化程度 | 知识结构的差异导致用户对信息需求的认识与表达、对客观知识结构的理解和吸收也存在差异（黄清芬，2004） |
| | 认知差异 | |
| 用户心理 | 焦虑心理 | 用户的信息心理特征导致信息需求的引发、认知和表达（岳景艳，2011） |
| | 恐慌害怕 | |
| 危机类型 | 受害者型 | 根据不同的危机类型，用户对于危机主体的责任归因不同，对危机信息的需求程度也不同（黄清芬，2004） |
| | 意外型 | |
| | 可预防型 | |
| 危机特征 | 波及范围 | 危机事件的波及范围越广、社会影响越大，用户认为危机事件与自己的相关性越大，就会产生越高的信息需求 |
| | 社会影响 | |

续表

| 主范畴 | 初始范畴 | 关系结构内涵 |
| --- | --- | --- |
| 危机发展阶段 | 潜伏期 | 在危机发展的不同阶段，用户所需的危机信息内容、危机信息类型等都不同 |
| | 爆发期 | |
| | 恢复期 | |
| 防控措施 | 政府机制 | 政府的防控措施是用户信息需求中所占比重最大的信息需求内容 |
| | 防控手段 | |
| | 风险沟通 | |

选择性编码是在主轴编码的基础上进一步整理归纳，挖掘出能概括主范畴的核心范畴。并建立起核心范畴之间的关系，从而进一步构建理论雏形。

**表 3.5　　编码维度和概念内涵**

| 核心范畴 | 主范畴 | 关系结构内涵 |
| --- | --- | --- |
| 信息质量 | 信息有效性 | 信息质量由有效性和时效性等三个维度组成，对信息需求有显著影响。信息有效性包含准确性和完整性两个维度 |
| | 信息时效性 | |
| 来源可信度 | 平台可信度 | 发布危机信息的平台声誉和创作者可信度影响用户信息需求满足 |
| | 创作者可信度 | |
| 个人信息素养 | 信息获取渠道 | 高个人信息素养的用户由于具备足够的信息意识与能力，对危机信息的理解有积极作用，能多渠道获取危机信息满足需求 |
| | 信息意识 | |
| | 信息能力 | |
| 用户特征 | 用户类型 | 用户特征属于威尔逊提出的影响信息需求的变量：人口统计、人际变量与心理变化 |
| | 知识结构 | |
| | 用户心理 | |
| 危机事件 | 危机类型 | 危机事件本身就会对危机事件情境下用户信息需求产生影响 |
| | 危机特征 | |
| | 危机发展阶段 | |
| | 防控措施 | |

### 3.3.5　理论饱和度检验

在补充新资料的情况下，研究分析结果不再出现新的主范畴和范畴，就称其为理论已经达到饱和状态，它是扎根理论停止采样的标准（牛艳芬、黄敏，

2017)。为保证研究的可信度与严谨性，本章采取两种方法进行理论饱和度检验。

方法一：对扎根资料进行抽样检验，由原先的两名编码员对原始资料打乱顺序抽样并对样本进行重新编码，对比检查抽样编码结果与先前的编码结果。结果显示，抽样资料编码的概念范畴可以全部纳入之前的编码体系之中，因此可以判定理论已经达到饱和。

方法二：对预留的 4 份访谈材料和 9 份文献资料进行编码，与之前的编码结果进行对比检查，未发现新的范畴与概念。由此可见，理论达到饱和，可以进行下一步总结归纳。

### 3.3.6　理论模型

杨康等（2021）在基于社交媒体的突发公共卫生事件公众信息需求与危机治理研究一文中将突发公共卫生事件公众信息需求的产生归结于公众三个方面的需要：消除不确定性、缓解恐慌情绪及规避健康风险。本章研究的突发公共危机事件也同样适用。消除不确定性即信息认知需求，指用户在获取信息、利用信息等因素的驱使下，产生的信息需求。缓解恐慌情绪即信息情感需求；规避危机风险即信息安全需求。

（1）认知需求，指用户在获取、利用危机相关信息的驱使下，产生的信息需求。在访谈中具体体现为“危机事件进展”“病毒相关信息”“医护人员伤亡或者感染人员死亡的信息”等。

（2）安全需求，指用户在获取安全信息、防护信息的驱使下，产生的对危机信息的需求。在访谈中具体体现为“了解健康常识”“疫情防控措施”“关注健康热点”“了解疾病成因”等。

（3）情感需求，指用户在缓解恐慌、关心家人朋友等因素的驱使下，产生的对危机信息的需求。在访谈中具体体现为“缓解恐慌情绪”“害怕的时候就想去搜寻更多可靠的信息”“想知道我的家人朋友有没有受很大的影响”等(见表 3.6)。

**表 3.6　　信息需求内容的编码结果**

| 需求内容 | 原始语句示例 |
| --- | --- |
| 认知需求 | 最想搜搜引起这次疫情的新冠病毒的相关信息 |
| | 关于新冠肺炎疫情这个病到底是咋样的，是不是会传播，能不能治好，有没有啥预防措施 |
| 安全需求 | 那个时候搜的最多的就是家附近或者江西省哪里有没有出现感染者或者接触者 |
| | 关于政府的措施也是我想获得的信息，如我们当地的政府那个时候是咋样划分隔离区的，我们家所属的居委会是怎么样的隔离政策这些信息，会不会送口罩，能不能出去买菜这种信息也很重要 |
| 情感需求 | 就是想知道这个疫情有没有我自己相关或者跟我的家人朋友相关 |
| | 当我变焦虑的时候我也会去主动搜信息来缓解 |

信息需求影响因素如表 3.7 所示。

**表 3.7　　信息需求影响因素**

| 核心范畴 | 主范畴 | 初始范畴 |
| --- | --- | --- |
| 信息质量 | 信息有效性 | 来源可靠 |
| | | 真实正确 |
| | | 全面完整 |
| | | 均衡报道 |
| | 信息时效性 | 及时传达 |
| | | 实时更新 |
| 来源可信度 | 平台可信度 | 传统媒体 |
| | | 新媒体 |
| | 创作者可信度 | 意见领袖 |
| | | 主流媒体 |
| | | 普通媒体 |
| 个人信息素养 | 信息渠道 | 线下渠道 |
| | | 线上渠道 |
| | 信息意识 | 信息敏感度 |
| | | 信息认知度 |
| | 信息能力 | 识别虚假信息 |
| | | 多途径收集信息 |
| | | 处理大量信息 |

续表

| 核心范畴 | 主范畴 | 初始范畴 |
| --- | --- | --- |
| 用户特征 | 用户类型 | 个体差异 |
| | | 行为习惯 |
| | 知识结构 | 文化程度 |
| | | 认知差异 |
| | 用户心理 | 焦虑心理 |
| | | 恐慌害怕 |
| 危机事件 | 危机类型 | 受害者型危机 |
| | | 意外型危机 |
| | | 可预防型危机 |
| | 危机特征 | 波及范围 |
| | | 社会影响 |
| | 危机发展阶段 | 潜伏期 |
| | | 爆发期 |
| | | 恢复期 |
| | 防控措施 | 政府机制 |
| | | 防控手段 |
| | | 风险沟通 |

扎根理论模型如图 3.6 所示。

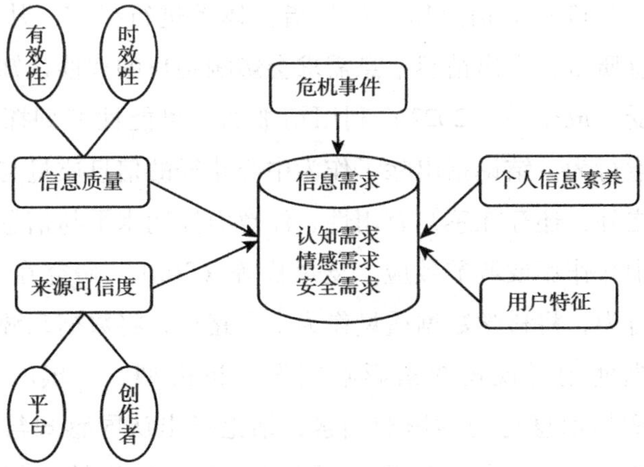


**图 3.6　扎根理论模型**

## 3.4 突发公共危机事件下用户信息需求影响因素的实证检验

### 3.4.1 研究假设

ELM模型研究信息质量与来源可信度等因素对于改变被说服对象态度与行为的作用机制。根据ELM模型，信息质量是用户信息需求的重要影响因素，属于中心路径；来源可信度是信息用户感知信息来源可靠性的相关影响因素，属于外围路径。除中心路径与外围路径之外还存在其他因素调节双路径与态度改变之间的关系，具有调节效应。根据扎根理论得到的在突发公共危机事件下用户信息需求影响因素中，信息质量与来源可信度在访谈文本中出现频次最高，结合ELM模型可以将信息质量归为中心路径，来源可信度归为外围路径。其他因素包括用户特征、危机事件、个人信息素养等作为调节变量探索其在双路径中的调节效应。

ELM模型在信息行为研究中的应用较为成熟，因此本章将精细加工可能性模型引入信息需求影响因素探索具有一定的可行性。牟怡等（2020）基于ELM模型对信息信任与行为意向进行研究发现信息质量对信息行为意向回归显著。金燕等（2017）对信息质量评价指标体系进行研究，从情感需求与认知需求分析信息质量，提出情感信息需求会影响用户的理性认知过程以及用户的感性心理感受。成全等（2022）利用精细加工可能性模型探索用户跨平台的学术信息搜索行为，结论指出除了作为中心路径的信息质量与作为外围路径的来源可信度之外，还存在感知有用性、注意力控制水平与信息自我效能等因素对路径具有中介作用或调节效应。支风稳等（2021）研究在ELM视角下的科学数据共享行为，将科学数据质量作为中心路径，将数据来源可信度作为边缘路径，从数据使用者视角探索影响因素理论模型。汪琪凯（2020）结合ELM模型探讨舆情信息行为的影响因素，结论指出认同感知与热度感知双路径影响网民的涉意识形态信息行为。刘宇庆（2018）以精细加工可能性模型为理论基础，探讨应急信息质量与应急信息来源可信度对于用户认知与情感态度的影响。王云弟等（2020）采用移动经验取样法研究大学生群体在 ELM 模型视角下的信息保持行为。

综上所述，本章将扎根理论得到的因素模型进行整理，并结合精细加工可能性模型构建概念模型。

信息质量在精细加工可能性模型中作为中心路径的研究成果颇丰，基于前面扎根理论本章将信息质量分为信息有效性与信息时效性两个方面。信息有效性是指传达的危机信息时准确且完整的。准确性即危机信息是完整正确的（Chen et al.，2018），准确性越高用户对信息需求的感知也越高（Li K，Zhou C and Yu X，2008）。完整性即危机信息是全面且具有足够的深度和广度的（Eysenbach et al.，2002），信息越完整用户的信息需求也越高（Hou C，Zhang M and Ma F，2018）。由此，本章做出以下假设：

H3. 1a：信息有效性正向影响用户的认知信息需求满足。

H3. 1b：信息有效性正向影响用户的安全信息需求满足。

H3. 1c：信息有效性正向影响用户的情感信息需求满足。

信息时效性，用于衡量危机信息是否最近发布或更新，属于危机信息的质量评价中的重要指标（张星、夏火松、陈星，2015）。突发公共危机事件发生的第一时间，民众对于危机事件有很多猜想与推测，需要更多完整准确的信息来满足他们的信息需求。若政府或媒体不能在第一时间有效回应，状况的暧昧性就会增加，从而推动人们通过流言这一渠道来满足其信息渴求（陈福集、叶萌，2013）。由此，本章做出以下假设：

H3. 2a：信息时效性正向影响用户的认知信息需求满足。

H3. 2b：信息时效性正向影响用户的安全信息需求满足。

H3. 2c：信息时效性正向影响用户的情感信息需求满足。

来源可信度包括平台的声誉和创作者的可信度。媒介系统依赖理论指出，动荡的社会环境和用户感知到的不确定性会让其产生信息需求和对媒介系统的依赖（Ball－Rokeach，1976）。媒介信息能对用户的新冠肺炎疫情预防行为产生积极的作用（罗龙翔、王秀丽，2021）。用户会根据平台的声誉好坏判断在此平台上发布的信息是否具备有用性与可靠性，进而影响用户从此平台上获取危机信息的意愿（Zha X et al.，2018）。创作者的专业素养及知识水平不同带来可信度上的差异，公众更愿意从权威专家分享的危机信息中获取自己所需的信息（Zhu et al. ，2019），例如，疫情期间公众更愿意相信钟南山等意见领袖的发言。危机应急信息的来源可信度显著正向影响用户的态度（谷风引，2019）。由此，本章做出以下假设：

H3. 3a：危机信息的来源可信度正向影响用户的认知信息需求满足。

H3. 3b：危机信息的来源可信度正向影响用户的安全信息需求满足。

H3. 3c：危机信息的来源可信度正向影响用户的情感信息需求满足。

综上所述，总体假设模型如图 3. 7 所示。

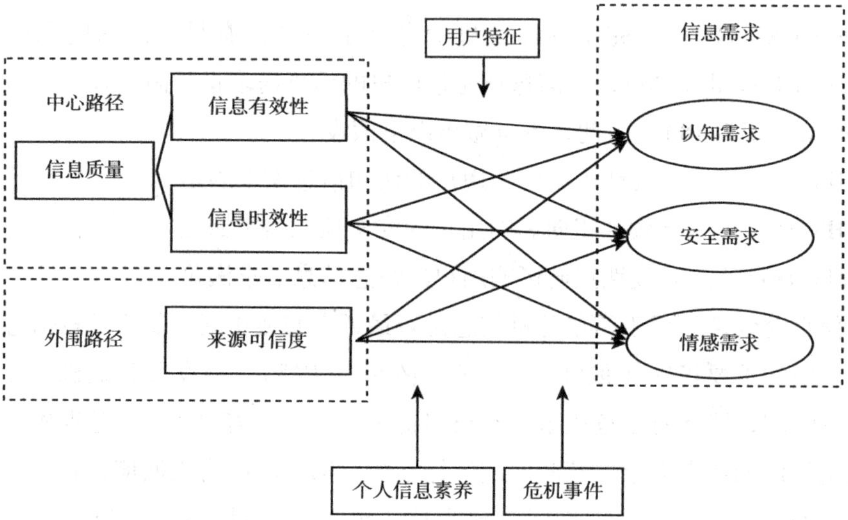


**图 3. 7　假设模型**

半结构化访谈的数据结果显示，14 个访谈对象中有 12 个提到最令他们印象深刻的突发公共危机事件是新冠肺炎疫情。因此本章对危机事件进行控制变量，了解用户在新冠肺炎疫情爆发时的信息需求及其影响因素。问卷调查为 2022 年 1 月至 2 月，处于常态防控的后疫情时代，全国绝大部分地区的疫情已经得到了很好的控制，但仍然有小部分地区突然爆发小范围聚集传染。在问卷调查引入部分介绍此次调查的目的，采用过去式的语言表达让问卷填写者回忆并选择答案。

用户特征即人口统计学变量。本章测量的用户特征主要包括性别、年龄、受教育程度。性别分为男性与女性。年龄分为 18 岁及以下、19 ~ 24 岁、25 ~

34 岁、35 ~44 岁、45 岁及以上。受教育程度分为初中及以下、高中、大专、本科、硕士研究生及以上。

信息质量包括信息有效性与信息时效性两个变量，此外还包括来源可信度、个人信息素养、信息需求满足度、危机事件风险程度四个主变量。其中危机事件采用分数评价的方式，让问卷填写者评估此次危机事件对于他们来说的风险大小。其余所有变量的测量均引用或改编自前人的成熟量表，共设置 30 个题项。各个观测变量的设计和来源详见表 3. 8。

**表 3. 8　　变量的测量项**

<table>
<tr><th colspan="2">测量维度</th><th>测量题项</th><th>量表来源</th></tr>
<tr><td rowspan="8">信息质量</td><td rowspan="5">有效性</td><td>传达的危机信息是精确的</td><td rowspan="3">Li K, Zhou C, Yu X (2008)</td></tr>
<tr><td>传达的危机信息是正确的</td></tr>
<tr><td>传达的危机信息是可靠的</td></tr>
<tr><td>传达的危机信息是完整的</td><td rowspan="2">Huo C, Zhang M, Ma F (2018)</td></tr>
<tr><td>传达的危机信息拥有足够的广度和深度</td></tr>
<tr><td rowspan="3">时效性</td><td>传达的危机信息是时下流行的</td><td rowspan="3">Li K, Zhou C, Yu X (2008)</td></tr>
<tr><td>及时传达了危机信息</td></tr>
<tr><td>传达了更新的危机信息</td></tr>
<tr><td rowspan="6">来源可信度</td><td rowspan="3">平台声誉</td><td>发布危机信息的平台很有名气</td><td rowspan="3">Zhou T (2012)</td></tr>
<tr><td>发布危机信息的平台有很好的声誉</td></tr>
<tr><td>发布危机信息的平台是诚实可靠的</td></tr>
<tr><td rowspan="3">创作者可信度</td><td>创作者是值得信任的</td><td rowspan="3">Wang Y (2020)</td></tr>
<tr><td>创作者拥有广泛的知识</td></tr>
<tr><td>创作者是可信的</td></tr>
<tr><td colspan="2" rowspan="6">个人信息素养</td><td>我在获取利用信息过程中能较好地控制自己的心理和情绪</td><td rowspan="6">黄晓斌 (2019)</td></tr>
<tr><td>我具有识别、过滤并抵制网络上不良信息的虚假信息的能力</td></tr>
<tr><td>我能够借助多种途径与方式，采用多种形式与他人交流网络信息</td></tr>
<tr><td>我具备快速适应和学习新知识的能力</td></tr>
<tr><td>我具备处理大量网络信息的能力</td></tr>
<tr><td>我能够多途径获取网络信息</td></tr>
</table>

续表

| 测量维度 | | 测量题项 | 量表来源 |
|---|---|---|---|
| 信息需求 | 认知需求 | 我想要获取到危机相关的信息 | 李月琳（2020） |
| | | 我想要学习到危机知识 | |
| | 安全需求 | 我想要在网络上获得权威的治疗方法、药物等信息 | |
| | | 我想要在网络上检索到防护措施相关的信息 | |
| | 情感需求 | 我想要了解到更多的信息缓解焦虑的心情 | |
| | | 我想要知道家人朋友有没有受危机事件的影响 | |

### 3.4.2 数据调研与采集

在预调研期间，采用线上和线下双渠道发放问卷，线上通过微信、QQ、问卷星等平台发放，线下主要选择学校图书馆、食堂、教室、宿舍等学生流量多的地方。最后共收集调研问卷102份，线下33份，线上69份。首先根据问卷星的填写情况做初步筛选：检查问卷的回答时长情况，去掉回答时间异常的数据。然后筛选掉存在明显逻辑错误、所有问题勾选同一个答案等无效问卷。因此预调研的102份问卷有效为100%。预调查结果显示（见表3.9），Cronbach的Alpha值为0.958，KMO值为0.907，近似卡方为2544.879，df为325，显著性为0.000，具有很好的信度和效度，可以进行下一步正式调研。

表3.9　　预调研的信效度

| | | Cronbach's α 系数 | 项数 |
|---|---|---|---|
| 量表 | | 0.958 | 30 |
| KMO 值 | | | 0.907 |
| Bartlett 球体检验 | | 近似卡方 | 2544.879 |
| | | df | 325 |
| | | P 值（显著性） | 0.000 |

本章以有突发公共危机事件经历的用户为研究对象，采用线上发放问卷的形式进行数据收集。通过“滚雪球”让好友填写与发放的方式，共回收问卷

254份。筛选问卷填写时间异常、全部问题勾选统一答案的无效样本，剩余有效样本量为215个，回收率为84.65%。结果如表3.10所示。

表3.10　样本背景调查

| 基本信息 | 选项 | 频率 | 占比 |
|---|---|---|---|
| 性别 | 男 | 87 | 40.5% |
| | 女 | 128 | 59.5% |
| 年龄 | 18岁及以下 | 29 | 13.5% |
| | 19~24岁 | 97 | 45.1% |
| | 25~34岁 | 64 | 29.8% |
| | 35~44岁 | 10 | 4.70% |
| | 45岁及以上 | 15 | 7.0% |
| 受教育程度 | 初中及以下 | 9 | 4.2% |
| | 高中 | 19 | 8.8% |
| | 大专 | 40 | 18.6% |
| | 本科 | 77 | 35.8% |
| | 硕士及以上 | 70 | 32.6% |
| 危机事件风险评估 | 不危险 | 5 | 2.3% |
| | 不太危险 | 22 | 10.2% |
| | 一般 | 37 | 17.2% |
| | 很危险 | 87 | 40.5% |
| | 非常危险 | 64 | 29.8% |

215个有效样本的基本情况如下：（1）性别构成：女性59.5%，男性40.5%；（2）年龄构成：18岁及以下、19~24岁、25~34岁的受访者占比13.5%、45.1%、29.8%，可以看出年龄分布呈现年轻化特征；（3）教育水平：受教育水平相对较高，其中大专、本科、硕士及以上学历者占比高达87%。

通过对问卷填写者的地区分布情况可视化分析，线上被调查者的来源较为广泛，基本包含国内大部分地区，这在一定程度上减少了地区差异造成的影响。

通过对正式样本的人口统计变量进行描述分析，表明数据在性别、年龄、学历、地域等方面有着一定的覆盖率，且符合调查对象的总体的现实特征规律，保证了样本的代表性。

### 3.4.3 信效度检验分析

问卷数据的信度分析采用内部一致性系数来检验项目之间是否具有较高的内在一致性。检验值统计结果详见表 3.11。可以看到问卷的总信度为 0.941，大于优秀信度标准值 0.9，说明该问卷的信度非常优秀。

**表 3.11　Cronbach's α 系数统计（$n=215$）**

| | Cronbach's α 系数 | 项数 |
|---|---|---|
| 量表 | 0.941 | 26 |

模型的 9 个构面分别为信息有效性—准确性、信息有效性—完整性、信息时效性、来源可信度—平台声誉、来源可信度—创作者可信度、信息需求—认知需求、信息需求—安全需求、信息需求—情感需求、个人信息素养。各个构面的内部一致性系数都大于良好信度标准 0.7，说明问卷的各个量表都具有较高的信度。表 3.12 列出了 9 个构面的 Cronbach's α 系数与各题项删除后的 Cronbach's α 系数。可以看到，26 个题项的删除后 Cronbach's α 均未有显著提高。

**表 3.12　项目总计统计资料（$n=215$）**

| 量表 | Cronbach's α | 题项 | Cronbach's α（如果项目已删除） | 项数 |
|---|---|---|---|---|
| 信息质量—准确性 | 0.916 | IA1 | 0.939 | 25 |
| | | IA2 | 0.938 | 25 |
| | | IA3 | 0.938 | 25 |
| 信息质量—完整性 | 0.818 | II1 | 0.938 | 25 |
| | | II2 | 0.938 | 25 |
| 信息质量—时效性 | 0.812 | IT1 | 0.940 | 25 |
| | | IT2 | 0.938 | 25 |
| | | IT3 | 0.938 | 25 |

续表

| 量表 | Cronbach's α | 题项 | Cronbach's α（如果项目已删除） | 项数 |
|---|---|---|---|---|
| 来源可信度 | 0.890 | S1 | 0.939 | 25 |
| | | S2 | 0.938 | 25 |
| | | S3 | 0.937 | 25 |
| | | S4 | 0.938 | 25 |
| | | S5 | 0.940 | 25 |
| | | S6 | 0.938 | 25 |
| 个人信息素养 | 0.885 | P1 | 0.940 | 25 |
| | | P2 | 0.940 | 25 |
| | | P3 | 0.939 | 25 |
| | | P4 | 0.939 | 25 |
| | | P5 | 0.940 | 25 |
| | | P6 | 0.940 | 25 |
| 用户信息需求 | 0.864 | I1 | 0.939 | 25 |
| | | I2 | 0.939 | 25 |
| | | I3 | 0.939 | 25 |
| | | I4 | 0.938 | 25 |
| | | I5 | 0.939 | 25 |
| | | I6 | 0.938 | 25 |

在问卷量表设计环节本章参考被前人采用过且验证检验过的成熟量表，内容效度良好。接下来对结构效度进行检验分析。

从表 3.13 中可以看到调研的问卷总效度 KMO 检验值为 0.913，大于 0.9，表示非常适合。Bartlett 球体检验的卡方值为 3884.146，df 为 325。$\chi^2$ 统计值的显著性概率为 0.000，系数小于 0.001，表明调研问卷的结构效度较为良好。

**表 3.13　　调研问卷效度检验统计量**

| KMO 值 | | 0.913 |
|---|---|---|
| Bartlett 球体检验 | 近似卡方 | 3884.146 |
| | df | 325 |
| | P 值（显著性） | 0.000 |

从图 3. 8 旋转元件矩阵中可以看出本次问卷调查的数据结果符合预设的信息质量—有效性、信息质量—时效性、来源可信度、个人信息素养、信息需求满足度五个维度。

旋转元件矩阵ᵃ

| | 元件 | | | | |
|---|---|---|---|---|---|
| | 1 | 2 | 3 | 4 | 5 |
| Ⅱ1 | 0.862 | | | | |
| ⅠA2 | 0.854 | | | | |
| ⅠA1 | 0.848 | | | | |
| ⅠA3 | 0.815 | | | | |
| Ⅱ2 | 0.678 | | | | |
| S6 | | 0.808 | | | |
| S4 | | 0.777 | | | |
| S2 | | 0.711 | | | |
| S3 | | 0.708 | | | |
| S5 | | 0.670 | | | |
| S1 | | 0.630 | | | |
| P5 | | | 0.840 | | |
| P3 | | | 0.757 | | |
| P6 | | | 0.756 | | |
| P4 | | | 0.750 | | |
| P2 | | | 0.722 | | |
| P1 | | | 0.623 | | |
| I6 | | | | 0.714 | |
| I4 | | | | 0.694 | |
| I5 | | | | 0.656 | |
| I1 | | | | 0.651 | |
| I3 | | | | 0.646 | |
| I2 | | | | 0.628 | |
| IT1 | | | | | 0.715 |
| IT3 | | | | | 0.660 |
| IT2 | | | | | 0.652 |

撷取方法：主体元件分析。
转轴方法：具有Kaiser正规化的最大变异法。
a.在6替代中收敛循环。

**图 3. 8　旋转元件矩阵**

本章对分量表进行效度检验，并通过因子分析的结果来分析题项信息是否能够被有效提取到该变量中。通过表 3. 14，可以得知五个量表的 KMO 值分别为 0. 871、0. 663、0. 854、0. 858、0. 826，Bartlett 球体检验的 P 值均为 0. 000，通过效度检验。累积方差解释率均高于 60%，说明因子可以提取出 60% 以上的题项信息。通过表 3. 14，可以看到所有题项对应的标准因子载荷与共同度均远高于 0.4，表示题项隶属于所对应的因子且信息能够被有效提取。

**表 3.14　　　　效度检验统计值**

| 量表效度检验统计值 | | | | 题项 | 标准因子荷载 | 共同度 |
|---|---|---|---|---|---|---|
| 信息有效性 | KMO 值 | | 0.871 | E1 | 0.848 | 0.773 |
| | Bartlett 球体检验 | 近似卡方 | 861.441 | E2 | 0.854 | 0.846 |
| | | df | 10 | E3 | 0.815 | 0.807 |
| | | P 值 | 0 | E4 | 0.862 | 0.818 |
| | 累积方差解释率% | | 77.51% | E5 | 0.678 | 0.632 |
| 信息时效性 | KMO 值 | | 0.663 | T1 | 0.715 | 0.609 |
| | Bartlett 球体检验 | 近似卡方 | 255.422 | T2 | 0.66 | 0.827 |
| | | df | 3 | T3 | 0.652 | 0.766 |
| | | P 值 | 0 | S1 | 0.63 | 0.551 |
| | 累积方差解释率% | | 73.40% | S2 | 0.67 | 0.703 |
| 来源可信度 | KMO 值 | | 0.854 | S3 | 0.708 | 0.753 |
| | Bartlett 球体检验 | 近似卡方 | 778.892 | S4 | 0.711 | 0.721 |
| | | df | 15 | S5 | 0.777 | 0.449 |
| | | P 值 | 0 | S6 | 0.808 | 0.745 |
| | 累积方差解释率% | | 65.36% | P1 | 0.623 | 0.555 |
| 个人信息素养 | KMO 值 | | 0.858 | P2 | 0.722 | 0.599 |
| | Bartlett 球体检验 | 近似卡方 | 683.471 | P3 | 0.75 | 0.696 |
| | | df | 15 | P4 | 0.756 | 0.708 |
| | | P 值 | 0 | P5 | 0.757 | 0.668 |
| | 累积方差解释率% | | 63.76% | P6 | 0.84 | 0.6 |
| 用户信息需求 | KMO 值 | | 0.826 | I1 | 0.651 | 0.607 |
| | Bartlett 球体检验 | 近似卡方 | 618.673 | I2 | 0.628 | 0.553 |
| | | df | 15 | I3 | 0.656 | 0.569 |
| | | P 值 | 0 | I4 | 0.694 | 0.68 |
| | 累积方差解释率% | | 60.10% | I5 | 0.678 | 0.548 |

模型收敛效度的检验，即对测量模型的收敛效度进行验证式因素分析。只有测量模型的配适度达到可接受标准，才能执行对结构模型进一步的评估。整理后的数据如表3.15 所示。所有构面的标准因子载荷均大于0.6，且显著；组合信度 CR 值均在0.7 以上，平均变异数萃取量 AVE 值也都大于0.5 或接近0.5。因此，该模型收敛效度良好。

表 3.15　　模型收敛效度检验统计值

| 潜变量 | | 观察变量 | 标准因子载荷 | CR | AVE |
|---|---|---|---|---|---|
| 信息有效性 | 准确性 | E1 | 0.848 | 0.8771 | 0.7042 |
| | | E2 | 0.854 | | |
| | | E3 | 0.815 | | |
| | 完整性 | E4 | 0.862 | 0.7484 | 0.6014 |
| | | E5 | 0.678 | | |
| 信息时效性 | | T1 | 0.715 | 0.7162 | 0.4573 |
| | | T2 | 0.652 | | |
| | | T3 | 0.660 | | |
| 来源可信度 | 平台声誉 | S1 | 0.630 | 0.7245 | 0.4679 |
| | | S2 | 0.711 | | |
| | | S3 | 0.708 | | |
| | 创作者可信度 | S4 | 0.777 | 0.7971 | 0.5685 |
| | | S5 | 0.670 | | |
| | | S6 | 0.808 | | |
| 个人信息素养 | | P1 | 0.623 | 0.8808 | 0.5537 |
| | | P2 | 0.722 | | |
| | | P3 | 0.757 | | |
| | | P4 | 0.750 | | |
| | | P5 | 0.840 | | |
| | | P6 | 0.756 | | |
| 信息需求 | 认知需求 | I1 | 0.651 | 0.5806 | 0.4091 |
| | | I2 | 0.628 | | |
| | 安全需求 | I3 | 0.646 | 0.6199 | 0.4495 |
| | | I4 | 0.694 | | |
| | 情感需求 | I5 | 0.656 | 0.6391 | 0.4701 |
| | | I6 | 0.714 | | |

### 3.4.4　假设模型的检验

本章的问卷有效样本数为 215 个，远大于 100，能够合理保证结构方程模型评估的稳定性及代表性。首先对模型中各观测变量的数据分布进行多元正态性检验，检验通过后方能构建模型。

如图 3.9 所示，信息有效性、信息时效性、来源可靠性、个人信息素养、信息需求满足度五个维度的常态 Q－Q 图和常态 P－P 图，大多数点都散落在对角线附近，满足 Q－Q 图和 P－P 图的正态检验。

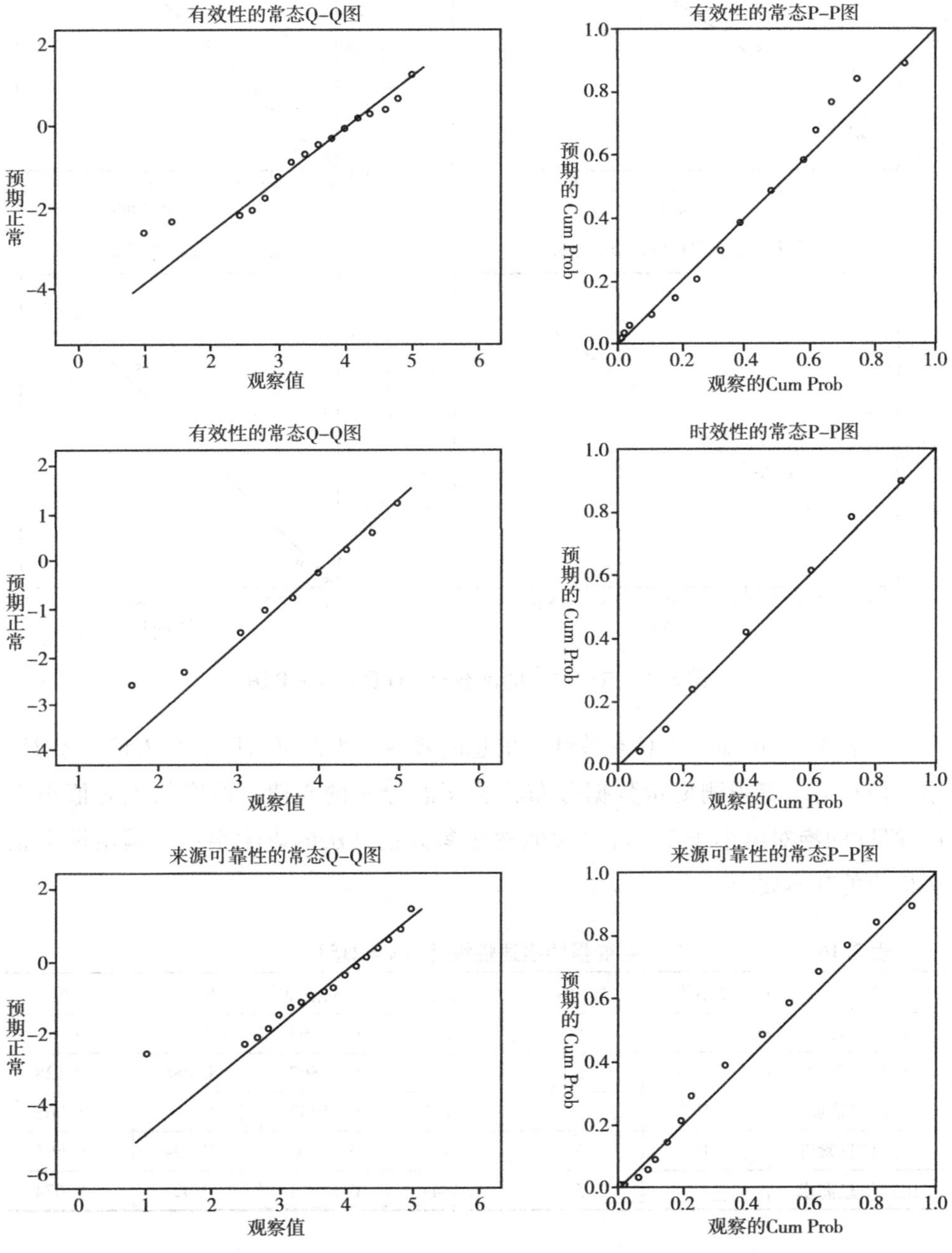

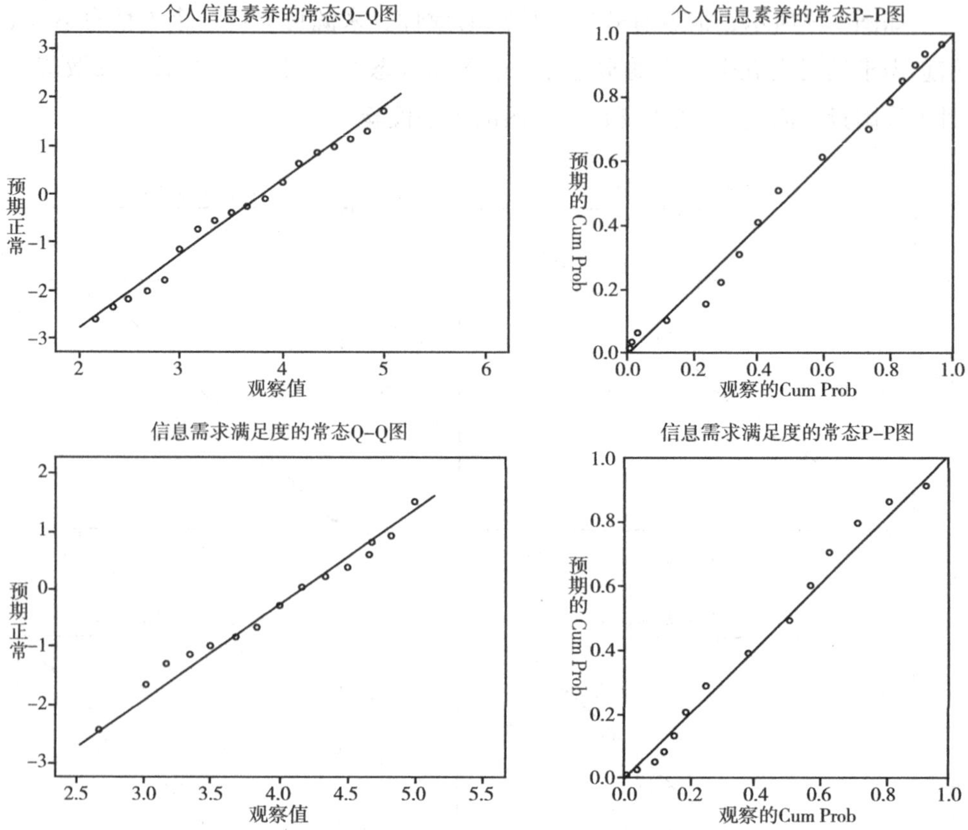


**图 3.9　五个维度的常态 Q－Q 图和 P－P 图**

由表 3.16 可知，信息有效性、信息时效性、来源可信度、个人信息素养、用户信息需求等观测变量数据分布符合正态分布的规律，偏度的绝对值小于 1，峰度的绝对值小于 2，对最大似然法参数估计法的影响很小，满足模型正态检验的基本要求。

**表 3.16　各变量的描述性统计（$n=215$）**

| 变量 | 最小值 | 最大值 | 均值 | 标准偏差 | 偏度 | 峰度 |
|---|---|---|---|---|---|---|
| 信息有效性 | 1 | 5 | 4.0279 | 0.78797 | －0.497 | －0.018 |
| 信息时效性 | 1 | 5 | 4.1333 | 0.66807 | －0.488 | －0.128 |
| 来源可信度 | 1 | 5 | 4.1837 | 0.65347 | －0.997 | 1.765 |
| 个人信息素养 | 1 | 5 | 3.8163 | 0.65108 | 0.074 | －0.693 |
| 用户信息需求 | 1 | 5 | 4.1744 | 0.61264 | －0.423 | －0.674 |

通过文献综述的结果和前面的假设框架，本章将认知信息需求、安全信息需求、情感信息需求作为因变量，将信息有效性、信息时效性、来源可信度作为自变量。结构方程模型初始结构如图 3.10 所示。

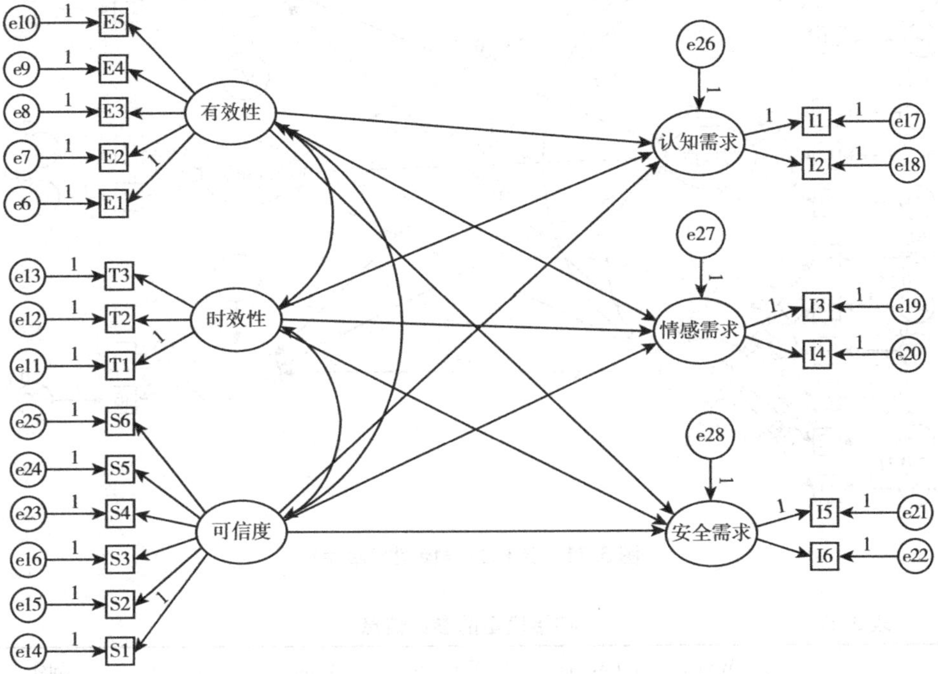


**图 3.10　结构方程模型初始结构**

建立初始模型之后，导入数据通过 AMOS 24.0 进行运行，运行结果见图 3.11。

模型中共有 49 个变量，观察变量有 20 个，无法观察的变量 29 个，包括 6 个潜在变量（有效性、时效性、可信度、认知需求、情感需求、安全需求），20 个测量误差项，3 个内因观察变量的残差项。外因变量有 26 个（20 个测量误差项、3 个残差项、3 个潜在变量），内因变量有 23 个（20 个测量误差项、3 个潜在变量）。如表 3.17 所示，SEM 模型中共有 52 个回归系数，包括 29 个路径系数被设定为 1 的固定参数和 23 个自由参数；52 个自由参数中，包括 23 个回归系数、3 个协方差、26 个方差；模型中全部参数共 81 个。

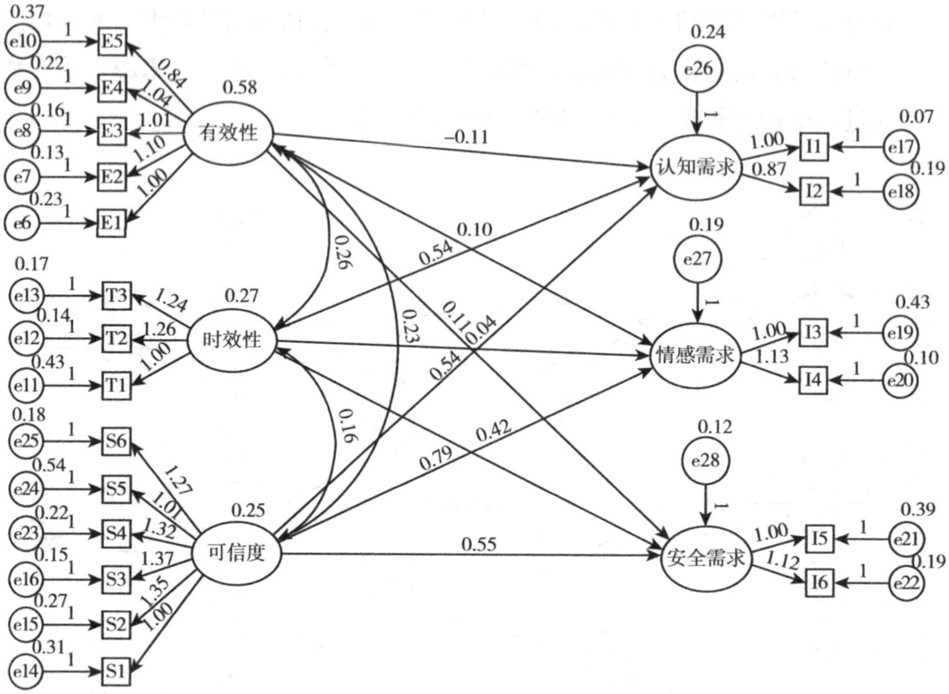


**图 3.11　结构方程模型初始参数**

**表 3.17　　　　　　　　　　　初始模型的参数信息**

| | Weights | Covariances | Variances | Means | Intercepts | Total |
|---|---|---|---|---|---|---|
| Fixed | 29 | 0 | 0 | 0 | 0 | 29 |
| Labeled | 0 | 0 | 0 | 0 | 0 | 0 |
| Unlabeled | 23 | 3 | 26 | 0 | 0 | 52 |
| Total | 52 | 3 | 26 | 0 | 0 | 81 |

输出显示，模型中共有样本数据点 210 个。外因潜在变量的观察变量 P 有 14 个，内因潜在变量的观察变量 q 有 6 个，样本协方差矩阵独特元素或数据点为（14 +4）（14 +6 +1）/2 =210 个。模型中被估计的参数 t 为 52 个，模型的自由度 df 为 210 －52 =158，为正数。根据模型识别的 t 法则方法，本章研究的理论模型达到过度辨识的状态，可以进行下一步违规估计现象检验。

在检验整体模型适配度指标之前，应该先检验合适模型参数是否有违规估计现象（吴明隆，2010）。首先，检查误差方差存，不能出现为负数的现象；其次，检查标准化参数系数，要符合小于 1 的标准；最后，检查标准误，不能出现异常偏大的情况。

项目质量的参数估计如表 3. 18、表 3. 19、表 3. 20 所示。

（1）观测变量与潜变量之间的非标准化路径系数估计值（Estimate 非标准化）如表 3. 18 所示。当路径系数被设定为 1 时，不需要显著性检验，对应的标准误 S. E. 、临界比 C. R. 、显著性水平 P 均为空白；对于其他路径系数，显著性水平 P 小于 0. 001 时，均用 *** 表示。观测变量和潜变量之间的标准化路径系数（Estimate 标准化），如表 3. 18 最后一列所示。标准化路径系数显示与非标准化系数相似，大部分路径系数的参数估计满足一般判定标准。

**表 3. 18　　初始模型的非标准化与标准化路径系数**

| 路径 | | | Estimate（非标准化） | S. E. | C. R. | P | Estimate（标准化） |
|---|---|---|---|---|---|---|---|
| 认知需求 | <— | 有效性 | −0. 106 | 0. 081 | −1. 312 | 0. 19 | −0. 123 |
| 情感需求 | <— | 时效性 | 0. 11 | 0. 119 | 0. 919 | 0. 358 | 0. 087 |
| 安全需求 | <— | 可信度 | 0. 553 | 0. 12 | 4. 608 | *** | 0. 503 |
| 情感需求 | <— | 有效性 | 0. 099 | 0. 075 | 1. 333 | 0. 182 | 0. 116 |
| 安全需求 | <— | 有效性 | −0. 038 | 0. 071 | −0. 541 | 0. 588 | −0. 053 |
| 认知需求 | <— | 时效性 | 0. 544 | 0. 138 | 3. 937 | *** | 0. 43 |
| 安全需求 | <— | 时效性 | 0. 422 | 0. 125 | 3. 377 | *** | 0. 396 |
| 情感需求 | <— | 可信度 | 0. 786 | 0. 141 | 5. 581 | *** | 0. 606 |
| 认知需求 | <— | 可信度 | 0. 507 | 0. 122 | 4. 171 | *** | 0. 389 |
| E1 | <— | 有效性 | 1 | | | | 0. 845 |
| E2 | <— | 有效性 | 1. 1 | 0. 061 | 18. 161 | *** | 0. 918 |
| E3 | <— | 有效性 | 1. 006 | 0. 059 | 17. 128 | *** | 0. 889 |
| E4 | <— | 有效性 | 1. 042 | 0. 064 | 16. 161 | *** | 0. 86 |
| E5 | <— | 有效性 | 0. 844 | 0. 069 | 12. 308 | *** | 0. 723 |
| T1 | <— | 时效性 | 1 | | | | 0. 618 |
| T2 | <— | 时效性 | 1. 259 | 0. 132 | 9. 541 | *** | 0. 87 |
| T3 | <— | 时效性 | 1. 239 | 0. 132 | 9. 4 | *** | 0. 842 |
| S1 | <— | 可信度 | 1 | | | | 0. 667 |
| S2 | <— | 可信度 | 1. 346 | 0. 131 | 10. 289 | *** | 0. 793 |
| S3 | <— | 可信度 | 1. 367 | 0. 123 | 11. 08 | *** | 0. 868 |
| I1 | <— | 认知需求 | 1 | | | | 0. 929 |

续表

| 路径 | | | Estimate（非标准化） | S. E. | C. R. | P | Estimate（标准化） |
|---|---|---|---|---|---|---|---|
| I2 | <--- | 认知需求 | 0.871 | 0.082 | 10.638 | *** | 0.793 |
| I3 | <--- | 情感需求 | 1 | | | | 0.704 |
| I4 | <--- | 情感需求 | 1.125 | 0.117 | 9.629 | *** | 0.92 |
| I5 | <--- | 安全需求 | 1 | | | | 0.662 |
| I6 | <--- | 安全需求 | 1.124 | 0.137 | 8.206 | *** | 0.815 |
| S4 | <--- | 可信度 | 1.321 | 0.126 | 10.517 | *** | 0.814 |
| S5 | <--- | 可信度 | 1.011 | 0.132 | 7.678 | *** | 0.57 |
| S6 | <--- | 可信度 | 1.266 | 0.119 | 10.666 | *** | 0.828 |

（2）因素区辨的参数估计潜变量之间的协方差估计值和相关性估计值，如表 3.19 所示。其中，3 个潜变量之间的协方差估计值基本都很小，P 值均通过 0.001 的显著性水平检验。

**表 3.19　　　　初始模型潜变量的协方差与相关性**

| 路径 | | | 协方差 | S. E. | C. R. | P | 相关性 |
|---|---|---|---|---|---|---|---|
| 有效性 | <--> | 时效性 | 0.264 | 0.043 | 6.078 | *** | 0.675 |
| 时效性 | <--> | 可信度 | 0.161 | 0.03 | 5.43 | *** | 0.624 |
| 有效性 | <--> | 可信度 | 0.229 | 0.038 | 6.054 | *** | 0.603 |

（3）测量变量的残差估计值，如表 3.20 所示。其中，所有潜变量和观测变量的测量误差都是近似为 0 但不为 0 的正值，且绝大部分达到 *** 的显著性水平；同时，S. E. 没有极端小的情况出现，说明理论模型的界定没有谬误。

**表 3.20　　　　初始模型测量变量的残差估计值**

| | Estimate | S. E. | C. R. | P | | Estimate | S. E. | C. R. | P |
|---|---|---|---|---|---|---|---|---|---|
| 有效性 | 0.575 | 0.076 | 7.58 | *** | e13 | 0.168 | 0.025 | 6.71 | *** |
| 时效性 | 0.266 | 0.056 | 4.753 | *** | e14 | 0.314 | 0.032 | 9.655 | *** |
| 可信度 | 0.252 | 0.047 | 5.362 | *** | e15 | 0.269 | 0.03 | 8.876 | *** |
| e26 | 0.243 | 0.041 | 5.955 | *** | e16 | 0.153 | 0.02 | 7.676 | *** |
| e27 | 0.19 | 0.037 | 5.1 | *** | e17 | 0.068 | 0.033 | 2.044 | 0.041 |

续表

| | Estimate | S. E. | C. R. | P | | Estimate | S. E. | C. R. | P |
|---|---|---|---|---|---|---|---|---|---|
| e28 | 0. 121 | 0. 031 | 3. 851 | *** | e18 | 0. 191 | 0. 031 | 6. 216 | *** |
| e6 | 0. 229 | 0. 026 | 8. 729 | *** | e19 | 0. 431 | 0. 053 | 8. 119 | *** |
| e7 | 0. 129 | 0. 019 | 6. 836 | *** | e20 | 0. 098 | 0. 043 | 2. 287 | 0. 022 |
| e8 | 0. 155 | 0. 02 | 7. 893 | *** | e21 | 0. 389 | 0. 048 | 8. 121 | *** |
| e9 | 0. 221 | 0. 026 | 8. 513 | *** | e22 | 0. 194 | 0. 042 | 4. 622 | *** |
| e10 | 0. 375 | 0. 039 | 9. 651 | *** | e23 | 0. 223 | 0. 026 | 8. 638 | *** |
| e11 | 0. 432 | 0. 046 | 9. 496 | *** | e24 | 0. 535 | 0. 054 | 9. 933 | *** |
| e12 | 0. 136 | 0. 023 | 5. 797 | *** | e25 | 0. 185 | 0. 022 | 8. 447 | *** |

结果显示，该模型的检验核实结果没有违规估计现象存在，则可进行下一步整体模型适配度检验。

（4）模型适配度检验。

理论模型与样本数据之间的适配度检验输出结果，如表3. 21、表3. 22、表3. 23、表3. 24、表3. 25所示。

如表3. 21所示，卡方对应的显著性水平P值越小越好，本研究数据为0；卡方自由度之比（CMIN/DF）为2. 873，位于1～3，符合要求，表示假设模型与样本数据的契合度可以接受。

**表3. 21　　　　卡方自由度比**

| Model | NPAR | CMIN | DF | P | CMIN/DF |
|---|---|---|---|---|---|
| Default model | 52 | 453. 986 | 158 | 0 | 2. 873 |
| Saturated model | 210 | 0 | 0 | | |
| Independence model | 20 | 3124. 191 | 190 | 0 | 16. 443 |

表3. 22数据显示，残差均方和平方根（RMR）为0. 043，满足<0. 05的要求，即为可接受的适配模型。适配度指数（GFI）一般的判别标准>0. 90，表示模型路径图与实际数据有良好的适配度，而表中数据显示该模型没有达到良好适配度的标准。调整后的适配指数（AGFI）的一般判别标准>0. 90，表示模型路径图与实际数据具有良好适配度，而表中数据显示该模型没有达到良好适配度的标准。

**表 3.22　　适配度指数**

| Model | RMR | GFI | AGFI | PGFI |
|---|---|---|---|---|
| Default model | 0.043 | 0.826 | 0.769 | 0.621 |
| Saturated model | 0 | 1 | | |
| Independence model | 0.289 | 0.208 | 0.125 | 0.189 |

表 3.23 数据显示，最小差异函数值（FMIN）为 2.121，总体差异函数值（F0）为 1.383，均不满足近似于 0 的要求。理论模型没有通过适配度检验。

**表 3.23　　最小差异函数值**

| Model | FMIN | F0 | LO 90 | HI 90 |
|---|---|---|---|---|
| Default model | 2.121 | 1.383 | 1.103 | 1.699 |
| Saturated model | 0 | 0 | 0 | 0 |
| Independence model | 14.599 | 13.711 | 12.882 | 14.575 |

表 3.24 显示各适配度指标的判定，大部分指标达到标准，但有部分检验结果不达标，如 GFI、AGFI、NFI、RFI、TLI、CFI 等。基于这个角度，必须进行模型的修正与调整。

**表 3.24　　结构方程模型的配适度指标值**

| 判断项目 | 统计检验量 | 拟合标准 | 检验结果 | 拟合判断 |
|---|---|---|---|---|
| 参考标准 | df | | 158 | |
| | p | P > 0.05 | 0 | 符合 |
| 绝对适配统计量 | $\chi^2$ | 越小越好 | 463.986 | |
| | $\chi^2$/df | < 3.00 适配良好 | 2.873 | 符合 |
| | RMR | < 0.05 | 0.043 | 符合 |
| | RMSEA | 0.08 ~ 0.10 普通适配<br>0.05 ~ 0.08 合理适配 | 0.094 | 符合 |
| | GFI | > 0.90 | 0.826 | 不符合 |
| | AGFI | > 0.90 | 0.769 | 不符合 |
| 增值拟合指标 | NFI | > 0.90 | 0.855 | 不符合 |
| | RFI | > 0.90 | 0.825 | 不符合 |
| | IFI | > 0.90 | 0.9 | 符合 |
| | TLI（NNFI） | > 0.90 | 0.879 | 不符合 |
| | CFI | > 0.90 | 0.899 | 不符合 |

续表

| 判断项目 | 统计检验量 | 拟合标准 | 检验结果 | 拟合判断 |
|---|---|---|---|---|
| 简约拟合指标 | PGFI | >0.50 | 0.621 | 好 |
| | PNFI | >0.50 | 0.711 | 好 |
| | PCFI | >0.50 | 0.748 | 好 |

### 3.4.5　模型的修正调整

表 3.25 中的 MI 值指的是修正指标，AMOS 中修正指标由极大似然估计中的极大似然估计量导出。MI 指数的值越大，说明按照建议修改后对模型拟合效果的提升也越大。例如，随机误差项 e27 与 e28，两者对应的分别是用户信息需求中的情感需求与安全需求，表述的意义相近。e27 <--> e28 路径的 MI 指数为 48.583，说明两者之间存在共生关系且允许两者之间的残差相关，于是通过 MI 修正连接两者之间的相关路径。按照表 3.25 中的建议，基于谨慎起见，每次改动模型均仅改动一处。表中指出随机误差项 e10 <--> e9、e12 <--> e24、e11 <--> e24、e25 <--> e23、e24 <--> e16、e14 <--> e15、e26 <--> e27、e26 <--> e28、e27 <--> e28、e27 <--> e21 如果存在共生关系，则能够较大地提升模型的适配度。

**表 3.25　　MI 指数**

| 路径 | | | M. I. | 路径 | | | M. I. |
|---|---|---|---|---|---|---|---|
| e27 | <--> | e28 | 48.583 | e14 | <--> | e23 | 13.092 |
| e26 | <--> | e28 | 25.292 | e14 | <--> | e15 | 32.697 |
| e26 | <--> | e27 | 12.72 | e13 | <--> | 可信度 | 7.442 |
| e25 | <--> | 可信度 | 5.271 | e13 | <--> | 有效性 | 4.165 |
| e25 | <--> | 时效性 | 7.723 | e13 | <--> | e27 | 6.123 |
| e24 | <--> | e25 | 6.821 | e13 | <--> | e24 | 6.718 |
| e23 | <--> | e28 | 9.306 | e13 | <--> | e20 | 7.912 |
| e23 | <--> | e25 | 33.748 | e13 | <--> | e15 | 5.34 |
| e22 | <--> | e27 | 10.471 | e12 | <--> | e28 | 7.464 |
| e22 | <--> | e26 | 19.734 | e12 | <--> | e26 | 4.03 |

续表

| 路径 | | | M. I. | 路径 | | | M. I. |
|---|---|---|---|---|---|---|---|
| e22 | <—> | e24 | 5. 866 | e12 | <—> | e24 | 7. 485 |
| e22 | <—> | e23 | 5. 381 | e12 | <—> | e16 | 5. 058 |
| e21 | <—> | e27 | 27. 305 | e11 | <—> | e25 | 5. 825 |
| e21 | <—> | e24 | 5. 652 | e11 | <—> | e24 | 12. 171 |
| e20 | <—> | e28 | 16. 751 | e10 | <—> | e24 | 5. 294 |
| e20 | <—> | e26 | 6. 883 | e10 | <—> | e15 | 6. 125 |
| e20 | <—> | e22 | 5. 032 | e10 | <—> | e13 | 4. 941 |
| e20 | <—> | e21 | 6. 778 | e10 | <—> | e11 | 5. 045 |
| e19 | <—> | e28 | 10. 468 | e9 | <—> | e19 | 5. 474 |
| e19 | <—> | e23 | 6. 673 | e9 | <—> | e18 | 5. 359 |
| e19 | <—> | e21 | 9. 744 | e9 | <—> | e10 | 10. 908 |
| e18 | <—> | e27 | 5. 078 | e8 | <—> | e25 | 4. 298 |
| e17 | <—> | e28 | 9. 957 | e7 | <—> | e18 | 4. 84 |
| e17 | <—> | e22 | 4. 278 | e7 | <—> | e17 | 4. 427 |
| e16 | <—> | e24 | 8. 113 | e7 | <—> | e10 | 5. 158 |
| e16 | <—> | e21 | 6. 6 | e7 | <—> | e9 | 5. 098 |
| e16 | <—> | e19 | 5. 856 | e6 | <—> | e25 | 4. 688 |
| e15 | <—> | 时效性 | 4. 618 | e6 | <—> | e18 | 4. 176 |
| e15 | <—> | e25 | 6. 956 | e6 | <—> | e16 | 5. 44 |
| e15 | <—> | e23 | 6. 743 | e6 | <—> | e8 | 6. 302 |
| e15 | <—> | e20 | 7. 139 | e6 | <—> | e7 | 5. 519 |
| e15 | <—> | e19 | 5. 647 | | | | |

通过 MI 参数对模型进行逐步的修改和调整，分别增列 e10 <--> e9、e12 <—> e24、e11 <--> e24、e25 <--> e23、e24 <--> e16、e14 <--> e15、e26 <—> e27、e26 <—> e28、e27 <—> e28、e27 <—> e21 之间的共变关系，如图 3. 12 所示。

修正后模型与数据的拟合程度明显增强，拟合指标大部分都完全符合拟合标准，如图 3. 13 所示。

表 3. 26 列举了修正后模型的主要适配指标。与适配指标给定推荐值进行比较可以看出，修正后模型的拟合值都落在推荐值范围内。因此，修正后的模型是可以接受的。

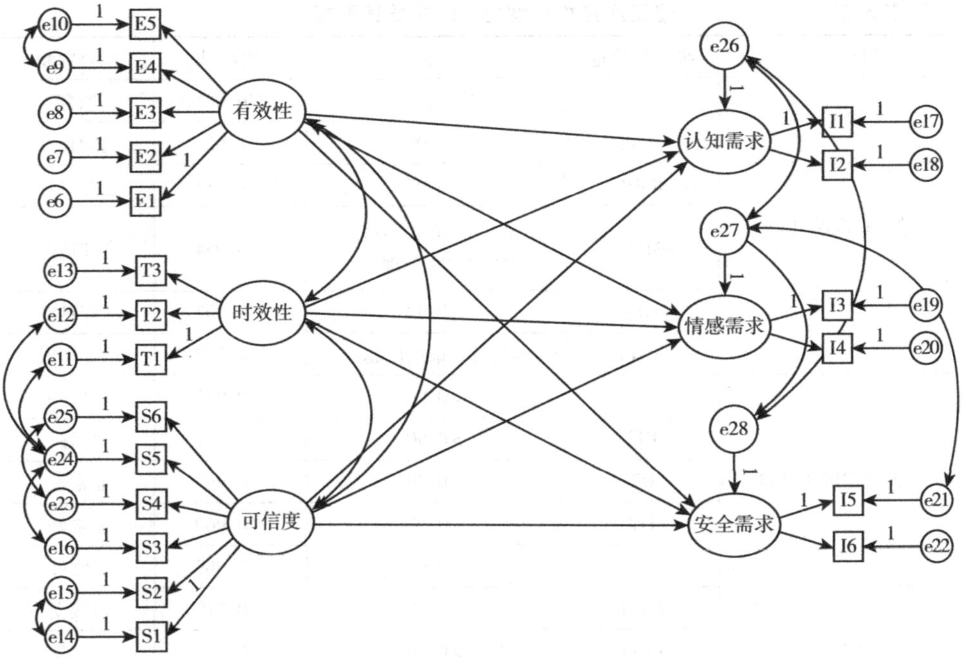


图 3.12 MI 修正后的模型

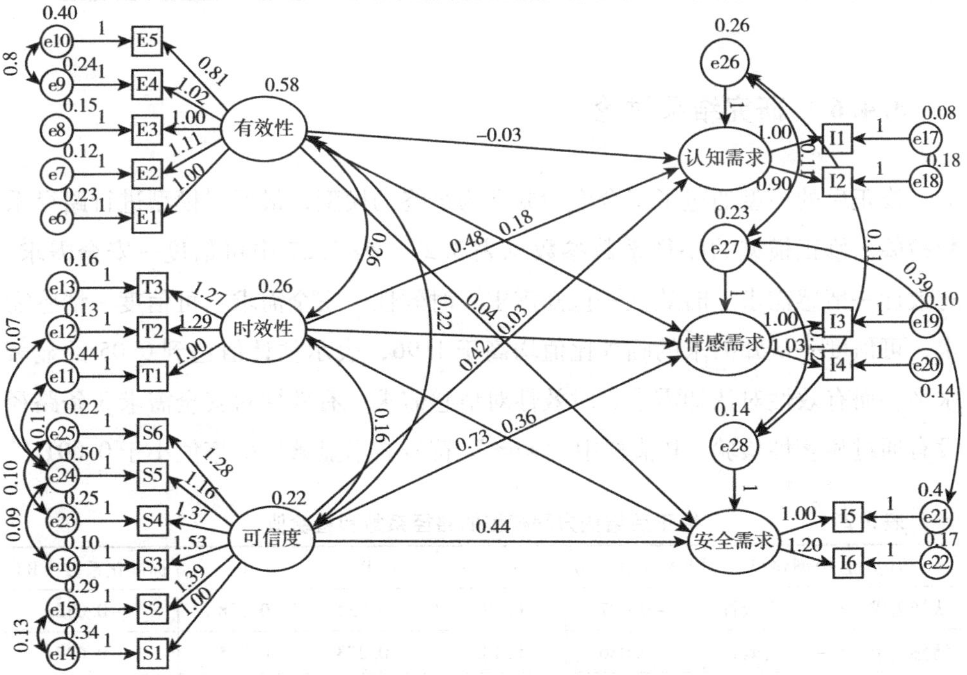


图 3.13 MI 修正后的模型参数

表 3.26 修正后结构模型检验的主要适配指标

| 判断项目 | 统计检验量 | 拟合标准 | 检验结果 | 拟合判断 |
|---|---|---|---|---|
| 绝对适配统计量 | $\chi^2$ | 越小越好 | 240.061 | 拟合 |
| | $\chi^2/df$ | <3.00 | 1.622 | 适配良好 |
| | RMR | <0.05 | 0.031 | 适配良好 |
| | RMSEA | 0.08~0.10 普通适配<br>0.05~0.08 合理适配 | 0.054 | 合理适配 |
| | GFI | >0.90 | 0.902 | 适配良好 |
| | AGFI | 越接近 1 适配度越加 | 0.862 | 适配一般 |
| 增值适配度统计量 | NFI | >0.90 | 0.923 | 良好 |
| | RFI | >0.90 | 0.901 | 良好 |
| | IFI | >0.90 | 0.969 | 非常好 |
| | TLI | >0.90 | 0.960 | 非常好 |
| | CFI | >0.90 | 0.969 | 非常好 |
| 简约适配统计量 | PNFI | >0.50 | 0.719 | 可接受 |
| | PGFI | >0.50 | 0.636 | 可接受 |
| | PCFI | >0.50 | 0.755 | 可接受 |

### 3.4.6 研究结果讨论

修正后的模型通过了拟合度检验即为最终的模型，最后对模型进行路径系数检验。修正模型的路径系数参数见表 3.27。表 3.27 中可信度—安全需求、有效性—情感需求、时效性—认知需求、时效性—安全需求、可信度—情感需求、可信度—认知需求的临界比值均高于 1.96，表示估计值达到 0.05 的显著水平。而有效性对认知需求、时效性对情感需求、有效性对安全需求 3 条路径没有通过显著性检验。P 值栏中“ *** ”符号表示显著性概率值小于 0.001。

表 3.27 修正后结构方程模型的路径系数和检验值

| 结构方程模型路径 | 非标准化系数 | S. E. | C. R. | P | 标准化系数（B） |
|---|---|---|---|---|---|
| 认知需求 <--- 有效性 | -0.027 | 0.08 | -0.334 | 0.738 | -0.032 |
| 情感需求 <--- 时效性 | 0.036 | 0.132 | 0.273 | 0.785 | 0.027 |
| 安全需求 <--- 可信度 | 0.443 | 0.122 | 3.626 | *** | 0.393 |

续表

| 结构方程模型路径 | 非标准化系数 | S. E. | C. R. | P | 标准化系数（B） |
|---|---|---|---|---|---|
| 情感需求 <— 有效性 | 0.18 | 0.079 | 2.264 | 0.024 * | 0.202 |
| 安全需求 <— 有效性 | 0.031 | 0.068 | 0.454 | 0.65 | 0.044 |
| 认知需求 <— 时效性 | 0.485 | 0.142 | 3.41 | *** | 0.385 |
| 安全需求 <— 时效性 | 0.359 | 0.124 | 2.891 | 0.004 ** | 0.343 |
| 情感需求 <— 可信度 | 0.784 | 0.151 | 5.197 | *** | 0.548 |
| 认知需求 <— 可信度 | 0.416 | 0.132 | 3.147 | 0.002 ** | 0.307 |

注：* =P<0.05 表明相关，** =P<0.01 表明中度相关，*** =P<0.001 表明高度相关。

假设检验结果汇总如表 3.28 所示。

**表 3.28　假设检验结果汇总**

| 假设 | 结果 |
|---|---|
| H3.1a：信息有效性正向影响用户的认知信息需求满足 | 不支持 |
| H3.1b：信息有效性正向影响用户的安全信息需求满足 | 不支持 |
| H3.1c：信息有效性正向影响用户的情感信息需求满足 | 支持 |
| H3.2a：信息时效性正向影响用户的认知信息需求满足 | 支持 |
| H3.2b：信息时效性正向影响用户的安全信息需求满足 | 支持 |
| H3.2c：信息时效性正向影响用户的情感信息需求满足 | 不支持 |
| H3.3a：危机信息的来源可信度正向影响用户的认知信息需求满足 | 支持 |
| H3.3b：危机信息的来源可信度正向影响用户的安全信息需求满足 | 支持 |
| H3.3c：危机信息的来源可信度正向影响用户的情感信息需求满足 | 支持 |

H3.1a：信息有效性正向影响用户的认知信息需求满足没有得到验证（P=0.738，B=−0.032）。即在突发公共危机事件情境下，危机信息的有效性并没有正向影响用户的认知信息需求满足。

H3.1b 没有得到验证，信息有效性正向影响用户的安全信息需求满足（P=0.65，B=0.044）。即在突发公共危机事件情境下，危机信息的有效性并没有正向影响用户的安全信息需求满足。

H3.1c 得到了验证，信息有效性正向影响用户的情感信息需求满足（P=0.024，B=0.202）。基于突发公共危机事件情境下，危机信息的有效性影响用户的情感信息需求满足。危机信息的有效性越高，用户的情感信息需求也就越高。

H3. 2a 得到了验证，信息时效性正向影响用户的认知信息需求满足（$P<0.001$,$B=0.385$）。基于突发公共危机事件情境下，危机信息的时效性影响用户的认知信息需求满足。危机信息的时效性越高，用户的认知信息需求也就越高。

H3. 2b 得到了验证，信息时效性正向影响用户的安全信息需求满足（$P=0.004$，$B=0.343$）。基于突发公共危机事件情境下，危机信息的时效性影响用户的情感信息需求满足。危机信息的时效性越高，用户的情感信息需求也就越高。

H3. 2c 没有得到验证，信息时效性正向影响用户的情感信息需求满足（$P=0.785$，$B=0.027$）。即在突发公共危机事件情境下，危机信息的时效性并没有正向影响用户的情感信息需求满足。

H3. 3a 得到了验证，危机信息的来源可信度正向影响用户的认知信息需求满足（$P=0.002$，$B=0.307$）。基于突发公共危机事件情境下，危机信息的来源可信度正向影响用户的认知信息需求满足。危机信息的来源可信度越高，用户的认知信息需求也就越高。

H3. 3b 得到了验证，危机信息的来源可信度正向影响用户的安全信息需求满足（$P=<0.001$，$B=0.393$）。基于突发公共危机事件情境下，危机信息的来源可信度正向影响用户的安全信息需求满足。危机信息的来源可信度越高，用户的安全信息需求也就越高。

H3. 3c 得到了验证，危机信息的来源可信度正向影响用户的情感信息需求满足（$P<0.001$，$B=0.548$）。基于突发公共危机事件情境下，危机信息的来源可信度正向影响用户的情感信息需求满足。危机信息的来源可信度越高，用户的情感信息需求也就越高。

本章借助 SPSS 24. 0 对多群组数据进行单因素方差分析。

（1）性别。

性别不同的用户的认知信息需求、安全信息需求、情感信息需求没有呈现显著性差异，$P>0.05$，如表 3. 29 所示。

表 3.29 性别在各个因子上的差异

| 性别 | 样本数 | II1 | | II2 | | II3 | |
|---|---|---|---|---|---|---|---|
| | | 平均数 | 标准偏差 | 平均数 | 标准偏差 | 平均数 | 标准偏差 |
| 男 | 87 | 4.166667 | 0.722023 | 4.103448 | 0.869837 | 4.12069 | 0.727234 |
| 女 | 128 | 4.214844 | 0.623312 | 4.175781 | 0.719771 | 4.222656 | 0.681038 |
| F | | 0.272 | | 0.441 | | 1.099 | |
| P | | 0.603 | | 0.507 | | 0.296 | |

张帅等（2021）在科研生命周期理论视角下研究学术社交网络用户信息需求得出“不同性别特征的用户信息需求差异并不显著”的结论。姜婷婷（2021）在突发公共卫生事件中公众的信息行为研究中认为，总体来说，男性与女性之间对于疫情信息的需求差距并不明显，性别对公众在信息需求频率上的影响并不显著。因此本章的研究可以得出，在突发公共危机事件下，性别对公众信息需求不存在显著影响。

（2）年龄。

年龄不同的用户的认知信息需求、安全信息需求、情感信息需求没有呈现显著性差异，P >0.05，如表 3.30 所示。

表 3.30 年龄在各个因子上的差异

| 年龄 | 样本数 | 认知信息需求 | | 安全信息需求 | | 情感信息需求 | |
|---|---|---|---|---|---|---|---|
| | | 均值 | 标准差 | 均值 | 标准差 | 均值 | 标准差 |
| ≤18 | 29 | 4.1034 | 0.5241 | 4.0172 | 0.7132 | 4.0345 | 0.6399 |
| 19～24 | 97 | 4.1237 | 0.7361 | 4.0722 | 0.8478 | 4.1186 | 0.7316 |
| 25～34 | 64 | 4.2969 | 0.6218 | 4.2109 | 0.7653 | 4.2656 | 0.6899 |
| 35～44 | 10 | 4.5000 | 0.4714 | 4.5500 | 0.5503 | 4.5500 | 0.5503 |
| ≥45 | 15 | 4.2000 | 0.6492 | 4.3333 | 0.5876 | 4.2667 | 0.6779 |
| F | | 1.331 | | 1.413 | | 1.509 | |
| P | | 0.260 | | 0.231 | | 0.201 | |

姜婷婷（2021）在突发公共卫生事件中公众的信息行为研究中发现不同年龄层的群众对疫情新闻信息的需求都比较高，维持在一天关注数次和时时刻刻都在关注的频率上，不同年龄阶段关注频率相差比例都在正常范围之内。因此本章的研究可以得出，在突发公共危机事件下，年龄对公众信息需求不存在显著影响。

（3）学历。

学历不同的用户的认知信息需求、安全信息需求、情感信息需求没有呈现显著性差异，$P > 0.05$，如表 3.31 所示。

**表 3.31　　学历在各个因子上的差异**

| 学历 | 样本数 | 认知信息需求 | | 安全信息需求 | | 情感信息需求 | |
|---|---|---|---|---|---|---|---|
| | | 均值 | 标准差 | 均值 | 标准差 | 均值 | 标准差 |
| 初中及以下 | 9 | 4.39 | 0.49 | 4.33 | 0.56 | 4.44 | 0.73 |
| 高中 | 19 | 4.21 | 0.61 | 4.42 | 0.53 | 4.29 | 0.56 |
| 大专 | 40 | 4.16 | 0.77 | 4.00 | 0.95 | 4.15 | 0.82 |
| 本科 | 77 | 4.11 | 0.70 | 4.15 | 0.79 | 4.05 | 0.73 |
| 硕士及以上 | 70 | 4.28 | 0.59 | 4.13 | 0.75 | 4.28 | 0.61 |
| F | | 0.806 | | 1.074 | | 1.458 | |
| P | | 0.523 | | 0.371 | | 0.216 | |

姜婷婷（2021）在突发公共卫生事件中公众的信息行为研究中发现，总体来说，不同文化程度的公众对信息的需求相差不大。因此本章的研究可以得出，在突发公共危机事件下，学历对公众信息需求不存在显著影响。

采用多层次回归分析的方法检验调节效应。利用 SPSS 24.0 的线性回归方法进行分析（见表 3.32）。

**表 3.32　　个人信息素养的调节作用**

| 路径 | 非标准化系数 | | 标准化系数 | T | 显著性 | B 的^1 信赖区间 | | 共线性统计资料 | |
|---|---|---|---|---|---|---|---|---|---|
| | B | 标准错误 | Beta | | | 下限 | | B | 标准错误 |
| EP -> IC | 0.035 | 0.055 | 0.039 | 0.637 | 0.525 | -0.074 | 0.144 | 0.919 | 1.088 |
| EP -> IS | -0.186 | 0.051 | -0.204 | -3.620 | 0.000 | -0.287 | -0.085 | 0.919 | 1.088 |
| EP -> IE | -0.064 | 0.055 | -0.070 | -1.164 | 0.246 | -0.172 | 0.044 | 0.919 | 1.088 |
| TP -> IC | -0.037 | 0.058 | -0.038 | -0.630 | 0.529 | -0.152 | 0.078 | 0.899 | 1.113 |
| TP -> IS | -0.042 | 0.059 | -0.043 | -0.709 | 0.479 | -0.159 | 0.075 | 0.899 | 1.113 |
| TP -> IE | -0.051 | 0.058 | -0.052 | -0.873 | 0.384 | -0.166 | 0.064 | 0.899 | 1.113 |
| SP -> IC | 0.099 | 0.051 | 0.119 | 1.921 | 0.056 | -0.003 | 0.200 | 0.805 | 1.242 |
| SP -> IS | -0.127 | 0.048 | -0.153 | -2.639 | 0.009 | -0.221 | -0.032 | 0.805 | 1.242 |
| SP -> IE | -0.040 | 0.051 | -0.048 | -0.789 | 0.431 | -0.139 | 0.060 | 0.805 | 1.242 |

结果显示，个人信息素养对信息有效性 --> 安全信息需求具有负向调节作用。即低信息素养的人群需要的安全信息需求是有效的，而高信息素养的人群对于安全信息需求的有效性要求有所降低。斜率检验结果如图 3. 14 所示。

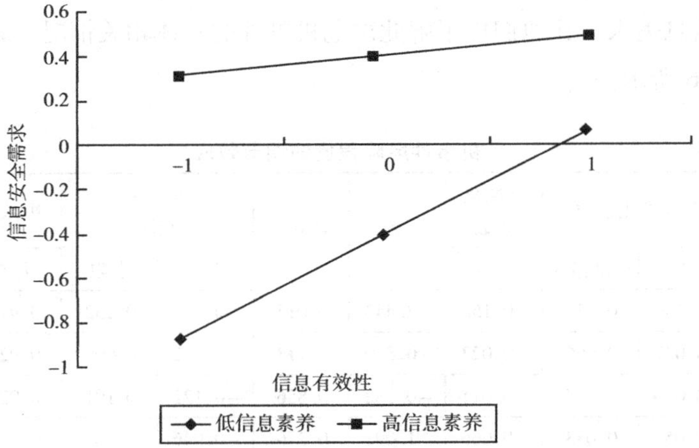


**图 3. 14　个人信息素养对 E --> IS 的调节作用**

结果显示，个人信息素养对来源可信度 --> 安全信息需求具有负向调节作用。即低信息素养的人群需要的安全信息需求的来源是可信的，而高信息素养的人群对于安全信息需求的来源可信度要求有所降低。斜率检验结果如图 3. 15 所示。

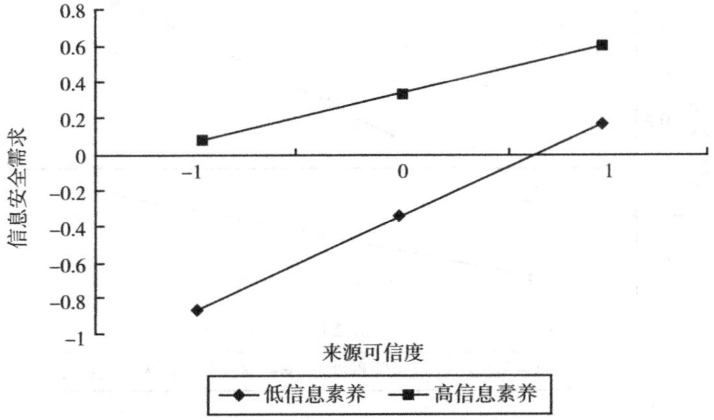


**图 3. 15　个人信息素养对 S --> IS 的调节作用**

结果显示，危机事件风险程度对于信息有效性 --> 认知信息需求的路径具有正向调节作用。即危机事件风险感知程度越高，对于认知信息需求的信息有效性要求也就越高（见表 3.33）。在高风险突发公共危机事件情境下，用户感知到的危险性越大，不确定性也就越大，更需要完整准确的有效信息来满足他们的认知信息需求，让他们更了解此次危机事件的具体相关情况。斜率检验结果如图 3.16 所示。

**表 3.33　　危机事件风险程度的调节效应**

| 路径 | 非标准化系数 | | 标准化系数 | T | 显著性 | B 的^1 信赖区间 | | 共线性统计资料 | |
|---|---|---|---|---|---|---|---|---|---|
| | B | 标准错误 | Beta | | | 下限 | 上限 | 允差 | VIF |
| ED -> IC | 0.140 | 0.057 | 0.155 | 2.443 | 0.015 | 0.027 | 0.252 | 0.928 | 1.077 |
| ED -> IS | -0.021 | 0.056 | -0.023 | -0.369 | 0.713 | -0.132 | 0.090 | 0.928 | 1.077 |
| ED -> IE | -0.010 | 0.057 | -0.011 | -0.182 | 0.856 | -0.122 | 0.101 | 0.928 | 1.077 |
| TD -> IC | 0.057 | 0.053 | 0.066 | 1.091 | 0.276 | -0.046 | 0.161 | 0.921 | 1.086 |
| TD -> IS | 0.020 | 0.055 | 0.023 | 0.355 | 0.723 | -0.089 | 0.128 | 0.921 | 1.086 |
| TD -> IE | -0.023 | 0.052 | -0.027 | -0.441 | 0.660 | -0.125 | 0.079 | 0.921 | 1.086 |
| SD -> IC | 0.073 | 0.055 | 0.082 | 1.323 | 0.187 | -0.036 | 0.181 | 0.887 | 1.127 |
| SD -> IS | -0.053 | 0.053 | -0.060 | -1.011 | 0.313 | -0.157 | 0.051 | 0.887 | 1.127 |
| SD -> IE | -0.069 | 0.053 | -0.078 | -1.316 | 0.190 | -0.173 | 0.035 | 0.887 | 1.127 |

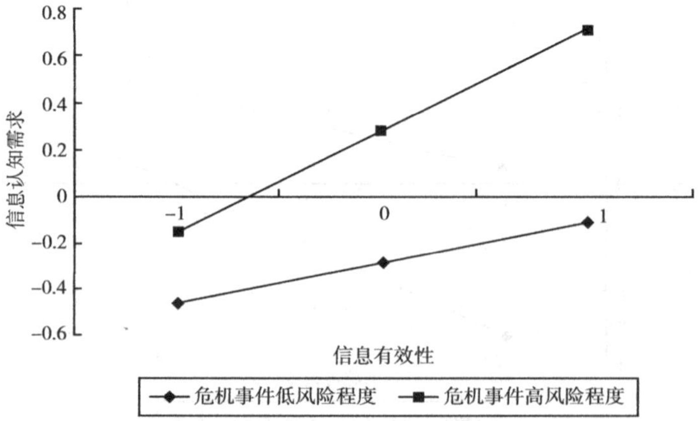


**图 3.16　危机事件风险程度对 E —> IC 的调节作用**

### 3.4.7　本节小结

本节基于扎根理论获取的在突发公共危机事件下影响用户信息需求的主要因素进行问卷调查采集数据，并在数据信效度检验及正态检验通过的情况下结合精细加工可能性模型构建结构方程模型，作出合理假设。在 Amos 软件中导入数据检验模型的合理性与适配拟合度，进行修正后的最终模型揭示了用户对于危机信息的三类需求及其前置影响因素的关系。九条假设中六条通过了实证检验，三条未通过实证检验。

研究结果证明了在突发公共危机事件情境下，信息时效性与来源可信度会对用户的认知信息需求满足产生促进作用。而信息有效性，即信息的准确性和完整性不会对用户的认知信息需求满足产生促进作用。但是，危机事件的调节效应体现在对于信息有效性对认知信息需求的路径具有正向调节作用。即危机事件风险程度越高，对于认知信息需求的信息有效性要求也就越高。信息时效性与来源可信度会对用户的安全信息需求满足产生促进作用。而信息有效性，即信息的准确性和完整性不会对用户的安全信息需求满足产生促进作用。个人信息素养的调节作用体现在对信息有效性对安全信息需求路径和来源可信度对安全信息需求具有负向调节作用。即低信息素养的人群需要的安全信息需求是有效且可信的，而高信息素养的人群对于安全信息需求的有效性和可信度要求有所降低。信息有效性与来源可信度会对用户的情感信息需求满足产生促进作用。而信息时效性不会对用户的情感信息需求满足产生促进作用。

本节研究验证了 ELM 模型中信息质量与来源可信度双路径对信息需求具有正向调节作用。本章将信息质量划分为信息时效性与信息有用性，属于中心路径；来源可信度属于外围路径。信息有效性对于用户情感信息需求的中心路径作用假设得到了检验。信息时效性对于用户的认知信息需求与安全信息需求的中心路径作用假设得到了检验。来源可信度对于危机信息需求的边缘路径作用假设得到了检验。对于认知信息需求而言，信息时效性的路径系数最大（$P<0.001$，$B=0.385$），来源可信度次之（$P=0.002$，$B=0.307$），这说明在突发公共危机事件下，用户对于危机事件相关的认知需求首要要求是更新及时，然后是来源可靠。对于安全信息需求而言，来源可信度的路径系数

最大（$P<0.001$，$B=0.393$），随后是信息时效性（$P=0.004$，$B=0.343$）。这说明在突发公共危机事件情境下，用户对于如何在危机中防范保护的安全信息更要求来源的可靠与可信度，第二才是安全信息的时效性。对于情感信息需求而言，来源可信度的路径系数最大（$P<0.001$，$B=0.548$），信息有效性次之（$P=0.024$，$B=0.202$）。这说明在突发公共危机事件情境下，用户想获取危机事件是否涉及家人朋友的情感信息首先要求是信息来源是可信可靠的，然后通过准确完整的有效信息来缓解自身的信息焦虑。

本节对于用户特征进行单因素分析，结果表明，在突发公共危机事件下，年龄、性别以及学历对于用户信息需求的影响并不大。任秋菊在研究发现疫情高峰时期男性群体与女性群体的信息茧房现象未呈现出性别差异，不同年龄段在信息封闭性维度上不存在显著差异。姜婷婷（2021）研究发现在新冠肺炎疫情期间用户个人特征如性别、年龄以及文化程度对于公众信息行为产生的影响程度差异不大。

本节还对用户个人信息素养与危机事件进行调节效应分析。个人信息素养的负向调节作用体现在信息有效性对安全信息需求路径于来源可信度对安全信息需求路径。即低信息素养的人群需要的安全信息需求是有效且来源可信的，而高信息素养的人群对于安全信息需求的有效性与来源可信度要求有所降低。信息信号理论提出减少双方的信息不对称，对于低信息素养的用户来说，只有通过更多完整准确且来源可靠的信息才能与高信息素养的用户获取的信息量相等。危机事件的正向调节作用体现在信息有效性对认知信息需求的中心路径。即用户感知到危机事件的风险程度越高，对于认知信息需求的信息有效性要求也就越高。

## 3.5　突发公共危机事件下用户信息需求影响因素的组态研究

本节通过对问卷数据采用 fsQCA 的方法进行条件构型研究，分析信息有效性、信息时效性、个人信息素养、危机事件风险程度、来源可信度等前因变量与用户认知信息需求、安全信息需求、情感信息需求等结果变量之间的关系。并与结构方程模型所得结果进行对比分析。

### 3.5.1　定性比较分析概述

定性比较研究是一种通过对合适数量的案例样本进行分析，挖掘其中蕴含的变量间的联系，进而构建出不同变量间的条件构型的一种研究方法，该方法结合质化和量化两种研究手段，广泛运用于社会科学的研究当中。本节的研究定性分析了突发公共危机事件情境下用户信息需求的影响因素，并采用 QCA 软件进行用户信息需求影响因素的前因条件组合分析。

杜运周和贾良定（2017）的研究指出，各个影响因素之间经常相互依赖与共同作用导致结果产生，前因是多重并发的。而定性比较分析（QCA）能有效地解决多重并发的因果关系、因果非对称性和多种方案等效等因果复杂性问题。定性比较分析又分为 csQCA、mvQCA、fsQCA 三种。因此，本节以前面的研究为基础，采用模糊集定性比较分析法，使用软件 fsQCA3.0 探索了突发公共危机事件下用户信息需求影响因素的不同的前因条件组合。

### 3.5.2　变量设置及数据校准

在定性比较分析的研究中，被试图解释的变量称为结果变量。因此本章将前面扎根理论得出的用户信息需求的内容，即用户认知需求、用户安全需求与用户情感需求作为结果变量。

在定性比较分析的研究中，解释研究现象的原因称为条件变量。原因越少就越能反映因果机制的核心因素，QCA 建议条件变量为 4 ~7 个。根据扎根理论得出的影响用户信息需求的因素，包括信息质量、来源可信度、个人信息素养、用户特征与危机事件 5 个因素。而结构方程模型实证研究结果显示，信息质量包括信息有效性与信息时效性两个维度，用户特征对于用户信息需求的影响并不显著。因此，本章最终选取信息有效性、信息时效性、来源可信度、个人信息素养、危机事件 5 个条件变量。

首先要进行数据校准，即确立三个边界性质的锚点，分别为完全隶属点、完全不隶属点和交叉点，在标准化的数据中表示为 1、0、0.5 的值。本章采用 fsQCA3.0 软件进行分析，对研究中涉及的变量按照 Ragin 提出的完全隶属点

0.95、完全不隶属点0.05以及交叉点0.5的标准分别进行数据校准。锚点的具体情况如表3.34所示。在QCA软件中的操作步骤为：点击date与compute，利用calibrate函数进行计算，得到校准后的数据。

表3.34　　变量数据校准

| 目标集合 | 完全隶属点（0.95） | 交叉点（0.5） | 完全不隶属点（0.05） |
|---|---|---|---|
| 危机事件风险程度 | 5 | 4 | 2 |
| 信息有效性 | 25 | 20 | 14.7 |
| 信息时效性 | 15 | 12 | 9 |
| 来源可信度 | 30 | 26 | 18 |
| 个人信息素养 | 30 | 24 | 18 |
| 认知需要 | 10 | 8 | 6 |
| 安全需要 | 10 | 8 | 6 |
| 情感需要 | 10 | 8 | 6 |

### 3.5.3　单一变量必要性检测

在QCA运算中，单变量必要性分析是通过一致性指标和覆盖率来判断的。覆盖率是前因变量对结果变量的解释力度。覆盖率越大，则说明前因变量对结果变量的解释力越大。数据校准好后的必要性检验具体结果如表3.35、表3.36、表3.37所示。“~变量名”表示不隶属于变量或者变量不存在。

（1）认知信息需求的单一必要性检验。

前因变量的必要性以“认知需求IC”与“非认知需求~IC”作为结果变量，以“危机事件风险程度DE”“信息有效性EX”“信息时效性TX”“来源可信度SD”“个人信息素养PS”为前因变量，具体分析结果如表3.35所示。

表3.35　　单一变量必要性检测（认知需求）

| 解释变量 | 结果变量：认知信息需求 | | 结果变量：~认知信息需求 | |
|---|---|---|---|---|
| | 一致性 | 覆盖率 | 一致性 | 覆盖率 |
| DE | 0.708512 | 0.811525 | 0.597181 | 0.461243 |
| ~DE | 0.529632 | 0.660997 | 0.755975 | 0.636213 |

续表

| 解释变量 | 结果变量：认知信息需求 | | 结果变量：~认知信息需求 | |
|---|---|---|---|---|
| | 一致性 | 覆盖率 | 一致性 | 覆盖率 |
| EX | 0.733744 | 0.833511 | 0.582977 | 0.446568 |
| ~EX | 0.512811 | 0.645841 | 0.782653 | 0.664672 |
| TX | 0.805857 | 0.840959 | 0.641413 | 0.451361 |
| ~TX | 0.474262 | 0.662316 | 0.773992 | 0.728874 |
| SD | 0.732731 | 0.860527 | 0.558378 | 0.442198 |
| ~SD | 0.525037 | 0.638084 | 0.823882 | 0.675184 |
| PS | 0.640527 | 0.916333 | 0.481579 | 0.464572 |
| ~PS | 0.625731 | 0.641568 | 0.913269 | 0.631428 |

结果变量为“认知信息需求（IC）”与“非认知信息需求（~IC）的详细检测结果，如表3.35所示。从中可以看出，对于结果变量“认知信息需求”来说，只有前因变量“信息时效性”大于等于0.8，说明信息时效性才是认知信息需求的充分条件；其余前因变量的必要性一致性均小于0.8，说明单个变量的解释力度较弱，没有出现导致认知信息需求行为触发的充分条件与必要条件。对于结果变量“非认知信息需求”来说，“低个人信息素养”的一致性大于0.9为必要条件；“低来源可信度”的一致性大于0.8为充分条件；其余前因变量必要性一致性均小于0.8，说明单个变量的解释力度较弱，没有出现导致安全信息需求行为触发的充分条件与必要条件。

（2）安全信息需求的单一必要性检验。

前因变量的必要性以“安全信息需求IS”与“非安全信息需求~IS”作为结果变量，以“危机事件风险程度DE”“信息有效性EX”“信息时效性TX”“来源可信度SD”“个人信息素养PS”为前因变量，具体分析结果如表3.36所示。

结果变量为“安全信息需求（IS）”与“非安全信息需求（~IS）的详细检测结果，如表3.36所示。从中可以看出，对于结果变量“安全信息需求”来说，没有前因变量必要性一致性大于0.9，说明单个变量的解释力度较弱，没有出现导致安全信息需求行为触发的必要条件。对于结果变量“非安全信息需求”来说，“低来源可信度”与“低个人信息素养”大于0.8为充分条件；其余前因变量必要性一致性均小于0.8，说明单个变量的解释力度较弱，没有出现导致安全信息需求行为触发的充分条件与必要条件。

表3.36　　单一变量必要性检测（安全需求）

| 解释变量 | 结果变量：安全信息需求 | | 结果变量：~安全信息需求 | |
|---|---|---|---|---|
| | 一致性 | 覆盖率 | 一致性 | 覆盖率 |
| DE | 0.706603 | 0.787530 | 0.593336 | 0.476585 |
| ~DE | 0.530372 | 0.644085 | 0.735480 | 0.643697 |
| EX | 0.721809 | 0.797860 | 0.543587 | 0.433033 |
| ~EX | 0.487075 | 0.596900 | 0.746252 | 0.659081 |
| TX | 0.796559 | 0.808858 | 0.618544 | 0.452661 |
| ~TX | 0.460984 | 0.626427 | 0.738811 | 0.723545 |
| SD | 0.732773 | 0.837388 | 0.528039 | 0.434882 |
| ~SD | 0.505482 | 0.597766 | 0.802554 | 0.683986 |
| PS | 0.640496 | 0.891600 | 0.465297 | 0.466800 |
| ~PS | 0.616967 | 0.615538 | 0.891949 | 0.641329 |

（3）情感信息需求的单一必要性检验。

前因变量的必要性以“情感信息需求IE”与“非情感信息需求~IE”作为结果变量，以“危机事件风险程度DE”“信息有效性EX”“信息时效性TX”“来源可信度SD”“个人信息素养PS”为前因变量，具体分析结果如表3.37所示。

表3.37　　单一变量必要性检测（情感需求）

| 解释变量 | 结果变量：情感信息需求 | | 结果变量：~情感信息需求 | |
|---|---|---|---|---|
| | 一致性 | 覆盖率 | 一致性 | 覆盖率 |
| DE | 0.712821 | 0.805905 | 0.579376 | 0.456070 |
| ~DE | 0.518895 | 0.639226 | 0.753427 | 0.646224 |
| EX | 0.724892 | 0.812810 | 0.559093 | 0.436483 |
| ~EX | 0.497436 | 0.618379 | 0.760226 | 0.658002 |
| TX | 0.804655 | 0.828850 | 0.615183 | 0.441202 |
| ~TX | 0.457515 | 0.630669 | 0.761359 | 0.730723 |

续表

| 解释变量 | 结果变量：情感信息需求 | | 结果变量：~情感信息需求 | |
|---|---|---|---|---|
| | 一致性 | 覆盖率 | 一致性 | 覆盖率 |
| SD | 0.730178 | 0.846442 | 0.535750 | 0.432412 |
| ~SD | 0.510375 | 0.612246 | 0.809745 | 0.676320 |
| PS | 0.625799 | 0.883690 | 0.484985 | 0.476827 |
| ~PS | 0.629508 | 0.637097 | 0.881700 | 0.621287 |

结果变量为“情感信息需求（IS）”与“非情感信息需求（~IS）的详细检测结果，如表3.37所示。从中可以看出，对于结果变量“情感信息需求”来说，只有前因变量“信息时效性”大于等于0.8，没有前因变量的必要性一致性大于0.9，说明单个变量的解释力度较弱，没有出现导致情感信息需求行为触发的必要条件。对于结果变量“非情感信息需求”来说，“低来源可信度”与“低个人信息素养”大于0.8为充分条件；其余前因变量必要性一致性均小于0.8，说明单个变量的解释力度较弱，没有出现导致情感信息需求行为触发的充分条件与必要条件。

## 3.5.4　真值表构建

认知信息需求、安全信息需求、情感信息需求的真值表如表3.38、表3.39、表3.40所示。

（1）认知信息需求真值表。

**表3.38　　　　真值表1（认知信息需求IC）**

| DE | EX | TX | SD | PS | number | raw consist. | PRI consist. | SYM consist |
|---|---|---|---|---|---|---|---|---|
| 0 | 0 | 0 | 0 | 0 | 19 | 0.678198 | 0.166232 | 0.176145 |
| 1 | 1 | 1 | 1 | 1 | 13 | 0.982598 | 0.96394 | 0.979009 |
| 1 | 1 | 1 | 1 | 0 | 8 | 0.958169 | 0.886721 | 0.908446 |
| 0 | 1 | 1 | 1 | 0 | 5 | 0.922041 | 0.711559 | 0.748049 |
| 1 | 1 | 1 | 0 | 1 | 4 | 0.983602 | 0.937282 | 0.947183 |
| 1 | 1 | 1 | 0 | 0 | 3 | 0.924838 | 0.706625 | 0.713377 |
| 1 | 0 | 0 | 0 | 0 | 3 | 0.839333 | 0.397219 | 0.410257 |
| 1 | 0 | 1 | 1 | 1 | 2 | 0.973895 | 0.895977 | 0.91372 |

续表

| DE | EX | TX | SD | PS | number | raw consist. | PRI consist. | SYM consist |
|---|---|---|---|---|---|---|---|---|
| 0 | 1 | 1 | 1 | 1 | 2 | 0.968335 | 0.91378 | 0.91378 |
| 0 | 0 | 1 | 1 | 1 | 2 | 0.966065 | 0.854714 | 0.854714 |
| 0 | 0 | 1 | 1 | 0 | 2 | 0.946983 | 0.729593 | 0.771582 |
| 0 | 1 | 1 | 0 | 0 | 2 | 0.937328 | 0.644715 | 0.658408 |
| 0 | 0 | 0 | 1 | 0 | 2 | 0.898464 | 0.494176 | 0.509434 |
| 1 | 0 | 1 | 0 | 1 | 1 | 0.966108 | 0.793791 | 0.793792 |
| 1 | 0 | 0 | 0 | 1 | 1 | 0.943531 | 0.657266 | 0.657267 |
| 0 | 1 | 0 | 0 | 0 | 1 | 0.935356 | 0.572052 | 0.572052 |
| 1 | 1 | 0 | 0 | 0 | 1 | 0.931574 | 0.655333 | 0.696224 |
| 0 | 0 | 1 | 0 | 0 | 1 | 0.91005 | 0.473684 | 0.473684 |

如表 3.38 所示，选取“危机事件风险程度 DE”“信息有效性 EX”“信息时效性 TX”“来源可信度 SD”“个人信息素养 PS”作为前因变量，用户认知信息需求作为结果变量，建立真值表 1（认知信息需求 IC）。

（2）安全信息需求真值表。

选取“危机事件风险程度 DE”“信息有效性 EX”“信息时效性 TX”“来源可信度 SD”“个人信息素养 PS”作为前因变量，用户安全信息需求作为结果变量，建立真值表 2（安全信息需求 IS）如表 3.39 所示。

**表 3.39　　真值表 2（安全信息需求 IS）**

| DE | EX | TX | SD | PS | number | raw consist. | PRI consist. | SYM consist |
|---|---|---|---|---|---|---|---|---|
| 0 | 0 | 0 | 0 | 0 | 19 | 0.607804 | 0.164524 | 0.167905 |
| 1 | 1 | 1 | 1 | 1 | 13 | 0.953098 | 0.905434 | 0.916811 |
| 1 | 1 | 1 | 1 | 0 | 8 | 0.90402 | 0.779262 | 0.784715 |
| 0 | 1 | 1 | 1 | 0 | 5 | 0.865004 | 0.589005 | 0.589006 |
| 1 | 1 | 1 | 0 | 1 | 4 | 0.928636 | 0.767787 | 0.767787 |
| 1 | 1 | 1 | 0 | 0 | 3 | 0.863685 | 0.598731 | 0.598732 |
| 1 | 0 | 0 | 0 | 0 | 3 | 0.772896 | 0.323344 | 0.336066 |
| 0 | 1 | 1 | 1 | 1 | 2 | 0.937801 | 0.825536 | 0.825536 |
| 1 | 0 | 1 | 1 | 1 | 2 | 0.925165 | 0.763736 | 0.763737 |
| 0 | 0 | 1 | 1 | 1 | 2 | 0.91083 | 0.722472 | 0.722472 |
| 0 | 0 | 1 | 1 | 0 | 2 | 0.877626 | 0.569754 | 0.591961 |

续表

| DE | EX | TX | SD | PS | number | raw consist. | PRI consist. | SYM consist |
|---|---|---|---|---|---|---|---|---|
| 0 | 1 | 1 | 0 | 0 | 2 | 0. 86793 | 0. 502877 | 0. 502877 |
| 0 | 0 | 0 | 1 | 0 | 2 | 0. 854042 | 0. 494212 | 0. 504728 |
| 1 | 0 | 1 | 0 | 1 | 1 | 0. 922376 | 0. 682089 | 0. 68209 |
| 1 | 0 | 0 | 0 | 1 | 1 | 0. 909578 | 0. 599684 | 0. 599685 |
| 0 | 1 | 0 | 0 | 0 | 1 | 0. 873351 | 0. 474692 | 0. 474692 |
| 1 | 1 | 0 | 0 | 0 | 1 | 0. 855784 | 0. 462243 | 0. 483254 |
| 0 | 0 | 1 | 0 | 0 | 1 | 0. 844914 | 0. 383478 | 0. 383478 |

（3）情感信息需求真值表。

选取“危机事件风险程度 DE”“信息有效性 EX”“信息时效性 TX”“来源可信度 SD”“个人信息素养 PS”作为前因变量，用户情感信息需求作为结果变量，建立真值表 3（情感信息需求 IE）如表 3. 40 所示。

**表 3. 40　　　　真值表 3（情感信息需求 IE）**

| DE | EX | TX | SD | PS | number | raw consist. | PRI consist. | SYM consist |
|---|---|---|---|---|---|---|---|---|
| 0 | 0 | 0 | 0 | 0 | 19 | 0. 621279 | 0. 170849 | 0. 176123 |
| 1 | 1 | 1 | 1 | 1 | 13 | 0. 957131 | 0. 91179 | 0. 930481 |
| 1 | 1 | 1 | 1 | 0 | 8 | 0. 93214 | 0. 825149 | 0. 840757 |
| 0 | 1 | 1 | 1 | 0 | 5 | 0. 910003 | 0. 683148 | 0. 683148 |
| 1 | 1 | 1 | 0 | 1 | 4 | 0. 948072 | 0. 828486 | 0. 828485 |
| 1 | 1 | 1 | 0 | 0 | 3 | 0. 911369 | 0. 704668 | 0. 704668 |
| 1 | 0 | 0 | 0 | 0 | 3 | 0. 823187 | 0. 459547 | 0. 468261 |
| 0 | 1 | 1 | 1 | 1 | 2 | 0. 943172 | 0. 841982 | 0. 841982 |
| 1 | 0 | 1 | 1 | 1 | 2 | 0. 936303 | 0. 783175 | 0. 783176 |
| 0 | 0 | 1 | 1 | 1 | 2 | 0. 93574 | 0. 765789 | 0. 79945 |
| 0 | 0 | 1 | 1 | 0 | 2 | 0. 922308 | 0. 672753 | 0. 729071 |
| 0 | 1 | 1 | 0 | 0 | 2 | 0. 900948 | 0. 556771 | 0. 556771 |
| 0 | 0 | 0 | 1 | 0 | 2 | 0. 894122 | 0. 603254 | 0. 603254 |
| 1 | 0 | 1 | 0 | 1 | 1 | 0. 952259 | 0. 78905 | 0. 78905 |
| 1 | 0 | 0 | 0 | 1 | 1 | 0. 929593 | 0. 695518 | 0. 695518 |
| 1 | 1 | 0 | 0 | 0 | 1 | 0. 875729 | 0. 51555 | 0. 519277 |
| 0 | 1 | 0 | 0 | 0 | 1 | 0. 867744 | 0. 3997 | 0. 399701 |
| 0 | 0 | 1 | 0 | 0 | 1 | 0. 864764 | 0. 38156 | 0. 38156 |

### 3.5.5 结果输出

采用 fsQCA 3.0 软件进行前因条件组合分析时，输出结果一般会给出三种解，即复杂解、中间解和简约解。一般认为中间解为较优的解，因此，本章选择目前中间解进行解释。结果如表 3.41、表 3.42、表 3.43 所示。

从表 3.41 中对 fsQCA 软件的运行结果可知，触发用户认知信息需求行为的条件构型有五条，分别为：高信息时效性 * 低个人信息素养 + 高危机事件风险程度 * 高信息时效性 + 高信息时效性 * 高来源可信度 + 高危机事件风险程度 * 低信息有效性 * 低来源可信度 * 低个人信息素养 + 低危机事件风险程度 * 低信息有效性 * 高来源可信度 * 低个人信息素养。同时，表 3.41 显示了五个前因变量构成的组态的原始覆盖度、唯一覆盖度与一致性。而五条组态的总体一致性为 0.827477，高于建议的最低标准（0.75）；总体覆盖度为 0.834437，这说明所得结果的五条组态构型解释了 83.44% 的触发用户认知信息需求的原因。

**表 3.41　　运行结果中的中间解 1（用户认知信息需求）**

| Model：IC = f（DE，EX，TX，SD，PS） | | | |
|---|---|---|---|
| frequency cutoff：1 | | | |
| consistency cutoff：0.839333 | | | |
| Assumptions： | | | |
| | 原始覆盖率 | 唯一覆盖率 | 一致性 |
| TX * ~PS | 0.506269 | 0.0349661 | 0.83282 |
| DE * TX | 0.597929 | 0.0336423 | 0.901914 |
| TX * SD | 0.658905 | 0.081302 | 0.901641 |
| DE * ~EX * ~SD * ~PS | 0.269839 | 0.03372 | 0.834136 |
| ~DE * ~EX * SD * ~PS | 0.245775 | 0.0100459 | 0.897866 |
| solution coverage：0.834437 | | | |
| solution consistency：0.827477 | | | |

从表3.42中的运行结果可知，触发用户安全信息需求行为的条件构型有六条路径，分别为：高信息时效性＊低个人信息素养＋高危机事件风险程度＊高信息时效性＋高信息时效性＊高来源可信度＋高信息有效性＊低来源可信度＊低个人信息素养＋低危机事件风险程度＊低信息有效性＊高来源可信度＊低个人信息素养＋高危机事件风险程度＊低信息有效性＊低来源可信度＊高个人信息素养。

表3.42　　运行结果中的中间解2（用户安全信息需求）

| Model：IS＝f（DE，EX，TX，SD，PS） | | | |
|---|---|---|---|
| frequency cutoff：1 | | | |
| consistency cutoff：0.844914 | | | |
| Assumptions： | | | |
| | 原始覆盖率 | 唯一覆盖率 | 一致性 |
| TX * ～PS | 0.504282 | 0.0140056 | 0.807199 |
| DE * TX | 0.603121 | 0.0244898 | 0.885234 |
| TX * SD | 0.651381 | 0.0759504 | 0.867327 |
| EX * ～SD * ～PS | 0.32517 | 0.0120047 | 0.822802 |
| ～DE * ～EX * SD * ～PS | 0.231612 | 0.012405 | 0.823329 |
| DE * ～EX * ～SD * PS | 0.226651 | 0.0129651 | 0.897339 |
| solution coverage：0.827932 | | | |
| solution consistency：0.802498 | | | |

同时，表3.42显示了六个前因变量构成的组态的原始覆盖度、唯一覆盖度与一致性。而组态的总体一致性为0.802498，高于建议的最低标准0.75；总体覆盖度为0.827932，这说明所得结果的六条组态构型解释了82.79%的触发用户安全信息需求的原因。

表3.43显示触发用户情感信息需求行为的条件构型有五条：高信息时效性＊低个人信息素养＋低危机事件风险程度＊高信来源可信度＋高危机事件风险程度＊高信息有效性＋高危来源可信度度＊低信息有效性＊高个人信息素养＋高危机事件风险程度＊低信息时效性＊低来源可信度＊低个人信息素养。同时，表3.43显示了五个前因变量构成的组态的原始覆盖度、唯一覆盖度与一致性

致性。而五条组态的总体一致性为0.809315，高于建议的最低标准0.75；总体覆盖度为0.828087，这说明所得结果的五条组态构型解释了82.81%的触发用户情感信息需求的原因。

表3.43　　运行结果中的中间解3（用户情感信息需求）

| Model：IE = f（DE，EX，TX，SD，PS） | | | |
|---|---|---|---|
| frequency cutoff：1 | | | |
| consistency cutoff：0.823187 | | | |
| Assumptions： | | | |
| | 原始覆盖率 | 唯一覆盖率 | 一致性 |
| EX * ～PS | 0.475345 | 0.0250887 | 0.830347 |
| ～DE * SD | 0.417436 | 0.0299802 | 0.854352 |
| DE * EX | 0.568758 | 0.0406312 | 0.90135 |
| SD * PS | 0.510138 | 0.0455227 | 0.914698 |
| DE * ～TX * ～SD * ～PS | 0.280789 | 0.0326627 | 0.795841 |
| solution coverage：0.828087 | | | |
| solution consistency：0.809315 | | | |

### 3.5.6　前因变量组合分析

本章为了更直观地报告结果，依照拉金规定的组态标准化表示方式，用●和⊗表示核心条件，•和●表示辅助条件；●和•表示该条件存在，⊗和●表示该条件缺乏。空白则表示该条件可存在，也可不存在。在简约解与中间解中均有出现的为核心条件，只在中间解中出现没有在简约解中出现的为边缘条件。具体结果如表3.44至表3.46所示。

如表3.44所示，在突发公共危机事件情境下，用户触发认知信息需求的条件构型有五条。五条构型的原始覆盖率从大到小依次为：0.65891、0.59793、0.50627、0.26984、0.24578。原始覆盖率越大则解释力度也越大。因此得出条件构型A1最为重要，绝大部分用户认知信息需求都是由A1路径得到的。

表 3.44　用户认知信息需求的前因条件构型

| | TX* ~PS | DE*TX | TX*SD | DE* ~EX* ~SD* ~PS | ~DE* ~EX*SD* ~PS |
|---|---|---|---|---|---|
| DE | | ● | | ● | ⊗ |
| EX | | | | ⊗ | ⊗ |
| TX | ● | ● | ● | | |
| SD | | | ● | ⊗ | ● |
| PS | ⊗ | | | ⊗ | ⊗ |
| 原始覆盖率 | 0.50627 | 0.59793 | 0.65891 | 0.26984 | 0.24578 |
| 唯一覆盖率 | 0.03497 | 0.03364 | 0.0813 | 0.03372 | 0.01005 |
| 一致性 | 0.83282 | 0.90191 | 0.90164 | 0.83414 | 0.89787 |
| solution coverage: 0.834437 | | | | | |
| solution consistency: 0.827477 | | | | | |

（1）在条件构型 A1：TX*SD，高信息时效性＊高来源可信度。在突发公共危机事件下，用户认知信息需求主要由高信息时效性与高来源可信度 2 种因素共同作用触发。这表示在危机情境下，危机信息的及时更新、平台与创作者的可信度较高时，会触发用户的认知信息需求。其中高信息时效性与高来源可信度为核心条件。

（2）在条件构型 A2：DE*TX，高危机事件风险程度＊高信息时效性。在突发公共危机事件下，用户认知信息需求主要由高危机事件风险程度与高信息时效性 2 种因素共同作用触发。当危机事件波及范围广、伤亡严重、具有突发性与不可预防性时，用户感知到的高危机事件风险程度与危机信息的及时更新相结合，触发用户的认知信息需求。其中高危机事件风险程度与高信息时效性为核心条件。

（3）在条件构型 A3：TX* ~PS，高信息时效性＊低个人信息素养。在突发公共危机事件下，用户认知信息需求主要由高信息时效性与低个人信息素养 2 种因素共同作用触发。当用户的个人信息素养较低，即无法多渠道多途径获取信息、无法辨别真实信息与虚假谣言信息、无法在大量信息中筛选有用信息等时，用户更需要及时的危机信息来满足他们的认知信息需求，以了解危机事件的相关信息。其中高信息时效性为核心条件，低个人信息素养为辅助条件。

（4）在条件构型 A4：DE* ~EX* ~SD* ~PS，高危机事件风险程度＊低信息有效性＊低来源可信度＊低个人信息素养。在突发公共危机事件下，用户认知信息需求主要由高危机事件风险程度、低信息有效性、低来源可信度、低个人信息素养4种因素共同作用触发。当用户处于对危机事件高风险感知度的情境下，用户的个人信息素养不高、信息不够准确全面简洁、创作者与平台的来源可信度不高等这些条件组合会触发用户的认知信息需求。其中高危机事件风险程度为核心条件，低信息有效性、低来源可信度、低个人信息素养为辅助条件。信息时效性是否存在与此条路径无关。

（5）在条件构型A5：~DE*~EX*SD*~PS，低危机事件风险程度＊低信息有效性＊高来源可靠性＊低个人信息素养。在突发公共危机事件下，用户认知信息需求由低危机事件风险程度、低信息有效性、高来源可信度、低个人信息素养4种因素共同作用触发。当用户处于对危机事件低风险感知度的情境下，即使用户获取信息来源的平台与创作者可信度高，但信息过于冗余复杂、消息报道专业性高，对于信息素养较低的用户不容易理解与消化信息，从而触发更高的认知信息需求。此条路径的核心条件为高来源可信度，辅助条件为低危机事件风险程度、低信息有效性、低个人信息素养。信息时效性是否存在与此条路径无关。

从以上五个条件组合来看，虽然5个前因变量没有同时出现在同一构型中，但是每一条条件构型中至少包括2种因素，这说明突发公共危机事件情境下用户认知信息需求组的产生不是由单一因素影响的，而是受多个因素的组合影响。在以上5条路径组合构型中，高信息时效性是其中三条较重要路径（A1、A2、A3）的核心条件，这表明用户对于获取危机事件的相关信息，如“危机事件进展”“病毒相关信息”“医护人员伤亡或者感染人员死亡的信息”等对于危机事件认知相关的信息需求而言，高信息时效性是非常重要的。

而对比条件构型A4、A5，都存在辅助条件低信息有效性与低个人信息素养，这说明信息素养较低的用户不容易理解与消化冗余复杂的危机信息时会产生认知信息需求，想要获取精准全面易于理解的危机信息。李力等在突发公共卫生事件下大学生网络信息需求满足度影响因素研究中得出“信息内容的质量和用户个人的电子健康素养是影响大学生在公共卫生事件下网络信息需求满足度的主要因素”的结论。

如表3.45所示，在突发公共危机事件情境下，用户触发安全信息需求的条件构型有六条。六条构型的原始覆盖率从大到小依次为：0.65138、0.60312、0.50428、0.32517、0.23161、0.22665。原始覆盖率越大则解释力度越大，由此可知条件构型 B1 最为重要，绝大部分用户安全信息需求由 B1 路径得到的。

表 3.45　　用户安全信息需求的前因条件构型

| | TX * ~PS | DE * TX | TX * SD | EX * ~SD * ~PS | ~DE * ~EX * SD * ~PS | DE * ~EX * ~SD * PS |
|---|---|---|---|---|---|---|
| DE | | • | | | ⊗ | • |
| EX | | | | ● | ⊗ | ⊗ |
| TX | ● | ● | ● | | | |
| SD | | | ● | ⊗ | ● | ⊗ |
| PS | ⊗ | | | ⊗ | ⊗ | ● |
| 原始覆盖率 | 0.50428 | 0.60312 | 0.65138 | 0.32517 | 0.23161 | 0.22665 |
| 唯一覆盖度 | 0.01401 | 0.02449 | 0.07595 | 0.012 | 0.01241 | 0.01297 |
| 一致性 | 0.8072 | 0.88523 | 0.86733 | 0.8228 | 0.82333 | 0.89734 |
| solution coverage：0.827932 | | | | | | |
| solution consistency：0.802498 | | | | | | |

（1）在条件构型 B1：TX * SD，高信息时效性 * 高来源可信度。在突发公共危机事件下，用户安全信息需求主要由高信息时效性与高来源可信度 2 种因素共同作用触发。这表示，在危机情境下，危机信息的及时更新、平台与创作者的可信度较高时，会触发用户的安全信息需求。其中高信息时效性与高来源可信度为核心条件。

（2）在条件构型 B2：DE * TX，高危机事件风险程度 * 高信息时效性。在突发公共危机事件下，用户安全信息需求主要由高危机事件风险程度与高信息时效性 2 种因素共同作用触发。当危机事件波及范围广、伤亡严重、具有突发性与不可预防性时，用户感知到的高危机事件风险程度与危机信息的及时更新相结合，触发用户的安全信息需求。其中高危机事件风险程度与高信息时效性为核心条件。

（3）在条件构型 B3：TX * ~PS，高信息时效性 * 低个人信息素养。在突发公共危机事件下，用户安全信息需求主要由高信息时效性与低个人信息素养

2种因素共同作用触发。当用户的个人信息素养较低，即无法多渠道多途径获取信息、无法辨别真实信息与虚假谣言信息、无法在大量信息中筛选有用信息等时，用户更需要及时的危机信息来满足他们的安全信息需求，以了解危机事件的相关信息。其中高信息时效性为核心条件，低个人信息素养为辅助条件。

（4）在条件构型B4：EX* ~SD* ~PS，高信息有效性＊低来源可信度＊低个人信息素养。在突发公共危机事件下，用户安全信息需求主要由高信息有效性、低来源可信度、低个人信息素养3种因素共同作用触发。当用户的个人信息素养较低、创作者与平台的来源可信度不高时，即使信息的有效性高，但低信息素养的用户会因为不相信创作者与平台而怀疑消息的真实性，因此触发用户的安全信息需求。其中高信息有效性为核心条件，低来源可信度、低个人信息素养为辅助条件。信息时效性是否存在与此条路径无关。

（5）在条件构型B5：~DE* ~EX* SD* ~PS，低危机事件风险程度＊低信息有效性＊高来源可靠性＊低个人信息素养。在突发公共危机事件下，用户安全信息需求主要由低危机事件风险程度、低信息有效性、高来源可信度、低个人信息素养4种因素共同作用触发。当用户处于对危机事件低风险感知度的情境下，即使用户获取信息来源的平台与创作者可信度高，但是信息过于冗余复杂、消息报道专业性高，对于信息素养较低的用户不容易理解与消化信息，从而触发更高的安全信息需求。此条路径的核心条件为高来源可信度，辅助条件为低危机事件风险程度、低信息有效性、低个人信息素养。信息时效性是否存在与此条路径无关。

（6）在条件构型B6：DE* ~EX* ~SD* PS，高危机事件风险程度＊低信息有效性＊低来源可靠性＊高个人信息素养。在突发公共危机事件下，用户安全信息需求主要由高危机事件风险程度、低信息有效性、低来源可信度、高个人信息素养4种因素共同作用触发。当用户处于对危机事件高风险感知度的情境下，信息的有效性与来源可信度较低时，用户会积极主动地通过多渠道多途径获取危机信息满足他们的安全信息需要。此条路径的核心条件为高个人信息素养，辅助条件为高危机事件风险程度、低信息有效性、低来源可信度。信息时效性是否存在与此条路径无关。

综上所述，在以上6条路径组合构型中，高信息时效性是其中三条较重要路径（B1、B2、B3）的核心条件，这表明用户对于获取危机事件的相关信息，如“疫情防控措施”“健康常识”“疾病成因”“当下健康热点”等对于危机事件安全相关的信息需求而言，高信息时效性是非常重要的。

突发公共危机事件情境下用户触发情感信息需求的条件构型有五条。

如表 3.46 所示，五条构型的原始覆盖率从大到小排列依次为：0.56877、0.51014、0.47535、0.41744、0.28079。原始覆盖率越大则解释力度也越大。因此得出条件构型 C1 最为重要，绝大部分用户情感信息需求都是由 C1 路径得到的。

**表 3.46　用户情感信息需求的前因条件构型**

| | EX * ~PS | ~DE * SD | DE * EX | SD * PS | DE * ~TX * ~SD * ~PS |
|---|---|---|---|---|---|
| DE | | ⊗ | ● | | ● |
| EX | ● | | ● | | |
| TX | | | | | ⊗ |
| SD | | ● | | ● | ⊗ |
| PS | ⊗ | | | • | ⊗ |
| 原始覆盖率 | 0.47535 | 0.41744 | 0.56876 | 0.51014 | 0.28079 |
| 唯一覆盖率 | 0.02509 | 0.02998 | 0.04063 | 0.04552 | 0.03266 |
| 一致性 | 0.83035 | 0.85435 | 0.90135 | 0.9147 | 0.79584 |
| solution coverage：0.828087 | | | | | |
| solution consistency：0.809315 | | | | | |

(1) 在条件构型 C1：DE * EX，高危机事件风险程度 * 高信息有效性。在突发公共危机事件下，用户情感信息需求主要由高危机事件风险程度与高信息有效性 2 种因素共同作用触发。当危机事件波及范围广、伤亡严重、具有突发性与不可预防性时，用户的高危机事件风险感知程度与危机信息的准确性、完整性结合，会触发用户的情感信息需求。其中高危机事件风险程度为核心条件，高个人信息素养为辅助条件。

(2) 在条件构型 C2：SD * PS，高来源可信度 * 高个人信息素养。在突发公共危机事件下，用户情感信息需求主要由高来源可信度与高个人信息素养 2 种因素共同作用触发。其中高来源可信度为核心条件，高个人信息素养为辅助条件。

(3) 在条件构型 C3：EX * ~PS，高信息有效性 * 低个人信息素养。在突发公共危机事件下，用户情感信息需求主要由高信息有效性与低个人信息素养2种因素共同作用触发。当用户的个人信息素养较低，即无法多渠道多途径获取信息、无法辨别真实信息与虚假谣言信息、无法在大量信息中筛选有用信息等时，用户更需要完整准确的危机信息来满足他们的情感信息需求，以了解危机事件的预防措施、自我保护、健康知识等安全相关信息。当用户碰到不能用自身的知识解决的问题时，就会产生信息需求搜寻信息来填补知识鸿沟（孙云峰、张宇、周中林，2015）。其中高信息有效性为核心条件，低个人信息素养为辅助条件。

（4）在条件构型 C4：~DE*SD，低危机事件风险程度 * 高来源可信度。在突发公共危机事件下，用户情感信息需求主要由低危机事件风险程度、高来源可信度2种因素共同作用触发。当用户处于对危机事件低风险感知度的情境下，创作者与平台的来源可信度高会触发用户的情感信息需求。其中高来源可信度为核心条件，高危机事件风险程度为辅助条件。

（5）在条件构型 C5：DE* ~TX* ~SD* ~PS，高危机事件风险程度 * 低信息时效性 * 低来源可靠性 * 低个人信息素养。在突发公共危机事件下，用户情感信息需求主要由高危机事件风险程度、低信息时效性、低来源可信度、低个人信息素养4种因素共同作用触发。当用户处于对危机事件高风险感知度的情境下，用户获取信息来源的平台与创作者可信度不高、信息时效性不高，对于信息素养较低的用户来说会触发更高的情感信息需求。此条路径的核心条件为高危机事件风险程度，辅助条件为低信息时效性、低来源可信度、低个人信息素养。信息有效性是否存在与此条路径无关。

综上所述，在以上5条路径组合构型中，高信息有效性与高来源可信度是两条原始覆盖率最高的条件构型中的核心因素。而信息时效性对于 C1、C2、C3、C4 四个条件构型来说为空白因素，对于 C5 构型来说为边缘条件缺席。这说明信息时效性对于用户情感信息需求来说并不是条件构型中的重要因素。

### 3.5.7 稳健性检验

一方面，稳健性检验的标准是观察条件变化后新组态的一致性和覆盖率，如果不同检验方法下组态的一致性和覆盖率差异不大，则可以认为结果是稳健的，否则就不是稳健的；另一方面，通过观察条件改变后不同检验方法下组态之间的隶属关系，如果条件构型之间存在明确清晰的子集隶属关系，则可以认为结果是稳健的，否则就不稳健。

本节将案例频率阈值从 1 增加到 2 进行稳健性检验。与之前的结果相比，发现组态基本没有变化，满足稳健性检验的标准。因此，本部分的研究通过了定性比较分析的稳健性检验。

### 3.5.8　本节小结

本节利用 fsQCA 的研究方法探究了影响用户在突发公共危机事件情境下信息需求的影响路径，得到了触发用户认知信息需求、安全信息需求、情感信息需求的有效路径。

本节用组态分析方法分别从认知信息需求、安全信息需求、情感信息需求三大方面探究触发用户信息需求的组态以揭示这种复杂的因果关系。因此本节验证了以下假设：在突发公共危机事件情境下，用户信息需求影响因素中确实存在不同因素的交互作用以及不同构型可以产生同样结果，如表 3. 47 所示。

**表 3. 47　　条件构型汇总**

| 结果变量 | 条件构型 |
|---|---|
| 认知信息需求 | A1 高信息时效性 * 高来源可信度 |
| | A2 高危机事件风险程度 * 高信息时效性 |
| | A3 高信息时效性 * 低个人信息素养 |
| | A4 高危机事件风险程度 * 低信息有效性 * 低来源可信度 * 低个人信息素养 |
| | A5 低危机事件风险程度 * 低信息有效性 * 高来源可信度 * 低个人信息素养 |
| 安全信息需求 | B1 高信息时效性 * 高来源可信度 |
| | B2 高危机事件风险程度 * 高信息时效性 |
| | B3 高信息时效性 * 低个人信息素养 |
| | B4 高信息有效性 * 低来源可信度 * 低个人信息素养 |
| | B5 低危机事件风险程度 * 低信息有效性 * 高来源可信度 * 低个人信息素养 |
| | B6 高危机事件风险程度 * 低信息有效性 * 低来源可信度 * 高个人信息素养 |

续表

| 结果变量 | 条件构型 |
|---|---|
| 情感信息需求 | C1 高危机事件风险程度 * 高信息有效性 |
| | C2 高来源可信度 * 高个人信息素养 |
| | C3 高信息有效性 * 低个人信息素养 |
| | C4 低危机事件风险程度 * 高来源可信度 |
| | C5 高危机事件风险程度 * 低信息时效性 * 低来源可信度 * 低个人信息素养 |

## 3.6 结论与展望

本章从突发危机事件本身特质出发，研究突发公共危机事件情境下的用户信息需求的影响因素。首先，根据检索相关文献及半结构化访谈，在扎根理论的指导下进行三级编码与构建理论模型；其次，将扎根理论所得的影响因素结合精细加工可能性模型提出研究假设；再次，发放问卷调查收集数据，并通过 SPSS 软件与 AMOS 软件对数据进行分析与检验，验证了理论模型的合理性；最后，通过模糊定性比较分析的方法对影响因素进行组态分析。研究结果对突发公共危机事件信息管理具有一定的借鉴意义。研究结论在丰富现有理论的同时，还能为政府、组织、媒体等在危机事件发生后公布信息、满足群众的信息需求提供重要的现实意义。

### 3.6.1 SEM 与 QCA 研究结论对比

本章不仅用定量研究方法探索了突发公共危机事件下用户信息需求的影响因素及其内在机理，而且还采用模糊集定性比较分析方法探索了用户危机信息需求的前因条件组合，从而在整体上揭示用户危机信息需求的影响机理。另外，将结构方程模型与定性比较分析方法得出的结论进行对比发现，在 SEM 中对于因变量有显著支持作用的自变量，在 QCA 中对结果变量产生重要影响的前因变量条件构型中均有出现。

SEM 研究证明，在突发公共危机事件情境下，信息时效性与来源可信度会对用户的认知信息需求满足产生促进作用。而信息有效性，即信息的准确性和完整性不会对用户的认知信息需求满足产生促进作用。但是，危机事件信息需求的调节效应体现在对于信息有效性 --> 认知信息需求的路径具有正向调节作用。即危机事件风险程度越高，对于认知信息需求的信息有效性要求也就越高。

QCA 研究证明，在突发公共危机事件情境下，用户触发认知信息需求的条件构型有五条。其中，原始覆盖率最高的条件构型 A1 最为重要，即：TX * SD，高信息时效性 * 高来源可信度。在突发公共危机事件下，用户认知信息需求主要由高信息时效性与高来源可信度 2 种因素共同作用触发。这表示，在危机情境下，危机信息的及时更新、平台与创作者的可信度较高时，会触发用户的认知信息需求。

结构方程模型与定性比较分析两种方法的研究结果都证明了信息时效性与来源可信度会单独或者组合促进用户认知信息需求，而信息有效性则没有显著的促进作用。

SEM 研究证明，信息时效性与来源可信度会对用户的安全信息需求满足产生促进作用。而信息有效性，即信息的准确性和完整性不会对用户的安全信息需求满足产生促进作用。个人信息素养的调节作用体现在对信息有效性 --> 安全信息需求路径和来源可信度 --> 安全信息需求具有负向调节作用。即低信息素养的人群需要的安全信息需求是有效且可信的，而高信息素养的人群对于安全信息需求的有效性和可信度要求有所降低。

QCA 研究证明，在突发公共危机事件情境下，用户触发安全信息需求的条件构型有六条。其中，原始覆盖率最高的条件构型 B1 最为重要，绝大部分用户安全信息需求都是由 B1 路径得到的。即：TX * SD，高信息时效性 * 高来源可信度。在突发公共危机事件下，用户安全信息需求主要由高信息时效性与高来源可信度 2 种因素共同作用触发。这表示，在危机情境下，危机信息的及时更新、平台与创作者的可信度较高时，会触发用户的安全信息需求。

结构方程模型与定性比较分析两种方法的研究结果都证明了信息时效性与来源可信度会单独或者组合促进用户安全信息需求，而信息有效性则没有显著的促进作用。

SEM 研究证明，在突发公共危机事件情境下，信息有效性与来源可信度会对用户的情感信息需求满足产生促进作用，而信息时效性不会对用户的情感信息需求满足产生促进作用。

QCA 研究证明，在突发公共危机事件情境下，用户触发情感信息需求的条件构型有五条。在 5 条路径组合构型中，高信息有效性与高来源可信度是两条原始覆盖率最高的条件构型中的核心因素。而信息时效性对于 C1、C2、C3、C4 四条条件构型来说为空白因素，对于 C5 构型来说为边缘条件构型。这说明信息时效性对于用户情感信息需求来说并不是条件构型中的重要因素。

结构方程模型与定性比较分析两种方法的研究结果都证明了信息有效性与来源可信度会单独或者组合促进用户情感信息需求，而信息时效性则没有显著的促进作用。

### 3.6.2 启示

（1）信息质量与来源可信度是影响用户信息需求的重要因素。研究结果显示，用户在疫情期间认为自己检索或接收到的网络信息内容质量无法得到保证。因此，大众媒体或政府需要提升突发公共危机事件期间发布的网络信息内容质量。首先，作为网络信息“把关人”的媒体编辑应该拥有更高的专业素养和更强的把关能力；其次，信息平台应该在提供信息服务时提高信息的准确性、完整性与及时性，并减少商业广告或其他无关信息的干扰；最后，利用大数据进行“信息找人”的消息推送，针对用户信息需求特点推出个性化信息服务。

（2）个人信息素养对用户信息需求具有调节作用。因此，公众应该提高个人的信息意识和判断危机信息的能力。信息素养包括信息需求、获取、评价、决策等方面。而在新冠肺炎疫情期间，公众在信息评估方面的能力有所欠缺，表现为大部分人通过直觉和他人的态度来判断新闻是真是假。研究表明，只有 10% 的公众第一时间对谣言作出果断否定态度，而剩下的 90% 的公众则在相信和犹豫的态度里徘徊（姜婷婷，2021）。在此基础上，提高公众的危机信息意识，保持开放进取的心态，增强主观能动性，关注心理健康和社会舆论的影响。此外，还需要增加知识储备。在平时积极积累健康信息，可以通过关注专业博主的公众号、微博来获取健康类建议，也可以购买相关书籍获得权威信息。努力摒弃直觉、习惯等非理性的认知，在面对新闻信息时运用专业知识等理性方法进行判断。

### 3.6.3　研究局限

本章研究的不足主要有以下两点：

第一，调查对象的局限。虽然预调研采用了线上线下相结合的方法，但是由于时间原因与疫情影响，正式调研仅采用线上的方式发放问卷，且地区人群多分布在湖南与江西两省，年龄阶段与学历水平分布不均衡。首先，本章研究以有突发危机事件经验的用户为研究对象，却没有对用户进行分类研究，对于此次疫情来说每个人都是突发公共危机事件的经历者，但是细分下来还可以进一步划分为高风险地区人群与低风险地区人群；其次，由于笔者自身背景限制，本章所选取的访谈对象与调研对象多集中于大学生或者刚毕业参加工作的人士，使调研对象广泛性与代表性不足。因此，本章研究所得结果仅在一定范围内具有说服力，无法代表整体特征。

第二，调查方式的局限。用户信息需求影响是一个复杂的过程，在不同的危机事件下甚至同一个危机事件的不同阶段都会受到不同方面的影响。本章仅聚焦于新冠肺炎疫情这一突发公共危机事件，且调研时间处于后疫情时代，让被访谈者与被调查者回忆疫情期间的信息需求可能会与实际情况存在一定的偏差。再者，本章结合扎根理论得出的影响因素，根据前人设计问卷来设置测量题项，虽然各测量题项的信度与效度均通过检验，但由于主观因素的存在，测量内容可能不全面或不符合最新的时代背景。另外，调查对象可能会对问项产生不准确的理解，使量表问卷的数据可能存在偏差，从而导致研究结果出现主观上的偏差。

### 3.6.4　未来展望

针对本章研究存在的不足，提出以下三点展望：

第一，扩大样本来源和数据多样性。除了对半结构化访谈文本与相关文献资料进行扎根编码外，还可以通过社交平台上用户发表的消息、转发、评论等进行编码分析。在往后的研究中，应该尽可能地辐射不同年龄、职业、区域和不同受教育程度的人群，使样本具有更高的可靠性和普适性。

第二，寻找更多的影响因素，进一步完善模型。用户信息需求影响是一个复杂的过程，在不同的危机事件下甚至同一个危机事件的不同阶段都会受到不同方面的影响。需要建立一个通用模型，适用于不同的危机类型与危机发展阶段以及不同的社会群体。

第三，找到更为新颖的研究方法，以事半功倍的方法研究危机管理。如通过大数据方法搜集数据，通过计算机编程手段模拟用户心理变化过程，勾画出用户画像，从而更快速且有效地把握用户的信息需求变化。

## 本章主要参考文献

[1] 陈振明. 关注高风险社会下的公共治理研究 [J]. 中国社会科学评价，2021 (2)：153-156.

[2] 葛天任，裴琳娜. 高风险社会的智慧社区建设与敏捷治理变革 [J]. 理论与改革，2020 (5)：85-96.

[3] 徐瑞霞. 基于 AT 的应急信息需求分析方法及应用 [D]. 兰州大学，2011.

[4] 金志敏. 基于情景的应急信息需求分析研究 [D]. 暨南大学，2013.

[5] 刘冰，王焱. 信息差距与危机沟通的优先次序——以山东非法疫苗事件为例 [J]. 北京行政学院学报，2017 (6)：62-70.

[6] 牛春华. 社区应急管理人员的信息需求研究 [D]. 武汉大学，2012.

[7] Dervin B, Nilan M. Information Needs And Uses [J]. Annual Review of Information Science and Technology, 1986, 21: 3-33.

[8] Wilson T D. on User Studies and Information Needs [J]. Journal of Documentation, 1981, 37 (1): 3-15.

[9] Maguire M, Bevan N. User requirements analysis - A review of supporting methods [J]. USABILITY: GAINING A COMPETITIVE EDGE, 2002, 99: 133-148.

[10] Davis A, Dieste O, Hickey A, et al. Effectiveness of requirements elicitation techniques: Empirical results derived from a systematic review [J]. RE'06: 14TH IEEE International Requirements Engineering Conference, Proceedings, 2006: 179.

[11] Vilma V. Methods of Defining Business Information Needs [EB/OL]. http://www. ebrc. fi/kuvat/Vuori_paper. pdf.

[12] Sutcliffe A G, Ryan M. Experience with SCRAM, a Scenario Requirements Analysis-Method [EB/OL]. http://wwwl. in. tum. de/teaching/ss00/DR/papers/Sutcliffe98. pdf.

[13] 李贺，张世颖. 国内外网络用户信息需求研究综述 [J]. 图书情报工作，2014，58 (5)：111 - 123.

[14] 罗兴辉. 信息市场的供需分析 [J]. 情报资料工作，1994 (2)：16 - 17.

[15] 颜海. 网络环境下用户信息需求变革与规律探讨 [J]. 情报杂志，2002 (1)：44 - 46.

[16] 王能琴，朱书汉. 信息需求变化及其对策 [J]. 现代图书情报技术，1993 (4)：40 - 43.

[17] 王志梅，杨玉洁，范超英，等. 网络环境下用户信息需求研究 [J]. 图书情报工作，2004 (7)：90 - 92.

[18] 刘冬青，孙耀明. 以信息需求为导向的农村信息服务 [J]. 情报科学，2008 (7)：1003 - 1006.

[19] 张玉海，苏海霞，尚磊，等. 肝炎患者的信息需求及影响信息提供满意度的因素研究 [J]. 中国全科医学，2010，13 (4)：401 - 403.

[20] 徐险峰. 湘鄂渝黔边欠发达地区农村信息服务模式研究 [J]. 图书情报知识，2012 (1)：74 - 79.

[21] 刘慧悦. 旅游者网络信息需求与景区游客量的关联性研究——以四川九寨沟为例 [J]. 情报科学，2017，35 (7)：39 - 43.

[22] 储节旺，陈善姗. "互联网 +" 时代下网络用户信息需求新特点对电商模式的影响研究 [J]. 现代情报，2018，38 (5)：11 - 16.

[23] 唐伟鹏，熊凌. 网络环境下用户信息需求的变化及服务策略 [J]. 科学技术创新，2019 (20)：86 - 87.

[24] 蔡培，卢章平，王正兴. 高校科研用户信息需求研究现状与启示 [J]. 图书情报研究，2019，12 (4)：58 - 64.

[25] Jeffrey S, Klenk. mergeney Information Management and Telecommunieations - 1st edition [Z]. 2001.

[26] Aloysius J, Rego. National Disaster Management Information Systems & Networks: AnAsian Overview [Z]. 2001.

[27] Thomas T. National information needs: Climate Change and Disaster Risk Assessment

inBangladesh [Z]. 9.

[28] 许鑫，邓璐芗，赵路平，等．基于信息供应链模型的突发性公共危机信息共享分析［J］．情报理论与实践，2011，34（10）：124－128.

[29] 邵伟波，魏丹，刘磊．基于 KANO 模型的政府信息公开的公众需求研究［J］．图书情报工作，2013，57（7）：23－28.

[30] 邝玥，余廉．突发事件受灾者信息需求分析［J］．现代情报，2013，33（5）：51－55.

[31] 李纲，陈璟浩．突发事件情境下网络问答社区用户构成和行为分析——基于问题胶囊事件的实证研究［J］．图书情报工作，2013，57（24）：95－100.

[32] 解瑞谦，杨宠，欧剑鸣，等．福建两地市社区居民人感染 H7N9 禽流感疫情信息需求定性研究［J］．中国健康教育，2013，29（7）：582－584.

[33] 雷志梅，王延章，裘江南，等．突发事件应急信息的多维度需求分析［J］．情报科学，2014，32（12）：133－137.

[34] 王海鹰，李志雄，张涛，等．地震应急救援信息需求及获取建议［J］．灾害学，2016，31（4）：176－180.

[35] 郭路生，刘春年，胡佳琪．基于 ZACHMAN 架构思想的应急信息需求多维度多视角分析［J］．情报理论与实践，2017，40（11）：73－79.

[36] 杨雪，康红霞，张延铭．基于 PSR 与 AT 的海上突发事件应急信息需求分析［J］．中国安全科学学报，2019，29（4）：140－145.

[37] 韩玮，陈樱花，陈安．基于 KANO 模型的突发公共卫生事件信息公开的公众需求研究［J］．情报理论与实践，2020，43（5）：9－16.

[38] 邓胜利，武奕．突发公共卫生事件下社会化问答网站用户健康信息需求研究［J］．图书情报知识，2020（6）：15－26.

[39] 杨康，杨超，朱庆华．基于社交媒体的突发公共卫生事件公众信息需求与危机治理研究［J］．情报理论与实践，2021，44（3）：59－68.

[40] 李月琳，张建伟，包虹虹．突发公共卫生事件情境下大学生的信息需求及满足程度［J］．图书情报工作，2020，64（22）：85－95.

[41] 陈静，张璐，陆泉．突发公共卫生事件中大学生健康信息需求动因与主题研究［J］．图书情报工作，2021，65（6）：82－92.

[42] 孟秋晴，熊回香，杨滋荣．后疫情时期互联网用户的健康信息需求及其演化分析［J］．图书馆杂志，2022，41（2）：119－127.

[43] E R P, T J C. Source Factors and the Elaboration Likelihood Model of Persuasion [J].

Advances in Consumer Research, 1986, 11 (1): 668 –672.

[44] 张梦雅，王秀红．精细加工可能性模型研究现状及应用领域分析 [J]. 图书情报研究，2018，11 (4): 73 –79.

[45] 杨雪梅．科研社交网络环境下信息分享行为影响因素研究 [D]. 武汉大学，2019.

[46] Julia, Braverman. Testimonials Versus Informational Persuasive Messages: The Moderating Effect of Delivery Mode and Personal Involvement [J]. Communication research, 2008, 35 (5).

[47] Harrington N G, Lane D R, Donohew L, et al. An Extension of the Activation Model of Information Exposure: The Addition of a Cognitive Variable to a Model of Attention [J]. Media Psychology, 2009, 8 (2).

[48] Wilson B J. Designing Media Messages About Health and Nutrition: What Strategies Are Most Effective? [J]. Journal of Nutrition Education and Behavior, 2006, 39 (2).

[49] Mosler H, Martens T. Designing environmental campaigns by using agent – based simulations: Strategies for changing environmental attitudes [J]. Journal of Environmental Management, 2007, 88 (4).

[50] Li C. Persuasive messages on information system acceptance: A theoretical extension of elaboration likelihood model and social influence theory [J]. Computers in Human Behavior, 2013, 29 (1).

[51] Te'Eni – Harari T, Lampert S I, Lehman – Wilzig S. Information Processing of Advertising among Young People: The Elaboration Likelihood Model as Applied to Youth [J]. Journal of advertising research, 2007, 47 (3).

[52] S F B, K W J, Yanushka B J, et al. Evaluation of smoking prevention television messages based on the elaboration likelihood model. [J]. Health education research, 2011, 26 (6).

[53] Goh D, Chi J. Central or peripheral? Information elaboration cues on childhood vaccination in an online parenting forum [J]. Computers in Human Behavior, 2017, 69.

[54] Bhattacherjee A, Sanford C. Influence Processes for Information Technology Acceptance: An Elaboration Likelihood Model [J]. MIS Quarterly, 2006, 30 (4).

[55] Jones L W, Sinclair R C, Courneya K S. The Effects of Source Credibility and Message Framing on Exercise Intentions, Behaviors, and Attitudes: An Integration of the Elaboration Likelihood Model and Prospect Theory [J]. Journal of Applied Social Psychology, 2003, 33 (1).

[56] Baek H, Choi A J H. Helpfulness of online consumer review: Readers'objectives and

review cues [J]. International Journal of Electronic Commerce, 2012, 17 (2).

[57] 赵超. 网络用户信息行为状态影响分析 [J]. 图书情报工作, 2008 (3): 117 - 121.

[58] 郭毅然. ELM 模型与道德教育对象态度改变的说服路径 [J]. 探索, 2010 (4): 128 - 132.

[59] 邹国振. 大众接受马克思主义大众化传播的机理探析——基于精细加工可能性模型的视角 [J]. 广西社会科学, 2012 (2): 7 - 11.

[60] 查先进, 张晋朝, 严亚兰. 微博环境下用户学术信息搜寻行为影响因素研究——信息质量和信源可信度双路径视角 [J]. 中国图书馆学报, 2015, 41 (3): 71 - 86.

[61] 胡昌平. 信息服务与用户 [M]. 武汉: 武汉大学出版社, 2008.

[62] R S T. Question - negotiation and Information Seeking in Libraries [J]. College and Research Libraries, 1968, 29 (3): 178 - 194.

[63] W C C. The Knowing Organization: How Organizations Use Information to Construct-Meaning, Create Knowledge, and Make Decisions [M]. New York: Oxford University Press, 2006.

[64] S R. Conceptualizing Information Need in Context [J]. Information Research, 2012, 17 (4): 534 - 547.

[65] 孙云峰, 张宇, 周中林. 基于信息需求层次理论的大学生信息需求影响因素研究 [J]. 情报杂志, 2015, 34 (1): 190 - 194.

[66] 张恒梅. 基于 Wilson 信息需求理论的健身类 App 用户持续使用行为研究 [D]. 黑龙江大学, 2020.

[67] Elihu K, Jay G. Blumler and Michael Gurevitch. Uses and Gratifications Research [J]. The Public Opinion Quarterly, 1973, 37 (4): 509 - 523.

[68] 张敬伟, 马东俊. 扎根理论研究法与管理学研究 [J]. 现代管理科学, 2009 (2): 115 - 117.

[69] 肖诗依, 文庭孝. 后疫情时代重大突发公共卫生事件信息公开质量影响因素分析——立足公众视角 [J]. 图书情报工作, 2021, 65 (23): 41 - 49.

[70] 张可贤. 抖音健康类短视频用户转发行为影响因素研究 [D]. 河北师范大学, 2021.

[71] 李彩容, 胡娅妮, 薛晨蕾. 档案微信公众号用户信息需求及其影响因素的扎根研究 [J]. 档案学研究, 2020 (3): 98 - 105.

[72] 刘智颖. 研究型用户档案信息搜寻行为效果影响因素研究 [D]. 天津师范大学, 2021.

[73] 王若佳，张璐，王继民．基于扎根理论的在线问诊用户满意度影响因素研究[J]．情报理论与实践，2019，42（10）：117－123.

[74] 都杨，吴群红，郝艳华，等．SARS突发事件中大众健康教育信息需求调查及对策研究[J]．中国卫生经济，2007（4）：29－31.

[75] 李纲，陈璟浩．突发事件网络新闻与网民信息需求表达的协整分析——基于问题胶囊事件的实证研究[J]．信息资源管理学报，2013，3（2）：59－66.

[76] 肖花，曾云华．基于用户需求的图书馆应急信息资源整合服务研究[J]．大学图书情报学刊，2017，35（4）：19－22.

[77] 黄清芬．用户信息需求探析[J]．情报杂志，2004（7）：38－40.

[78] 解瑞谦，阚坚力．公众对传染病突发公共卫生事件的信息需求特征分析[J]．中国健康教育，2010，26（1）：43－45.

[79] 岳景艳．图书馆用户信息需求探析[J]．科技信息，2011（28）：397－398.

[80] 牛艳芬，黄敏．图书馆众筹大众参与意愿影响因素研究[J]．图书馆理论与实践，2017（1）：18－22.

[81] 牟怡，张林．个体差异与信息特征对健康信息信任和行为意向的影响——基于ELM的实验研究[J]．西南民族大学学报（人文社科版），2020，41（8）：137－142.

[82] 金燕，杨康．基于用户体验的信息质量评价指标体系研究——从用户认知需求与情感需求角度分析[J]．情报理论与实践，2017，40（2）：97－101.

[83] 成全，刘彬彬．用户跨平台学术信息搜索行为影响因素研究：注意力控制与自我效能的调节作用[J]．情报科学，2022，40（2）：82－90.

[84] 支凤稳，张萌，赵梦凡，等．双路径视角下科学数据共享行为的影响因素研究[J]．信息资源管理学报，2021，11（6）：40－50.

[85] 汪琪凯．网民传播意识形态舆情信息行为的影响因素研究[D]．南昌大学，2020.

[86] 刘宇庆．应急信息质量与信源可信度双路径机理研究[D]．南昌大学，2018.

[87] 王云弟，王文韬，谢阳群，等．双路径视角下大学生个人信息保持行为研究[J]．情报理论与实践，2020，43（8）：90－95.

[88] Chen Y，Yang L，Zhang M，et al. Central or peripheral? Cognition elaboration cues' effect on users' continuance intention of mobile health applications in the developing markets[J]. International Journal of Medical Informatics，2018，116.

[89] Li K，Zhou C，Yu X. The Impact of Electronic Word－of－Mouth－The Adoption of Online Opinions in Online Customer Communities[J]. Internet Research，2008，18（3）：229－247.

[90] Eysenbach G, Powell J, Kuss O, et al. Empirical Studies Assessing the Quality of Health Information for Consumers on the World Wide Web: A Systematic Review [J]. JAMA: The Journal of the American Medical Association, 2002, 287 (20).

[91] Hou C, Zhang M, Ma F. Factors Influencing People's Health Knowledge Adoption in SocialMedia: The Mediating Effect of Trust and the Moderating Effect of Health Threat [J]. Library Hi Tech, 2018, 36 (1): 129 – 151.

[92] 张星，夏火松，陈星，等. 在线健康社区中信息可信性的影响因素研究 [J]. 图书情报工作，2015，59 (22): 88 – 96.

[93] 陈福集，叶萌. 政府网络舆情信息的需求分析 [J]. 情报杂志，2013，32 (9): 52 – 56.

[94] Ball – Rokeach S J. A Dependency Model of Mass – Media Effects [J]. Communication Research, 1976, 3 (1).

[95] 罗龙翔，王秀丽. 社交媒体和电视信息接收对新型冠状病毒肺炎预防行为的影响——基于风险感知的实证研究 [J]. 医学与社会，2021，34 (6): 106 – 112.

[96] Zha X, Yang H, Yan Y, et al. Exploring the effect of social media information quality, source credibility and reputation on informational fit – to – task: Moderating role of focused immersion [J]. Computers in Human Behavior, 2018, 79.

[97] Zhu C, Xu X, Zhang W, et al. How Health Communication via Tik Tok Makes a Difference: A Content Analysis of Tik Tok Accounts Run by Chinese Provincial Health Committees [J]. International Journal of Environmental Research and Public Health, 2019, 17 (1).

[98] 谷风引. 基于社交媒体的应急信息质量与信源可信度双路径模型研究 [D]. 南昌大学，2019.

[99] Zhou T. Understanding Users' Initial Trust in Mobile Banking: An Elaboration Likelihood Perspective [J]. Computers in Human Behavior, 2012, 28 (4): 1518 – 1525.

[100] Wang Y. Humor and Camera View on Mobile Short – form Video Apps Influence User Experience and Technology – adoption Intent, an Example of TikTok (DouYin) [J]. Computers in Human Behavior, 2020, 110: 106373.

[101] 黄晓斌，彭佳芳，张明鑫. 新环境下大学生信息素养评价标准的构建 [J]. 图书馆学研究，2019 (24): 25 – 33.

[102] 吴明隆. 结构方程模型 AMOS 的操作与应用 [M]. 重庆：重庆大学出版社，2010.

[103] 张帅. 科研生命周期理论视角下学术社交网络用户信息需求研究 [J]. 图书馆

学研究，2021（5）：60－68.

［104］姜婷婷．突发公共卫生事件中公众的信息行为研究与启示［D］．武汉纺织大学，2021.

［105］杜运周，贾良定．组态视角与定性比较分析（QCA）：管理学研究的一条新道路［J］．管理世界，2017（6）：155－167.

# 第4章　附加情感特征的社交媒体应急信息质量研究
## ——以知乎为例

## 4.1　基础理论知识

信息质量是一个多维概念，具有不随任务和用户而变化的客观方面（例如，准确性和一致性等）以及与使用信息的用户的感知相关的主观方面（Watts，Shankaranarayanan and，Even，2009）。信息质量在过去十年研究中的关注程序提升迅速，信息质量最初是数据精确度的测量以及衡量数据是否存在错误的重要指标，随着对于信息质量研究的进一步深入，Ballou 等（1998）从信息使用角度者的角度出发，在质量管理学家朱兰（Juran）对质量进行界定的基础上提出信息质量是一个相对全面的概念，将信息质量的本质定义为适合于使用（fitness for use），这一定义打破了传统意义上将信息质量与信息准确性等同的局限性。但是由于信息产生于不同领域，且信息质量与用户的主观判断相关度程度较高，因而对于信息质量的定义和评价指标难以统一。海内外研究者试图对信息质量进行深入研究，精确其评价维度，因而从不同角度对信息质量的概念和评价标准进行了研究，例如，Strong 等从信息的生产与使用角度对信息质量进行界定，将信息质量界定为两个方面：一方面认为信息质量是界定信息是否符合规范的标准，该定义从信息生产和使用者的角度出发，认为信息是可以进行评估的，需要构建完善的信息评估和规范体系，以避免对信息的研究和实际应用中出现错误；另一方面认为信息质量是界定信息是否可以达到或超出信息用户的预期，该研究对从信息用户的角度出发，认为信息必须满足不同用户需求，Strong 从两个角度对信息质量的定义，是当前研究中较为全面的，其对于信息质量的界定抓住了信息的本质且将信息质量的研究进一步向信息质量评估拓展。我国学者张辑哲（2006）在其研究中将信息质量定义为信息质与信息量的综合，其中信息质包括第一质和第二质两个层面，信息质中的第一质是用来评判信息在表示客观事物中是否真实、准确、正确以及在表示客观事物中的深刻性程度，信息质中的第二质指信息内容及其形式、物质载体的确定性、耐久性、可靠性程度，张辑哲认为信息质的第一质和第二质是相互关联、密不可分的，其中第一质是信息质量中的主导部分，决定的信息的品质与利用价值，第二质是信息质量中的技术保障，为信息第一质的实现、内容和价值提供保障，信息量包含信息总量和信息分量两个方面；在信息量方面，张辑哲（2006）认为信息量包括信息总量与信息分量两个部分，信息总量是信息分量累计的总和，对信息的质有一定程度的影响；周毅（1999）从用户需要的角度对信息质量进行了评述，认为用户对信息的需要应分为数量需要与质量需要两种类型，其中信息用户的数量需要指信息商品和信息服务对信息用户数量上的满足程度，信息用户的质量需要指信息商品和信息服务对于信息用户质量的满足程度，信息用户的数量需要和质量需要是一种彼此独立又相互影响的关系。总之，国内外学者从不同角度对信息质量进行了研究并给出了信息质量的定义，这些定义为未来信息质量研究的进一步深入提供了借鉴和参考。

云模型中的云由大量云滴构成，通过其数字特征反映研究对象的定性概念（王坚强、刘淘，2012），云的数字特征由期望 Ex、熵 En、超熵 He 三部分组成（邹晓华、田立新，2016），其中，期望 Ex 是最能代表研究对象定性概念的值，它表示研究对象在其论域中的中心值；熵 En 的值反映了对研究对象进行定性的模糊程度，表示该研究对象的定性概念在论域中可被接纳的程度，熵的值越小则概念可被接纳的数值范围越小，研究对象的定性概念越清晰；超熵 He 是对熵的可变性的度量结果，它表示了研究对象定性概念数值特征呈现的随机性，揭示了定性概念的模糊性和随机性的关系（李德仁、王树良，李德毅，王新洲，2002）。

SOR 理论指刺激—有机体—反应模型，该模型起源于心理学，由投入—产出模型发展而来，但是投入产出模型只能对显性的外在刺激和行为结果进行表示，无法呈现有机体内在意识与心理变化（徐冬莉、武文珍、江若尘，2015），因此 Mehrabian 和 Russell 在 1974 年首先提出的“SOR 框架（S-O-R framework）”，这一框架认为某些环境因素会激发个体的情感和认知状态，从而引发个体行为动作，Jacoby（2001）针对最初提出的SOR框架未能建立在先前理论基础上的局限性以及缺乏简约性、全面性、连贯性和灵活性等问题，对SOR框架进行了修改。SOR理论经过近50年的发展，其应用领域已经扩展到人工智能、用户行为、网站体验等领域。SOR理论中的S（Stimulus）表示来自外界的刺激，该刺激对于主体活动产生一定影响；O（Organism）表示受到刺激影响的有机体；R（Responce）表示有机体受到外部刺激之后，经过心理活动，做出的针对刺激的反应，如逃避、拒绝、质疑等行为。

国内外学者对于SOR理论的研究已经延伸到社交媒体领域，针对刺激发生时社交媒体用户行为进行研究，目前已取得一定研究成果，例如，Luqman和Cao等（2017）认为社交媒体会对用户产生一定影响，因而基于SOR理论，通过对FaceBook用户进行问卷调查，发现社交媒体中对用户造成的过度社交、享乐等刺激，会导致社交媒体用户承受压力从而产生疲惫心理，最终造成社交媒体用户退出社交媒体；Carlson和Rahman等（2018）通过对于品牌消费者社交媒体页面数据进行分析，调查了社交媒体品牌页面中的特定在线服务设计特征如何诱导用户感知品牌价值，研究结果发现，网站内容质量、品牌页面交互性、客户联系质量等对于用户行为影响程度较高。

国内外学者已从不同角度对SOR理论进行了研究并取得了一定成果，但综合分析发现，学术界当前研究多从用户角度出发，利用访谈法、问卷调查法等，探究刺激对于有机体心理特征的影响，或根据刺激发生时有机体心理特征的变化预测有机体反应，而根据刺激发生时有机体的反应来判断面对刺激时有机体心理特征的研究相对较少。本章认为基于访谈、问卷调查等方法的研究均是刺激发生前或刺激发生后对有机体进行的调查，存在一定局限性，不能准确反映刺激发生时有机体心理变化。信息用户的信息需求被满足程度会在一定程度上影响其理性认知过程和感性心理感受并最终影响其对于网站信息质量的评价水平，因此，用户在使用社交媒体平台时的情绪态度可以间接反映出该网站的信息质量（金燕、杨康，2017）。本章利用SOR理论，从刺激发生时有机体信息行为入手，探究刺激发生时社交媒体用户真实的心理状态，根据社交媒体平台用户情感特征间接判断社交媒体网站信息质量。

本章对信息质量、云理论以及SOR理论进行了简要概述，详细阐述了利用云理论进行社交媒体应急信息质量评估的主要步骤。其中重点对SOR理论的发展历程、研究现状进行了阐述，分析了当前 SOR 理论研究中的局限性以及利用 SOR 理论进行社交媒体应急信息质量评估的依据。

## 4.2 社交媒体应急信息质量评价指标体系构建

### 4.2.1 社交媒体应急信息质量评价的界定

社交媒体应急信息质量评估是指社交媒体用户对通过社交媒体接触或搜寻到的应急信息的质量高低进行主观与客观上不间断地分析与判断的过程，对社交媒体应急信息质量进行评估的目的在于精确认知当前互联网环境下，社交媒体对于社交媒体用户对应急信息质和量的满足程度，发现应急信息在社交媒体传播中存在的不足，为进一步提升突发事件发生前后应急信息传播效率、增强突发事件发生期间舆情检测与引导能力、满足社交媒体用户应急信息需求提供参考。本章针对当前环境下我国社交媒体应急信息质量构建评价指标体系，对社交媒体应急信息质量的评价指标体系分为两个方面：一方面，根据成熟的应急信息质量评估原则，结合国内外学者相关研究成果和我国社交媒体特征，选取社交媒体应急信息质量评价指标，利用专家咨询法得出最终评价指标并建立社交媒体应急信息质量评价指标体系；另一方面，根据突发事件发生后社交媒体用户在突发事件刺激下的信息行为所反映出的情感特征，从间接上判断社交媒体应急信息质量。

### 4.2.2 社交媒体应急信息质量评估的原则

结合国内外相关研究成果，可以发现学术界对于应急信息质量评价指标的选取及应急信息质量评估已有一套成熟的原则，包括科学性、目标导向性、可操作性、可比性、代表性、系统性。

(1) 科学性原则。

社交媒体应急信息质量评价中的科学性原则需要在评价指标选择过程中，根据当前已有研究、征求相关领域专家意见、结合我国媒体发展现状及特点的基础上进行选取。

（2）目标导向性原则。

社交媒体应急信息质量评估中的目标导向性原则要求在评价指标体系构建过程中需要以评估目标的导向性为前提，将评估目标与应急信息质量研究领域研究成果相结合，不断提升社交媒体应急信息质量评价指标体系的使用价值。

（3）可操作性原则。

社交媒体应急信息质量评估中的可操作性原则要求在选取评价指标、构建评价指标体系过程中要结合学术界相关研究成果，在成熟理论的指导下，考虑数据测度与搜集的可操作性，切勿主观盲目设计，同时应考虑社交媒体应急信息特征，根据社交媒体平台的用户信息需要特点与我国社交媒体平台发展状况进行指标选取。

（4）可比性原则。

社交媒体应急信息质量评价过程中的可比性原则要求在评价指标体系中的单个指标，在进行纵向比较和横向比较过程中，需要存在明显的差异性，同时各个指标在不同时间、突发事件进展不同阶段的信息质量评估中也需要存在一定差异性。

（5）代表性原则。

在选取社交媒体应急信息质量评价指标并构建评价指标体系过程中要求具有一定代表性，既要注重社交媒体这一媒介的特征，又要突出突发事件的具体特征，各指标需要从不同侧面反映社交媒体应急信息质量。

（6）系统性原则。

社交媒体应急信息质量评估中的系统性原则要求在指标选取和评价指标构建过程中，注重各指标之间的相关性和整体性，指标构成需要层次分明。

### 4.2.3 社交媒体应急信息质量评价指标提取

进行信息质量评估是较为困难的，其原因包含三个部分：首先，从评价主体角度看，不同用户的信息需求不同，其对于所获得信息的评价标准也存在一定差异，评价过程受用户主观性影响程度较大；其次，从评价过程来看，在当前大数据时代，信息数量大幅增加，而信息质量评价需要对信息本身进行分析，因此，如果对信息进行全盘分析，则需要耗费大量的时间和精力，如果仅分析抽样后的信息，则所抽样的信息很难全面反映信息质量状况；最后，从评价对象来看，不同领域的信息质量需要结合该领域发展现状、发展特征等来评价，针对不同领域需要制定不同信息质量评价指标体系。本章从海内外研究者相关成果入手，总结、梳理现阶段对信息质量进行评价的指标体系，初步选择评价指标，运用专家咨询法，结合社交媒体领域特征，制定社交媒体应急信息质量评价指标体系。

随着研究的不断深入，海内外研究者从不同角度对不同领域的信息质量进行了研究并构建了信息质量评价指标体系，具体研究成果如表 4.1 所示。

**表 4.1　　　　信息质量评价研究现状**

| 研究者 | 研究方法 | 评价指标 |
| --- | --- | --- |
| R. Vaziri，M. Mohsenzadeh 等 | 利用问卷调查法对信息质量评估 | 准确性、完整性、一致性、及时性 |
| C. Batini，D. Barone 等（2006） | 根据 REC 矩阵和成本效益分析对信息质量进行评估 | 准确性、通用性 |
| M. Del Pilar Angeles、F. García – Ugalde 等（2014） | 通过对业务特征和数据源进行分析，测定信息质量 | 准确性、完整性、一致性、通用性、独特性、复用性 |
| C. Batini，F. Cabitza（2016） | 利用 Stata 软件进行信息质量评估 | 结构化信息：准确性、完整性、通用性非结构化信息：通用性、相关性、可靠性 |
| D. M. Strong，Y. W. Lee 等 | 基于信息质量分类和差异进行信息质量分析 | 可获得性、适量性、可信度、完整性、简洁性、一致性、可操作性、正确性、可解释性、客观性、相关性、安全性、及时性、可理解性 |
| R. Y. Wang | 利用信息制造分析矩阵（IMA）和整体规划模型进行信息质量评估 | 准确性、客观性、可信度、可获得性、安全性、相关性、增值性、及时性、完整性、通用性、易理解性、简洁性、一致性 |
| 鞠英杰（2005） | 通过经验研究对网络信息评估进行论述，提出网络信息评估标准 | 信息源权威性和声誉、精确度、网络资源的流通和更新速度、易用性、获取速度、资源限制、费用、版权、可靠性、便利性、信息表现、用户支持服务、资源的进入能力 |

续表

| 研究者 | 研究方法 | 评价指标 |
| --- | --- | --- |
| 冯缨、张瑞云（2014） | 从用户体验与感知角度探究微博信息质量概念，综合国内外研究成果提出针对微博的信息质量评价指标体系 | 信息内容质量：客观性、完整性、相关性、敏感性；<br>信息表达质量：易理解性、语言规范性；<br>信息效用质量：有用性、时效性；<br>发布者质量：传播力、活跃度、权威性、信誉度 |
| 白清礼（2016） | 在归纳总结海内外相关研究成果基础上，构建针对我国政府的信息公开质量评估指标体系 | 信息本体指标：真实性、准确性、精炼性、可理解性、规范性、原始性、安全性、程序合理性；<br>信息集成指标：完备性、全面性、一致性、可追溯性、持续性；<br>信息效用质量：可用性、信息的权威性；<br>信息服务质量：及时性、易取性、可近性 |
| 叶凤云、邵艳丽等（2016） | 基于马来茨克大众传播模型，从行为过程方面对移动社交媒体用户信息质量进行分析，建立综合评估指标体系并利用问卷调查法进行验证 | 新颖性、科学性、有趣性、价值性 |
| 杨峰、史琦等（2015） | 综合分析国内外相关研究成果的基础上，提出正负社交媒体信息质量综合评价体系 | 信息表达层面：界面合理性、友好性、更新性、丰富性；<br>信息内容层面：完整性、规范性、相关性、适量性；<br>信息效用层面：有用性、交互性、易理解性、传播性 |

通过梳理国内外学者对于信息质量评估的相关研究成果，可以发现国内外学者在选取评价指标构建信息质量综合评价体系时，需要在梳理、分析相关成果的基础上，结合信息质量评价原则、当前研究领域发展状况、用户需求特征等。因此，在选取社交媒体平台应急信息质量评价指标、构建社交媒体应急信息质量综合评价指标体系时，需要在信息质量评估原则的指导下，通过梳理国内外相关研究文献，结合社交媒体平台用户信息需求特征、社交媒体平台发展现状等进行提取。

依据信息质量评估原则，结合社交媒体平台特征以及前面国内外相关研究成果的梳理，初步拟订社交媒体应急信息质量评价指标，在相关专家学者的指导下，进行修改，最终确定了 3 个维度共计 13 项指标。

**维度一：信息内容**

（1）准确性：指社交媒体中的应急信息必须正确反映灾害爆发原因、影响等实际情况，信息内容必须建立在灾害事实依据的基础上，如突发事件爆发时间、伤亡情况、事件影响范围等必须准确；

（2）完整性：指社交媒体中的应急信息对于应急事件的完整、全面描述程度以及所涉及领域的宽度；

（3）客观性：指社交媒体中的应急信息对于应急事件描述的客观性，包括描述内容是否存在偏差、是否涉及相关利益者、对于事件的评述是否符合事实依据、是否存在态度偏见等；

（4）相关性：指应急事件发生后，社交媒体中的应急信息与应急事件或与应急事件相关领域的关联程度；

（5）新颖性：指应急事件发生后，社交媒体是否以不同形式向用户提供应急信息，如视频、图片、文字等；

**维度二：信息表达**

（1）易理解性：指应急事件发生后，应急信息用户是否可以在较短时间内理解社交媒体中的应急信息，社交媒体平台是否可以用相对简洁的语言满足用户信息需求；

（2）精简性：指应急事件发生后，社交媒体中的应急信息的表达形式是否精简、文字是否精炼、表达逻辑是否清晰等；

（3）可获取性：指突发事件发生后，信息用户是否可以便捷地获取社交媒体中的突发应急事件相关信息；

（4）标准化程度：指应急事件发生后，社交媒体向其用户提供的信息是否为标准、是否具在一定逻辑性。

**维度三：信息效用**

（1）及时性：指应急事件发生后，社交媒体能否及时将信息传递给信息用户；

（2）交互性：指应急事件发生后，社交媒体在将应急信息传递给信息用户的同时，能否及时接收用户反馈并根据用户反馈进行信息传递调整，以及是否提供针对应急事件的交流途径供应急信息用户交流；

（3）有用性：指应急事件发生后，社交媒体传递给用户的应急信息，是否有助于了解应急事件概貌、伤亡损失情况、应对策略等，从而满足用户信息需求；

（4）利用率：指应急事件发生后，社交媒体传递给用户的应急信息被用户采纳和利用的程度，考察社交媒体网站在应急信息传递中的针对性。

本章从海内外相关研究成果出发，根据信息质量评估的原则，通过归纳、梳理国内外相关研究成果，结合社交媒体网站发展现状、社交媒体用户应急信息需求特征，初步构建了社交媒体平台应急信息质量评价指标体系。为保证指标体系的科学性、合理性、有用性，邀请该研究领域专家学者提供修改意见，对社交媒体应急信息质量评价指标体系进一步修订。

在梳理有关研究成果的基础上，邀请16位该领域的专家，通过问卷和访谈的形式对初步拟订的社交媒体应急信息质量综合评价体系的科学性、合理性、有用性进行咨询。专家基本情况调查如表4.2所示。

**表4.2　　专家基本情况调查**

| 项目 | 分类 | 人数 | 比例（%） |
|---|---|---|---|
| 性别 | 男 | 10 | 62.5 |
| | 女 | 6 | 37.5 |
| 年龄 | ≤35岁 | 5 | 31.25 |
| | 35～45岁 | 4 | 0.25 |
| | ≥45岁 | 7 | 43.75 |
| 学历 | 本科及以下 | 7 | 43.75 |
| | 硕士 | 2 | 12.5 |
| | 博士 | 7 | 43.75 |
| 专家所在领域 | 社交媒体 | 3 | 18.75 |
| | 应急信息管理 | 5 | 31.25 |
| | 灾害研究 | 2 | 12.5 |
| | 信息质量评估 | 6 | 37.5 |
| 从事工作年限 | ≤5年 | 4 | 25 |
| | 5～10年 | 6 | 37.5 |
| | ≥10年 | 7 | 43.75 |

通过与相关专家交流沟通，听取专家对于初步提取的社交媒体应急质量评价指标的建议，对评价指标体系进一步修改。根据专家意见，维度三中的利用率指标不适用于社交媒体环境，且其在以用户为中心的信息质量评估中，由于

社交媒体用户无法从全局角度出发对于应急信息利用率进行评价，因此无法获取可靠评估数据，应舍弃。本章在综合考虑相关专家建议的基础上，对于社交媒体应急信息质量综合评价指标体系进行了一定修改，确定最终评价指标共 3 个维度 12 项指标，具体指标说明如表 4.3 所示。

**表 4.3 社交媒体应急信息质量综合评价体系**

| 维度 | 指标 | 具体解释 |
|---|---|---|
| 维度一：信息内容 | 准确性 | 指社交媒体中的应急信息必须正确反映灾害爆发原因、影响等实际情况，信息内容必须建立在灾害事实依据的基础上，如突发事件爆发时间、伤亡情况、事件影响范围等必须准确 |
| | 完整性 | 指社交媒体中的应急信息对于应急事件的完整、全面描述程度以及所涉及领域的宽度 |
| | 客观性 | 指社交媒体中的应急信息对于应急事件描述的客观性，包括描述内容是否存在偏差、是否涉及相关利益者、对于事件的评述是否符合事实依据、是否存在态度偏见等 |
| | 相关性 | 指应急事件发生后，社交媒体中的应急信息与应急事件或与应急事件相关领域的关联程度 |
| | 新颖性 | 指应急事件发生后，社交媒体是否以不同形式向用户提供应急信息，例如视频、图片、文字等 |
| 维度二：信息表达 | 易理解性 | 指应急事件发生后，应急信息用户是否可以在较短时间内理解社交媒体中的应急信息，社交媒体平台是否可以用相对简洁的语言满足用户信息需求 |
| | 精简性 | 指应急事件发生后，社交媒体中的应急信息的表达形式是否精简、文字是否精炼、表达逻辑是否清晰等 |
| | 可获取性 | 指突发事件发生后，信息用户是否可以便捷的获取社交媒体中的突发应急事件相关信息 |
| | 标准化 | 指应急事件发生后，社交媒体向其用户提供的信息是否为标准、是否具在一定逻辑性 |
| 维度三：信息效用 | 及时性 | 指应急事件发生后，社交媒体能否及时将信息传递给信息用户 |
| | 交互性 | 指应急事件发生后，社交媒体在将应急信息传递给信息用户的同时，能否及时接收用户反馈并根据用户反馈进行信息传递调整，以及是否为应急信息用户提供针对应急事件的交流途径 |
| | 有用性 | 指应急事件发生后，社交媒体传递给用户的应急信息，是否有助于了解应急事件概貌、伤亡损失情况、应对策略等，从而满足用户信息需求 |

由表 4.3 可得，本章在社交媒体用户对于社交媒体应急信息质量直接评价部分将从 3 个维度共 12 个指标出发进行研究；在社交媒体用户信息行为间接

反映社交媒体应急信息质量部分，本章将从用户信息行为出发对社交媒体用户发布、转发、点赞的文本信息进行情感分析和主题词提取，从而得到对于社交媒体应急信息质量全面的评价结果。本章构建的附加情感特征的社交媒体应急信息质量综合评价体系如图 4.1 所示。

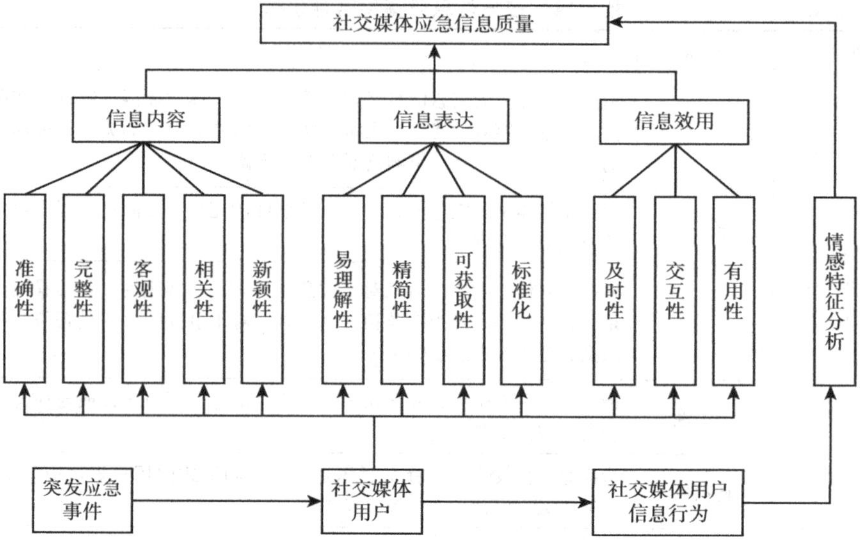


**图 4.1　附加情感特征的应急信息质量综合评价体系**

本部分在前面概念和理论的指导下，通过梳理海内外相关研究者对于信息质量评价的研究成果，结合信息质量评估原则、社交媒体发展状况，初步构建了社交媒体应急信息质量评价指标体系。在此基础上，通过问卷调查、访谈等形式向本领域专家学者进行咨询，对初步构建的社交媒体应急信息质量评价指标体系进行修订，最终保留由 3 个维度共 12 个指标，组成了基于用户评价的社交媒体应急信息质量综合评价指标体系。此外，由于社交媒体用户信息行为会间接反映网站信息质量，因此本章从突发应急事件发生后社交媒体用户信息行为入手，探究其信息行为所反映的情感特征，从而对信息质量进行评价，本章构建的附加情感特征的社交媒体应急信息质量综合评价指标体系由基于用户评价的社交媒体应急信息质量评估和基于用户情感特征的社交媒体应急信息质量评估两部分组成。本章对附加情感特征的应急信息质量综合评价体系的整体结构、指标选取、评价流程等进行了阐述。

# 4.3　社交媒体用户情感特征提取

在4.2节中，本章已通过梳理海内外相关研究者对于信息质量评价的研究成果，结合信息质量评估原则、我国社交媒体发展状况等，利用专家咨询法，构建了由3个维度共12个指标组成的基于用户评价的社交媒体应急信息质量评估体系。本节基于SOR理论，以四川省凉山州木里县森林火灾事件和非洲猪瘟疫情事件为例，从两起突发应急事件发生后知乎平台用户信息行为入手，提取应急事件发生后社交媒体用户点赞、转发、发表的问题和回答并进行情感特征分析和主题词提取，由社交媒体用户信息行为反映出的情感特征，间接进行社交媒体应急信息质量评估。本节分析框架如图4.2所示。

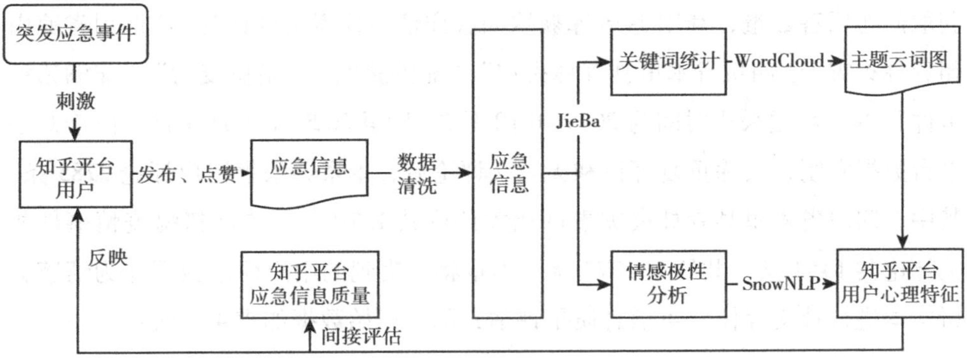


**图4.2　基于用户信息行为的社交媒体应急信息质量评估流程**

## 4.3.1　知乎平台用户评论数据搜集与处理

为保障评价结果的科学性、合理性、公正性，本章选取四川省凉山州木里县森林火灾和非洲猪瘟疫情事件为例，其中四川省凉山州木里县森林火灾事件发生于2019年3月30日，森林着火点在海拔3800米左右，火灾现场地势复杂，交通、通信不便，给火灾救援带来了巨大障碍，火灾总过火面积超过20公顷，共造成多人遇难，灾害发生后，网民关注度持续上升，灾害相关信息呈爆炸式增长；非洲猪瘟疫情事件引起公众关注开始于农业农村部新闻发言人在

2019 年 1 月 15 日的通报，通报显示，2018 年 8 月以来，我国部分省份开始出现非洲猪瘟疫情，截至 2019 年 1 月 14 日，已有 24 个省区市发生过家猪和野猪疫情，累计扑杀生猪 91.6 万头，疫情处于点状散发，但是没有出现大面积蔓延趋势，2019 年 2 月，农业农村部针对非洲猪瘟疫情印发了《非洲猪瘟疫情应急实施方案（2019）》，2019 年 7 月，非洲猪瘟疫情缓解，全国 25 个省区的疫区全部接触封锁，非洲猪瘟疫情事件发生后，导致农产品价格发生变化，引发网民关注，社交媒体用户从不同角度对非洲猪瘟疫情事件进行讨论，事件热度持续上升。本章选取两起突发应急事件发生后的知乎平台用户发表、转发、点赞的问题和回答作为研究对象，利用 Python 语言，从知乎平台 Api 接口 “https：//www. zhihu. com/api/v4/search_v3？” 入手，通过 Requests 库请求网页源代码并利用 Json 库进行解析提取问题详情页编号。

在此基础上，再次利用 Requests 库请求问题详情页面，利用 Xpath 解析式获取问题回答数量，利用 Json 库获取回答详情。检索关键词为：“四川省凉山州森林火灾”“四川省木里县森林火灾”“非洲猪瘟”“猪瘟疫情”“非洲猪瘟事件”等，数据采集时间为 2019 年 12 月 20 日至 2020 年 1 月 3 日，由于知乎平台数据限制，去除重复评论和无意义评论后，本章共采集用户评论 2785 条。其中，四川省木里县森林火灾事件相关评论共 1379 条，非洲猪瘟疫情事件相关评论共 1454 条，共约 101073 字。本章将采集到的用户评论数据作为情感分析样本进行社交媒体应急信息质量评估，部分原始数据如表 4.4 所示。

**表 4.4　突发应急事件后社交媒体用户评论**

| 评论文本 |
| --- |
| <p>我家现在有十几头猪，为什么会有这么些呢？因为以前有几千头，全赶在猪瘟爆发前折价卖了，我叔最惨，几千头都没了，光我们几家就折了上万头。你说猪瘟影响大不大。</p><br><p>山东济南 37 元一斤，我已经两个月没吃猪肉了，别问我为什么，问了我难受</p><br><p>复合原因，一刀切 + 病 + 周期 + ??? </p> <p>主要还是猪瘟</p> <p>基本可以确定东亚的非洲猪瘟已经全面扩散开来了，目前最稳的就只有大陆了。特别点名批评韩国，病猪血直接放河里，这分明就是火烧连营。</p><br>…… |

通过观察表 4.4 可以发现，利用 Python 语言编写的网络爬虫程序采集到的原始数据中包含括号、标点符号、网页元素等，因此，需要对原始文本进行数

据清洗才能进行情感极性特征分析，本章采用 Python 语言中的 Re 库，利用正则表达式对原始数据进行清洗。

### 4.3.2　知乎平台用户情感特征分析

为进一步了解突发应急事件发生后，社交媒体用户对于突发事件的讨论热点，分析其对应急信息的关注重点，为社交媒体用户情感特征分析提供参考，本章利用 Python 语言中 JieBa 库的分词方法对用户评论文本进行处理，由于分词处理后的用户评论包含大量停用词，例如，一下、一个、一些、一定、一方面、不怕、不成、不敢等，会在一定程度上影响云词展示和主题解析效果，因此需要进行剔除，本章利用 Python 语言剔除分词后用户评论中的停用词。在此基础上，本章将对分词结果进行统计并使用 Python 语言中的 WordCloud 方法将词频统计结果生成云词图，如图 4.3 和图 4.4 所示。

图 4.3　四川省凉山州木里县森林火灾知乎用户评论云词

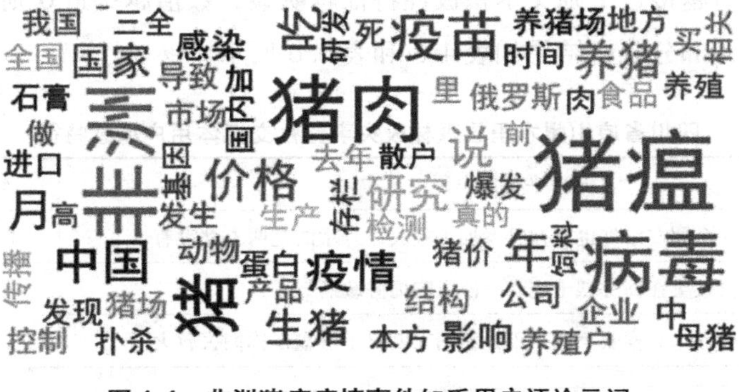


图 4.4　非洲猪瘟疫情事件知乎用户评论云词

从图 4.3 和图 4.4 中可以得出，在四川省凉山州木里县森林火灾事件中，知乎平台用户的关注重点主要包括：森林火灾起因、森林火灾救援情况、参与森林火灾救援的消防员、森林火灾救援中存在的不足、消防员精神以及未来森林火灾事件防范等；在非洲猪瘟疫情事件中，知乎平台用户的关注重点主要包括：非洲猪瘟疫情起因、当前蔓延趋势、生猪养殖业发展状况、当前对于非洲猪瘟疫情治疗的研究进展、猪肉价格等。可以发现知乎平台用户在接收和传递应急信息过程中不仅关注应急事件本身的相关信息，同时也会对应急信息进行拓展，关注应急响应、事件善后、反思等方面的信息，而在社交媒体这一特殊平台中，用户间交流的途径被进一步拓宽，因此，社交媒体中的应急信息呈现出层次多、领域宽、传播效率高、关注程度强等特征。

本部分将对进行数据清洗、分词、去除停用词等步骤后的知乎平台用户发表的应急事件相关评论文本进行分析。文本采用的情感特征研究又被称为文本的观点信息挖掘，是对文本信息进行处理、解析的过程，目的是提炼出文本信息的主观性情感色彩。按照所分析文本信息的不同粒度，可以将文本分为词语、句子、篇章等多个分析层系。情感极性和主观性程度分析可以从评论、反馈或批评中为不同的目的提供有用的指标。现有 Python 自然语言处理方法库大多针对英文文本开发，对中文文本适用性相对较差，因此本部分采用基于英文本书分析方法库 TextBlob 开发的针对中文文本分析的 SnowNLP 方法库，该方法库被广泛应用于中文文本分析中。

利用 Python 语言、SnowNLP 方法库对四川省凉山州木里县森林火灾事件和非洲猪瘟疫情事件进行情感极性分析，分析结果为区间［0，1］中的情感特征值，数值越接近 1 则文本积极性特征越明显，数值越接近 0 则文本消极性特征越明显，部分分析结果如表 4.5 和表 4.6 所示。

**表 4.5　四川省凉山州木里县森林火灾事件社交媒体用户情感特征**

| 知乎平台用户评论文本 | 情感特征值 |
|---|---|
| 我一个同学和一个朋友刚好也在并且参加了救火，万幸的是两人都没有事 | 0.846919528 |
| 就这样也有一群败类在侮辱烈士也有一群废物侮辱政府 | 0.014413081 |
| 谁能想发生事故在这时候吹美国是不是意图太明显了键盘侠你们去救火吧 | 0.003037455 |
| …… | …… |

续表

| 知乎平台用户评论文本 | 情感特征值 |
|---|---|
| 英雄一路走好因为他们为我们默默负重前行我们才能去追求那些“岁月安好” | 0.99999306 |
| 兄弟一路走好你永远是我们的英雄 | 0.909391809 |
| 中华民族的脊梁 | 0.674008448 |

**表 4.6　　非洲猪瘟疫情事件社交媒体用户情感特征**

| 知乎平台用户评论文本 | 情感特征值 |
|---|---|
| 原来我们家这边会有户里自己养猪的农村院子也大不少家庭就会在院子里养几头猪主要自己吃吃不了就卖去年前年的时候吧不让养了说是污染环境小的养猪厂也不行人们就去买猪肉吃 | 0.75820838 |
| 某些人的过错导致了全民背锅 | 0.025030341 |
| 安全可控没有想象中那么严重大家也不用恐慌性去买所在地区不一样猪的价格当然不同猪死了肉身还再人可食病毒在度烹煮自然消失殆尽养猪多的地方猪卖不出去其他没有相关养殖的地方猪稀有价高现阶段是不能跨省运输有疫病的猪肉的那些说政府没有补贴的摸摸自己的良心不会痛嘛自己没买保险怪谁国家对农业支持有政策性保险兜底性散户现在只是不敢养而已对猪瘟的不确定性担忧实际上大型的养殖企业只要严格按照防疫要求去做是可控的补栏是需要时间的大型养殖企业会逐步代替现阶段小而乱污染环境的小养殖散户 | 0.976942742 |
| …… | …… |
| 快要出来了重大突破中国农科院发布一条好消息有关猪瘟疫苗 | 0.435889307 |
| 自从有了非洲猪瘟吃猪肉少了花钱多了怀疑市场有资本进去哄抬肉价造成全国猪肉价不理性的上涨 | 0.0842735 |
| 肯定要把疫情还在苗头的时候就扑灭啊不传人但是传猪啊感染了的猪你能保证不会传染给其他猪吗圈养运输屠宰有很多步骤一路感染下去 | 0.608072075 |

为进一步对比分析两起突发应急事件中社交媒体用户情感特征值异同，本章对两起突发应急事件发生后知乎平台用户评论所反映出的情感特征值分别进行统计，结果如表 4.7 所示。

**表 4.7　　社交媒体用户评论情感极性特征**

| 事件 | 样本数 | 平均值 | 标准差 | 中位数 |
|---|---|---|---|---|
| 四川省凉山州森林火灾 | 1379 | 0.57 | 0.438 | 0.75908557 |
| 非洲猪瘟事件 | 1454 | 0.39 | 0.429 | 0.132423645 |

从表4.7可以得出，两起突发应急事件发生后，知乎平台用户信息行为所体现出的情感特征具有明显差异，具体表现为：用户评论情感特征数据集离散程度相当，表明用户情感极性特征整体结构相似；两起应急事件发生后知乎用户评论数据情感特征平均值存在明显差异，具体为四川省凉山州木里县森林火灾发生后，知乎平台用户偏向于积极的情感特征，而非洲猪瘟疫情事件发生后，知乎平台用户偏向于消极的情感特征，表明两起突发应急事件发生后，知乎平台所传递应急信息的质量存在一定差异。

本节基于SOR理论，探究突发应急事件发生后社交媒体用户信息行为反映出的心理特征，并间接对社交媒体应急信息质量进行评估。以四川省凉山州木里县森林火灾事件和非洲猪瘟疫情事件发生后知乎平台用户发布、点赞的问题和回答为对象，利用Python语言编写网络爬虫程序，提取知乎平台用户发布的文本，基于Re方法库，利用正则表达式对提取的文本进行数据清洗，在此基础上利用Python语言生成主题云词图并进行文本情感分析。通过对突发应急事件发生后知乎平台用户评论文本进行解析，文本发现：（1）知乎平台用户在接收和传递应急信息过程中不仅关注应急事件本身的相关信息，同时也会对应急信息进行拓展，关注应急响应、事件善后、反思等方面的信息，而在社交媒体这一特殊平台中，不同用户的交流途径被进一步拓宽，因此，社交媒体中的应急信息呈现出层次多、领域宽、传播速率高、关注程度强等特征；（2）社交媒体用户对不同事件应急信息的情感特征值存在差异，在进行社交媒体应急信息质量评估时需要考虑不同事件的类型。

## 4.4 附加情感特征的社交媒体应急信息质量评估

在4.3节中，本章基于SOR理论，以四川省凉山州木里县森林火灾事件和非洲猪瘟疫情事件为例，探究突发应急事件发生后社交媒体用户信息行为所反映出的主题关注情况及用户情感极性特征，并间接对社交媒体信息质量进行评估。研究发现，知乎平台用户在接收和传递应急信息过程中不仅关注应急事件本身的相关信息，也会对应急信息进行拓展，关注应急响应、事件善后、反思等方面的信息，而在社交媒体这一特殊平台中，用户间交流的途径被进一步拓宽，因此，社交媒体中的应急信息呈现出层次多、领域宽、传播速率高、关注程度强等特征；社交媒体用户对不同事件应急信息的情感特征值存在差异，在进行社交媒体应急信息质量评估时需要考虑不同事件的类型。

本节将在此基础上，首先，将利用专家咨询法和层次分析法对 4.3 节中梳理得到的基于用户评价的社交媒体应急信息质量评估体系中的各指标权重进行计算；其次，利用问卷调查法搜集用户对于四川省凉山州木里县森林火灾事件和非洲猪瘟疫情事件发生后知乎应急信息质量的评价；再次，利用云理论对用户评价进行分析，评估当前社交媒体应急信息质量发展现状，发现其中存在的不足；最后，结合 4.3 节得出的两起突发事件中社交媒体用户关注主题和情感特征，分析用户情感特征与用户评价的异同并对社交媒体应急信息质量进行综合评估。

### 4.4.1　基于层次分析法的评价指标权重确定

由于各指标在基于用户评价的社交媒体应急信息质量评估中的重要性不同，对评价结果的影响程度不一致，因此，有必要依据各指标相对重要程度计算并得出其权重。当前，计算指标权重的常用方式主要有德尔菲法、层次分析法、熵值法和模糊聚类分析方法等，本章采用层次分析法结合相关专家打分对基于用户评价的社交媒体平台应急信息质量评价指标体系中的各指标权重进行计算。层次分析法是将定性与定量进行组合，且针对多目标的研究方法（郭金玉、张忠彬、孙庆云，2008），其理论主要是在分解不同层次繁杂问题的基础上，对两两指标之间的重要性做出比较判断，构建判断矩阵，通过计算判断矩阵的最大特征值以及对应特征向量，得到不同指标的权重（常建娥、蒋太立，2007），采用层次分析法进行权重计算的步骤如下：

（1）构建社交媒体应急信息质量评价指标体系的梯形层次结构，如图 4.5 所示。

（2）建立判断矩阵，$C$ 表示评价指标体系，$X_i$、$X_j$ 表示评价指标体系中的各指标。$X_{ij}$表示指标 $X_i$ 对 $X_j$ 的相对重要性，由 $X_{ij}$组成判断矩阵 R：

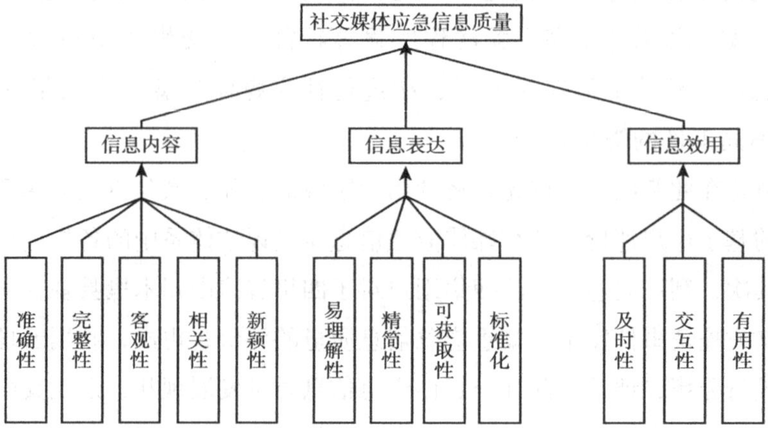


**图 4.5　社交媒体应急信息质量评估梯形层次结构**

$$R=\begin{bmatrix} x_{11} & x_{12} & \cdots & x_{1n} \\ x_{12} & x_{22} & \cdots & x_{2n} \\ \vdots & \vdots & & \vdots \\ x_{n1} & x_{n2} & \cdots & x_{nn} \end{bmatrix} \tag{4.1}$$

本章使用 T. L. Saaty 提出的 1 ~9 标度法（见表 4. 8）将重要程度相同、较重要、重要、非常重要等进行量化，T. L. Saaty 提出的 1 ~9 标度法可以较为全面地表示用户心理，已被国内外学者广泛用于各类研究中。

**表 4. 8　　　　　　　　　　判断矩阵 1 ~9 标度法**

| 标度 | 含义 |
|---|---|
| 1 | 两个元素相比，前者与后者重要程度相同 |
| 3 | 两个元素相比，前者稍微重要 |
| 5 | 两个元素相比，前者比较重要 |
| 7 | 两个元素相比，前者十分重要 |
| 9 | 两个元素相比，前者绝对重要 |
| 2、4、6、8 | 相邻判断值的中间值 |

本章在对相关专家进行咨询后，以社交媒体应急信息质量评价指标体系梯形层次结构和 T. L. Saaty 提出的 1 ~9 标度法为基础，对评价指标体系中的每个维度构建判断矩阵如表 4. 9、表 4. 10、表 4. 11、表 4. 12 所示。

表 4.9　　社交媒体应急信息质量评价体系维度判断矩阵

| | 信息内容 | 信息表达 | 信息效用 |
|---|---|---|---|
| 信息内容 | 1 | 3 | 1/2 |
| 信息表达 | | 1 | 1/3 |
| 信息效用 | | | 1 |

表 4.10　　信息内容维度判断矩阵

| | 准确性 | 完整性 | 客观性 | 相关性 | 新颖性 |
|---|---|---|---|---|---|
| 准确性 | 1 | 3 | 1 | 3 | 5 |
| 完整性 | | 1 | 1/2 | 1/3 | 3 |
| 客观性 | | | 1 | 1 | 4 |
| 相关性 | | | | 1 | 3 |
| 新颖性 | | | | | 1 |

表 4.11　　信息表达维度判断矩阵

| | 易理解性 | 精简性 | 可获取性 | 标准化 |
|---|---|---|---|---|
| 易理解性 | 1 | 4 | 1/3 | 2 |
| 精简性 | | 1 | 1/3 | 1 |
| 可获取性 | | | 1 | 3 |
| 标准化 | | | | 1 |

表 4.12　　信息效用维度判断矩阵

| | 及时性 | 交互性 | 有用性 |
|---|---|---|---|
| 及时性 | 1 | 5 | 2 |
| 交互性 | | 1 | 1/3 |
| 有用性 | | | 1 |

（3）指标权重计算，根据判断矩阵 R，求出矩阵最大特征根 $\lambda_{max}$ 所对应的特征向量 $w$，求解公式如下：

$$Pw = \lambda_{max} w \tag{4.2}$$

将特征向量 $w$ 进行归一化计算即为评价指标体系中各指标权重。

对判断矩阵进行指标权重计算，计算结果如表 4.13、表 4.14、表 4.15 和表 4.16 所示。

表 4.13　　社交媒体应急信息质量评估维度权重

| | 信息内容 | 信息表达 | 信息效用 | $W_i$ |
|---|---|---|---|---|
| 信息内容 | 1 | 3 | 1/2 | 0.3325 |
| 信息表达 | 1/3 | 1 | 1/3 | 0.1396 |
| 信息效用 | 2 | 3 | 1 | 0.5278 |

表 4.14　　信息内容维度指标权重

| 信息内容 | 准确性 | 完整性 | 客观性 | 相关性 | 新颖性 | $W_i$ |
|---|---|---|---|---|---|---|
| 准确性 | 1 | 3 | 1 | 3 | 5 | 0.3595 |
| 完整性 | 1/3 | 1 | 1/2 | 1/3 | 3 | 0.1173 |
| 客观性 | 1 | 2 | 1 | 1 | 4 | 0.2545 |
| 相关性 | 1/3 | 3 | 1 | 1 | 3 | 0.2092 |
| 新颖性 | 1/5 | 1/3 | 1/4 | 1/3 | 1 | 0.0594 |

表 4.15　　信息表达维度指标权重

| 信息表达 | 易理解性 | 精简性 | 可获取性 | 标准化程度 | $W_i$ |
|---|---|---|---|---|---|
| 易理解性 | 1 | 4 | 1/3 | 2 | 0.2700 |
| 精简性 | 1/4 | 1 | 1/3 | 1 | 0.1135 |
| 可获取性 | 3 | 3 | 1 | 3 | 0.4816 |
| 标准化程度 | 1/2 | 1 | 1/3 | 1 | 0.1350 |

表 4.16　　信息效用维度指标权重

| 信息效用 | 及时性 | 交互性 | 有用性 | $W_i$ |
|---|---|---|---|---|
| 及时性 | 1 | 5 | 2 | 0.5816 |
| 交互性 | 1/5 | 1 | 1/3 | 0.1095 |
| 有用性 | 1/2 | 3 | 1 | 0.3090 |

（4）一致性检验。

计算一致性比例 $CR$（*consistency ratio*），若 $CR<0.10$ 则认为判断矩阵的一致性是可以接受的，否则应进一步修正判断矩阵，$CR$ 的计算公式如下：

$$CR = \frac{CI}{RI} \tag{4.3}$$

其中，$CI$（*consistency index*）为一致性指标，计算公式如下：

$$CI = \frac{\lambda_{max} - n}{n - 1} \tag{4.4}$$

其中，$\lambda_{max}$为判断矩阵 R 的最大特征值。$RI$ 为判断矩阵的平均随机一致性指标，平均随机一致性指标 $RI$ 的值随 $n$ 的大小变化，为固定值，由于文章篇幅限制，本节只列出 $n$ 为 1 ~ 10 时 $RI$ 的值，如表 4.17 所示。

**表 4.17　　平均随机一致性指标 *RI* 取值**

| $n$ | 1 | 2 | 3 | 4 | 5 | 6 | 7 | 8 | 9 | 10 |
|---|---|---|---|---|---|---|---|---|---|---|
| $RI$ | 0 | 0 | 0.52 | 0.89 | 1.12 | 1.24 | 1.36 | 1.41 | 1.46 | 1.49 |

（5）结果输出。

通过一致性检验，表明本章计算得出的社交媒体应急信息质量评价体系中各指标权重具有科学性和合理性。本章计算得出的各指标权重及其检验结果如表 4.18 所示，由表 4.18 可得，本章建立的社交媒体应急信息质量评价指标体系及其各指标权重具有一定科学性，因此，基于用户评价的社交媒体应急信息质量评价指标体系及各指标权重如图 4.6 所示。

**表 4.18　　评价指标体系各指标综合权重及一致性检验结果**

| 维度/权重 | 指标 | 综合权重 | C. R. 值 | 判断结果 |
|---|---|---|---|---|
| 信息内容维度/0.3325 | 准确性 | 0.1195 | 0.0449 | 0.0516 <0.1 |
| | 完整性 | 0.0390 | | |
| | 客观性 | 0.0846 | | |
| | 相关性 | 0.0696 | | |
| | 新颖性 | 0.0198 | | |
| 信息表达维度/0.1396 | 易理解性 | 0.0377 | 0.0688 | 0.0688 <0.1 |
| | 精简性 | 0.0159 | | |
| | 可获取性 | 0.0672 | | |
| | 标准化程度 | 0.0188 | | |
| 信息效用维度/0.5278 | 及时性 | 0.3070 | 0.0036 | 0.0036 <0.1 |
| | 交互性 | 0.0578 | | |
| | 有用性 | 0.1631 | | |

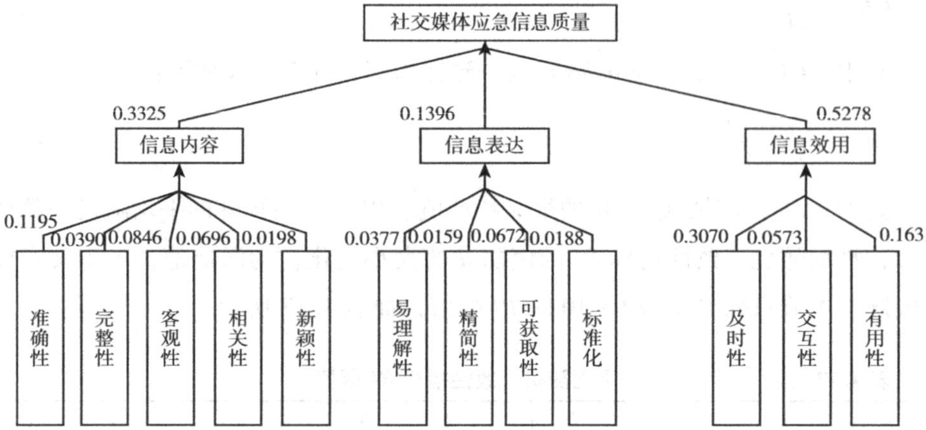


**图 4.6　基于用户评价的社交媒体应急信息质量评价指标体系**

## 4.4.2　基于云理论的社交媒体应急信息质量评估

基于云理论社交媒体应急信息质量评估，就是根据用户对于社交媒体中的应急信息体验进行打分，在此基础上利用云理论对用户评论进行解析。为保障评价结果的科学性、合理性、公正性，本章同样以四川省凉山州木里县森林火灾事件和非洲猪瘟疫情事件作为实例研究对象，通过问卷调查法探究两起突发事件发生后社交媒体用户对于社交媒体信息质量的主观感受。

本章采用随机发放问卷和网上发布问卷相结合的方式对四川省凉山州木里县森林火灾和非洲猪瘟疫情事件发生后，社交媒体用户对于社交媒体平台应急信息质量的评价进行问卷调查。问卷由 28 个题目组成，测度社交媒体用户在两个事件发生后对于社交媒体应急质量 3 个维度 12 个指标的评分，每个题目采用打分制，社交媒体用户需要在 0 ~ 10 分内进行打分，不满意为 0 分，满意为 10 分，调查过程中，用户需要根据使用知乎平台了解两起事件相关信息中的自身感受进行评分。

本章共回收 330 份问卷，其中 301 份为有效问卷，回收率为 91. 21% ，问卷对象中有 70. 76% 的用户年龄为 18 ~ 25 岁，有 42. 19% 的用户为在校学生，有 65. 12% 的用户在过去 12 个月内每周都使用知乎平台，其中有 19. 93% 的用户在过去 12 个月内每周使用知乎平台的次数在 10 次以上。利用 SPSS 24 软件对问卷信度效度进行检验，结果显示，克朗巴赫系数为 0.991，KMO 系数为 0.961，表明该问卷具有一定可信度，可以进一步相似分析。

（1）构建评价指标集。

设 $R_1$、$R_2$为评价结果，代表社交媒体用户对知乎平台中四川省凉山州木里州森林火灾事件和非洲猪瘟疫情事件中应急信息质量的综合评价值。A、B 表示评价指标体系中的维度集合，$A_{ij}$、$B_{ij}$表示评价指标集合，将社交媒体用户对不同事件中应急信息质量的评价结果构造评分矩阵，部分评分矩阵如表 4.19 和表 4.20 所示。

**表 4.19　　四川省凉山州木里县火灾事件评分矩阵**

| 用户编号 | 社交媒体应急信息质量评价指标 | | | | | | | | | | | |
|---|---|---|---|---|---|---|---|---|---|---|---|---|
| | 准确性 | 完整性 | 客观性 | 相关性 | 新颖性 | 可理解性 | 精简性 | 可获取性 | 标准化 | 及时性 | 交互性 | 有用性 |
| $A_1$ | 8 | 8 | 7 | 10 | 10 | 10 | 8 | 9 | 9 | 10 | 10 | 9 |
| $A_2$ | 8 | 7 | 7 | 9 | 8 | 8 | 7 | 8 | 8 | 9 | 9 | 10 |
| $A_3$ | 5 | 5 | 6 | 7 | 5 | 6 | 6 | 5 | 5 | 6 | 6 | 8 |
| $A_4$ | 9 | 7 | 10 | 5 | 8 | 9 | 9 | 10 | 8 | 7 | 10 | 10 |
| $A_5$ | 10 | 10 | 10 | 9 | 6 | 8 | 7 | 7 | 8 | 9 | 10 | 9 |
| $A_6$ | 6 | 6 | 6 | 7 | 9 | 7 | 7 | 8 | 10 | 10 | 10 | 8 |
| $A_7$ | 5 | 7 | 6 | 10 | 5 | 6 | 6 | 5 | 5 | 6 | 6 | 9 |
| $A_8$ | 10 | 8 | 6 | 8 | 10 | 10 | 8 | 7 | 10 | 10 | 9 | 8 |
| $A_9$ | 7 | 8 | 8 | 7 | 8 | 8 | 8 | 8 | 6 | 9 | 5 | 7 |
| $A_{10}$ | 7 | 7 | 7 | 4 | 7 | 7 | 7 | 7 | 9 | 8 | 8 | 10 |
| …… | …… | …… | …… | …… | …… | …… | …… | …… | …… | …… | …… | …… |
| $A_{296}$ | 10 | 2 | 2 | 10 | 3 | 10 | 10 | 4 | 5 | 10 | 0 | 4 |
| $A_{297}$ | 3 | 10 | 4 | 5 | 5 | 10 | 10 | 4 | 0 | 10 | 10 | 3 |
| $A_{298}$ | 8 | 7 | 6 | 9 | 8 | 8 | 7 | 8 | 8 | 8 | 9 | 9 |
| $A_{299}$ | 8 | 7 | 7 | 6 | 7 | 8 | 8 | 8 | 8 | 8 | 8 | 8 |
| $A_{300}$ | 5 | 5 | 4 | 6 | 6 | 6 | 5 | 5 | 5 | 5 | 5 | 5 |
| $A_{301}$ | 8 | 7 | 8 | 8 | 9 | 7 | 7 | 8 | 8 | 9 | 9 | 8 |

**表 4.20　　　　　　非洲猪瘟疫情事件评分矩阵**

| | 社交媒体应急信息质量评价指标 | | | | | | | | | | | |
|---|---|---|---|---|---|---|---|---|---|---|---|---|
| 用户编号 | 准确性 | 完整性 | 客观性 | 相关性 | 新颖性 | 可理解性 | 精简性 | 可获取性 | 标准化 | 及时性 | 交互性 | 有用性 |
| $B_1$ | 9 | 8 | 7 | 9 | 10 | 10 | 8 | 10 | 9 | 10 | 8 | 10 |
| $B_2$ | 8 | 8 | 8 | 8 | 7 | 8 | 8 | 8 | 8 | 8 | 8 | 8 |
| $B_3$ | 7 | 7 | 7 | 8 | 7 | 6 | 6 | 6 | 6 | 6 | 5 | 6 |
| $B_4$ | 5 | 5 | 9 | 6 | 6 | 6 | 6 | 6 | 6 | 5 | 6 | 6 |
| $B_5$ | 7 | 10 | 10 | 9 | 10 | 9 | 9 | 10 | 10 | 10 | 10 | 10 |
| $B_6$ | 5 | 4 | 8 | 6 | 6 | 6 | 8 | 8 | 4 | 8 | 9 | 8 |
| $B_7$ | 6 | 6 | 5 | 8 | 4 | 6 | 4 | 5 | 3 | 6 | 7 | 5 |
| $B_8$ | 6 | 5 | 9 | 6 | 6 | 5 | 4 | 5 | 5 | 6 | 5 | 6 |
| $B_9$ | 7 | 7 | 9 | 7 | 7 | 8 | 8 | 8 | 8 | 9 | 7 | 7 |
| $B_{10}$ | 8 | 9 | 9 | 9 | 7 | 8 | 8 | 7 | 7 | 9 | 8 | 7 |
| …… | …… | …… | …… | …… | …… | …… | …… | …… | …… | …… | …… | …… |
| $B_{296}$ | 4 | 10 | 9 | 10 | 10 | 10 | 0 | 10 | 10 | 10 | 0 | 0 |
| $B_{297}$ | 3 | 10 | 9 | 10 | 0 | 0 | 10 | 0 | 10 | 10 | 0 | 10 |
| $B_{298}$ | 8 | 8 | 9 | 9 | 8 | 9 | 8 | 9 | 8 | 8 | 8 | 8 |
| $B_{299}$ | 6 | 7 | 9 | 6 | 8 | 6 | 6 | 6 | 6 | 6 | 7 | 5 |
| $B_{300}$ | 5 | 5 | 9 | 5 | 5 | 5 | 5 | 5 | 5 | 5 | 5 | 5 |
| $B_{301}$ | 7 | 8 | 9 | 7 | 8 | 9 | 7 | 8 | 7 | 7 | 9 | 9 |

（2）评价矩阵标准化。

由于本章所搜集的问卷调查数据均为 1 ~ 10 分内的评分，具有相同量纲，因此无须进行标准化操作。为对社交媒体应急信息质量进行根据相关专家意见，本章设 S 为粒度是 5 的评语集 S = {$S_{-2}$ = 非常差，$S_{-1}$ = 较差，$S_0$ = 中等，$S_1$ = 较好，$S_2$ = 非常好}，运用换进分割法生成评语集中 5 个评语对应云的数字特征。

假定有效论域 $[X_{min}, X_{max}] = [0, 10]$，$He_0 = 0.1$，则评语集中的五个评价等级所对应的数字特征如表 4.21 所示。

表 4.21　　评语集数字特征

| 数字特征 | 计算公式 | 值 | 数字特征 | 计算公式 | 值 |
|---|---|---|---|---|---|
| Ex - 2 | $X_{min}$ | 0 | $En_0$ | $0.618En_1$ | 0.393 |
| Ex - 1 | $Ex_0 - 0.382 \times (X_{max} + X_{min})/2$ | 3.09 | $En_1$ | $0.382 \times (X_{max} - X_{min})/6$ | 0.637 |
| $Ex_0$ | (Xmax + Xmin)/2 | 5 | $En_2$ | $E_{n+1}/0.618$ | 1.031 |
| $Ex_1$ | $Ex_0 + 0.382 \times (X_{max} + X_{min})/2$ | 6.91 | He - 2 | $He_0/0.618$ | 2.6 |
| $Ex_2$ | Xmax | 10 | He - 1 | $He_0/0.618$ | 1.6 |
| En - 2 | $E_{n+1}/0.618$ | 1.031 | $He_0$ | — | 0.1 |
| En - 1 | $0.382 \times (X_{max} - X_{min})/6$ | 0.637 | $He_1$ | $He_0/0.618$ | 1.6 |
| $He_2$ | $He_1/0.618$ | 2.6 | | | |

将五个评语对应数字特征构建综合评价云模型并进行可视化，结果如图 4.7 所示。

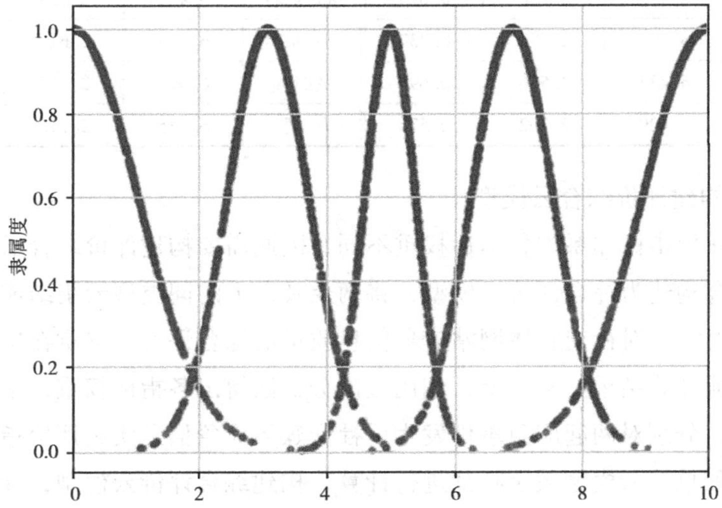


图 4.7　评价等级标准云

（3）转化评价指标集。

通过将问卷调查法搜集到的用户对四川省凉山州木里县森林火灾和非洲猪瘟疫情事件发生后知乎平台应急信息质量的评分矩阵进行转化，得出评分矩阵的期望 Ex、熵 En、超熵 He，从而可以实现对样本数据的定性评价。由于各指标权重不同，本章采用自下而上的计算方式，通过问卷调查结果对各基础指标评分矩阵进行转化，转化结果如表 4.22 和表 4.23 所示。

表 4.22　四川省凉山州木里县事件应急信息质量评价指标数字特征

| 指标 | Ex | En | He | 指标 | Ex | En | He |
|---|---|---|---|---|---|---|---|
| 准确性 | 6.581 | 2.598 | 0.413 | 完整性 | 6.515 | 2.544 | 0.443 |
| 客观性 | 6.488 | 2.647 | 0.563 | 相关性 | 6.478 | 2.724 | 0.462 |
| 新颖性 | 6.309 | 2.641 | 0.486 | 可理解性 | 6.262 | 2.697 | 0.458 |
| 精简性 | 6.518 | 2.635 | 0.385 | 可获取性 | 6.621 | 2.726 | 0.426 |
| 标准化 | 6.378 | 2.661 | 0.333 | 及时性 | 6.512 | 2.648 | 0.522 |
| 交互性 | 6.701 | 2.611 | 0.635 | 有用性 | 6.561 | 2.667 | 0.574 |

表 4.23　非洲猪瘟疫情事件应急信息质量评价指标数字特征

| 指标 | Ex | En | He | 指标 | Ex | En | He |
|---|---|---|---|---|---|---|---|
| 准确性 | 6.618 | 2.505 | 0.646 | 完整性 | 6.332 | 2.605 | 0.620 |
| 客观性 | 6.442 | 2.562 | 0.761 | 相关性 | 6.581 | 2.580 | 0.704 |
| 新颖性 | 6.439 | 2.608 | 0.673 | 可理解性 | 6.492 | 2.623 | 0.694 |
| 精简性 | 6.704 | 2.485 | 0.737 | 可获取性 | 6.625 | 2.628 | 0.570 |
| 标准化 | 6.435 | 2.586 | 0.690 | 及时性 | 6.691 | 2.513 | 0.671 |
| 交互性 | 6.429 | 2.702 | 0.578 | 有用性 | 6.535 | 2.715 | 0.557 |

（4）构建评价综合云模型。

由于评价指标体系中各指标权重不同，因此需要构建评价综合云模型将单个云滴组合构建为综合评价云模型，将两朵及以上的同类型云集结成为一朵综合云，从而实现对社交媒体网站应急信息质量的综合评价。本章在单个评价指标数字特征计算结果的基础上，利用层次分析法得出各指标权重，采取自下而上的方案，分别对两起应急事件发生后社交媒体应急信息质量评价指标体系中的各维度和总体云模型数字特征进行计算，构建综合评价云模型，计算结果如表 4.24 和表 4.25 所示。

表 4.24　四川省凉山州木里县森林火灾事件应急信息质量维度及总体数字特征

| | Ex | En | He |
|---|---|---|---|
| 信息内容 | 2.153 | 1.514 | 0.255 |
| 信息表达 | 0.909 | 0.998 | 0.191 |
| 信息效用 | 3.479 | 1.961 | 0.354 |
| 总体信息质量 | 6.542 | 2.267 | 0.476 |

表 4.25　　非洲猪瘟疫情事件应急信息质量维度及总体数字特征

| | Ex | En | He |
|---|---|---|---|
| 信息内容 | 2.181 | 1.464 | 0.397 |
| 信息表达 | 0.907 | 0.980 | 0.247 |
| 信息效用 | 3.486 | 1.920 | 0.420 |
| 总体信息质量 | 6.575 | 2.606 | 0.629 |

因此，知乎平台四川省凉山州木里县火灾事件和非洲猪瘟疫情事件的应急信息质量综合评价云模型 $CM_A$ 和 $CM_B$ 的表达式分别是：

$$CM_A(A1,A2,\cdots,An) = C\left(\sum_{i=1}^{n} w_i Ex_i, \sqrt{\sum_{i=1}^{n} w_i {E_{n_i}}^2}, \sqrt{\sum_{i=1}^{n} w_i {H_{ei}}^2}\right)$$

$$= C(6.542, 2.267, 0.476) \tag{4.5}$$

$$CM_B(B1,B2,\cdots,Bn) = C\left(\sum_{i=1}^{n} w_i Ex_i, \sqrt{\sum_{i=1}^{n} w_i {E_{n_i}}^2}, \sqrt{\sum_{i=1}^{n} w_i {H_{ei}}^2}\right)$$

$$= C(6.575, 2.606, 0.629) \tag{4.6}$$

（5）社交媒体应急信息质量综合评价云模型可视化图谱生成。

对不同应急事件发生后社交媒体网站应急信息质量综合云模型进行可视化，有助于理解其数字特征，以达到对于社交媒体应急信息质量进行分析的目的，因此本章采用正向云发生器，将计算得出的两起突发事件的各维度和总体应急信息质量综合评价云模型进行可视化，可视化结果如图 4.8、图 4.9、图 4.10、图 4.11 所示。

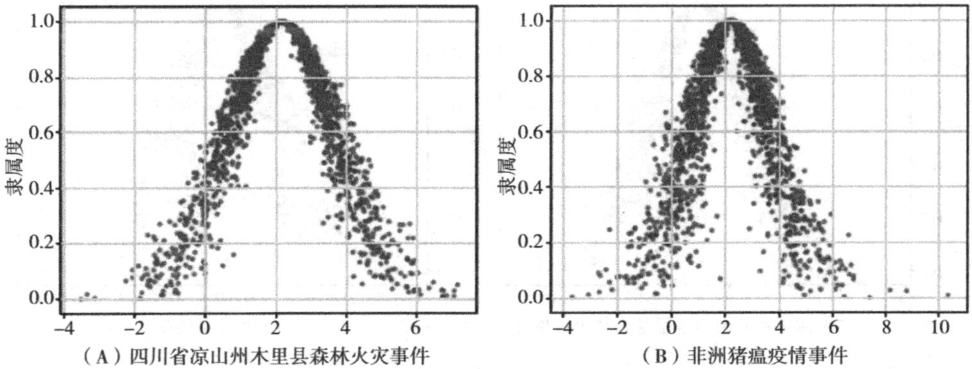


图 4.8　信息内容维度综合评价云模型

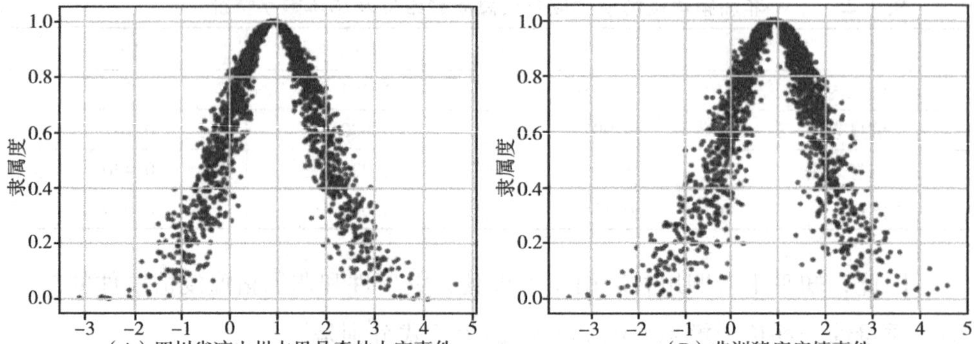


（A）四川省凉山州木里县森林火灾事件　　（B）非洲猪瘟疫情事件

**图 4.9　信息表达维度综合评价云模型**

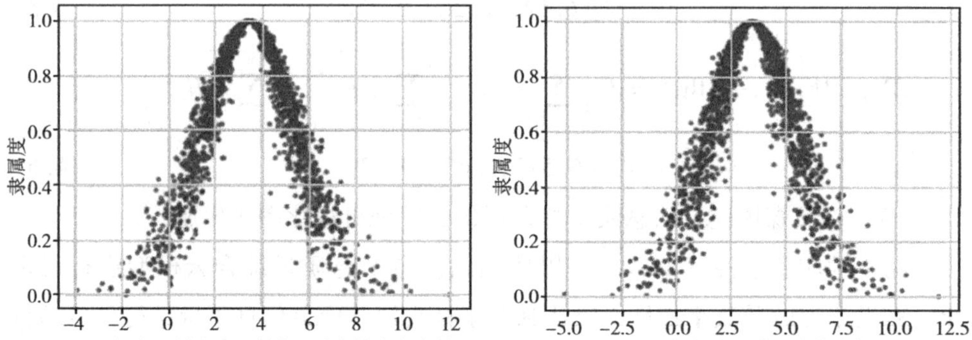


（A）四川省凉山州木里县森林火灾事件　　（B）非洲猪瘟疫情事件

**图 4.10　信息效用维度综合评价云模型**

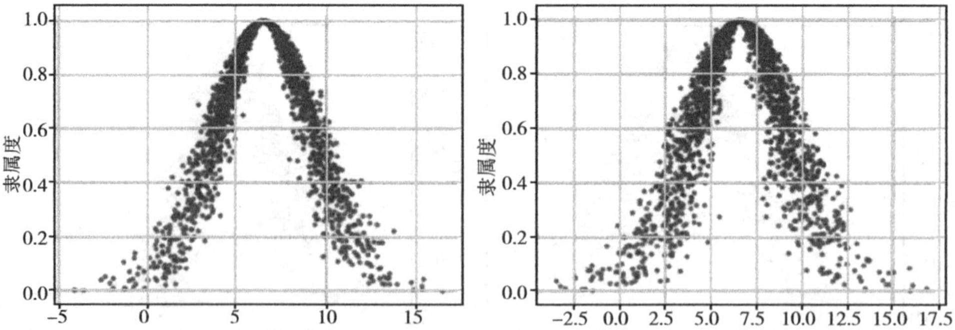


（A）四川省凉山州木里县森林火灾事件　　（B）非洲猪瘟疫情事件

**图 4.11　知乎平台应急信息质量综合评价云模型**

为进一步探究知乎平台应急信息质量等级，明确知乎平台应急信息质量评价结论，本章将两起应急事件发生后知乎平台应急信息质量总体评价云模型在评价等级标准云中进行可视化，可视化结果如图 4.12 和图 4.13 所示。

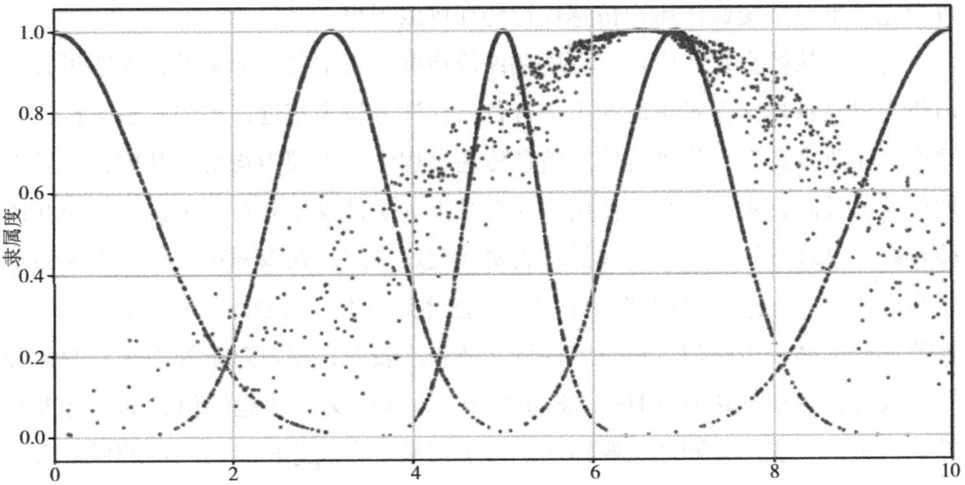


**图 4.12　四川省凉山州木里县森林火灾事件信息质量评价等级云**

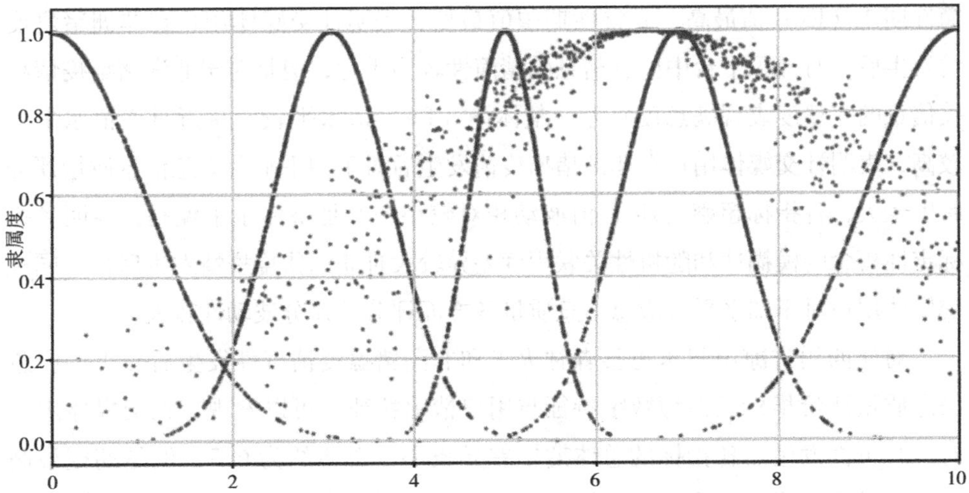


**图 4.13　非洲猪瘟疫情事件信息质量评价等级云**

### 4.4.3 结果分析

结合前面得出的各指标、各维度以及总体信息质量评价云模型数字特征及可视化结果与社交媒体用户情感极性特征可以得出：

首先，从社交媒体应急信息质量评价指标体系中各指标来看，在四川省凉山州木里县森林火灾发生后知乎平台各指标评分较为相近，表明知乎平台在森林火灾应急事件发生后进行应急信息传递过程中表现较为均衡。其中，交互性期望评分最高，表明社交媒体用户在森林火灾事件发生后对于平台信息交互体验较好；可理解性期望评分最低，表明社交媒体用户在森林火灾事件发生后对于平台传递的应急信息理解程度较差；整体熵（En）值水平较为接近，但是熵值评分偏高，表明信息质量定性概念清晰度较差，用户对于知乎平台的评分跨度较大，各指标超熵（He）波动就较大，其中交互性超熵值最高，标准化超熵值最低，表明不同社交媒体用户对于知乎平台应急信息交互性的评价波动性评价差别较大，而对于知乎平台应急信息标准化评价波动性较小。

在非洲猪瘟疫情事件发生后知乎平台各应急信息质量指标评分相近，表明知乎非洲猪瘟疫情事件发生后应急信息传递中的各方面表现较为均衡。其中，精简性期望（Ex）值最高，完整性期望值最低，表明社交媒体用户在非洲猪瘟疫情发生后，对知乎平台中应急信息的精简性较为满意，但是对于非洲猪瘟疫情相关信息的完整度表现满意度较差，整体熵（En）值水平较为接近且熵值水平就较高，表明社交媒体用户在非洲猪瘟疫情发生后对于知乎平台应急信息质量评分跨度较大，各指标超熵（He）值波动相对较小，但是整体水平偏高，表明各指标定性概念的模糊性和随机性关联程度差异较大且非洲猪瘟疫情发生后，不同社交媒体用户对于知乎平台应急信息质量各方面评分的评分波动性较大。

对比四川省凉山州木里县森林火灾和非洲猪瘟疫情事件发生后知乎各应急信息质量评价指标云模型数字特征与用户情感特征，可以发现，社交媒体用户对两起事件发生后各指标的总体期望差异较小，总体约为 6.5，但是期望最高和期望最低的指标不同，然而知乎平台用户信息行为所体现出的情感极性特征却差异明显，表现为木里县森林火灾情感极性值明显高于非洲猪瘟事件，说明两起突发应急事件发生后社交媒体用户信息行为所反映出的信息质量与用户评分得出的信息质量存在一定差异；两起应急事件发生后各指标熵值总体结构相似，表明两起事件发生后社交媒体用户对各指标的评分跨度相似；值得注意的是，两起应急事件发生后各指标的超熵值有明显差异，表现为非洲猪瘟疫情事件各指标超熵值整体高于四川省凉山州木里县森林火灾事件，结合社交媒体用户情感特征，可以发现不同社交媒体用户在非洲猪瘟疫情事件发生后对知乎平台应急信息质量各评价指标的评分波动更大。

其次，从社交媒体应急信息质量评价指标体系中各维度来看，由于各指标权重不同，评价维度的指标结构也不同，因此，不同维度的云模型数字特征无法进行对比。结合两次应急事件发生后知乎平台应急信息质量各评价维度数字特征、综合评价云模型可视化图谱以及社交媒体用户情感极性特征可以发现，在信息内容维度，知乎平台两起应急事件应急信息内容期望值相差较小，四川省森林火灾应急信息内容熵值高于非洲猪瘟疫情事件，超熵值显著低于非洲猪瘟疫情事件，表明社交媒体用户对于知乎平台在两起应急事件发生后所传递的应急信息质量评估中的信息内容总体评价相似，但是用户对于四川省森林火灾的评分结构跨度相对较大，不同用户对非洲猪瘟疫情事件中应急信息内容维度的评分波动较大；在信息表达维度，由于信息表达维度权重较低，因此本维度期望、熵、超熵值均相对较低，两起应急事件发生后用户对于信息表达维度的期望、熵值较为接近，但是用户非洲猪瘟疫情事件中信息表达维度的超熵值高于四川省森林火灾，表明不同用户对知乎非洲猪瘟疫情事件信息表达层面中的评分波动较大；在信息效用维度，由于信息效用维度权重较高，因此两起应急事件发生后，新信息效用维度层面的期望、熵、超熵值较高，从计算结果可以发现，两起应急事件发生后知乎信息效用层面期望、熵、超熵值整体相差较少，表明社交媒体用户对知乎平台信息效用方面评价态度较为相似。

最后，从两起应急事件发生后知乎平台整体应急信息质量角度来看，两起应急事件发生后社交媒体用户对知乎平台传递应急信息的信息质量期望值较为接近，反映了知乎平台应急信息质量总体评分，但是社交媒体用户情感极性特征反映出两起应急事件发生后用户对于平台信息质量评分存在明显差异，体现出在信息质量评估过程中用户态度与其信息行为存在一定差异；结合信息质量评价等级云，可以发现知乎平台应急信息质量处于接近“较好”的等级，但是两起突发事件应急信息质量熵值和超熵评分存在一定差异，表现为知乎平台非洲猪瘟疫情事件应急信息质量中熵值和超熵高于四川省凉山州木里县森林火灾，表明非洲猪瘟疫情事件发生后社交媒体用户对于不同指标的评分跨度较大且不同用户对同一指标的评分波动较大，知乎用户在两起突发事件中所关注的主题也表明用户在接收和传递应急信息过程中不仅关注应急事件本身的相关信息，同时也会对应急信息进行拓展，关注应急响应、事件善后、反思等方面的信息。

对比本节利用云理论和问卷调查法对两起突发应急事件发生后知乎平台应急信息质量的评价结果与前面得出的用户主题关注与情感特征可以发现，社交媒体用户信息行为所体现的应急信息质量与其对社交媒体网站应急信息质量的评价存在一定差异，具体表现为：用户对两起突发应急事件发生后知乎平台应急信息质量总体评价相近，而根据用户信息行为所反映出的信息质量差异明显；不用用户对于两起事件发生后知乎平台应急信息质量评分波动性较大，但是根据用户信息行为所反映的用户情感特征值表明两起突发应急事件发生后知乎平台应急信息质量评分结构相似。

因此本章发现，社交媒体用户在对社交媒体应急信息质量进行评估的问题上存在信息行为与态度存在不一致的现象，本章认为产生这种现象的原因主要包括以下几种。

（1）根据自我差异理论，个体在真实生活环境中，表达自身观点、态度时会受到道德、法律等因素的限制，而在社交媒体环境下，用户可以自由地分享自己对于事件的观点。Higgins（1987）的自我差异理论中提出，个体自我由理想自我、应该自我和现实自我三部分组成，其中现实自我代表了个人或他人认为自身实际拥有的特征；理想自我代表个人或他人希望个人拥有的特征；应该自我代表个人或他人认为个人有义务具备的特征。基于自我差异理论，Hu 和 Chunan（2017）提出了高级自我差异理论，该理论将代表个体内在特征、想法、信念和意识的真实自我作为个体自我的第四个领域，认为真实自我是个体在无意识环境中进行自我行为引导的重要组成部分，Rogers（1953）认为个体在真实生活的社会交往中更倾向于展示现实自我，但是当现实自我与应该自我产生产生冲突时，个体为了避免受到道德的批判或者法律的制裁通常会选择隐藏现实自我中的部分属性。

根据自我差异理论，在真实环境中，当个体面对灾难时，其态度、观点等均受到真实世界中道德、法律、信仰等限制，因此个体会选择隐藏现实自我中的部分属性，展示应该自我中的属性，而社交媒体平台可以为用户提供独特的环境，在这样的环境中，用户可以更自由地表达自己对于事件的态度，而不必担心受到真实世界环境的束缚，因此用户在社交媒体平台上的信息行为所体现出的对于灾难的态度可能与现实世界不同。

（2）基于事前和事后对公众进行调查所反映出的心理特征更多反映的是外显态度而不是内隐态度，根据学术界相关研究，自我报告所表达出来的只是外显态度，而内隐态度则需要在认知压力环境下或利用其他方法才能展现出来（Chrisler and Erchull，2011），而当自身外显态度与内隐态度不一致时，多数情况下个体行为由内隐态度直接影响。现今大多数研究从个体自我表达、自我报告入手，研究其心理特征，对于大众而言，其对外表达态度时会受到社会文化、道德等条件的约束，会将不符合社会道德的态度有意识地隐藏，因而较难获取用户对于灾难的隐性态度，造成了用户心理特征测量不准确，导致了用户信息行为预测误差。

因此，本章认为在评价社交媒体应急信息质量过程中不仅需要根据用户对于社交媒体平台的评价，还需要根据社交媒体用户信息行为所体现的情感特征从侧面对社交媒体应急信息质量进行评价。

本节在 4.3 节的基础上，为进一步提升社交媒体应急信息质量评估的准确性、合理性，通过对相关专家进行咨询结果，利用层次分析法对各指标权重进行计算，确定基于用户评价的社交媒体应急信息质量综合评价体系中各指标权重，并进行一致性检验，保证指标确定过程中的科学性；在此基础上，选取四川省凉山州木里县森林火灾和非洲猪瘟疫情两起具有代表性的突发应急事件发生后知乎平台应急信息质量为评估对象，通过问卷调查搜集社交媒体用户在两起应急事件发生后对知乎平台所传递的应急信息质量的评价并对填写问卷的社交媒体用户信息进行统计；利用云理论对汇集的社交媒体用户评价进行分析，通过构建评价指标集、评价矩阵标准化、转化评价指标集、构建综合评价云模型等步骤，最终得出两起应急事件发生后知乎平台应急信息质量各评价指标、各维度及总体云模型数字特征并得出其对应的综合评价云模型可视化图谱、应急信息质量评价等级标准云；最后根据得出的云模型数字特征、可视化图谱以及 4.4 节得出的社交媒体用户情感特征，对两起突发事件发生后知乎平台各指标、各维度、总体信息质量特征进行对比，并针对分析结果反映出的社交媒体用户对应急信息质量的评价与其信息行为所反映出的情感特征存在明显差异的原因进行了解析。

## 4.5 结论与展望

### 4.5.1 本章工作总结

本章在对相关理论进行总结、梳理国内外研究者相关研究成果的基础上，利用专家咨询法，筛选得出信息表达、信息内容、信息效用三个评价维度及十二个具体评价指标，在此基础上，结合社交媒体情感特征构建了附加情感特征的社交媒体应急信息质量评价指标体系。

本章以知乎平台和四川省凉山州木里县森林火灾、非洲猪瘟疫情两期突发应急事件为例，在社交媒体用户情感特征提取方面，基于 SOR 理论，从两起突发应急事件发生后社交媒体用户信息行为入手，利用自制 Python 网络爬虫程序提取社交媒体用户评论文本并通过 Python 程序、云词图和 SnowNLP 算法对用户评论文本进行分析，探究突发事件发生后知乎平台用户情感特征；在用户对社交媒体应急信息质量主观评价方面，本章首先采用专家咨询和层次分析法，确定十二个具体评价指标和信息表达、信息内容、信息效用三个评价维度间的权重，通过问卷调查法，搜集知乎用户在两起突发应急事件发生后对于知乎平台应急信息质量的评分，利用云理论对问卷调查结果进行分析，构建社交媒体应急信息质量综合评价云模型并进行可视化，结合突发应急事件发生后社交媒体用户情感特征及用户对于社交媒体应急信息质量评价，对知乎平台应急信息质量进行分析，并针对分析结果中用户情感特征与用户评价存在差异的问题进行解析。

本章选取突发应急事件发生后社交媒体应急信息质量为研究对象，由于数据可用性及工作时间限制，仅对四川省凉山州木里县森林火灾和非洲猪瘟疫情两起突发应急事件发生后知乎平台用户情感特征及应急信息质量评分进行研究，且在进行文本分析时采用了相对较为成熟的 SnowNLP 算法，没有进一步提升算法精度，因而本章在数据广度和算法精度方面还存在一定不足，后续研究可以进一步扩大数据来源，结合用户情感特征分析不同平台不同突发应急事件发生后社交媒体应急信息质量，以便得出更深入的研究结论，对本章的研究进一步丰富和拓展。

### 4.5.2　未来研究展望

（1）增加跨学科研究，进一步细化研究粒度。社交媒体应急信息质量评估与用户主观性关联较强，因此对社交媒体应急信息质量进行评价时，不仅需要考虑所构建的评价指标体系是否合理，还需要对用户心理、情感特征、信息传播路径等进行分析，这就需要与心理学、传播学、社会学、计算机技术等领域的研究成果相结合，未来研究可结合用户情感变化时间序列、社交媒体应急信息传播路径等方面对社交媒体应急信息质量评价进行研究。在此基础上可进一步细化研究粒度，本章将社交媒体用户情感特征纳入社交媒体应急信息质量评估中，但在用户情感特征提取中仅考虑了用户关注主题与用户情感极性，未来研究可以将研究粒度进一步细分，从用户偏好、意见领袖影响等不同角度对社交媒体应急信息质量评估进行研究。

（2）进一步完善社交媒体应急信息质量评价体系。文本在对社交媒体应急信息质量进行评价时，将突发事件发生后社交媒体用户情感特征纳入评价体系中，并通过研究发现，突发事件发生后用户不仅关注应急信息本身，也关注与应急事件相关联的信息，同时，本章通过研究发现，不同类型突发应急事件发生后，用户对于事件的情感具有不同特征。因而，未来研究可根据不同类型的突发应急事件细化评价指标体系，将更多因素纳入社交媒体应急信息质量评价指标体系中，同时可以将各指标进一步细分，从而更精准、全面地获取社交媒体平台在应急信息供给与传播中存在的不足。

## 本章主要参考文献

[1] Watts S, Shankaranarayanan G, Even A. Data quality assessment in context: A cognitive perspective [J]. DECISION SUPPORT SYSTEMS, 2009, 48 (1SI): 202 - 211.

[2] Ballou D P, Pazer H L. Modeling Data and Process Quality in Multi - Input, Multi - Output Information Systems [J]. Management Science, 1985, 31 (2): 150 - 162.

[3] Juran J M. Juran on planning for quality [J]. 1988.

[4] Strong D M, Lee Y W, Wang R Y. Data quality in context [J]. Communications of the Acm, 1997, 40 (5): 103 - 110.

[5] 张辑哲. 论信息形态与信息质量（下）——论信息的质与量及其意义 [J]. 档案学通讯, 2006 (3): 20 - 22.

[6] 周毅. 用户信息需要与信息质量控制 [J]. 情报理论与实践, 1999 (4): 16 - 18.

[7] 王坚强, 刘淘. 基于综合云的不确定语言多准则群决策方法 [J]. 控制与决策, 2012, 27 (8): 1185 - 1190.

[8] 邹晓华, 田立新. 基于改进综合云模型的 CCS 项目的综合评价 [J]. 统计与决策, 2016 (3): 182 - 185.

[9] 李德仁, 王树良, 李德毅, 王新洲. 论空间数据挖掘和知识发现的理论与方法 [J]. 武汉大学学报（信息科学版）, 2002 (3): 221 - 233.

[10] 徐冬莉, 武文珍, 江若尘. 服务业顾客教育对顾客参与的影响——基于 SOR 理论和社会互动理论的视角 [J]. 财贸研究, 2015, 26 (6): 97 - 103.

[11] Jang S C, Namkung Y. Perceived quality, emotions, and behavioral intentions: Application of an extended Mehrabian - Russell model to restaurants [J]. 2009, 62 (4): 460.

[12] Jacoby, Sanford M. Employee Representation and Corporate Governance: A Missing Link [D]. 2001.

[13] Luqman A, Cao X, Ali A, et al. Empirical investigation of Facebook discontinues usage intentions based on SOR paradigm [J]. COMPUTERS IN HUMAN BEHAVIOR, 2017, 70: 544 - 555.

[14] Carlson J, Rahman M, Voola R, et al. Customer engagement behaviours in social media: capturing innovation opportunities [J]. Journal of Services Marketing, 2018 (18).

[15] 金燕, 杨康. 基于用户体验的信息质量评价指标体系研究——从用户认知需求与情感需求角度分析 [J]. 情报理论与实践, 2017, 40 (2): 97 - 101.

[16] Vaziri R, Mohsenzadeh M, Habibi J. Measuring data quality with weighted metrics [J].

[17] Batini C, Barone D, Garasi M F, et al. Design and Use of ER Repositories: Methodologies and Experiences in eGovernment Initiatives: International Conference on Conceptual Modeling, 2006 [C].

[18] Angeles M D P, Garcaíugalde F J, Ortiz C, et al. Universal Evaluation System Data

Quality [J]. Achi, 2014.

[19] Cabitza F, Batini C. Information Quality in Healthcare [J]. 2016.

[20] Strong D M, Lee Y W, Wang R Y. Data quality in context [J]. Communications of the Acm, 1997, 40 (5): 103 - 110.

[21] Wang R Y, Storey V C, Firth C P. A framework for analysis of data quality research [J]. Knowledge & Data Engineering IEEE Transactions on, 1995, 7 (4): 623 - 640.

[22] 鞠英杰. 网络信息质量评估 [J]. 现代情报, 2005 (3): 61 - 63.

[23] 冯缨, 张瑞云. 基于用户体验的微博信息质量评估研究 [J]. 图书馆学研究, 2014 (9): 62 - 67.

[24] 白清礼. 我国政府公开信息的质量评估指标体系构建 [J]. 图书馆理论与实践, 2016 (11): 55 - 60.

[25] 叶凤云, 邵艳丽, 张弘. 基于行为过程的移动社交媒体用户信息质量评价实证研究 [J]. 情报理论与实践, 2016, 39 (4): 71 - 77.

[26] 杨峰, 史琦, 姚乐野. 基于用户主体认知的政府社交媒体信息质量评价——政务微博的考察 [J]. 情报杂志, 2015, 34 (12): 181 - 185.

[27] 郭金玉, 张忠彬, 孙庆云. 层次分析法的研究与应用 [J]. 中国安全科学学报, 2008 (5): 148 - 153.

[28] 常建娥, 蒋太立. 层次分析法确定权重的研究 [J]. 武汉理工大学学报 (信息与管理工程版), 2007 (1): 153 - 156.

[29] Higgins E, U T N Y. Self - discrepancy: A theory relating self and affect [J]. Psychological Review, 1987, 94 (3): 319 - 340.

[30] Hu C, Kumar S, Huang J, et al. Disinhibition of negative true self for identity reconstructions in cyberspace: Advancing selfdiscrepancy theory for virtual setting (Article) [J]. PLoS ONE, 2017 (No. 4).

[31] ROGERS C R. A research program in client - centered therapy [J]. Research publications - Association for Research in Nervous and Mental Disease, 1953: 106 - 118.

[32] Chrisler J C, Erchull M J. Social Beings: A Core Motives Approach to Social Psychology, 1st edition [J]. Sex Roles, 2011 (No. 9 - 10): 754 - 757.

# 第5章　情绪化在线评论下用户风险感知影响因素研究

情绪化信息的传播与堆积给应急管理工作带来了挑战，“以人为本”的治理理念说明研究突发事件下公众的心理与行为是提高社会稳定性的重要方向。风险的社会放大理论表明公众风险感知的变化是影响社会稳定的内因，因此探究情绪化在线评论下公众风险感知的影响因素及反馈行为显得尤为重要。

本章结合情景分析方法，通过设定特定情绪化在线评论情景来获取问卷数据，通过实证分析构建了基于风险感知情绪模型的情绪化在线评论下公众风险感知影响因素模型。通过统计分析本章设定的6个假设得到验证，获得一些基本结论：卷入认知、负面情绪正向影响风险感知，公众的卷入认知程度越高、负面情绪水平越高，风险感知水平也越高；负面情绪对于卷入认知影响风险感知的路径有着中介作用；信任度负向影响风险感知，公众对媒介和政府的信任程度越低，风险感知水平越高；风险感知正向影响公众行为，公众风险感知水平越高，公众行为越积极主动。基于以上结论，本章针对如何科学应对公众风险感知提出了三点建议：（1）构建网络负面情绪应急响应管理框架；（2）重视风险信息传播，提高媒介素养；（3）借势而为，积极引导公众风险行为。

本章研究的创新点体现在两个方面：一方面，打破以往风险感知影响因素研究背景较为宏观的局限，聚焦于具体的情绪化在线评论情景，并采用情景分析方法于问卷中设定特定情景，使样本数据能够更加准确地表现出公众接受风险信息时的心理感知活动；另一方面，本章的研究有着一定的理论贡献，具体表现为丰富了风险感知情绪模型，在原始模型基础上添加了“信任度”这一影响风险感知的影响因素，扩大了“认知评价”因素的概念范围，从风险的社会放大理论、媒介依赖理论解释了各因素如何作用于风险感知，并结合调节定向理论，将不同风险感知水平的公众分为“预防定向”和“促进定向”两种类型，不同调节倾向的公众采取的行为策略自然有所区别，由此解释了风险感知与公众行为的关系。

## 5.1　问题提出

### 5.1.1　特征事实

随着全球气候变化和世界人口密度的增大，突发事件对人类造成的损失越来越难以估计。“突发事件”是指突然发生的对社会和生命财产安全造成严重危害的一系列包括自然灾害、公共卫生、社会安全等事件。近年来，世界各国频繁地发生了一系列突发事件，2019 年 9 月，澳大利亚突发森林大火，持续燃烧了 200 多天，面积将近 600 公顷；2019 年末新冠肺炎疫情爆发，全球累计死亡人数两百多万，经济损失或达 8.8 万亿美元。从重大自然灾害突发事件到身边的公共卫生突发事件，都对人类生命财产、社会秩序、经济活动乃至日常生活产生了严重的影响。当前，中国社会和经济发展进入了一个新的关键阶段，突发事件影响着社会和经济的稳定发展，党的十九届四中全会关于社会治理体系及治理能力现代化的论述，将应急管理提到了国家安全战略高度（刘春年等，2020），加强应急管理水平、提高突发事件的应对能力是国家治理现代化的重要内容。在这样的背景下，思考如何提高应急管理能力，减少影响社会稳定和人类损失的因素是必要且迫切的。

社交媒体的兴起给现代化应急管理带来了新的机遇和挑战，社交媒体的盛行带动了灾害信息的快速传播，减少了受灾者接受信息的时间距离，媒体的迅速报道也能增加公众对于政府救援的了解和信任，高度协同的应急情报提升了应急管理效率，但与此同时媒体用户的大面积信息传播带来了网络舆情的发展，而突发事件往往伴随着强烈的情感倾诉，例如，在新冠肺炎疫情爆发中，微博评论内容的情绪波动明显，呈现一定的规律性（张琛等，2021），如图 5.1 所示。社交媒体用户产生的一系列情绪化的观点和评论会对公众的风险心理和应对行为产生影响，而在应急管理中，维护社会稳定面临的一大挑战就是公众的恐慌心理，而恐慌心理一般是公众风险感知能力变化造成的，情绪化的评论会在心理层面影响公众对于灾害事件的评价，从而产生风险增加或减少的判断，进而产生应对或回避行为。

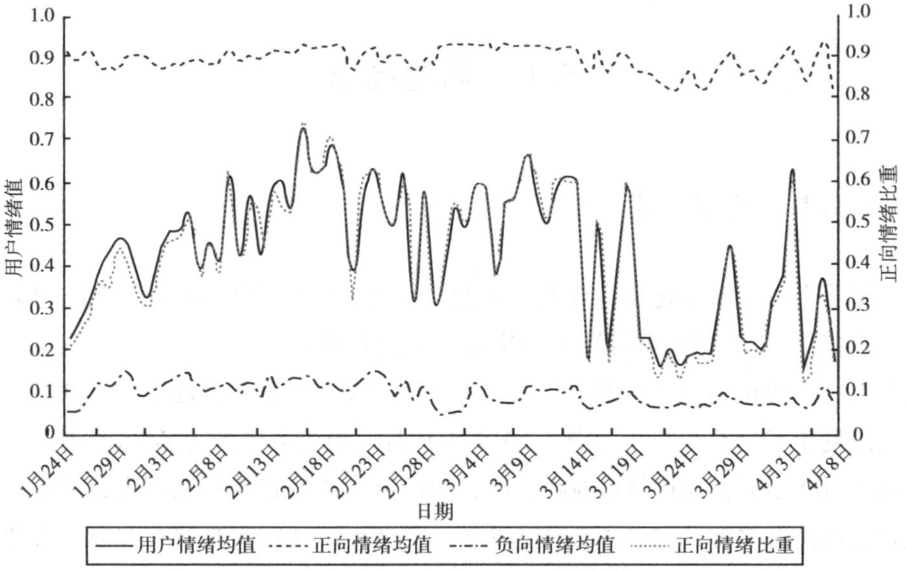


**图 5.1　疫情期间用户正负情感值倾向**

了解突发事件下人的心理因素是探索应急管理沟通和协调的重要前提。突发事件使人处在充满高度不确定因素的环境中，无论是受灾者、参与者、旁观者的心理变化都会影响其行为，特别是情绪偏向性带来的决策偏向性，风险感知在其中充当了什么角色？而公众在社交媒体上接收到情绪性评论时风险感知的强弱变化规律是什么？在此情境下风险感知还受到其他因素的影响吗？这些因素相互之间是怎样相互联系和作用的？这些是否会影响公众的后续行为？我们是否可以通过了解风险感知影响因素的作用机理来增加公众风险感知可控感从而提高应急管理水平？如何从公众风险感知的心理层面探讨应急风险沟通与管理是一个富有挑战性的研究。

### 5.1.2　研究意义

国内外学者关于用户风险感知及其影响因素等方面的研究都有一定成果，

但在研究视角和研究广度还有待进一步丰富，可以发现从心理层面来研究用户风险感知的影响因素方面仍存在一定不足。因此，本章基于新冠肺炎疫情爆发的环境下，从“情境分析”和“调节定向”两个科学的角度作为切点，对情绪性在线评论下影响公众风险感知的因素进行深入的研究，对于应急公众的个体需求、公众心理和行为的分析以及应急管理研究体系的完善，具有重要的理论意义。

本章结合风险分析、认知心理、舆情管理、社会管理、应急管理等多学科的最新研究成果，通过 Meta 分析方法识别公众风险感知的影响因素，在此基础上结合风险感知情绪模型，构建公众风险感知影响因素模型并进行实证分析。在研究过程中，本章通过情景分析理论，通过给定特定的情绪化评论情景，通过社会的风险放大理论、媒介依赖理论等来分析用户的风险感知演化规律、影响因素及其带来的各种心理行为或现实行为，并且在研究公众心理和行为的过程中纳入调节定向因素，对公众的风险决策行为进行更加深入的研究，这不仅为风险感知的进一步研究提供新的综合视角，并且对于完善突发事件应急管理中“人”的信息行为分析理论具有重要的理论意义。

本章从国内外相关研究入手，运用 Meta 分析方法识别影响用户风险感知的因素，结合突发事件和情绪化在线评论特征，基于风险感知情绪模型、情景分析理论、调节定向等理论，构建用户风险感知影响要素模型，所研究的成果对实践运用具有重要的价值，具体体现在以下三个方面：

（1）公众层面。可以为突发事件下公众的心理疏导和行为调控提供帮助。在媒体的介入下，突发事件中公众接受爆发信息流的后果之一是容易产生恐慌心理，进而在心理健康方面受到影响，因此本章基于特定信息流的情景下，以风险感知为切入点，从心理的角度来获得公众在突发事件下行为背后的深入认知，以便更好地对公众的需求、风险心理和行为等方面进行引导和调控，减少心理健康层面的潜在危害性。

（2）政府层面。目前国家应急管理越来越趋于“人文关怀化”，作为应急管理中的重要主体，公众层面的应急管理越来越被国家所重视，本章以特定案例为背景，探讨了突发事件下公众风险感知的影响因素，从影响因素入手获得公众对政府应急管理能力的大致需求，并且提出了相应的应急管理效率提升对策，为政府应急管理工作提供了一定的参考，也为加大公众参与感、提高公众政府满意度提供了一些思路。

(3) 社会层面。公众风险感知的强弱是影响社会稳定性的一个主要因素，基于社会放大原理和社交媒体舆情的高速发酵特点，公众风险感知提高容易激发出各种危害社会稳定的行为，如激情发言带领舆情节奏、线下从众抵抗活动等。本章基于风险感知影响因素模型，从公众情绪和心理层面理解影响因素相互之间的作用以及影响公众行为的机制，进而探索合理降低公众风险感知的路径，减少危害社会稳定性的可能性因素，提高风险沟通效率，构筑公众理性风险意识，维护突发事件周期中社会正常秩序。

由此可见，研究信息流社会下公众风险感知具有重要的现实意义，本章通过对情绪性评论下公众风险感知影响因素的研究成果，为优化突发事件环境下社交媒体用户风险行为管理，降低突发事件中舆情发酵所导致的损失，及时发现突发事件用户信息传播中存在的问题提供理论和现实依据，为提高舆情管理能力和应急管理水平做出贡献。

## 5.2 研究的理论基础

### 5.2.1 突发事件网络舆情

在突发事件爆发的情景下，公众在社交媒体上通过虚拟网络发表相关言论，特别是当一些意见领袖发表的言论引发大量转发和讨论，各种信息传播扩散演化成为舆情。曾润喜（2009）将网络舆情定义为在各种事件的刺激下，通过互联网平台所传播的公众对于该事件的所有认知、态度、情感和行为倾向的集合。李纲和陈璟浩（2014）在对突发事件网络舆情的综述基础上拓宽了突发事件网络舆情的定义，认为突发事件网络舆情是指由各种社会群体构成的公众，以网络为平台，借助电脑辅助沟通工具（CMC），围绕即将发生的或已发生的突发事件发布的含有多种情绪、态度和意见交错的总和信息。

突发事件网络舆情具有环境复杂性、控制难度大、群体极化倾向性、危害放大性等特点，苏妍嫄等（2020）通过对突发事件网络舆情传播模型研究发现公众风险感知交叉演变对网络舆情传播具有重要作用。马宁等（2019）认为突发事件网络舆情极易衍生社会风险，影响社会稳定，并将“突发事件、舆情、风险”的关系梳理如图 5.2 所示，其中风险相关中的重要因素之一是情感。杨阳指出突发事件下的网络舆情与一般的网络舆情存在不同，其最明显的就是极易形成群体情绪化现象，与此同时也会造成政府的情绪波动，影响应急决策和应急工作。及时阻断情感因素所导致的群体极化这类非理性舆论是政府解决突发事件风险的主要手段之一（李晚莲，2019）。

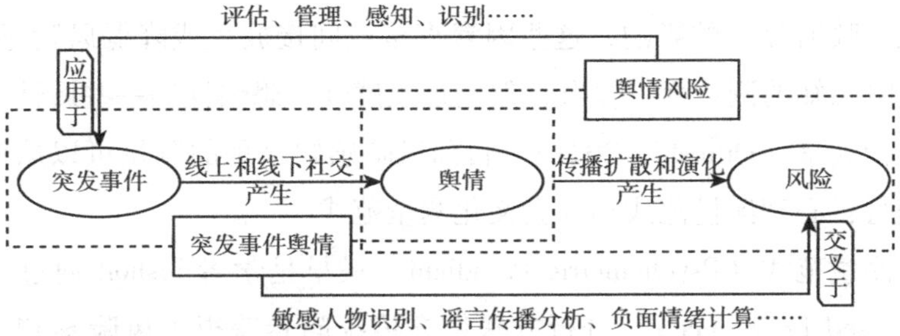


**图 5.2　“突发事件、舆情、风险”关系梳理**

## 5.2.2　公众风险感知行为

风险感知（Risk Perception）的研究始于 1960 年哈佛大学学者 Bauer（1960）从心理学延伸出来的，自此以后就受到经济学、社会学、管理学、灾害学等多学科的关注。风险感知的概念目前还没有统一的定论，受到较多认可的是学者 Slovic（1987）提出的：依赖个人主观的判断来评估风险，即风险感知。由于不同学科所研究的主题和对象不同，从研究视角来看风险感知的定义也有着不同的侧重点。王治莹等（2018）从狭义的公众自身层面和广义的外部影响方面对风险感知的定义进行分类，归纳得出风险感知主要是人们对突发事件的心理感受和认知行为。苏飞等（2016）增加了一种定义种类，认为灾害风险感知是一种概念的集合，既包含内部心理因素，又受外部不可变条件影响。概括来说，风险感知是公众在突发事件情景中受到外部干扰进而自身产生的对风险的判断与评估。

风险的不同维度间接构成了风险感知的维度，风险感知的维度研究可以更加深入理解风险感知的概念（廖中举，2015）。Irfan Ahmad Rana 等（2021）认为可从恐惧、行为、态度和信任这四个维度对风险感知进行概念化；Cox（1967）认为风险感知包括决策结果的不确定性和错误决策后果的严重性；Williams 和 Voon（1999）指出风险感知包括四个要素：不确性、潜在收益或风险、情境构念、个体卷入程度；Slovic（1987）认为普通人的风险感知包括未知的风险和风险恐惧性两个维度。

风险感知水平受到定量因素（如性别、年龄、收入等）和定性因素（文化、宗教、政治等）的影响，这些因素直接或间接放大或降低风险感知水平，这导致风险感知的测量变得复杂，但通过敏感性、恐惧性等一些属性可以对风险感知进行观察（Qureshi，2021）。目前风险感知水平的测量可以从两个不同的范式进行：心理测量范式和社会文化测量范式。

心理测量范式（Psychometric Paradigm）最早是学者 Fishoff 通过“表达偏好（Expressed Preference）”分析方法依靠传统问卷获得了风险感知可量化的结果，Slovic 进一步借助心理学的多个工具如二级量表、等级评价量表、单词联想和情景法构建了风险感知心理测量范式（Slvic，1984；李华强等，2009）。这种研究范式是通过设计问卷，使风险事件的特征都具有一个量表，让目标群体在每个特征上根据自己的主观感受做出评判，最后通过量表技术和多因子分析方法，用具体的数字化方式把动态因子之间的关系呈现出来（苏飞等，2016；李盈霞等，2015）。

随着社会对于突发灾害事件的日益关注，心理测量范式的应用对象从广义的环境风险转为更为具体的环境风险（周忻等，2012）。基于 Slovic 的风险感知心理测量模型，李华强（2009）从悉性、控制性、恐惧程度设计问卷调查地震灾区民众的风险感知；尚志海等（2019）通过设计心理距离的六个测量项目研究了居民台风灾害风险感知；Irfan Ahmad Rana 等（2021）通过收集四个方面 21 个指标的数据来调查受访者对于新冠肺炎疫情的风险感知，其设置的三种不同评估机制（问题导向型、情绪导向型、行动导向型）对于风险感知测量问卷设计有着很重要的参考价值。

与心理测量范式不同的是社会文化理论（Socio - cultural Paradigm），心理测量范式从心理视角关注人自身的主观感知，而社会文化理论则将关注点偏向于人所存在的社会和文化环境，认为不同社会属性和文化价值观念的人对于风险的感知程度不同。Douglas（1987）提出文化理论，该理论认为个体的社会文化价值与风险感知高度相关。文化理论的核心办法是将人划分为四个种类：等级主义者、平等主义者、个体主义者、宿命论者，不同种类感知的风险侧重点和强度均有差别（李华强，2011）。简单来讲，文化理论认为个体所处的文化制度和信仰、社会价值观是决定公众风险感知存在差异的重要因素（张文惠，2017）。例如，Juan Carlos 等（2009）通过调查墨西哥科利马火山居民对火山泥流风险感知情况后发现受到各种社会文化、历史和政治因素组合的影响，尽管当地居民认为火山很危险，仍不愿重新定居或撤离。Gaillard（2008）的研究也得到了相似的结论。

虽然文化理论方法比心理学方法更具有社会学意义，但是目前一些实证研究证明文化理论只能解释风险感知差异的很小一部分，并且该方法存在定性方法非正式、检验方法依靠经验、方法理论薄弱且难以实现等问题，因此心理测量范式是目前较为流行且影响力最高的风险感知测量方法（Brenot，1996；Oltedal，2006；Qureshi，2021；周忻等，2012；刘金平等，2006）。

风险感知具有跨学科的性质，因此风险感知影响因素方面的研究成果也是涉及多个学科领域，呈现多维度多层次的样态。由于各学者研究影响因素的方法多样化，为了更科学准确地筛选和获得符合本章研究主题的影响因素，本章将采取定量与定性结合的文献综述方法来梳理突发事件影响因素的研究成果，技术路线如图5.3所示。

具体来说，首先在三个中文数据库（知网、万方、维普）和一个英文数据库（WOS）对相关文献进行检索，中文检索式是："突发事件""风险感知"和"突发事件""风险感知""影响"，英文检索式是："Emergency" and "Risk perception" and "Emergency" and "Risk perception" and "factor"。这一步获得了683篇文献，接下来对标题和摘要进行识别，去除不相关、重复以及会议文献，将符合研究主题的文献筛选出来，共获得76篇。然后对这76篇文献进行重点泛读，以"主题高度相关"和"内容高度相关"作为筛选，共获得36篇文献。最后对这36篇文献进行全文通读，根据影响因素数据是否符合Meta分析要求分为两类进行不同步骤的整合和分析。

Meta分析方法最先被应用于医学研究，学者K. Pearson（1904）在对清接种预防肠热病的疗效的研究中通过对相关系数的分析获得结果，该方法被称为

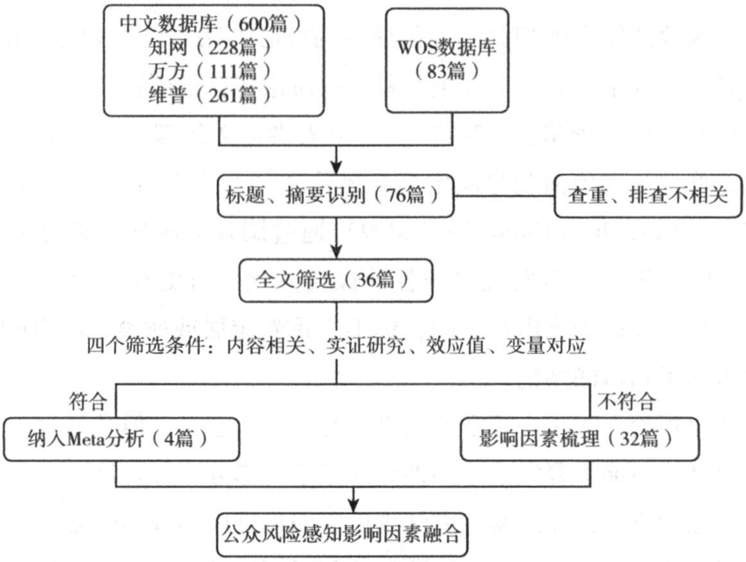


**图 5.3　文献综述技术路线**

Meta 分析。此后该方法在医学界得到了迅速发展，这是一种对现有的研究结果进行合并分析的研究方法，且因其具有整合现有研究以分析共性的特点（Pigott，2006），该方法近年来也被其他学科所使用，在研究影响因素的可行性方面已被证实（宋世俊等，2019；陈鹤阳，2017；王靖芸等，2018）。参考相关文献，可知文献需要符合以下条件才可纳入 Meta 分析：（1）必须是研究突发事件下公众风险感知影响因素的实证研究，剔除综述和案例类；（2）文献如果存在学位论文与期刊论文重复的情况，则视为同一研究；（3）文献中关于风险感知与影响因素的研究数据必须包含能够计算出相关系数 r 的数据以及标准误差“SE”，本章根据学者 David 提供的效应量计算公式（Wilson），能够计算出相关系数 r 的数据类型有“相关系数 r”和样本量、“t 值”（t 检验结果）和样本量、“p 值”（p 值为当原假设为真时所得到的样本观察结果或更极端结果出现的概率）和样本量、“卡方值”和样本量；（4）提出对变量定义不清晰、变量结构不合理的文献。根据这四个条件进行筛选，共有四篇文献 17 个变量可纳入 Meta 分析。而不符合 Meta 分析的文献则用来进行影响因素的整合工作，研究成果梳理见表 5.1。

表 5.1　　　　　　　　　　公众风险感知的影响因素

| 序号 | 研究类型 | 作者 | 年份 | 影响因素 |
|---|---|---|---|---|
| 1 | 综述研究 | 孟博 | 2010 | 情绪、风险目标、文化理论 |
| 2 | 综述研究 | 周忻 | 2012 | 个体特征、风险沟通、风险性质、知识结构 |
| 3 | 综述研究 | 梁娟娟 | 2014 | 事件信息、政府失职、严重后果、控制性、人口统计量 |
| 4 | 综述研究 | 廖中举 | 2015 | 社会文化、风险事件检验、个体特征（情绪、自我效能、控制焦点） |
| 5 | 综述研究 | 刘雨希 | 2016 | 可控性、危害性、可估性、信息公开性、连锁性、信息敏感性、从众心理、政府公信力、政府回应速度、政府处置效果、网络媒体参与度、自媒体传播速度、意见领袖的导向、事件生命周期、利害关系 |
| 6 | 综述研究 | 苏飞 | 2016 | 个体、风险沟通、知识结构、风险性质 |
| 7 | 综述研究 | 翟梦 | 2016 | 认知偏差、可接受风险水平、个性特征 |
| 8 | 综述研究 | 张文惠 | 2017 | 情绪、价值观、网络媒介传播 |
| 9 | 综述研究 | 王治莹 | 2018 | 情绪、个体特征、媒体报道、风险信息 |
| 10 | 实证研究 | 李华强 | 2009 | 严重性信息、防范救援信息、可控感 |
| 11 | 实证研究 | 张金荣 | 2013 | 风险后果的严重性、显现时间、情绪反应、信心 |
| 12 | 实证研究 | 冯强 | 2014 | 信息关注度、媒介可信度、信息处理策略 |
| 13 | 实证研究 | 汤志伟 | 2014 | 事件本身的特征、社会因素、个体自身因素、 |
| 14 | 实证研究 | 王明贤 | 2014 | 从众效应、媒体导向、政府信任、信息传播、人格特征、专家意见、事件认识 |
| 15 | 实证研究 | 李盈霞 | 2015 | 后果严重性信息、信任程度、控制程度 |
| 16 | 实证研究 | 张聪丛 | 2016 | 社交动机、信息动机、知识获取、负面情绪、自我效能、媒介信任 |
| 17 | 实证研究 | 王丽丽 | 2016 | 信息一致性 |
| 18 | 实证研究 | 肖泽元 | 2016 | 情绪 |
| 19 | 实证研究 | 付路 | 2016 | 媒体偏好 |
| 20 | 实证研究 | 张仁寿 | 2016 | 信任程度、风险态度、情绪因子、卷入程度 |
| 21 | 实证研究 | 杨瑞仙 | 2016 | 身体风险、时间风险、心理风险、社会风险、隐私风险、财务风险 |
| 22 | 实证研究 | 余红 | 2017 | 新闻框架 |
| 23 | 实证研究 | 樊博 | 2017 | 情绪 |
| 24 | 实证研究 | 孙典 | 2018 | 预警信息、信任、个体特征、经验、知识 |
| 25 | 实证研究 | 尚志海 | 2019 | 时间距离、空间距离、情绪距离、人际距离、概率距离 |

续表

| 序号 | 研究类型 | 作者 | 年份 | 影响因素 |
|---|---|---|---|---|
| 26 | 实证研究 | 赵静雅 | 2020 | 媒介类型、媒介信任、媒介内容框架 |
| 27 | 实证研究 | 孙俐丽 | 2020 | 信息来源、信息内容、政府应急表现、社会环境信号 |
| 28 | 实证研究 | 李春雷 | 2020 | 自我感知、媒介信任 |
| 29 | 实证研究 | Tiezhong | 2020 | 性别、责任心、知识、技能、信任 |
| 30 | 实证研究 | Irfan | 2020 | 过去经验、危害接近性、社会经济因素 |
| 31 | 实证研究 | Irfan | 2021 | 性别 |
| 32 | 实证研究 | Qureshi | 2021 | 年龄、收入、经验、房屋类型、受灾经历、风险认识 |

注：仅列出第一作者；文献排序不代表任何意义。

在进行 Meta 分析之前，对纳入研究的文献进行编码，提取所需的数据，包括第一作者、发表年份、变量个数、样本量、效应值统计量。具体编码数据见表 5.2。

**表 5.2　Meta 分析编码数据**

| 第一作者 | 年份 | 变量个数 | 样本量 N | 效应值统计量 |
|---|---|---|---|---|
| 张欣 | 2017 | 5 | 241 | T 值和 N |
| 冯东梅 | 2019 | 3 | 422 | T 值和 N |
| 许娜 | 2020 | 3 | 296 | P 值和 N |
| 王刚 | 2020 | 6 | 791 | 卡方值和 N |

注：数据来源于相关文献的整理；表中只列出第一作者；文献按照年份和变量个数进行；变量个数是纳入 Meta 分析的变量个数。

本章采用 Meta 分析专业软件 Revman 5.0 进行分析，在效应值转换阶段将不同数据类型转换为统一的相关系数 r，同时将不同研究的相同变量通过公式统一为一个变量。最后将每个变量转换后的相关系数 r 作为 effect - size 输入软件进行异质性检验。

异质性是用来描述一系列研究中效应量的变异程度。异质性检验是 Meta 分析的关键性步骤，用于检验结果是否具有统计学意义。异质性检验结果一般用森林图来表示，本章的森林图见图 5.4。$i^2$ 值是用来反映异质性部分在效应量总的变异中所占的比重，当 $i^2>50\%$ 时，说明存在明显的异质性，使用随机效应模型，当 $i^2\leqslant50\%$ 时，即采用固定效应模型，一般 $i^2\geqslant25\%$，即可认为研究具有异质性。本章的研究 $i^2=96\%$，且 $P<0.00001$，具有统计学意义，说

明存在异质性，且采取随机效应模型。森林图一般以一条垂直的无效线为中心，用平行于横轴的多条线段表示每个被纳入研究的效应量和可信区间，用一个菱形描述合并的效应量及其可信区间，若菱形和无效线有交叉，认为所研究因素和结局无统计学关联。圆点的大小表示相应研究的权重，从图 5.4 中可见每个圆点大小大致相同，可见各个独立研究的贡献是大致的。而每个研究的置信区间无重叠，且菱形与中心线无交叉，说明具有统计学关联，研究成果之间具有较大的异质性。

| Study or Subgroup | Risk Difference | SE | Weight | Risk Difference IV, Fixed, 95% CI |
|---|---|---|---|---|
| 风险有效信息 | 0.123 | 0.067 | 3.0% | 0.12 [-0.01, 0.25] |
| 负面情绪 | 0.2335 | 0.074 | 2.5% | 0.23 [0.09, 0.38] |
| 负向利益 | 0.829 | 0.044 | 6.9% | 0.83 [0.74, 0.92] |
| 灾害经历 | 0.3581 | 0.028 | 17.2% | 0.36 [0.30, 0.41] |
| 正向利益 | 0.6903 | 0.039 | 8.8% | 0.69 [0.61, 0.77] |
| 未来情况 | 0.1767 | 0.036 | 10.4% | 0.18 [0.11, 0.25] |
| 有无病史 | 0.2033 | 0.043 | 7.3% | 0.20 [0.12, 0.29] |
| 政府满意与信任 | 0.16345 | 0.0415 | 7.8% | 0.16 [0.08, 0.24] |
| 影响程度 | 0.1878 | 0.459 | 0.1% | 0.19 [-0.71, 1.09] |
| 工作背景 | 0.4735 | 0.062 | 3.5% | 0.47 [0.35, 0.60] |
| 媒介信任度 | 0.1352 | 0.062 | 3.5% | 0.14 [0.01, 0.26] |
| 信息饱和度 | 0.4148 | 0.025 | 21.5% | 0.41 [0.37, 0.46] |
| 信息满足度 | 0.1303 | 0.052 | 5.0% | 0.13 [0.03, 0.23] |
| 信息了解度 | 0.2489 | 0.072 | 2.6% | 0.25 [0.11, 0.39] |
| **Total (95% CI)** | | | **100.0%** | **0.36 [0.34, 0.38]** |

Heterogeneity: Chi² = 305.75, df = 13 (P < 0.00001); I² = 96%
Test for overall effect: Z = 30.95 (P < 0.00001)

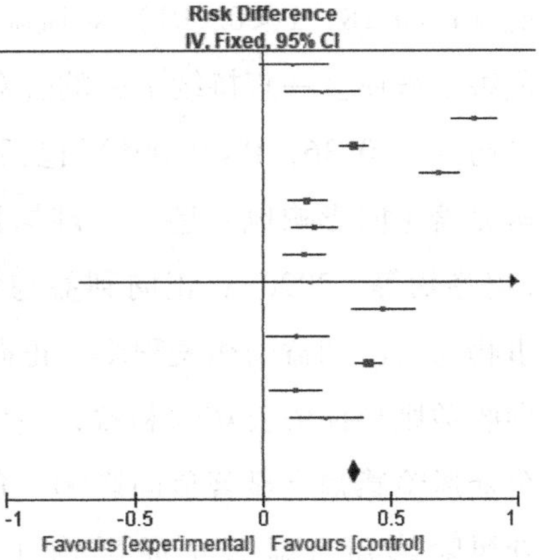


**图 5.4 公众风险感知 Meta 分析森林**

通过获得合并效应值 r 以及 z 值、P 值获得对突发事件下公众风险感知影响因素的 Meta 分析结果，合并效应值表示了各变量与风险感知之间关系，具体见表 5.3。N 为独立研究的样本总量，P 值是合并效应值的显著性检验值，$P < 0.001$ 表示显著相关。根据 Meta 分析的结果可以看到，变量信息了解度（1）、信息饱和度（3）、工作背景相关（5）、政府信任与满意度（7）、有无病史（8）、未来情况（9）、正向利益（10）、灾害经历（11）、负向利益（12）与风险感知显著相关，其中信息饱和度、正向利益、灾害经历、负向利益显著性很高，而负面情绪与风险感知的显著性较弱。

借助 Meta 分析的结果以及原始文献我们获得以下信息：信息了解度（$r = 0.25$，$P < 0.001$）对风险感知存在正向的显著影响，越了解相关突发事件的公众越容易产生忧虑和恐惧的心理，风险感知水平越高（张欣等，2017；王刚等，2020）；信息饱和度（$r = 0.41$，$P < 0.001$）指公众所拥有与风险相关信息

的饱和程度，该因素显著负向影响公众风险感知的强度，即公众关于风险项目的信息饱和度越高，则风险感知越低（王刚等，2020）；工作背景相关（$r=0.47$，$P<0.001$）负向影响公众风险感知（王刚等，2020）；政府满意与信任（$r=0.16$，$P<0.001$）显著影响公众风险感知，公众对政府应急能力越不信任，应急政策越不满意，公众的风险感知越高（张欣等，2017；冯冬梅等，2020）；有无病史（$r=0.20$，$P<0.001$）对风险感知存在正向的显著影响，有相关灾害病史的调查者呈现出更高的风险感知情况（张欣等，2017）；未来情况（$r=0.18$，$P<0.001$）对风险感知存在正向的显著影响，认为突发事件的危害未来还会一直持续下去的公众风险感知程度越高（张欣等，2017）；灾害经历（$r=0.36$，$P<0.001$）包括灾害经历次数和灾害经历损失，灾害经历因素显著正向影响风险感知，即居民灾害经历的损失越惨重，风险感知越强烈（冯冬梅等，2020）；正向利益与负向利益均为利益干涉度，即公众认为风险事物与自己利益的相关程度，正向利益表明该风险事件能给公众带来利益，负向收益则会损失公众的利益，其中正向利益关涉度（$r=0.69$，$P<0.001$）对公众风险感知有显著负向影响，负向利益关涉度（$r=0.83$，$P<0.001$）与公众风险感知有显著正向影响（王刚等，2020；负面情绪（$r=0.23$，$P=0.0016$）与其风险感知存在正相关的关系，即，负面情绪越大，风险感知越大（许娜，2020）。

**表 5.3　　突发事件下公众风险感知影响因素 Meta 分析**

| 序号 | 相关变量 | N | 效应值 r | 95%置信区间 | | 双尾检验 | |
|---|---|---|---|---|---|---|---|
| | | | | 下限 | 上限 | z | p |
| 1 | 信息了解度 | 1032 | 0.25 | 0.11 | 0.39 | 3.46 | 0.0005 |
| 2 | 信息满足度 | 296 | 0.13 | 0.03 | 0.23 | 2.51 | 0.0122 |
| 3 | 信息饱和度 | 791 | 0.41 | 0.37 | 0.46 | 16.59 | 0.0000 |
| 4 | 媒介信任度 | 296 | 0.14 | 0.01 | 0.26 | 2.18 | 0.0292 |
| 5 | 工作背景相关 | 791 | 0.47 | 0.35 | 0.60 | 7.64 | 0.0000 |
| 6 | 影响程度 | 241 | 0.19 | -0.71 | 1.09 | 0.41 | 0.6824 |
| 7 | 政府信任与满意 | 663 | 0.16 | 0.08 | 0.24 | 3.94 | 0.0001 |
| 8 | 有无病史 | 241 | 0.20 | 0.12 | 0.29 | 4.73 | 0.0000 |
| 9 | 未来情况 | 241 | 0.18 | 0.11 | 0.25 | 4.91 | 0.0000 |

续表

| 序号 | 相关变量 | N | 效应值 r | 95% 置信区间 | | 双尾检验 | |
|---|---|---|---|---|---|---|---|
| | | | | 下限 | 上限 | z | p |
| 10 | 正向利益 | 791 | 0.69 | 0.61 | 0.77 | 17.70 | 0.0000 |
| 11 | 灾害经历 | 422 | 0.36 | 0.30 | 0.41 | 12.79 | 0.0000 |
| 12 | 负向利益 | 791 | 0.83 | 0.74 | 0.92 | 18.84 | 0.0000 |
| 13 | 负面情绪 | 296 | 0.23 | 0.09 | 0.38 | 3.16 | 0.0016 |
| 14 | 风险有效信息 | 422 | 0.12 | -0.01 | 0.25 | 1.84 | 0.0664 |

由于 Meta 分析所纳入的相关文献只有 4 篇，不需要进行发表偏倚分析。同样由于纳入的文献较少，虽然变量数量满足 Meta 分析的要求且存在异质性，但是可以从结果看到，较多研究成果所提及的情绪因素在 Meta 分析结果中并不显著，因此本章结合以上 Meta 分析和文献分析的结果对突发事件下公众风险主要因素进行梳理和总结，为后期模型构建和实证分析提供科学合理的理论基础。本章将突发事件下风险感知主要的影响因素整理为以下四个方面：风险信息、政府与媒介、个人因素、卷入程度。

风险信息包括所有与风险事件信息相关的因素，如信息了解度、信息有效性度、信息饱和度、信息公开性、风险信息传播、严重性信息、防范救援信息、信息关注度等，且越了解相关风险信息，风险感知水平越强。

政府与媒介作为第三方对公众风险感知产生影响，同时媒介作为风险信息的来源和传播者对风险感知的影响更甚。政府与媒介对公众风险感知的影响表现在信任度和满意度两个方面，政府信任和满意度一般指对政府应急管理能力的信任程度和政府回应速度、处置效果等应急行动的满意程度，而对媒介的信任和满意一般对媒介报道、媒介导向、媒介内容框架等的信任程度和满意程度。较多研究认为对政府和媒介越满意越信任，公众的风险感知水平越弱。

个人因素主要包括人口统计量、社会和心理两个方面。人口统计量是进行公众风险感知影响因素实证研究中最多被提及的因素，许多学者都对年龄、性别、收入等人口统计量与风险感知的相关性进行了分析，可以得知年龄、性别、收入等不同的调查者在风险感知水平存在差异。社会和心理因素主要包括社会文化因素和情绪认知因素，许多学者对不同情绪如何影响风险感知水平进行了研究，而社会文化因素受到国外学者的较多关注。

卷入程度用来衡量公众在突发事件下受到影响的程度，不同因素可以用来描述卷入程度，如利益干涉度、受灾损失、从众行为等，空间距离、风险经历、认知偏差、风险目标、工作背景相关也会影响公众对于卷入程度的判断。一般来说，公众的卷入程度越高，风险感知越强，但是由于风险环境本身的复杂属性，卷入程度对于风险感知的影响是复杂的、非线性的，需要根据不同的因素进行分析比较。

通过对突发事件下网络舆情及公众风险感知的相关概念、测量范式、影响因素等进行分析了解后，可以看到在突发事件的应急管理中，舆情与风险的联系关系到社会稳定性和公众安全感，公众风险感知是风险信息研究领域重要的方向。公众风险感知的形成机制十分复杂，受到许多因素的共同作用，目前公众风险感知影响因素的研究成果较为丰富，从不同的学科视角进行了细分研究，这为本书后续的进展提供了基础。但是在风险感知影响因素的研究中，很多学者虽然从个体角度去研究风险感知，但是并没有把个体的风险置于风险传播中，其他因素的研究也较为分散，并且较少关注到感知层面之后的行为层面，因此本章尝试将公众置于情绪化舆情传播的情景中，综合集中梳理的影响因素已有成果去研究公众风险感知及其后续的行为层面。

### 5.2.3 相关理论的回顾

在前面对研究背景以及风险感知的相关概念、影响因素等进行一番梳理之后，我们可以看到突发事件下舆情传播与风险也存在一定关系，现代信息爆炸社会背景下突发事件网络舆情的急速发酵使公众所感受到的突发事件的危害性要比实际的危害性要大，公众的风险认知存在一定的偏差，Slovic（1987）将这种现象称为风险放大现象，即风险事件相关信息从信息源经由中间传递者到最终接收者的过程中出现了风险信号被强化的现象。

那么是什么造成了公众主观风险和实际风险的差异呢？风险是怎么被放大的？Kasperson 等（1988）提出的风险的社会放大框架（Social Amplification of Risk Framework，SARF）可以很好地解释这个现象。该框架从心理学、社会学以及文化视角对风险感知与相关行为进行研究，描述了在风险的传递和社会机制的响应过程中如何导致风险“扩大”。风险的社会放大框架中最重要的两个阶段是风险信息传递和社会放大机制，通过这两个阶段的作用最后呈现出来的风险并不真实的实际风险，而是通过风险本身、信息传播、反映群体等各种因素共同作用所造成的风险。

段文杰等（2020）以新冠肺炎疫情事件为背景解释了风险的社会放大框架，见图 5.5。风险事件在与心理、社会及文化的互动过程中得以强化或削弱公众风险感知，进一步引发应对风险的行为模式和涟漪般向外扩散的次级或三级效应。在风险放大的机制中，公众价值观、社会群体关系、信号值、污名化、社会信任这五个因素起到了主要作用，其中 Kasperson 等（2010）强调了信任这一机制在风险控制过程中的重要作用。刘冰（2016）将风险的社会放大机制分为社会机制（自媒体信息加工、情绪传染等）和心理机制（情感启发式、锚定效应等）。张侃（2016）基于国内突发事件舆情传播的特点将风险的社会发大框架划分为两个阶段：信息传播和由信息传播带来的涟漪效应。许振宇等（2019）基于公众情绪视角构建了风险的社会放大理论模型，并得出结论：情绪是感知层形成风险放大效应的主要内因。

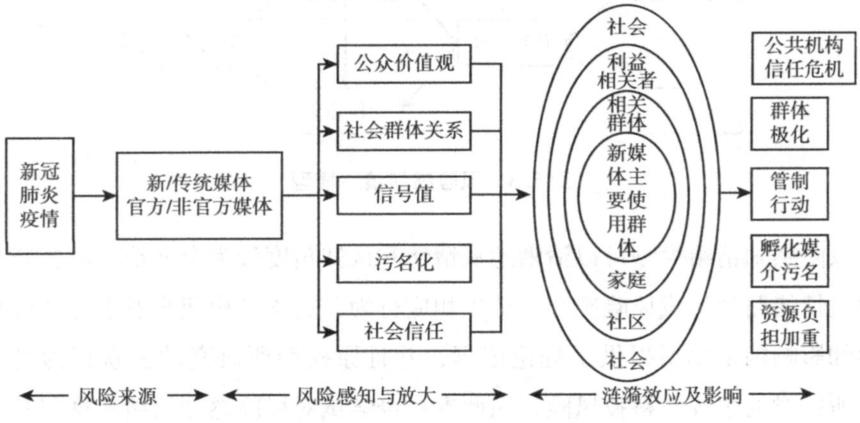


**图 5.5　新冠肺炎疫情下风险放大模型**

风险的社会放大框架可以分为感知、言论、行动和影响四个层次（邹霞，2017），信息系统和公众反映是风险放大机制中重要的两大因素，在对突发事件下公众风险感知的研究中需要重点关注信息与公众（许娜，2020）。本章在构建突发事件公众风险感知影响因素模型时，将情绪化评论作为着力点，尝试将公众的感知、行为、言论融入模型中，进一步去研究在突发事件环境下公众风险感知是通过信息的哪些主要因素产生风险认知偏差产生了风险的放大现象，这些信号又是怎样作用于公众的行为和反映。

学者 Peters 和 Burraston 等（2004）在对放射性物质在公众风险的研究中提出了风险感知情绪模型，见图 5.6。该模型共包括六个因素：情感反应性、世界观、认知评价、社会情绪、风险感知、公众行为。其中，情感反应性指公众情绪的反应强烈程度。世界观指对风险感知起影响作用的社会和文化因素。具有不同情感反应性和世界观的人们会对风险因素产生不同的认知评价，即从自身角度对风险事件进行程度、影响、危害等方面的评价。而认知评价会影响社会情绪和风险感知，因此情感反应性、世界观、认知评价和社会情绪都会直接或间接影响风险感知，公众通过各维度对事件或情境进行认知评价也就是风险感知，进而产生公众行为（孙明亮，2016）。董颖红（2014）认为该模型还存在另一条路径，风险因素的认知评价会影响人们的风险感知，进而产生一定的情绪体验。

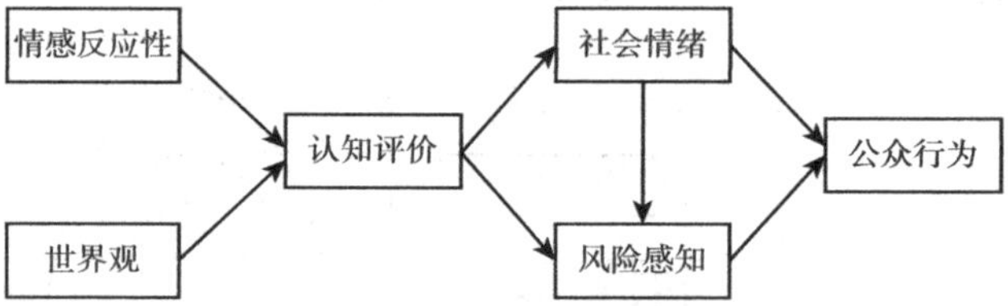


**图 5.6　风险感知情绪模型**

风险感知情绪模型可以清晰地从情绪和认知角度较为全面地了解公众是如何通过情绪路径形成风险感知并产生相应行为，为本章构建突发事件性公众风险感知影响因素模型提供了理论依据，并且原模型所研究的公众行为是污名化，所针对的事件是科技风险，因此本章也尝试对风险感知情绪模型与其他公众行为和风险事件的适用性进行验证。

学者 Higgins（1999）提出调节定向理论（Regulatory Focus Theory，RFT），认为个体在目标实现的过程中，会对自我的思想和反映进行自我调节，并且存在促进定向（prevention focus）和预防定向（promotion focus）两种不同的调节倾向。促进定向与个人的理想和愿望有关，为了更快速地达到目标会采取热情积极的态度和行为，甚至采取冒险措施，在这过程中他们更关注目标所带来的收益，享受收益带来的喜悦—沮丧情绪。而预防定向则相反，与个人的责任和义务有关，他们更关注自己的损失，采取更为谨慎的规避风险的行为，更多地体验到与放松—愤怒相关的情绪（姚琦等，2009；刘鲁川，2020）。调节定向既可以受个体的自我调节历史经验影响表现为一种长期的人格特质，也可以受当前情境或任务的影响表现为一种暂时性的动机定向（姚琦等，2009）。

不同的信息和认知会让个人采取不同类型的自我调节倾向，表现为不同类型的行为。李盈霞（2015）将受风险感知影响的公众行为分为三种类型：积极应对行为、规避应对行为、冒险行为，认为不同的风险感知水平会使公众采取不同倾向的行为，具体来说，风险感知水平对积极应对行为、回避应对行为均有显著的正向影响作用，对冒险行为有显著的负向影响作用。但是并没有对公众为什么以及怎样产生积极或回避行为进行详细的心理层面和认知水平方面的解释，而目前关于风险感知和公众行为之间的联系也是不清楚的。因此本章尝试用调节定向理论对风险感知影响下的公众行为进行解释，从心理和认知视角对风险感知和公众行为之间的联系进行描述。

情景（Scenario）最早出现于 1967 年 HermanKahn 和 Wiener 合著的《2000 年》一书中，法国科学院终身院士 Godet（1968）指出情景是“对未来状况与事件过程的叙述，它帮助人们从其原来的状况，向前走向未来的状况”。情景分析（Scenario Analysis）作为一种战略决策的有效方法，理论基础为预测理论和不确定性理论，情景分析法的目的是为应对不确定的未来，有效识别关键不确定性。情景分析的方法一般可以分为定性和定量两种，定量情景分析一般基于数字化信息，用模型来计算，具有论证严谨的优点，但是由于模型很难表现出社会文化价值、环境系统的转变，得出的结果往往具有一定局限性。定量情景分析则是用可视化图表、文字等来描述情景，具有易理解的特点，相对定量情景分析方法来说定性情景分析方法能够表达出更加复杂的内容，但缺点也是与之相对的缺乏严谨性且过于主观（娄伟，2013）。

情景分析方法在风险感知领域的应用也逐渐被重视，杨峰等（2016）基于情景分析视角研究突发事件应急管理情报感知的资源基础、实现路径及服务方案等重要问题；程先富等（2015）通过情景分析技术构建未来复合情景对洪涝灾害风险进行评估；吴倩等（2016）建立了基于灾害体、受灾体、孕灾环境以及抗灾体四要素的突发事件情景分析模型，用于突发事件情景分析与评估；李锋和王慧敏（2016）应用情景模型对非常规突发洪水应急情景进行完整表达，并实现应急情景态势转化及推演分析。

关于情景分析的方法有很多，但是总体来说该方法灵活性很高，它没有固定的步骤，也没有最好的方法，只有最合适的应用。因此本章尝试在模型的实证研究环节嵌入定性情景分析方法，利用情绪化在线评论构建情景故事，将调查者置于一个特定的情景中来预测风险感知态度与行为，努力尝试情景分析方法在风险信息领域中的应用手段。

## 5.3 公众风险感知影响因素模型构建与研究假设

### 5.3.1 研究假设

在前面通过对风险感知的影响因素进行整合分析后，发现情感影响公众风险感知的主要因素之一，大部分综述研究都提及情感这一因素。Slovic（2002）提出的情感启发理论表明情绪是影响公众做出风险判断的重要因素。一般来说，正面情绪会使公众降低风险感知，而负面情绪则相反，并且负面情绪更具有情绪感染能力，比正面情绪更有利于测出公众的风险感知（樊博等，2017）。已有研究已经验证了负面情绪对风险感知具有显著的正向影响，张聪丛（2016）通过实证研究得出惊骇和悲伤对风险感知的影响最大，Lerner 等（2000）则认为公众的恐惧情绪越大，风险感知水平越高。同时 Michael（2011）还认为社会情绪会影响公众行为，负面的情绪容易使公众产生抗拒行为，积极的情绪使人更愿意直面困难。但是负面情绪正向影响风险感知，而李盈霞（2015）证明风险感知同时正向影响公众的积极应对行为和回避应对行为，就负面情绪对于公众行为的具体影响目前仍不明确。

因此，基于风险感知情绪模型和已有研究，本章提出以下假设：

H5.1a：基于突发事件情绪化在线评论情景下，公众的负面情绪与风险感知存在正相关的关系。

H5.1b：基于突发事件情绪化在线评论情景下，公众的负面情绪与公众行为存在正相关的关系。

Peters（2004）认为人在面对突发事件时会由于自身的应激性对风险的影响程度和损失程度进行评估，即认知评价，而认知评价会正向影响社会情绪和风险感知，其中公众的认知行为会受到情绪的影响进而产生不同程度的风险感知。而通过文献综述也可证明风险的可控性、危害性、可估性；风险信息的满足度、了解度、关注度、卷入度等一些风险评价的因素确实是正向影响风险感知的。格鲁尼格把卷入认知定义为“人们对于自己与某一情境关联性的认知”，卷入认知对负面情绪和风险感知存在相关性（格鲁尼格，1984；许娜，2020）。鉴于本章的研究是研究特定情景下公众的风险感知，公众对于风险认知的内容不仅包含风险评价，也包含对该事件的关注度和了解度，因此通过扩大卷入认知的维度，使其包含风险评价认知和风险相关性认知，以此更全面地探讨公众认知风险感知的作用。

因此，基于风险感知情绪模型和已有研究，本章提出以下假设：

H5.2a：基于突发事件情绪化在线评论情景下，公众的卷入认知与风险感知存在正相关的关系。

H5.2b：基于突发事件情绪化在线评论情景下，公众的负面情绪对卷入认知和风险感知的关系存在中介作用。

公众并不具有专业的风险评估水平，因此当公众置于突发事件下来评估风险时，由于缺乏相应的知识和经验，很多时候依据的并不是对风险的客观认知，而是依据对第三方（专家或风险管理部门）是否信任（Starr C），以此来降低对风险的不确定性的能力（李盈霞，2015）。信任与风险之间的因果关系是非线性的关系，善意信任会负向影响公众的风险感知（许娜，2020）。根据前面的综述成果，可以根据信息的来源者将公众的信任度分为对政府的信任和对媒介的信任。以往的研究无论是根据构建模型还是实证分析都已经证明了政府的信任对公众风险感知存在负向作用（王明贤，2014；孙典，2018；Slovic et al.，1991）。媒介是公众获取风险信息的主要渠道，互联网是目前使用最为广泛的媒介。自然灾害的破坏力构成影响社会秩序的风险表征，而信息传播将风险扩散和放大构成影响信任系统的风险逻辑，媒介已然成为影响社会信任的重要因素（李春雷，2020）。媒介的信任度是指公众对于媒介的态度，当公众越信任媒介提供的信息内容，所感受的风险越低，即媒介信任度负向影响公众的风险感知（赵静雅，2020；李莹，2018）。

基于此，本章提出以下假设：

H5.3：基于突发事件情绪化在线评论情景下，公众的信任度与风险感知存在负相关的关系。

当突发事件发生以后，公众特别是作为受灾者的公众自然会对其相关的信息产生关注，有效的信息会增加公众对风险的可控感从而降低风险感知。许娜（2020）证明了信息满足度负向影响公众的风险感知，如果媒介所提供的信息内容等并不符合公众的需求，使公众对于信息并不满足，其风险感知会增强。孙俐丽等（2020）认为影响公众风险感知的信息内容因素主要包括信息全面性、信息及时性、信息真实性等。Dingde Xu 等（2018）认为如果公众认为该信息是有用的，即可增加公众对风险的可控感，降低内心的恐惧和焦虑，从而降低风险感知。信息有效性对于风险感知的负向影响也被冯东梅等（2020）所证实。

基于此，本章提出以下假设：

H5.4：基于突发事件情绪化在线评论情景下，信息有效性与公众风险感知存在负相关的关系。

公众在处于一定压力的情景下，会通过调节自身的情绪、认知、行为来减轻压力。因此，在突发灾害发生时，公众处于极其复杂而困难的情景中，产生的风险感知是会影响到公众的应对策略，公众通过公众行为将应对策略付诸行动（李盈霞，2015）。Lyne 和 Roger（2020）把应对策略分为个人中心策略、积极策略和回避策略。李盈霞（2015）则根据应对策略的不同将公众行为划分为积极应对行为、回避应对行为、冒险行为，并且证实了风险感知正向影响公众的积极应对行为和回避应对行为。李华强、苏桂武、范春梅等（2009；2008；2012）的研究也证实该结论。

基于此，本章提出以下假设：

H5.5：基于突发事件情绪化在线评论情景下，公众风险感知与公众行为存在正相关的关系。

### 5.3.2 假设模型的构建

根据风险感知情绪模型和文献综述部分所整合的风险感知影响因素，

本章以风险感知情绪模型为原型，以风险感知为核心因变量，负面情绪、卷入认知、信任度、信息有效性为自变量，将负面情绪作为中介变量，探究卷入认知如何通过情绪变量来影响风险感知。同时还将公众行为设为另一个因变量，探究风险感知及其影响因素是如何作用于公众行为的。具体模型见图5.7。

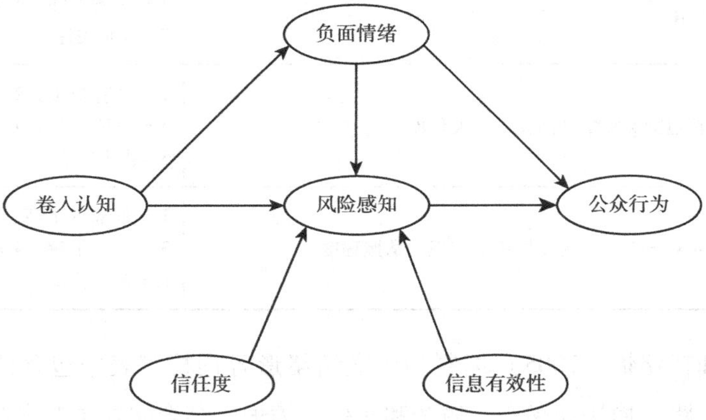


图5.7　本章的假设模型

## 5.4　问卷设计和数据资料的分析

### 5.4.1　量表开发与设计

本章测量的社会人口学变量主要包括性别、年龄、受教育程度、职业四个内容。就具体的测量题项而言，性别变量分为：男、女两个类别。年龄分为4个区间段进行测量：18岁及以下、18~24岁、25~32岁、33岁及以上。受教育程度分为5个区间段进行测量：高中及以下、专科、本科、硕士研究生及以上。职业分为四个区间段进行测量：学生、在职、待业、退休。

结合前面文献综述部分以及研究主题，参考许娜（2020）本章尝试用以下四个题项涵盖影响程度、关注程度、损失程度、了解程度来测量调查者在新冠肺炎疫情下的卷入认知程度，具体见表5.4。

**表 5.4　　卷入认知（Involved in Cognitive）测量的问项设计**

| 编号 | 问项内容 | 测量法（五级计分） |
|---|---|---|
| IC1 | 新冠肺炎疫情对我的日常生活影响程度 | 1 = 非常不影响，2 = 不影响，3 = 一般影响，4 = 比较影响，5 = 非常影响 |
| IC2 | 在社交媒体上（微博微信等）我对新冠肺炎疫情的关注度 | 1 = 非常不关注，2 = 不关注，3 = 一般关注，4 = 比较关注，5 = 非常关注 |
| IC3 | 新冠肺炎疫情期间我的损失程度 | 1 = 没有损失，2 = 较小损失，3 = 一般损失，4 = 较大损失，5 = 损失很大 |
| IC4 | 我对于新冠肺炎疫情相关知识的掌握程度 | 1 = 非常不了解，2 = 不了解，3 = 一般了解，4 = 比较了解，5 = 非常了解 |

钟杰和钱铭怡（2005）编制的中文情绪形容词检测表中包含四个独立情绪因素：烦躁、愉快和兴奋、痛苦和悲伤、愤恨，结合问卷主题本章尝试用以下三个题项测量特定情景中的负面情绪（见表 5.5）。

**表 5.5　　负面情绪（Negative Emotions）测量的问项设计**

| 编号 | 问项内容 | 测量法（五级计分） |
|---|---|---|
| NGE1 | 这条关于新冠肺炎疫情的评论使我感到烦躁 | 1 = 非常不符合，2 = 不符合，3 = 一般符合，4 = 比较符合，5 = 非常符合 |
| NGE2 | 这条关于新冠肺炎疫情的评论使我感到悲伤 | 1 = 非常不符合，2 = 不符合，3 = 一般符合，4 = 比较符合，5 = 非常符合 |
| NGE3 | 这条关于新冠肺炎疫情的评论使我感到愤恨 | 1 = 非常不符合，2 = 不符合，3 = 一般符合，4 = 比较符合，5 = 非常符合 |

结合前面文献综述部分，信任度因素包括媒介信任和政府信任两个方面，参考 Nah 和 Chung（2011）、李盈霞（2015）的题项设计，信任度的测量从三个方面进行，主要包括消息的发布者、消息的来源者以及该情景中公众对于政府的信任程度。具体见表 5.6。

表5.6　　信任度（Degree of Trust）测量的问项设计

| 编号 | 问项内容 | 测量法（五级计分） |
|---|---|---|
| DT1 | 在此情景下，我相信官方媒体发布的新冠肺炎疫情信息 | 1＝非常不符合，2＝不符合，3＝一般符合，4＝比较符合，5＝非常符合 |
| DT2 | 在此情景下，我相信专家机构发布的新冠肺炎疫情信息 | 1＝非常不符合，2＝不符合，3＝一般符合，4＝比较符合，5＝非常符合 |
| DT3 | 在此情景下，我相信政府对于新冠肺炎疫情的应急管理能力 | 1＝非常不符合，2＝不符合，3＝一般符合，4＝比较符合，5＝非常符合 |

结合前面文献综述部分以及研究主题，参考冯东梅等（2020），本章尝试用以下三个题项来测量信息有效性，包括信息的及时性、信息满足度、信息有用性来测量信息有效性。具体见表5.7。

表5.7　　信息有效性（Information Validity）测量的问项设计

| 编号 | 问项内容 | 测量法（五级计分） |
|---|---|---|
| IV1 | 我觉得该信息或评论发布的很及时 | 1＝非常不符合，2＝不符合，3＝一般符合，4＝比较符合，5＝非常符合 |
| IV2 | 我会另外查找有关该事件的信息 | 1＝非常不符合，2＝不符合，3＝一般符合，4＝比较符合，5＝非常符合 |
| IV3 | 通过该条评论，我能够对相关知识有所了解 | 1＝非常不符合，2＝不符合，3＝一般符合，4＝比较符合，5＝非常符合 |

本章研究设定的问卷情景是新冠肺炎疫情事件，所以在风险感知水平测量方面参考了华东师范大学心理与认知科学学院席居哲团队（2020）编写的新冠肺炎疫情风险感知量表。该量表包括三个部分，结合本章的主题进行了细微的修改和增加，涵盖了情绪感受、认知判断两个方面，具体题项见表5.8。所有量表都采用Linkert5点量表计分法。

表 5.8　　风险感知（Risk Perception）的问项设计

| 编号 | 问项内容 | 测量法（五级计分） |
|---|---|---|
| RP1 | 在此情景下，我担心自己感染新冠病毒 | 1 = 非常不符合，2 = 不符合，3 = 一般符合，4 = 比较符合，5 = 非常符合 |
| RP2 | 在此情景下，我认为自己感染新冠病毒的机会是？ | 1 = 零，2 = 小，3 = 中等，4 = 大，5 = 很大 |
| RP3 | 在此情景下，我认为新冠肺炎疫情事件很严重 | 1 = 非常不符合，2 = 不符合，3 = 一般符合，4 = 比较符合，5 = 非常符合 |

结合前面文献综述部分以及研究主题，参考张聪丛（2016）的研究，本章尝试用以下五个题项来测量公众行为，得分越高，公众行为的积极性越高，参与度越高；得分越低，公众行为的消极性越高，抗拒性越高。具体见表 5.9。

表 5.9　　公众行为（Public Behavior）测量的问项设计

| 编号 | 问项内容 | 测量法（五级计分） |
|---|---|---|
| PB1 | 我会回复或转发或点赞该条评论 | 1 = 非常不符合，2 = 不符合，3 = 一般符合，4 = 比较符合，5 = 非常符合 |
| PB2 | 我会在现实中讨论该条评论或信息 | 1 = 非常不符合，2 = 不符合，3 = 一般符合，4 = 比较符合，5 = 非常符合 |
| PB3 | 我会在现实中参与该事件的支持或抵制活动 | 1 = 非常不符合，2 = 不符合，3 = 一般符合，4 = 比较符合，5 = 非常符合 |
| PB4 | 我会加强新冠肺炎疫情防控措施 | 1 = 非常不符合，2 = 不符合，3 = 一般符合，4 = 比较符合，5 = 非常符合 |
| PB5 | 我会告知家人或朋友加强新冠肺炎疫情防控措施 | 1 = 非常不符合，2 = 不符合，3 = 一般符合，4 = 比较符合，5 = 非常符合 |

### 5.4.2　问卷的预调研

在正式开始问卷调研之前，本章通过线上和线下的方式进行问卷的收集工作，由于时间和地点的限制，线上主要通过微信、QQ 等社交渠道，线下主要为学校图书馆和宿舍等学生流量多的地方，问卷均为当场发放和回收。最后共收集预调研问卷63 份，线上43 份，线下20 份。根据学者 DeVellis（1991）提出的预调研的要求：预试对象人数以问卷中包含最多题项的“分量表”的 3 ~ 5 倍人数为原则。本章设定的分量表中所包含的最多题项是 5 项，所搜集的预调研问卷满足其 3 ~ 5 倍的要求。在应用 SPSS 26. 0 统计分析软件对预调研数据进行分析之前，本章对问卷的回答情况进行了检查，并无出现所有问题勾选同一个答案、存在明显逻辑错误等无效问卷。因此预调研的问卷回收率为 100%，共63 份有效问卷，预调研样本的基本信息统计见表 5. 10。

表 5. 10　　预调研样本的基本信息统计（$n = 63$）

| 人口学变量 | 类别 | 频率 | 百分比（%） |
|---|---|---|---|
| 性别 | 男 | 22 | 35. 5 |
| | 女 | 40 | 64. 5 |
| 年龄 | 18 岁以下 | 1 | 1. 6 |
| | 18 ~ 24 岁 | 35 | 56. 5 |
| | 25 ~ 32 岁 | 16 | 25. 8 |
| | 33 岁及以上 | 10 | 16. 1 |
| 学历 | 高中及以下 | 8 | 12. 9 |
| | 大学专科 | 8 | 12. 9 |
| | 大学本科 | 29 | 46. 8 |
| | 硕士研究生及以上 | 17 | 27. 4 |
| 工作 | 在校学生 | 34 | 54. 8 |
| | 在职 | 23 | 37. 1 |
| | 退休 | 4 | 6. 5 |
| | 暂无职业 | 1 | 1. 6 |

本章的预试问卷采用 Cronbach's α 内部一致性系数通过 SPSS 软件来检验问卷量表的信度，即项目之间是否具有较高的内在一致性。通常采用的信度评

判标准为：如果 α 系数小于0.6，则一般认为信度不足，不可接受；0.6～0.7说明是可以接受的信度；达到0.7～0.8时表示量表具有相当的信度，达0.8～0.9时说明量表信度非常好，大于0.9说明量表信度非常优秀。预调研问卷的信度检验结果见表5.11。可以看到问卷的总信度为0.711，在0.7～0.8，说明问卷具有相当的信度。而表5.12则表示了将各个题项删除后问卷系数的变化，可以看到题项删除后的Cronbach's α 系数均未有显著提高。

**表5.11　　预调研 Cronbach's α 系数统计（$n=63$）**

| | Cronbach's α 系数 | 项数 |
|---|---|---|
| 量表 | 0.711 | 21 |

**表5.12　　删除项后的 Cronbach's α 系数统计（$n=63$）**

| 题项 | 删除项后的 Cronbach's α 系数 |
|---|---|
| IC1 | 0.689 |
| IC2 | 0.681 |
| IC3 | 0.693 |
| IC4 | 0.714 |
| NGE1 | 0.677 |
| NGE2 | 0.669 |
| NGE3 | 0.681 |
| IV1 | 0.706 |
| IV2 | 0.728 |
| IV3 | 0.711 |
| DT1 | 0.729 |
| DT2 | 0.736 |
| DT3 | 0.727 |
| RP1 | 0.675 |
| RP2 | 0.681 |
| RP3 | 0.697 |
| PB1 | 0.689 |

续表

| 题项 | 删除项后的 Cronbach's α 系数 |
|---|---|
| PB2 | 0.696 |
| PB3 | 0.683 |
| PB4 | 0.719 |
| PB5 | 0.709 |

本章在问卷量表设计环节参考了已有研究，具有文献基础，问卷的内容效度较为良好。为了进一步地分析问卷的结构效度，本章采用 SPSS 26 对问卷进行效度分析。首先使用 SPSS 26 进行 KMO 检验与 Bartlett 球体检验来判断数据是否适合做因子分析，KMO 统计量在 0～1，越接近于 1，意味着变量间的相关性越强，原有变量越适合作因子分析；当所有变量间的简单相关系数平方和接近 0 时，KMO 值越接近于 0，意味着变量间的相关性越弱，原有变量越不适合作因子分析。KMO 的度量标准为：0.9 以上表示非常适合；0.8～0.9 表示很适合；0.7～0.8 表示比较适合；0.6～0.7 表示适合；0.5～0.6 表示勉强合适；0.5 以下则为不合适。Bartlett 球体检验的 P 值需要小于或者等于 0.01 为适合。预调研问卷的 KMO 与 Bartlett 球体检验结果见表 5.13。然后对分量表进行探索性因子分析检验获得因子荷载系数和共同度（公因子方差），这两项系数均大于 0.4 则表明题项信息能够被有效提取到因子中。

从表 5.13 中可以看到预调研的问卷总效度为 0.693，在 0.6～0.7，接近 0.7，Bartlett 球体检验系数小于 0.001，表明预调研问卷的结构效度较为良好，测量结果能显示其所要测量的特征。

**表 5.13　　预调研问卷效度检验统计量**

| | | |
|---|---|---|
| KMO 值 | | 0.693 |
| Bartlett 球体检验 | 近似卡方 | 609.942 |
| | df | 210 |
| | P 值 | 0.000 |

（1）卷入认知量表的效度检验。

本章对分量表卷入认知进行效度检验，并用因子分析的结果来分析题项信息是否能够被有效提取到该变量中。通过表 5.14 可以得知，卷入认知量表的 KMO 值为 0.553，在 0.5～0.6 之间，Bartlett 球体检验的 P 值为 0.001，等于 0.001，均通过检验，说明卷入认知量表有着一定的效度。通过表 5.15 可以看到，IC1、IC、IC3 和 IC4 对应的公因子方差均远高于 0.4，说明信息能够被有效提取。IC1、IC、IC3 和 IC4 分别对应的因子载荷系数均大于 0.4，表示题项隶属于所对应的因子。累积方差解释率为 69.698%，说明因子可以提取出 69.698% 的题项信息。

**表 5.14　　卷入认知量表的效度检验统计值**

| | | |
|---|---|---|
| KMO 值 | | 0.553 |
| Bartlett 球体检验 | 近似卡方 | 21.997 |
| | df | 6 |
| | P 值 | 0.001 |

**表 5.15　　卷入认知量表的因子分析统计值**

| | 因子荷载系数（因子 1） | 共同度 |
|---|---|---|
| IC1 | 0.649 | 0.688 |
| IC2 | 0.624 | 0.682 |
| IC3 | 0.706 | 0.685 |
| IC4 | 0.586 | 0.735 |
| 累积方差解释率% | 69.698 | |

（2）负面情绪量表的效度检验。

本章对分量表负面情绪进行效度检验，并用因子分析的结果来分析题项信息是否能够被有效提取到该变量中。通过表 5.16 可以得知，负面情绪量表的 KMO 值为 0.721，在 0.7～0.8 之间，Bartlett 球体检验的 P 值为 0，小于 0.001，均通过检验，说明该量表具有良好的效度。通过表 5.17 可以看到，NGE1、NGE2 和 NGE3 对应的公因子方差均远高于 0.4，说明信息能够被有效提取。NGE1、NGE2 和 NGE3 分别对应的因子载荷系数均大于 0.4，表示题项隶属于所对应的因子。累积方差解释率为 79.215%，说明因子可以提取出 79.215% 的题项信息。

表 5.16　　负面情绪量表的效度检验统计值

| | | |
|---|---|---|
| KMO 值 | | 0.721 |
| Bartlett 球体检验 | 近似卡方 | 83.342 |
| | df | 3 |
| | P 值 | 0.000 |

表 5.17　　负面情绪量表的因子分析统计值

| | 因子荷载系数（因子 1） | 共同度 |
|---|---|---|
| NE1 | 0.871 | 0.759 |
| NE2 | 0.869 | 0.755 |
| NE3 | 0.910 | 0.828 |
| 累积方差解释率% | 78.049% | |

（3）信任度量表的效度检验。

本章对分量表信任度进行效度检验，并用因子分析的结果来分析题项信息是否能够被有效提取到该变量中。通过表 5.18 可以得知，信任度量表的 KMO 值为 0.717，Bartlett 球体检验的 P 值为 0.000，小于 0.001，均通过检验，说明信任度量表的效度较为良好。通过主成分分析法，通过表 5.19 可以看到，DT1、DT2、DT3 对应的公因子方差分别均远高于 0.4。DT1、DT2、DT3 分别对应的因子载荷系数均大于 0.4，表示题项隶属于所对应的因子。累积方差解释率为 73.296%，说明因子可以提取出 73.296% 的题项信息。

表 5.18　　信任度量表的效度检验统计值

| | | |
|---|---|---|
| KMO 值 | | 0.717 |
| Bartlett 球体检验 | 近似卡方 | 61.865 |
| | df | 3 |
| | P 值 | 0.000 |

表 5.19　　信任度量表的因子分析统计值

| | 因子荷载系数（因子 1） | 共同度 |
|---|---|---|
| DT1 | 0.868 | 0.753 |
| DT2 | 0.851 | 0.722 |
| DT3 | 0.850 | 0.724 |
| 累积方差解释率%（旋转后） | 73.296% | |

（4）信息有效性量表的效度检验。

本章对分量表信息有效性进行效度检验，并用因子分析的结果来分析题项信息是否能够被有效提取到该变量中。通过表 5.20 可以得知，信息有效性量表的 KMO 值为 0.481，小于 0.5，未通过检验。Bartlett 球体检验的 P 值为 0.000，小于 0.001，通过检验，说明信息有效性量表的效度有待提高。通过表 5.21 可以看到，IV1、IV3 对应的公因子方差均远高于 0.4，但 IV2 的公因子方差为 0.163，远远小于 0.4。IV1、IV3 分别对应的因子载荷系数均大于 0.4，而 IV2 的因子荷载系数为 0.403，接近 0.4。因此，经过对主成分分析结果的分析，信息有效性量表中的 IV2 题项不太合理，因此在正式问卷中将此题项进行删除。

**表 5.20　　信息有效性量表的效度检验统计值**

| | | |
|---|---|---|
| KMO 值 | | 0.481 |
| Bartlett 球体检验 | 近似卡方 | 24.195 |
| | df | 3 |
| | P 值 | 0.000 |

**表 5.21　　信息有效性量表的因子分析统计值**

| | 因子荷载系数（因子 1） | 共同度 |
|---|---|---|
| IV1 | 0.812 | 0.659 |
| IV2 | 0.403 | 0.163 |
| IV3 | 0.883 | 0.780 |
| 累积方差解释率%（旋转后） | 53.385% | |

（5）风险感知量表的效度检验。

本章对分量表风险感知进行效度检验，并用因子分析的结果来分析题项信息是否能够被有效提取到该变量中。通过表 5.22 可以得知，风险感知量表的 KMO 值为 0.540，在 0.5 ~ 0.6 之间，Bartlett 球体检验的 P 值为 0.000，小于 0.001，均通过检验，说明风险感知量表具有一定的效度。通过表 5.23 可以看到，RP1、RP2 和 RP3 对应的公因子方差均高于 0.4，说明信息能够被有效提取。RP1、RP2 和 RP3 分别对应的因子载荷系数均远大于 0.4，表示题项隶属于所对应的因子。累积方差解释率为 68.673%，说明因子可以提取出 68.673% 的题项信息。

表5.22　　风险感知量表的效度检验统计值

| KMO值 | | 0.540 |
| --- | --- | --- |
| Bartlett球体检验 | 近似卡方 | 64.963 |
| | df | 3 |
| | P值 | 0.000 |

表5.23　　风险感知量表的因子分析统计值

| | 因子荷载系数（因子1） | 共同度 |
| --- | --- | --- |
| RP1 | 0.930 | 0.864 |
| RP2 | 0.820 | 0.673 |
| RP3 | 0.723 | 0.523 |
| 累积方差解释率%（旋转后） | 68.673% | |

（6）公众行为量表的效度检验。

本章对分量表公众行为进行效度检验，并用因子分析的结果来分析题项信息是否能够被有效提取到该变量中。通过表5.24可以得知，公众行为量表的KMO值为0.547，在0.5～0.6之间，Bartlett球体检验的P值为0.000，小于0.001，均通过检验，说明公众行为量表具有一定的效度。通过表5.25可以看到，PB1、PB2、PB3、PB4和PB5对应的公因子方差均高于0.4，说明信息能够被有效提取。PB1、PB2、PB3、PB4和PB5分别对应的因子载荷系数均远大于0.4，表示题项隶属于所对应的因子。

表5.24　　公众行为量表的效度检验统计值

| KMO值 | | 0.547 |
| --- | --- | --- |
| Bartlett球体检验 | 近似卡方 | 51.402 |
| | df | 10 |
| | P值 | 0.000 |

表5.25　　公众行为量表的因子分析统计值

| | 因子荷载系数（因子1） | 共同度 |
| --- | --- | --- |
| PB1 | 0.708 | 0.540 |
| PB2 | 0.747 | 0.561 |

续表

| | 因子荷载系数（因子1） | 共同度 |
|---|---|---|
| PB3 | 0.800 | 0.642 |
| PB4 | 0.889 | 0.790 |
| PB5 | 0.902 | 0.814 |
| 累积方差解释率%（旋转后） | 66.940% | |

通过这三种检验，由于信息有效性的题项IV2未达到要求，因此将此删除。IV2的题目是“我会另外查找有关该事件的信息”，考虑到查找另外信息的行为并不能很好与信息有效相关，被调查者认为该消息有效，想获得更多相关信息也会去进行另外信息的查找；认为该消息无效，更有可能去查找其他信息。同时，本章的研究对部分被调查者进行回访调查，证明了该题项对于信息有效性的描述并不明显。同时，较多回访者表明在回答题项时容易受现状的影响，较难进入情景去回答。考虑到问卷发放为新冠肺炎疫情将要结束的时期，而问卷调查所依靠的是爆发时期，确实会存在难进入特定情景的情况，这可能也是预调研问卷信效度不优秀的原因。因此，在正式发放问卷时，问卷调研人员需要提醒被调查者问卷有设定情景，帮助被调查者进入情景来回答问题，从而提高问卷的有效性。

## 5.5 公众风险感知影响因素模型实证分析

本章设定的突发事件为新冠肺炎疫情，由于此次疫情的影响范围已扩散到全球，因此本章的问卷调查不需要限定地区范围。问卷调查将采取随机抽样方法。问卷数据收集从线下和线上两个渠道进行。由于受时间和条件限制，线下主要集中在学校以及学校周边的商场、小区等人流量较大的地方，所有问卷均当场发放和回收。填写问卷时，调研人员会在被调查者旁边随时准备解答填写时遇到的问题。线上通过问卷网提供的答题广场平台以及微信、QQ、微博、知乎等社交平台进行问卷的发放，以此来平衡线下问卷数据收集带来的地区和年龄差异造成的影响。正式发放问卷316份，回收问卷316份，问卷回收率为

100%，线上问卷 228 份，线下问卷 88 份。剔除一些未完成的、答卷逻辑明显错误的等无效问卷 19 份（线上无效问卷 14 份；线下无效问卷 5 份），得到有效问卷 297 份，问卷有效率为 94%。

### 5.5.1　样本描述性统计分析

首先对正式样本的人口统计变量进行描述性统计分析，主要包括性别、年龄、学历、工作四个部分，具体情况见表 5.26。

表 5.26　预调研样本的基本信息统计（$n=297$）

| 人口学变量 | 类别 | 频率 | 百分比（%） |
|---|---|---|---|
| 性别 | 男 | 129 | 43.4 |
| | 女 | 168 | 56.6 |
| 年龄 | 18 岁及以下 | 24 | 8.1 |
| | 18～24 岁 | 135 | 45.5 |
| | 25～32 岁 | 101 | 34.0 |
| | 33 岁及以上 | 37 | 12.5 |
| 学历 | 高中及以下 | 57 | 19.2 |
| | 大学专科 | 67 | 22.6 |
| | 大学本科 | 115 | 38.7 |
| | 硕士研究生及以上 | 58 | 19.5 |
| 工作 | 在校学生 | 123 | 41.1 |
| | 在职 | 153 | 51.5 |
| | 退休 | 14 | 4.7 |
| | 暂无职业 | 8 | 2.7 |

由表 5.26 对问卷数据的人口统计变量进行分析，其中在性别变量中，男性为 129 人，占总数的 43.4%，女性 168 人，占总数的 56.6%，男女性别的统计量本基本相等，说明该研究不会受性别的干扰。在年龄方面，18 岁及以下的占 8.1%，18～24 岁的占 45.5%，25～32 岁的占 34%，33 岁及以上的占 12.5%，在涉及各年龄段的同时，18～32 岁相加所占受访者的比例最大，符合本研究课题的主要目标人群。在学历变量中，各学历的占比都有，大学本科所占的比例最大。在职业方面，在校学生和在职的比例为 41.4% 和 51.5%，

基本符合现实情况，较为合理。本章还对线上被调查者的地区分布情况进行了可视化，可见线上被调查者的来源较为广泛，基本包含国内大部分地区，这在一定程度上减少了地区差异造成的影响。

通过对正式样本的人口统计变量进行描述分析，表明数据在性别、年龄、学历、职业、地域等方面有着一定的覆盖率，样本有着合理性。

### 5.5.2 问卷的信度和效度检验

本章的正式调查研究采用 Cronbach's α 内部一致性系数来检验问卷信度。问卷的信度检验结果见表 5.27、表 5.28。可以看到问卷的总信度为 0.782，在 0.7 ~ 0.8 之间，说明问卷具有相当的信度。并且题项删除后的 Cronbach's α 系数均未有显著提高。

**表 5.27　问卷 Cronbach's α 系数统计（$n=297$）**

| | Cronbach's α 系数 | 项数 |
|---|---|---|
| 量表 | 0.782 | 20 |

**表 5.28　删除项后的 Cronbach's α 系数统计（$n=297$）**

| 题项 | 删除项后的 Cronbach's α 系数 |
|---|---|
| IC1 | 0.748 |
| IC2 | 0.751 |
| IC3 | 0.755 |
| IC4 | 0.756 |
| NEE1 | 0.75 |
| NEE2 | 0.75 |
| NEE3 | 0.751 |
| IV1 | 0.818 |
| IV2 | 0.817 |
| DT1 | 0.817 |
| DT2 | 0.819 |

续表

| 题项 | 删除项后的 Cronbach's α 系数 |
|---|---|
| DT3 | 0. 824 |
| RP1 | 0. 751 |
| RP2 | 0. 752 |
| RP3 | 0. 756 |
| PB1 | 0. 76 |
| PB2 | 0. 757 |
| PB3 | 0. 753 |
| PB4 | 0. 761 |
| PB5 | 0. 757 |

本章采用探索性因子分析和验证性因子分析方法对问卷的结构效度进行分析，采用的软件是 SPSS 和 AMOS 专业分析软件。在进行因子分析之前，需要对量表进行 KMO 分析和 Bartlett 球体检验来判断是否适合做因子分析。首先对问卷总的效度进行检验，见表 5. 29。KMO 值为 0. 946，十分接近于 1，P 值为 0，说明非常适合做因子分析。

**表 5. 29　　问卷效度检验统计量**

| KMO 值 | | 0. 946 |
|---|---|---|
| Bartlett 球体检验 | 近似卡方 | 4490. 763 |
| | df | 190 |
| | P 值 | 0. 000 |

（1）卷入认知量表的效度检验。

本章对分量表卷入认知进行效度检验，并用因子分析的结果来分析题项信息是否能够被有效提取到该变量中。通过表 5. 30 可以得知，卷入认知量表的 KMO 值为 0. 805，在 0. 8 ~ 0. 9 之间，Bartlett 球体检验的 P 值为 0. 000，均通过检验，说明卷入认知量表有着一定的效度。通过表 5. 31 可以看到，IC1、IC、IC3 和 IC4 对应的公因子方差均远高于 0. 4，说明信息能够被有效提取。IC1、IC、IC3 和 IC4 分别对应的因子载荷系数均远大于 0. 4，表示题项隶属于所对应的因子。累积方差解释率为 71.830%，说明因子可以提取出 71.830% 的题项信息。

表 5.30　　卷入认知量表的效度检验统计值

| KMO 值 | | 0.805 |
|---|---|---|
| Bartlett 球体检验 | 近似卡方 | 577.640 |
| | df | 6 |
| | P 值 | 0.000 |

表 5.31　　卷入认知量表的因子分析统计值

| | 因子荷载系数（因子 1） | 共同度 |
|---|---|---|
| IC1 | 0.878 | 0.772 |
| IC2 | 0.821 | 0.674 |
| IC3 | 0.835 | 0.697 |
| IC4 | 0.855 | 0.730 |
| 累积方差解释率% | 71.830% | |

（2）负面情绪量表的效度检验。

本章对分量表负面情绪进行效度检验，并用因子分析的结果来分析题项信息是否能够被有效提取到该变量中。通过表 5.32 可以得知，负面情绪量表的 KMO 值为 0.739，在 0.7 ~ 0.8 之间，Bartlett 球体检验的 P 值为 0，小于 0.001，均通过检验，说明该量表具有良好的效度。通过表 5.33 可以看到，NGE1、NGE2 和 NGE3 对应的公因子方差均远高于 0.4，说明信息能够被有效提取。NGE1、NGE2 和 NGE3 分别对应的因子载荷系数均大于 0.4，表示题项隶属于所对应的因子。累积方差解释率为 81.342%，说明因子可以提取出 81.342% 的题项信息。

表 5.32　　负面情绪量表的效度检验统计值

| KMO 值 | | 0.739 |
|---|---|---|
| Bartlett 球体检验 | 近似卡方 | 493.733 |
| | df | 3 |
| | P 值 | 0.000 |

表 5.33　　负面情绪量表的因子分析统计值

| | 因子荷载系数（因子 1） | 共同度 |
|---|---|---|
| NE1 | 0.890 | 0.792 |
| NE2 | 0.896 | 0.804 |
| NE3 | 0.919 | 0.844 |
| 累积方差解释率% | 81.342% | |

（3）信任度量表的效度检验。

本章对分量表信任度进行效度检验，并用因子分析的结果来分析题项信息是否能够被有效提取到该变量中。通过表 5.34 可以得知，信任度量表的 KMO 值为 0.755，Bartlett 球体检验的 P 值为 0.000，小于 0.001，说明信任度量表具有良好的效度。通过表 5.34 可以看到，DT1、DT2、DT3 对应的公因子方差分别均远高于 0.4。DT1、DT2、DT3 分别对应的因子载荷系数也均远大于 0.4，表示题项隶属于所对应的因子。累积方差解释率为 84.043%，说明因子可以提取出 84.043% 的题项信息。

表 5.34　　信任度量表的效度检验统计值

| | | |
|---|---|---|
| KMO 值 | | 0.755 |
| Bartlett 球体检验 | 近似卡方 | 569.846 |
| | df | 3 |
| | P 值 | 0.000 |

表 5.35　　信任度量表的因子分析统计值

| | 因子荷载系数（因子 1） | 共同度 |
|---|---|---|
| DT1 | 0.922 | 0.850 |
| DT2 | 0.916 | 0.839 |
| DT3 | 0.912 | 0.832 |
| 累积方差解释率%（旋转后） | 84.043% | |

（4）信息有效性量表的效度检验。

本章对分量表信息有效性进行效度检验，并用因子分析的结果来分析题项信息是否能够被有效提取到该变量中。通过表 5.36 可以得知，信息有效性量表的 KMO 值为 0.500，Bartlett 球体检验的 P 值为 0.000，小于 0.001，通过检验，说明信息有效性量表有着一定的效度。虽然 KMO 值较低，但是通过主成分分析可以看到 IV1、IV2 对应的公因子方差均远高于 0.4，对应的因子载荷系数也均远大于 0.4，且累计解释方差率为 84.768%，因此结合各项统计值，信息有效性量表的效度还是能通过检验（见表 5.37）。

表 5.36　　信息有效性量表的效度检验统计值

| | | |
|---|---|---|
| KMO 值 | | 0.500 |
| Bartlett 球体检验 | 近似卡方 | 144.582 |
| | df | 1 |
| | P 值 | 0.000 |

表 5.37　　信息有效性量表的因子分析统计值

| | 因子荷载系数（因子 1） | 共同度 |
|---|---|---|
| IV1 | 0.921 | 0.848 |
| IV2 | 0.921 | 0.848 |
| 累积方差解释率%（旋转后） | 84.768% | |

（5）风险感知量表的效度检验。

本章对分量表风险感知进行效度检验，并用因子分析的结果来分析题项信息是否能够被有效提取到该变量中。通过表 5.38 可以得知，风险感知量表的 KMO 值为 0.689，在 0.6～0.7 之间，Bartlett 球体检验的 P 值为 0.000，小于 0.001，均通过检验，说明风险感知量表具有一定的效度。通过表 5.39 可以看到，RP1、RP2 和 RP3 对应的公因子方差均高于 0.4，说明信息能够被有效提取。RP1、RP2 和 RP3 分别对应的因子载荷系数均远大于 0.4，表示题项隶属于所对应的因子。累积方差解释率为 76.754%，说明因子可以提取出 76.754% 的题项信息。

表 5.38　　风险感知量表的效度检验统计值

| | | |
|---|---|---|
| KMO 值 | | 0.689 |
| Bartlett 球体检验 | 近似卡方 | 402.645 |
| | df | 3 |
| | P 值 | 0.000 |

表 5.39　风险感知量表的因子分析统计值

| | 因子荷载系数（因子 1） | 共同度 |
|---|---|---|
| RP1 | 0.920 | 0.864 |
| RP2 | 0.849 | 0.720 |
| RP3 | 0.858 | 0.737 |
| 累积方差解释率%（旋转后） | 76.754% | |

（6）公众行为量表的效度检验。

本章对分量表公众行为进行效度检验，并用因子分析的结果来分析题项信息是否能够被有效提取到该变量中。通过表 5.40 可以得知，公众行为量表的 KMO 值为 0.741，在 0.7 ~ 0.8 之间，Bartlett 球体检验的 P 值为 0.000，小于 0.001，均通过检验，说明公众行为量表具有良好的效度。通过表 5.41 可以看到，PB1、PB2、PB3、PB4 和 PB5 对应的公因子方差均高于 0.4，说明信息能够被有效提取。PB1、PB2、PB3、PB4 和 PB5 分别对应的因子载荷系数均远大于 0.4，表示题项隶属于所对应的因子。

表 5.40　公众行为量表的效度检验统计值

| | | |
|---|---|---|
| KMO 值 | | 0.741 |
| Bartlett 球体检验 | 近似卡方 | 700.311 |
| | df | 10 |
| | P 值 | 0.000 |

表 5.41　公众行为量表的因子分析统计值

| | 因子荷载系数（因子 1） | 共同度 |
|---|---|---|
| PB1 | 0.859 | 0.750 |
| PB2 | 0.773 | 0.715 |
| PB3 | 0.824 | 0.739 |
| PB4 | 0.926 | 0.904 |
| PB5 | 0.913 | 0.897 |
| 累积方差解释率%（旋转后） | 80.087% | |

### 5.5.3 基本特征变量分析

本部分将采用单因素方差分析（ANOVA）方法探究人口变量（性别、年龄、学历、职业）对各变量的影响，进行差异性分析。

从表 5.42 可以看到，性别在各个变量上的 P 值均大于 0.01，表明在性别方面，各个变量并无呈现出显著差异。

表 5.42　　性别在各个变量上的 ANOVA 检验统计值

| 性别 | IC | | NGE | | DT | | RP | | IV | | PB | |
|---|---|---|---|---|---|---|---|---|---|---|---|---|
| | 均值 | 标准差 | 均值 | 标准差 | 均值 | 标准差 | 均值 | 标准差 | 均值 | 标准差 | 均值 | 标准差 |
| 男 | 3.087 | 1.153 | 2.920 | 1.221 | 3.310 | 1.318 | 3.070 | 1.219 | 3.136 | 1.250 | 3.268 | 1.027 |
| 女 | 3.363 | 1.005 | 2.994 | 1.130 | 3.117 | 1.219 | 3.171 | 1.123 | 3.030 | 1.149 | 3.368 | 0.925 |
| F | 4.836 | | 0.293 | | 1.704 | | 0.547 | | 0.574 | | 0.769 | |

注：** 表示 $P<0.01$，表示显著影响。

从表 5.43 可以看到，年龄在卷入认知、负面情绪、信任度方面 P 值均小于 0.01，表明不同年龄段的人在卷入认知、负面情绪、信任度方面有着差异。通过事后检验得知，在卷入认知和负面情绪方面，18 岁及以下的年龄段与其他年龄段存在明显差异，而在信任度方面，25～32 岁的年龄段人群与其他年龄段存在明显差异性。

表 5.43　　年龄在各个变量上的 ANOVA 检验统计值

| 年龄 | IC | | NGE | | DT | | RP | | IV | | PB | |
|---|---|---|---|---|---|---|---|---|---|---|---|---|
| | 均值 | 标准差 | 均值 | 标准差 | 均值 | 标准差 | 均值 | 标准差 | 均值 | 标准差 | 均值 | 标准差 |
| 18 岁及以下 | 2.458 | 1.023 | 2.292 | 1.305 | 3.542 | 1.098 | 2.722 | 1.115 | 3.563 | 1.210 | 3.008 | 0.933 |
| 18～25 岁 | 3.259 | 0.972 | 2.946 | 1.083 | 3.230 | 1.250 | 3.099 | 1.116 | 3.089 | 1.187 | 3.320 | 0.922 |
| 25～32 岁 | 3.394 | 1.102 | 3.201 | 1.165 | 2.914 | 1.238 | 3.310 | 1.165 | 2.871 | 1.106 | 3.444 | 0.983 |
| 32 岁及以上 | 3.284 | 1.236 | 2.802 | 1.233 | 3.658 | 1.337 | 2.991 | 1.311 | 3.270 | 1.342 | 3.222 | 1.101 |
| F | 5.123** | | 4.431** | | 4.065** | | 2.016 | | 2.701 | | 1.505 | |
| LSD | 1<2、3、4 | | 1<2、3、4 | | 3<1、2、4 | | | | | | | |

注：** 表示 $P<0.01$，表示显著影响。

通过单因素方差分析得到的 P 值可以看到各个学历对各变量的影响不存在显著差异性（见表 5.44）。

**表 5.44　　学历在各个变量上的 ANOVA 检验统计值**

| 学历 | IC | | NGE | | DT | | RP | | IV | | PB | |
|---|---|---|---|---|---|---|---|---|---|---|---|---|
| | 均值 | 标准差 | 均值 | 标准差 | 均值 | 标准差 | 均值 | 标准差 | 均值 | 标准差 | 均值 | 标准差 |
| 高中及以下 | 3.000 | 1.096 | 2.778 | 1.237 | 3.404 | 1.191 | 2.959 | 1.241 | 3.342 | 1.138 | 3.411 | 0.942 |
| 大学专科 | 3.246 | 1.088 | 3.025 | 1.170 | 3.030 | 1.342 | 3.333 | 1.078 | 3.037 | 1.277 | 3.445 | 0.992 |
| 大学本科 | 3.265 | 1.074 | 3.035 | 1.108 | 3.209 | 1.237 | 3.084 | 1.160 | 3.030 | 1.222 | 3.242 | 0.989 |
| 研究生及以上 | 3.435 | 1.042 | 2.925 | 1.227 | 3.184 | 1.301 | 3.138 | 1.188 | 2.948 | 1.071 | 3.266 | 0.937 |
| F | 1.605 | | 0.702 | | 0.900 | | 1.152 | | 1.250 | | 0.842 | |

注：** 表示 $P<0.01$，表示显著影响。

从表 5.45 可以看到，职业对于卷入认知、负面情绪、风险感知、公众行为方面存在差异性。通过事后检验的结果，可以得知在卷入认知方面，退休的人群与其他职业的人群存在差异性，退休人群的卷入认知水平明显较低；在负面情绪方面，暂无职业的人群与其他职业的存在差异，但是差异较小；在风险感知方面，暂无职业的人群与其他职业的人群有着差异，同时可以看到在职人群的风险感知水平较高，工作背景不同的人在风险感知方面感知不同，这与前面 Meta 分析的检验结果也相同。在公众行为方面，退休人群与其他职业的人群存在差异。

**表 5.45　　职业在各个变量上的 ANOVA 检验统计值**

| 职业 | IC | | NGE | | DT | | RP | | IV | | PB | |
|---|---|---|---|---|---|---|---|---|---|---|---|---|
| | 均值 | 标准差 | 均值 | 标准差 | 均值 | 标准差 | 均值 | 标准差 | 均值 | 标准差 | 均值 | 标准差 |
| 在校学生 | 3.055 | 0.997 | 2.727 | 1.133 | 3.399 | 1.144 | 2.885 | 1.107 | 3.201 | 1.151 | 3.175 | 0.902 |
| 在职 | 3.469 | 1.070 | 3.211 | 1.163 | 2.983 | 1.330 | 3.423 | 1.126 | 2.902 | 1.215 | 3.503 | 0.983 |
| 暂无职业 | 2.929 | 1.215 | 2.476 | 1.115 | 3.476 | 1.203 | 2.333 | 1.220 | 3.607 | 1.077 | 3.000 | 1.061 |
| 退休 | 2.344 | 1.239 | 2.625 | 0.999 | 3.875 | 1.221 | 2.542 | 1.140 | 3.563 | 1.116 | 2.750 | 0.984 |
| F | 6.010** | | 5.208** | | 3.587 | | 8.481** | | 2.958 | | 4.290 | |
| LSD | 4<1、2、3 | | 3<1、2、4 | | | | 3<1、2、4 | | | | 4<1、2、3 | |

注：** 表示 $P<0.01$，表示显著影响。

通过对各人口统计学变量对各变量的差异性分析，可以得知年龄、职业在卷入认知和负面情绪层面有着差异，年龄在 18 岁及以下的人群与其他人群存在差异影响；年龄在信任度层面有着差异，32 岁及以上的人群与其他人群存在差异；职业在风险感知和公众行为层面有着差异，退休人群与其他人群存在差异。这说明了人口统计学变量对于各变量有着差异性影响。

### 5.5.4 风险感知水平及其前因、后果变量的相关分析

本章对风险感知水平的前因、后果变量进行相关分析，即是对风险感知和负面情绪、信任度、信息有效性、公众行为的相关性进行了分析，同时结合风险感知情绪模型，还检验了负面情绪与公众行为之间的关系。通过双尾检验来获取相关系数 r，为结构方程模型的构建通过统计学层面的参考和基础。相关系数 r 在 0.7 以上表明两个变量之间高度相关；0.3 ~0.7 两个变量之间为中度相关；0.3 以下表明两个变量之间为低度相关。

从表 5.46 可知，风险感知与负面情绪的相关系数 r 为 0.764，大于 0.7，表明风险感知与负面情绪高度相关，即负面情绪越大，风险感知水平越高。

**表 5.46　风险感知与负面情绪相关矩阵**

| | 风险感知 | |
|---|---|---|
| 负面情绪 | 皮尔逊相关性 | 0.764** |
| | Sig.（双尾） | 0.000 |

注：** 表明在 0.01 水平（双侧）上显著相关。

从表 5.47 可知，风险感知与卷入认知的相关系数 r 为 0.720，大于 0.7，表明风险感知与卷入认知高度相关，即卷入认知程度越高，风险感知水平越高。

**表 5.47　风险感知与卷入认知相关矩阵**

| | 风险感知 | |
|---|---|---|
| 卷入认知 | 皮尔逊相关性 | 0.720** |
| | Sig.（双尾） | 0.000 |

注：** 表明在 0.01 水平（双侧）上显著相关。

从表 5.48 可知，负面情绪与卷入认知的相关系数 r 为 0.783，大于 0.7，表明负面情绪与卷入认知高度相关，即卷入认知程度越高，负面情绪越大。

表5.48 负面情绪与卷入认知相关矩阵

| | | 负面情绪 |
|---|---|---|
| 卷入认知 | 皮尔逊相关性 | 0.783 ** |
| | Sig.（双尾） | 0.000 |

注：** 表明在0.01水平（双侧）上显著相关。

从表5.49可看到，风险感知与信任度之间的相关系数r为0.603，在0.3~0.7之间，表明风险感知与信任度之间中度相关，且信任度越高，风险感知水平越低。

表5.49 风险感知与信任度相关矩阵

| | | 风险感知 |
|---|---|---|
| 信任度 | 皮尔逊相关性 | -0.603 ** |
| | Sig.（双尾） | 0.000 |

注：** 表明在0.01水平（双侧）上显著相关。

从表5.50可看到，风险感知与信息有效性之间的相关系数r为0.558，在0.3~0.7之间，表明风险感知与信息有效性之间中度相关，且信息有效性越大，风险感知水平越低。

表5.50 风险感知与信息有效性相关矩阵

| | | 风险感知 |
|---|---|---|
| 信息有效性 | 皮尔逊相关性 | -0.558 ** |
| | Sig.（双尾） | 0.000 |

注：** 表明在0.01水平（双侧）上显著相关。

从表5.51可看到，风险感知与公众行为之间的相关系数r为0.737，大于0.7，表明风险感知水平与公众行为之间存在高度相关性。

表5.51 风险感知与公众行为相关矩阵

| | | 风险感知 |
|---|---|---|
| 公众行为 | 皮尔逊相关性 | 0.737 ** |
| | Sig.（双尾） | 0.000 |

注：** 表明在0.01水平（双侧）上显著相关。

从表5.52可看到，负面情绪与公众行为之间的相关系数r为0.704，大于0.7，表明负面情绪与公众行为之间存在高度相关性。

表 5.52　　公众行为与负面情绪相关矩阵

| | | 公众行为 |
|---|---|---|
| 负面情绪 | 皮尔逊相关性 | 0.704** |
| | Sig.（双尾） | 0.000 |

注：** 表明在 0.01 水平（双侧）上显著相关。

### 5.5.5　结构方程模型的检验

在问卷收集环节可得知本章研究的样本数为 297 个，远远大于 100，能够合理保证结构方程模型评估的稳定性及样本的代表性。在建立和检验结构方程模型之前，本章对模型中各观测变量的数据分布进行多元正态性检验。从表 5.53 可知，所有观测变量的偏度绝对值均小于 3，峰度的绝对值均小于 10，对最大似然法参数估计法的影响很小，表明数据分布符合正态分布的规律，能够满足结构方程模型分析的基本要求（李盈霞，2015）。

表 5.53　　各变量的描述性统计（$n=297$）

| 变量 | 最小值 | 最大值 | 均值 | 标准偏差 | 偏度 | 峰度 |
|---|---|---|---|---|---|---|
| 卷入认知 | 1 | 5 | 3.243 | 1.079 | -0.373 | -1.219 |
| 负面情绪 | 1 | 5 | 2.962 | 1.169 | -0.051 | -1.241 |
| 信任度 | 1 | 5 | 3.201 | 1.265 | -0.148 | -1.351 |
| 风险感知 | 1 | 5 | 3.127 | 1.164 | -0.136 | -1.309 |
| 信息有效性 | 1 | 5 | 3.076 | 1.193 | 0.049 | -1.236 |
| 公众行为 | 1 | 5 | 3.325 | 0.970 | -0.187 | -1.137 |

通过文献综述的结果和前面的假设框架，本章将风险感知作为因变量，将卷入认知、负面情绪、信任度、信息有效性作为自变量，将负面情绪作为卷入认知影响风险感知的中介变量。同时还将公众行为设为自变量，负面情绪和风险感知作为因变量。结构方程模型见图 5.8。

建立初始模型（模型 1）之后，通过 AMOS 软件进行估计和检验。采用最大似然法对模型进行估计。初始模型的路径及各参数统计见图 5.9 和表 5.54。

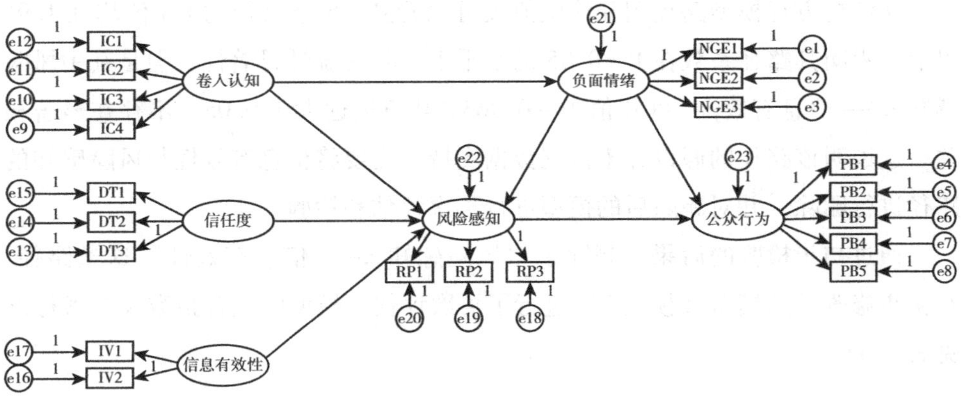


图 5.8　结构方程模型

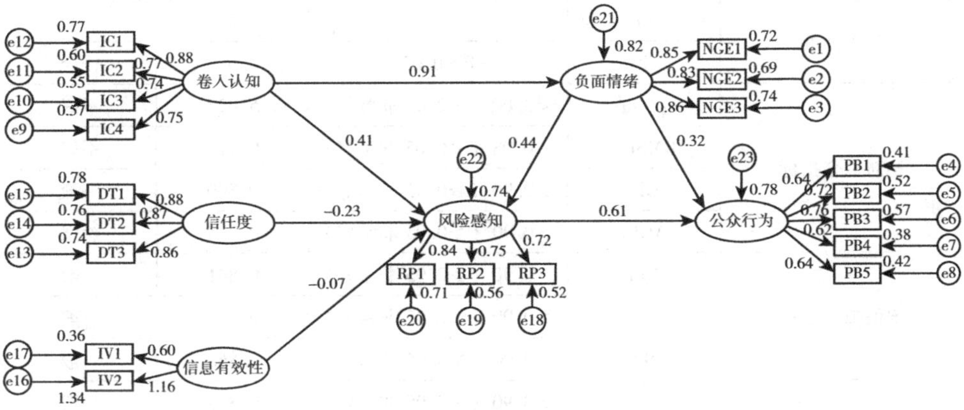


图 5.9　初始结构方程模型

表 5.54　　　　　　结构方程模型 1 的路径系数和检验值

| 结构方程模型路径 | 非标准化系数 | 标准化系数 | S. E. | C. R. | P |
|---|---|---|---|---|---|
| 负面情绪 <—— 卷入认知 | 1. 158 | 0. 908 | 0. 085 | 13. 568 | *** |
| 风险感知 <—— 卷入认知 | 0. 403 | 0. 41 | 0. 153 | 2. 638 | ** |
| 风险感知 <—— 负面情绪 | 0. 337 | 0. 436 | 0. 12 | 2. 809 | ** |
| 风险感知 <—— 信任度 | −0. 165 | −0. 233 | 0. 032 | −5. 106 | *** |
| 风险感知 <—— 信息有效性 | −0. 038 | −0. 066 | 0. 039 | −0. 963 | 0. 335 |
| 公众行为 <—— 负面情绪 | 0. 238 | 0. 319 | 0. 073 | 3. 259 | ** |
| 公众行为 <—— 风险感知 | 0. 584 | 0. 606 | 0. 107 | 5. 452 | *** |

注：* = P < 0. 05 表明相关，** = P < 0. 01 表明中度相关，*** = P < 0. 001 表明高度相关。

从结构方程模型路径图和检验值表可以看到，6 条路径的 CR 值均在 1.96 以上，表明其路径系数在 P=0.05 的水平上，具有统计显著性。但是其中风险感知 <--- 信息有效性的 CR 值为 -0.963，P 值远远大于 0.05，不存在显著相关。这说明该路径的假设并未得到数据支持，需要将信息有效性与风险感知的路径进行删除，并对删除后的模型进行再次评估和检验。

通过初步检验的后果，删除了“风险感知 <--- 信息有效性”这条路径。对初步修改后的模型（模型 2）进行了再次评估。模型的拟合指数及参考标准见表 5.55。

**表 5.55　　结构方程模型 2 拟合指标摘要**

| 判断项目 | 统计检验量 | 拟合标准 | 检验结果 | 拟合判断 |
|---|---|---|---|---|
| 参考标准 | df | | 129 | |
| | P | P>0.05 | 0 | 符合 |
| 绝对拟合指标 | $\chi^2$/df | <3.00（<2.00 非常好） | 5.027 | 不好 |
| | RMSEA | <0.08（<0.05 非常好） | 0.117 | 不好 |
| | GFI | >0.90（≥0.95 非常好） | 0.800 | 一般 |
| | AGFI | >0.90（≥0.95 非常好） | 0.735 | 勉强 |
| 增值拟合指标 | NFI | >0.90（≥0.95 非常好） | 0.841 | 一般 |
| | RFI | >0.90（≥0.95 非常好） | 0.811 | 一般 |
| | IFI | >0.90（≥0.95 非常好） | 0.868 | 一般 |
| TLI（NNFI） | | >0.90（≥0.95 非常好） | 0.843 | 一般 |
| | CFI | >0.90（≥0.95 非常好） | 0.867 | 一般 |
| 简约拟合指标 | PGFI | >0.50 | 0.604 | 好 |
| | PNFI | >0.50 | 0.709 | 好 |
| | PCFI | >0.50 | 0.731 | 好 |

通过拟合指标可以看到模型 2 的拟合程度不太理想，绝对拟合指标基本不符合标准，因此需要对结构方程模型进行修正。结构方程模型的修正步骤依靠 MI 指标。通过 AMOS 软件计算出的 MI 参数对模型进行逐步的修改和调整，分别增列卷入认知 <--> 信任度、误差变量 e7 <--> 误差变量 e8 间的共变关系后，模型与数据的拟合程度明显增强，拟合指标大部分都完全符合拟合标准（见表 5.56）。

表 5.56　　结构方程模型 3 拟合指标摘要

| 判断项目 | 统计检验量 | 拟合标准 | 检验结果 | 拟合判断 |
|---|---|---|---|---|
| 参考标准 | df | | 127 | |
| | P | P > 0.05 | 0 | 符合 |
| 绝对拟合指标 | $\chi^2$/df | <3.00（<2.00 非常好） | 2.54 | 好 |
| | RMSEA | <0.08（<0.05 非常好） | 0.072 | 好 |
| | GFI | >0.90（≥0.95 非常好） | 0.886 | 一般 |
| | AGFI | >0.90（≥0.95 非常好） | 0.846 | 一般 |
| 增值拟合指标 | NFI | >0.90（≥0.95 非常好） | 0.921 | 好 |
| | RFI | >0.90（≥0.95 非常好） | 0.904 | 好 |
| | IFI | >0.90（≥0.95 非常好） | 0.950 | 非常好 |
| TLI（NNFI） | | >0.90（≥0.95 非常好） | 0.940 | 好 |
| | CFI | >0.90（≥0.95 非常好） | 0.950 | 非常好 |
| 简约拟合指标 | PGFI | >0.50 | 0.658 | 好 |
| | PNFI | >0.50 | 0.764 | 好 |
| | PCFI | >0.50 | 0.788 | 好 |

修正后的结构方程模型即为最终的模型（模型 3），通过路径系数对最终模型进行最后的检验。模型 3 的路径系数参数见表 5.57。

表 5.57　　结构方程模型 3 的路径系数和检验值

| 结构方程模型路径 | 非标准化系数 | 标准化系数 | S. E. | C. R. | P |
|---|---|---|---|---|---|
| 负面情绪 <--- 卷入认知 | 1.171 | 0.914 | 0.086 | 13.605 | *** |
| 风险感知 <--- 卷入认知 | 0.383 | 0.343 | 0.172 | 2.226 | * |
| 风险感知 <--- 负面情绪 | 0.362 | 0.416 | 0.125 | 2.889 | ** |
| 风险感知 <--- 信任度 | -0.169 | -0.215 | 0.044 | -3.814 | *** |
| 公众行为 <--- 负面情绪 | 0.229 | 0.274 | 0.093 | 2.452 | * |
| 公众行为 <--- 风险感知 | 0.631 | 0.659 | 0.117 | 5.383 | *** |

注：* =P<0.05 表明相关，** =P<0.01 表明中度相关，*** =P<0.001 表明高度相关。

模型 3 中的 6 条路径的 CR 值均大于 1.96，且 P 值均在显著水平（P < 0.05），说明模型 3 的路径系数均具有统计学意义，修正后的模型的各项测量指标均符合标准，模型 3 可被接受。结构方程模型 3 的路径分析及结果见图 5.10。

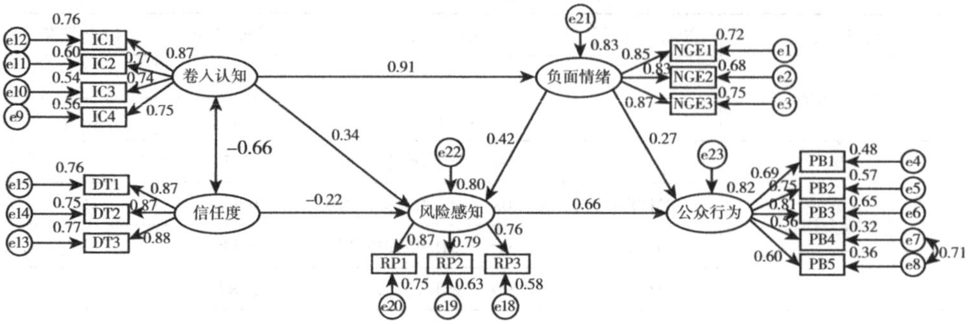


图 5.10　结构方程模型 3 的路径分析

## 5.5.6　负面情绪的中介作用检验

风险感知情绪模型理论认为情绪是作为认知和风险感知的中介变量，根据前面的结构方程模型实证结果，可以明显证明卷入认知影响风险感知负面情绪，而负面情绪影响风险感知，因此本章通过 SPSS 来进一步检验负面情绪的中介作用。

本章的中介模型见图 5.11。*X*（卷入认知）对 *Y*（风险感知）有影响，同时通过中介变量 *M*（负面情绪）对 *Y*（风险感知）施加影响，所对应的公式是：

$$M = aX + e \tag{5.1}$$

$$Y = c'X + bM + e \tag{5.2}$$

而不考虑中介变量，*X*（卷入认知）对 *Y*（风险感知）的影响公式为：

$$Y = cX + e \tag{5.3}$$

其中，参数 $c$ 称为总效应，$c'$ 为直接效应，$a \times b$ 为间接效应，它们关系是总效应 = 间接效应 + 直接效应。中介效应的检验可以使用 Bootstrap 方法来获得中介效应占比以此检验模型是否存在中介效应（见图 5.11）。

首先，本章利用 Hayes（2012）编制的 SPSS 宏中的 model4（中介模型），以年龄和职业为控制变量对负面情绪在卷入认知和风险感知之间关系中的中介效应进行检验。检验结果见表 5.58 和表 5.59。

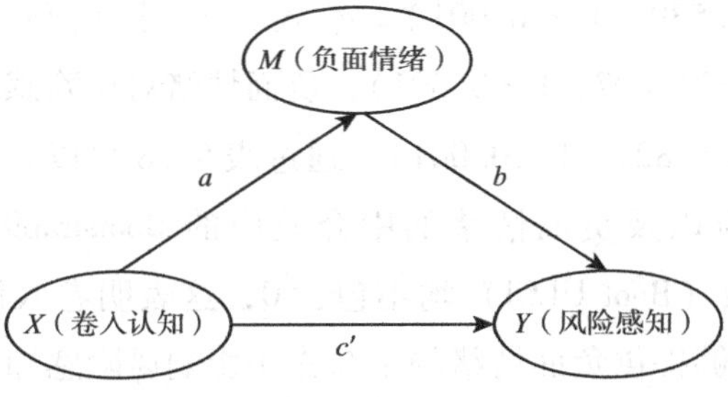


**图 5.11　中介模型**

**表 5.58　　　　负面情绪和中介模型检验**

| 回归方程（N=297） | | 拟合指标 | | | | |
|---|---|---|---|---|---|---|
| 结果变量 | 预测变量 | R | $R^2$ | F（df） | B | t |
| 风险感知 | | 0.723 | 0.523 | 107.087 | | |
| | 年龄 | | | | -0.103 | -1.500 |
| | 职业 | | | | 0.106 | 1.313 |
| | 卷入认知 | | | | 0.787 | 17.851*** |
| 负面情绪 | | 0.786 | 0.618 | 158.320 | | |
| | 年龄 | | | | -0.081 | -1.306 |
| | 职业 | | | | 0.144 | 1.978* |
| | 卷入认知 | | | | 0.856 | 21.607*** |
| 风险感知 | | 0.790 | 0.623 | 120.826 | | |
| | 年龄 | | | | -0.062 | -1.010 |
| | 职业 | | | | 0.033 | 0.453 |
| | 负面情绪 | | | | 0.511 | 8.821*** |
| | 卷入认知 | | | | 0.350 | 5.539*** |

注：* =P<0.05 表明相关，** =P<0.01 表明中度相关，*** =P<0.001 表明高度相关。

**表 5.59　　　　总效应、直接效应以及中介效应的分解**

| | 效应值 | BootSE | BootLLCI | BootULCI | 效应占比 |
|---|---|---|---|---|---|
| 总效应 | 0.79 | 0.04 | 0.71 | 0.87 | |
| 直接效应 | 0.35 | 0.10 | 0.15 | 0.55 | 44.48% |
| 负面情绪的中介效应 | 0.44 | 0.08 | 0.28 | 0.60 | 55.52% |

结果表明，卷入认知对风险感知的影响作用显著（B=0.787，t=17.851，P<0.001），且当放入中介变量后，卷入认知对风险感知的影响作用依然显著

（B = 0.350，t = 5.539，P < 0.001）。卷入认知对负面情绪的正向作用显著（B =0.856，t =21.607，P <0.001），负面情绪对风险感知的正向作用也显著（B =0.511，t =8.821，P <0.001）。通过表 5.58 可以看到，卷入认知对风险感知的直接效应以及负面情绪的中介效应的 Bootstrap95% 置信区间的上（Boot LLCI）、下限（Boot ULCI）均不包含 0，这表明卷入认知不但能够影响风险感知，并且能够提供负面情绪的中介作用影响风险感知。卷入认知对于风险感知的直接效应为 0.35，占比为 44.48%，而负面情绪的中介效应值为 0.44，占比为 55.52%，说明在卷入认知对风险感知起影响作用的路径上，负面情绪的中介作用会比直接影响稍微显著一些。

## 5.5.7 假设检验的汇总

通过结构方程模型的实证步骤，本章将假设检验的结果汇总为表 5.60。

**表 5.60 假设检验结果**

| 假设 | 结果 |
|---|---|
| H5.1a：基于突发事件情绪化在线评论情景下，公众的负面情绪与风险感知存在正相关的关系 | 支持 |
| H5.1b：基于突发事件情绪化在线评论情景下，公众的负面情绪与公众行为存在正相关的关系 | 支持 |
| H5.2a：基于突发事件情绪化在线评论情景下，公众的卷入认知与风险感知存在正相关的关系 | 支持 |
| H5.2b：基于突发事件情绪化在线评论情景下，公众的负面情绪对卷入认知和风险感知的关系存在中介作用 | 支持 |
| H5.3：基于突发事件情绪化在线评论情景下，公众的信任度与风险感知存在负相关的关系 | 支持 |
| H5.4：基于突发事件情绪化在线评论情景下，信息有效性与公众风险感知存在负相关的关系 | 不支持 |
| H5.5：基于突发事件情绪化在线评论情景下，公众风险感知与公众行为存在正相关的关系 | 支持 |

（1）H5.1a 得到验证：基于突发事件情绪化在线评论情景下，公众的负面情绪与风险感知存在正相关的关系（路径系数 =0.416，P <0.01），即当公

众感受到的烦躁、悲伤、愤恨水平越高时，公众的风险感知水平也越高。

（2）H5.1b 得到验证：基于突发事件情绪化在线评论情景下，公众的负面情绪与公众行为存在正相关的关系（路径系数 $=0.274$，$P<0.05$）。当公众的负面情绪水平越高时，公众的行为就越趋向于主动和积极。

（3）H5.2a 得到验证：基于突发事件情绪化在线评论情景下，公众的卷入认知与风险感知存在正相关的关系（路径系数 $=0.343$，$P<0.05$）。当公众受到突发事件的影响越大，损失越大、社交关注度越高、知识掌握程度越多时，公众的风险感知水平越高。

（4）H5.2b 得到验证：基于突发事件情绪化在线评论情景下，公众的负面情绪对卷入认知和风险感知的关系存在中介作用（中介效应值 $=0.44$）。当公众的卷入认知程度越高时，通过负面情绪的中介作用，公众的风险感知水平也越高。

（5）H5.3 得到验证，即基于突发事件情绪化在线评论情景下，公众的信任度与风险感知存在负相关的关系（路径系数 $=-0.215$，$P<0.001$）。当公众越信任政府或媒介时，公众的风险感知水平会降低。

（6）H5.4 没有得到验证，即基于突发事件情绪化在线评论情景下，信息有效性与公众风险感知不存在负相关的关系。

（7）H5.5 得到验证，基于突发事件情绪化在线评论情景下，公众风险感知与公众行为存在正相关的关系（路径系数 $=0.659$，$P<0.001$）。当公众的风险感知水平越高时，公众行为越积极。

## 5.6　基本结论与后续研究

### 5.6.1　基本结论与分析

本节通过实证分析构建结构方程模型并进行检验，最后通过了 6 个得到验证的假设、1 个未通过验证的假设，并构建了最终的公众风险感知影响因素结构方程模型。得到的结论主要为以下几点：

（1）基于突发事件情绪化在线评论情景下，公众的负面情绪与风险感知存在正相关的关系，即当公众感受到的烦躁、悲伤、愤恨水平越高，公众的风险感知水平也越高。突发事件下公众难免会担心自身的安全产生一点负面情绪，而公众接收到带有情绪感染性的风险信息时，通过情绪轰炸和舆情传播，这种负面情绪会不由自主地被放大，因此公众会更容易担心自己会感染上病毒，对风险信息更为敏感。肖泽元（2016）通过眼动实验发现负面情绪会抑制人的信息加工速度。公众受到负面情绪的影响，虽然对风险信息更为敏感，但是对于风险信息的认知加工能力却减弱了，由此产生的风险判断与正常情绪相比是较不准确的，公众容易产生一系列“我是不是会被感染”的猜想，造成“虚高”的风险感知水平，这也是风险的社会放大理论所提到的现象（许娜，2020）。

（2）基于突发事件情绪化在线评论情景下公众的负面情绪与公众行为存在正相关的关系。当公众的负面情绪水平越高时，公众的行为就越趋向于主动和积极。从AMOS提供的结果来看，负面情绪最为影响公众对情绪化评论及相关事件的所采取的行为，包括回复或点赞该评论（效应值=0.379）、现实中讨论该评论或信息（效应值=0.414）、现实中参与该事件的支持或抵制活动（效应值=0.444）。当公众受到情绪化在线评论的情绪感染作用时，会更容易在网络和现实中主动去讨论和参与事件。这种情绪启发的行为在风险感知情绪模型中也被证实。并且由此看来，负面情绪所带来的并不一定全是坏处，只要根据事件的性质进行合理的情绪化评论控制，就可以在一定程度上预测和管理公众的风险行为。

（3）基于突发事件情绪化在线评论情景下，公众的卷入认知与风险感知存在正相关的关系。公众的卷入认知包括影响程度、损失程度、社交关注度、知识掌握程度，因此通过结论可以得知，公众受到突发事件的影响越大，损失越大、社交关注度越高、知识掌握程度越多，公众的风险感知水平越高。具体来说，但公众认为突发事件对自己日常的生活和工作影响越大，所受到的风险感知水平越高（尚志海等，2019）。当公众认为自己的利益受到损害时，且负向利益关涉度越高，公众风险感知越高（王刚等，2020）。公众对社交媒体上的风险信息关注度越高，越频繁的搜索或查看相关信息，风险感知水平越高（冯强，2014）。媒介依赖理论认为个体的媒介依赖程度是影响其对外部世界认知的重要指标，当公众越依赖于媒介，对媒介信息越关注时，越影响自身的感知水平（Tucker et al.，2006）。知识掌握程度大致可包括灾害基本知识、灾害防御知识、灾害应急知识，而对这些知识的掌握程度越高，风险感知水平越高。这与冯东梅和宁丽君（2020）得出的结论不一致，但与张欣和薛添騳（2017）得出结论相同，他们认为公众对灾害知识越了解，越明白风险带来的危害，更易产生负面情绪进而升高风险感知水平。

（4）基于突发事件情绪化在线评论情景下，公众的负面情绪对卷入认知和风险感知的关系存在中介作用。当公众的卷入认知程度越高时，通过负面情绪的中介作用，公众的风险感知水平也越高。在对 H5.2a 进行分析后就已经发现了卷入认知水平会让公众更加直接地卷入突发事件所带来的危害影响中，从而容易产生负面情绪，而负面情绪对风险感知的正向影响是显著的，因此通过负面情绪的启发作用，公众的风险感知水平会提高。负面情绪对风险感知的影响不但存在直接路径，间接作用也是显著的，因此这一结论也从侧面证明了情绪化在线评论对于研究公众风险感知的重要性。

（5）基于突发事件情绪化在线评论情景下，公众的信任度与风险感知存在负相关的关系。当公众越信任政府或媒介时，公众的风险感知水平会降低。因为政府、媒体和专家的公信力是人们进行制定风险策略和风险管理的前提，如果公众越信任机构和专家的决策和意见，公众所感受的决策不确性越低，越容易感觉到自己能够回避灾害风险，风险感知水平自然而然会降低（冯强，2014）。冯东梅和宁丽君（2020）认为政府信任包括四个方面：对政府监测预报准确率的信任、对政府应急防御能力的信任、对政府预警信息时效性的信任、对政府治理能力的信任，并且也得出了相同的结论。冯强（2014）从信源可信度、渠道可信度证明了媒介信任与风险感知的负相关关系。

（6）基于突发事件情绪化在线评论情景下，信息有效性与公众风险感知不存在负相关的关系。本章所考察的信息有效性的维度包括信息及时性和信息有用性。这与孙俐丽和巫超（2020）的结论相反，本章猜测可能是因为公众已经卷入该灾害事件中，且受到负面情绪的影响较大，无论信息有效与否，其风险感知水平并不会产生较大的波动。

（7）基于突发事件情绪化在线评论情景下，公众风险感知与公众行为存在正相关的关系。本章用以测量公众行为的观测题项有五个：回复或点赞评论、现实中讨论该评论或信息、现实中参与该事件的活动、加强防控措施、告知家人或朋友加强防控措施，被调查者的得分越高，其公众行为越积极。因此可以得出结论公众的风险感知水平越高，公众行为越积极。其中风险感知对前三种公众行为的影响相对来说较为明显，这说明较多被调查者是进入了设定的情景中来回答问题的。

本章还尝试使用调节定向理论来解释风险感知如何作用于公众行为。风险感知水平不同的人呈现出不同的调节倾向：风险感知水平低的人倾向于促进定向，公众对于风险的认知是微弱不显著的，更不关注或者会忽略灾害所带的损失，因此更不在意相关风险信息或增强防控措施，甚至有的会采取冒险行为，如不顾危害仍正常的工作或生活（李盈霞，2015）；与促进定向相反的是风险感知水平高的人更倾向于采取预防定向策略，当公众感知到了更高的风险时，认为自己容易受到灾害的影响和损害，会将注意力放在自身的损失上，为了减少损失和影响会采取更加积极的防控措施，这种规避风险的心理让观众会更频繁去了解相关风险信息和知识，同时预防定向的人对于负面情绪的信息更为敏感。一般研究认为，促进定向比预防定向更为灵活更有主观能动性，但是在突发事件情景下，预防定向明显要比促进定向更有优势。王其菲（2016）证实了调节定向在个体风险决策中的作用，且男性在风险决策中更易受到特质调节定向的影响，表现为促进定向个体比预防定向个体更冒险。因此使用调节定向理论能够更深入地分析公众面对风险信息如何趋利或如何避害，从更深层次的心理角度理解公众的行为动机和风险决策。

综上所述，本章通过对结构方程模型的统计分析获得了有关公众风险感知影响因素的一些基本结论，具有一定的理论意义：首先，丰富了风险感知情绪模型，在该理论模型的基础上添加了一条影响风险感知的路径，并且实证分析了情绪的中介作用；其次，在对该理论模型的作用机制进行解释时纳入了风险的社会放大理论、媒介依赖理论和调节定向理论，为解释负面情绪、卷入认知、信任度如何影响风险感知，而风险感知不同的人为何表现出不同定向行为提供了一些新的突破口；最后，通过分析该模型可以得知负面情绪、信任度等造成的“虚高感知”影响着公众行为、破坏着社会稳定，这对于预测和引导风险信息社会中人的行为，进而提高应急治理水平提供了一些建议。

### 5.6.2 科学应对公众风险感知的建议

（1）构建网络负面情绪应急响应管理框架。

负面情绪是影响公众风险感知、放大社会风险的重要因素，而现在许多针对突发事件的管理方法依旧采用传统的自上而下的策略，面对大范围的网络负面情绪泛滥的现象缺乏完善、及时、有效的负面情绪应急响应方案，大多时候采取“一刀切”和“疏不如堵”的片面措施，往往容易受到更激烈的负面情绪感染的“反噬”，网络舆情的爆发更加频繁。因此，在构建网络负面情绪应急响应框架时，需要针对民众，以人为本进行治理。首先，及时回应负面评价，不能一味地采取删贴的“懒政”方式，对于情绪化的评论，及时给予回复和解释，进行科学的引导，在一定程度上能够很好地缓解情绪感染，稳定社会情绪，减轻风险；其次，政府要做好减弱、重建、强化这三个应急响应措施，具体措施的细节见表 5.61（凌晨等，2017）。

表 5.61　网络舆情应急响应措施归纳

| 措施 | 具体细节 |
|---|---|
| 减弱 | 1. 政府禁止某些言论和报道，阻止舆情扩散；<br>2. 政府通过议程设置减少公众对事件的关注度；<br>3. 政府对事件原因、严重度等做出解释 |
| 重建 | 1. 政府对自身失误表示愧疚和后悔；<br>2. 政府向公众表示歉意；<br>3. 政府对受害者表示关心；<br>4. 政府对受害者进行财物补偿 |
| 强化 | 1. 政府感谢讨好公众，赞扬公众的正确的行为；<br>2. 政府对自身错误进行纠正；<br>3. 政府保证将做到某些事情 |

（2）重视风险信息传播，提高媒介素养。

很多时候风险信息存在“传播失灵”或者“治理失灵”的问题，主要的原因之一就是公众对于政府和媒介的信任危机。在风险沟通中，政府提供公信力的方法之一是让信息透明公开化，这也需要借助媒介。因此风险信息的传播如何能够有效地引导公众，政府不仅需要和公众进行沟通或获取公众的信任度，还需要和媒介进行沟通以控制风险信息传播的节奏和趋势。

媒介作为主要的风险信息载体，研究发现媒介的风险报道存在很多问题，如信息不科学不准确不完整、过于夸大真实情况、引导恐慌节奏等（冯强，2014），因此提高媒介素养是增强公众媒介信任度的必要需求。媒介素养一方面是指媒介自身需要注意在突发事件下更需要专业的报道，减少不道德的炒作，加强与政府的沟通合作，在应急管理中找准自身的定位；另一方面也是指公众自身的媒介素养，公众在面对大量风险信息时，应保持理性的思考，不被负面情绪、谣言等所左右，培养信息素养和信息审视能力。

（3）借势而为，积极引导公众风险行为。

通过突发事件下公众风险感知影响因素理论模型，可以看到影响风险感知的因素有很多，而风险感知进一步影响公众行为，这些行为不仅仅是单纯地在社交媒体上对风险事件的关注或者点赞转发等，风险感知影响下的公众行为还会表现在线下的现实中。因此，通过以上建议不仅仅是要降低公众风险感知，更重要的是对公众的行为进行科学合理的引导。在应对重大突发事件时，政府的管理工作应当系统整合线下线上两个领域的情报，关注风险在线上的社会放大风险以及线下的心态风险所带来的恶性“从众效应”，搭建由个人、家庭、社区以至宏观社会一体的响应组织（段文杰，2020），增强虚拟社会和现实社会共同的风险抵御能力。

### 5.6.3　研究不足与展望

本章基于风险感知情绪模型和已有研究成果构建了突发事件下公众风险感知影响因素模型，结合情景分析方法设计并发放问卷，通过收集的问卷数据进行结构方程模型的实证分析，验证了6个假设，获得了与数据拟合程度较高的理论模型。受制于研究条件以及研究能力等方面的制约，本章的研究仍存在改善和提高的空间。

首先，在理论框架方面，本章所构建模型的理论基础来源于风险感知情绪模型，在此基础上进行了修改。但是从文献综述部分可以得知影响风险感知的影响非常复杂，本章只研究了其中的部分因素，对于其他因素如社会文化因素并未涉及。其次，在数据样本的收集，虽然已经尽可能地使被调查者能够基于特定的情景来回答问题，但是由于条件所限制，很多线上问卷未能完全地把控住被调查者的回答情况，难免存在一些被调查者以疫情结束后的心理来回答，如果样本数据可以结合爬取的微博评论数据来进行实证分析，或许可以提高结论的代表性和可靠性。再次，问卷的设计虽然参考了相关的文献，但是并没有完整的可靠的问卷进行复制，在一些题项的设计方面存在不足。最后，在对理论模型进行分析时，只是较为浅显地通过调节定向理论对风险感知和公众行为进行心理层面的剖析，之后如果可以通过一些具体的案例或访谈来深入论证会更好。因此，在后续的研究中，这些问题都需要被重视和改善，同时由于模型是基于特定情景中的数据进行实证分析的，该模型对于其他情景是否具有适配意义也是后续研究的方向之一。

## 本章主要参考文献

[1] 刘春年，陈梦秋．突发重大事件防控中应急联动协同的情报体系建构——基于推特文本的内容分析［J］．情报理论与实践，2020，43（10）：31－38.

[2] 张琛，马祥元，周扬，等．基于用户情感变化的新冠肺炎疫情舆情演变分析［J］．地球信息科学学报，2021，23（2）：341－350.

[3] 曾润喜．网络舆情管控工作机制研究［J］．图书情报工作，2009，53（18）：79－82.

[4] 李纲，陈璟浩．突发公共事件网络舆情研究综述［J］．图书情报知识，2014（2）：111－119.

[5] 苏妍嫄，张亚明，何旭，等．风险感知交叉演变下突发事件网络舆情传播模型研究［J］．现代情报，2020，40（12）：100－113.

[6] 马宁，刘怡君，廉莹．突发事件舆情风险研究文献综述［J］．情报杂志，2019，38（6）：88－94.

[7] 李晚莲，高光涵．突发事件网络舆情研究进展与趋势分析［J］．重庆邮电大学学报（社会科学版），2019，31（5）：60－68.

[8] Ra B. Consumer behavior as risk taking in Dynamic marketing for a changing world［M］. Chicago：1960：389－398.

[9] Slovic，P. Perception of risk［J］. Science，1987，236（4799）：280.

[10] 王治莹，梁敬，刘小弟．突发事件情境中公众的风险感知研究综述［J］．情报

杂志，2018，37（10）：161－166.

［11］苏飞，殷杰，何超，等．国际洪灾风险感知研究的文献计量分析［J］．灾害学，2016，31（4）：145－149.

［12］廖中举．个体风险感知研究：内涵、测量范式、影响因素及其作用机制［J］．人类工效学，2015，21（5）：80－83.

［13］Iar A，Ssb B，Aba C，et al. COVID－19 risk perception and coping mechanisms：Does gender make a difference?［J］．International Journal of Disaster Risk Reduction，2021.

［14］Cox D F. Risk taking and information handling in consumer behavior［J］．Division of Research，Graduate School of Business Administration，Harvard University，1967.

［15］Williams S，Voon Y. The Effects of Mood on Managerial Risk Perceptions：Exploring Affect and the Dimensions of Risk［J］．Journal of Social Psychology，1999，139（3）：268－287.

［16］Qureshi M I，Khan S U，Rana I A，et al. Determinants of people's seismic risk perception：A case study of Malakand，Pakistan［J］．International Journal of Disaster Risk Reduction，2021（80）：102078.

［17］Slovic P，Fischhoff B，Lichtenstein S. Behavioral decision theory perspectives on risk and safety［J］．Acta Psychologica，1984，56（1－3）：183－203.

［18］李华强，范春梅，贾建民，等．突发性灾害中的公众风险感知与应急管理——以5·12汶川地震为例［J］．管理世界，2009（6）：52－60.

［19］李盈霞．公众对台风灾害的风险感知和应对行为研究［D］．西南交通大学，2015.

［20］周忻，徐伟，袁艺，等．灾害风险感知研究方法与应用综述［J］．灾害学，2012，27（2）：114－118.

［21］尚志海，梁晓慧，李春红，等．基于心理距离的公众台风灾害风险感知比较分析——以湛江市和珠海市为例［J］．防灾科技学院学报，2019，21（4）：66－74.

［22］Duclos R. Risk and Culture. An Essay on the Selection of Technological and Environmental Dangersby Mary Douglas；Aaron Wildavsky［J］．Revue franaise de sociologie，1987，28（1）：178－181.

［23］李华强．突发性灾害中的公众风险感知与应急管理［D］．西南交通大学，2011.

［24］张文惠．公众网络风险感知的影响因素及群体划分研究［J］．四川行政学院学报，2017（5）：11－15.

［25］Gavilanes－Ruiz J C，Cuevas－Muniz A，Varley N，et al. Exploring the factors that influence the perception of risk：The case of Volcán de Colima，Mexico［J］．Journal of Volcanology & Geothermal Research，2009，186（3－4）：238－252.

［26］Gaillard J C. Alternative paradigms of volcanic risk perception：The case of Mt. Pinatubo in the Philippines［J］．Journal of Volcanology & Geothermal Research，2008，172（3－4）：315－328.

［27］Brenot J，Bonnefous S，Mays C. Cultural Theory and Risk Perception：Validity and Utility Explored in the French Context［J］．Radiation Protection Dosimetry，1996，68（3）：239－243.

［28］Oltedal S，Rundmo T. The effects of personality and gender on risky driving behaviour and accident involvement［J］．Safety Science，2006，44（7）：621－628.

［29］Qureshi M I，Khan S U，Rana I A，et al. Determinants of people's seismic risk perception：A case study of Malakand，Pakistan［J］．International Journal of Disaster Risk Reduction，2021（80）：102078.

［30］刘金平，周广亚，黄宏强．风险认知的结构，因素及其研究方法［J］．心理科学，2006（2）：370－372.

［31］Pearson K. Report on certain enteric fever inoculation statistics［J］．British Medical Journal，1904，2.

［32］Pigott T D. Methods of meta－analysis：Correcting error and bias in research findings［J］．Evaluation and Program Planning，2006.

［33］宋世俊，晏华，王浩先．我国移动图书馆高校用户接受行为影响因素 Meta 分析［J］．图书情报工作，2019，63（10）：56－67.

［34］陈鹤阳．移动图书馆用户采纳行为影响因素 Meta 分析［J］．现代情报，2017，37（7）：70－78.

［35］王靖芸，魏群义．移动图书馆用户体验影响因素 Meta 分析［J］．国家图书馆学刊，2018，27（5）：44－53.

［36］Wilson D B. Practical Meta－Analysis Effect Size Calculator［Z］.

［37］孟博，刘茂，李清水，等．风险感知理论模型及影响因子分析［J］．中国安全科学学报，2010，20（10）：59－66.

［38］梁娟娟．公众食品安全风险感知综述［J］．中国集体经济，2014（21）：71－72.

［39］刘雨希．基于网络行为的突发事件风险感知评价研究［D］．西安理工大学，2016.

［40］翟梦．风险感知相关研究文献综述［J］．审计与理财，2016（5）：44－46.

［41］张金荣，刘岩，张文霞．公众对食品安全风险的感知与建构——基于三城市公众

食品安全风险感知状况调查的分析 [J]. 吉林大学社会科学学报, 2013, 53 (2): 40-49.

[42] 冯强. 媒体传播对个体风险感知的影响研究 [D]. 武汉大学, 2014.

[43] 汤志伟, 宋丽. 公共危机中个体风险感知的系统动力学建模与仿真研究 [J]. 科技管理研究, 2014, 34 (5): 217-220.

[44] 王明贤, 邓秀梅, 罗贤运. 突发性水污染事件个体风险感知模型的构建 [J]. 安全与环境工程, 2014, 21 (6): 112-117.

[45] 张聪丛. 基于社交媒体使用的公众食品安全风险感知及反馈行为研究 [D]. 华中科技大学, 2016.

[46] 王丽丽. 信息一致性视角下媒体报道对风险感知的影响 [J]. 北京理工大学学报（社会科学版）, 2016, 18 (6): 153-158.

[47] 肖泽元. 基于眼动实验的情绪对风险感知能力影响研究 [J]. 科技经济导刊, 2016 (18): 9-10.

[48] 付路. 公众突发事件风险感知演化机理研究 [D]. 北京理工大学, 2016.

[49] 张仁寿, 李栋. 基于结构方程模型的消费者食品安全风险感知研究——以广州市为例 [J]. 广州大学学报（自然科学版）, 2016, 15 (3): 81-87.

[50] 杨瑞仙, 张梦君. 微信用户风险感知因素研究 [J]. 现代情报, 2016, 36 (5): 94-97.

[51] 余红, 张雯. 媒体报道如何影响风险感知: 以环境风险为例 [J]. 新闻大学, 2017 (6): 113-124.

[52] 樊博, 杨文婷, 孙轩. 雾霾影响下的公众情绪与风险感知研究——以天津市微博用户为分析样本 [J]. 东北大学学报（社会科学版）, 2017, 19 (5): 489-496.

[53] 孙典. 基于公众风险感知的台风预警信息排程研究 [D]. 哈尔滨工程大学, 2018.

[54] 赵静雅. 基于媒介传播视角的公众风险感知研究 [J]. 新闻传播, 2020 (3): 12-14.

[55] 孙俐丽, 巫超. 突发重大事件中公众风险信息感知的影响因素研究——以新型冠状病毒肺炎疫情为例 [J]. 情报理论与实践, 2020, 43 (8): 38-43.

[56] 李春雷, 陈华. 自然灾害情境下青年群体的风险感知与媒介信任——基于对台风“山竹”的实证研究 [J]. 现代传播（中国传媒大学学报）, 2020, 42 (3): 47-51.

[57] Liu T, Zhang H, Li X, et al. Individual factors influencing risk perceptions of hazardous chemicals in China [J]. Environmental Research, 2020, 186: 109523.

[58] Rana I A, Jamshed A, Younas Z I, et al. Characterizing flood risk perception in urban

communities of Pakistan [J]. International Journal of Disaster Risk Reduction, 2020, 46: 101624.

[59] Qureshi M I, Khan S U, Rana I A, et al. Determinants of people's seismic risk perception: A case study of Malakand, Pakistan [J]. International Journal of Disaster Risk Reduction, 2021 (80): 102078.

[60] 张欣，薛添驅. 基于 Logit 建模的我国公众空气重污染突发事件风险感知研究 [J]. 安全，2017，38 (10): 37 - 42.

[61] 冯东梅，宁丽君. 煤矿区地质灾害公众风险感知影响因素研究——以抚顺西露天矿区为例 [J]. 科技促进发展，2020，16 (8): 901 - 908.

[62] 许娜. 社会安全事件的公众风险感知影响因素研究 [D]. 上海外国语大学，2020.

[63] 王刚，徐雅倩. 公众风险感知的影响因素：一个利益与信息的双维审视——来自 L 市的实证分析 [J]. 东北大学学报（社会科学版），2020，22 (1): 73 - 80.

[64] Kasperson R E, Renn O, Slovic P, et al. The Social Amplification of Risk: A Conceptual Framework [J]. Risk Analysis, 1988, 8 (2): 177 - 187.

[65] 段文杰，李亚璇，秦胜杰，等. 风险感知的社会放大效应与治理 [J]. 社会工作，2020 (6): 62 - 76.

[66] Renn O, Burns W J, Kasperson J X, et al. The Social Amplification of Risk [J]. 2010.

[67] 刘冰. 疫苗事件中风险放大的心理机制和社会机制及其交互作用 [J]. 北京师范大学学报（社会科学版），2016 (6): 120 - 131.

[68] 许振宇，何蕾，郭雪松，等. 基于公众情绪视角的食药类事件风险放大机理研究 [J]. 风险灾害危机研究，2019 (1): 215 - 235.

[69] 邹霞. 风险放大的四级判定框架——基于 SARF 的理论拓展及典型案例的放大检视 [J]. 西南民族大学学报（人文社科版），2017，38 (10): 160 - 165.

[70] Peters E M, Burraston B, Mertz C K. An emotion - based model of risk perception and stigma susceptibility: cognitive appraisals of emotion, affective reactivity, worldviews, and risk perceptions in the generation of technological stigma. [J]. Risk Analysis, 2004, 24.

[71] 孙明亮. 突发事件下公众风险应对行为的影响因素研究 [D]. 哈尔滨工程大学，2016.

[72] 董颖红. 微博客社会情绪的测量及其与社会风险感知和风险决策的关系 [D]. 南开大学，2014.

[73] Higgins E T. Promotion and prevention as a motivation duality: implications for evaluative processes [J]. 1999.

[74] 姚琦，乐国安．动机理论的新发展：调节定向理论 [J]．心理科学进展，2009，17 (6): 1264 - 1273.

[75] 刘鲁川，孙怡璐．不同情感强度的负面在线评论对消费者态度的影响——基于调节定向理论的实验研究 [J]．情报理论与实践，2020，43 (5): 163 - 169.

[76] 姚琦，乐国安，伍承聪，等．调节定向的测量维度及其问卷的信度和效度检验 [J]．应用心理学，2008，14 (4): 318 - 323.

[77] Ritchie - Calder R. The Year 2000: A Framework for Speculation on the Next Thirty - Three Years. by Herman Kahn; Anthony J. Wiener [J]. Political Science Quarterly, 1968, 83 (4): 663 - 665.

[78] 胡康林．中国情报学界的情景应对研究进展分析 [J]．图书情报工作，2020，64 (12): 11 - 18.

[79] 娄伟．情景分析理论研究 [J]．未来与发展，2013，36 (8): 30 - 37.

[80] 杨峰，姚乐野，范炜．情景嵌入的突发事件情报感知：资源基础与实现路径 [J]．情报资料工作，2016 (2): 39 - 44.

[81] 程先富，戴梦琴，郝丹丹，等．基于情景分析的区域洪涝灾害风险评价——以巢湖流域为例 [J]．长江流域资源与环境，2015，24 (8): 1418 - 1424.

[82] 吴倩，谈伟，盖文妹．基于动态贝叶斯网络的民航突发事件情景分析研究 [J]．中国安全生产科学技术，2016，12 (3): 169 - 174.

[83] 李锋，王慧敏．基于知识元的非常规突发洪水应急情景分析与表达研究 [J]．软科学，2016，30 (4): 140 - 144.

[84] Slovic P, Finucane M, Peters E, et al. Rational actors or rational fools: implications of the affect heuristic for behavioral economics [J]. The Journal of Socio - Economics, 2002, 31 (4): 329 - 342.

[85] Lerner J S, Keltner D. Beyond valence: Toward a model of emotion - speci c inuences on judgement and choice [J]. Cognition & Emotion, 2000, 14 (4): 473 - 493.

[86] 李贞芳，方新子，刘练．影响社交媒体公众传播行为的情境因素——基于问题解决情境理论的视角 [J]．新闻大学，2017，2 (2): 73 - 82.

[87] Starr C. Risk Management, Assessment, and Acceptability [J].

[88] Slovic P, Flynn J H, Layman M. Perceived Risk, Trust, and the Politics of Nuclear Waste [J]. Science, 1991, 254 (5038): 1603 - 1607.

[89] 李莹. 媒介使用与媒介信任对转基因食品风险感知的影响 [D]. 东北师范大学，2018.

[90] Xu D，Peng L，Liu S，et al. Influences of Risk Perception and Sense of Place on Landslide Disaster Preparedness in Southwestern China [J]. International Journal of Disaster Risk Science，2018，9 (2)：167 – 180.

[91] A K L，B D R. A psychometric re – assessment of the COPE questionnaire [J]. Personality and Individual Differences，2000，29 (2)：321 – 335.

[92] 苏桂武，马宗晋，王若嘉，等. 汶川地震灾区民众认知与响应地震灾害的特点及其减灾宣教意义——以四川省德阳市为例 [J]. 地震地质，2008，30 (4)：877 – 894.

[93] 范春梅，贾建民，李华强. 食品安全事件中的公众风险感知及应对行为研究——以问题奶粉事件为例 [J]. 管理评论，2012，24 (1)：163 – 168.

[94] 钟杰钱，铭怡. 中文情绪形容词检测表的编制与信效度研究 [J]. 中国临床心理学杂志，2005 (1)：9 – 13.

[95] 席居哲，佘壮，鞠康，等. 新冠肺炎疫情风险感知量表的编制和效度验证 [J]. 首都师范大学学报（社会科学版），2020，255 (4)：131 – 141.

[96] Devellis R F. Scale Development：Theory and Applications 3 rd ED. Vol. 26 [J]. 2012.

[97] 连帅磊，刘庆奇，孙晓军，等. 手机成瘾与大学生拖延行为的关系：有调节的中介效应分析 [J]. 心理发展与教育，2018，34 (5)：595 – 604.

[98] Tucker M A，Cho H，Sharp J S. Media Dependency Among Rural and Urban Ohioans：The Role of Perceived Risk and Source Trust [J]. 2006.

[99] 王其菲. 调节定向对不同性别个体风险决策的影响 [D]. 陕西师范大学，2016.

[100] 凌晨，冯俊文，杨爽，等. 突发事件中网民负面情绪的应急响应研究综述 [J]. 情报科学，2017，35 (11)：172 – 177.

# 第 6 章　个性、信任和隐私对二手交易平台用户体验的作用

## ——基于 SEM 和扎根理论的案例分析

近几年，共享经济是个热门词汇，共享的理念逐渐进入人们的生活，很多人意识到手头闲置的物品是可以二次利用的。再加上互联网巨头纷纷入局这个市场，二手电商成为闲置经济背景下新的关注点。作为一种处于高速发展期的新业态，二手交易平台前景可期，未来增长的空间巨大，如何让二手交易平台发挥出应用的作用，给予用户良好的交易使用体验显得尤为重要。

本章探讨了个性、信任、隐私和以往经历如何影响用户体验，以及这些因素的组合如何导致较高的用户体验。结合文献调研和扎根理论的研究方法，通过半结构化深度访谈来获取用户的想法看法，并对深度访谈后获得的大量资料进行三级编码，提炼出信任、隐私担忧、个性、先前使用经验、用户体验等 5 个主范畴，达到理论饱和度后提出范畴之间的关系。最后，构建“个性、信任和隐私对二手交易平台用户体验的作用”理论模型。

为了检验所建立的理论模型的合理性，本章在深入访谈的基础上，参考有关量表，设计出 64 个问题，并将不合格的问题删除。最后发布包含 52 道题的量表问卷并回收了 279 份有效问卷，使用 SPSS 26.0 对收集的量表数据进行样本特征分析和信度分析，AMOS 24.0 对量表问卷进行验证性因子分析，构建了结构方程模型。实证检验结果显示：（1）信任的存在在提高用户体验表现方面起着重要作用，信任的信念正向影响用户体验，并且在隐私担忧和用户体验中起到中介效应。（2）先前的使用经验正向且显著影响用户信任的信念。同时，先前使用经验也正向显著影响用户体验。（3）具有开放性人格的用户对信任因素有正向显著影响，而神经质人格的用户对信任因素有负向显著影响。（4）尽责性人格的用户对隐私担忧有正向且显著影响，而开放性和外倾性人格的用户对隐私担忧有负向且显著的影响。

针对以上结论，笔者也对二手交易平台提出了一些建议：（1）向用户提供个性化的服务，以满足用户的需求。（2）平台仍要加强监管，及时关注用户的交易体验。（3）用信任打开闲置经济的大门的钥匙，创新平台功能，开辟线下渠道。最后，对本章研究的不足之处进行了总结，并对今后的研究方向进行了展望。

## 6.1 问题提出

### 6.1.1 特征事实

近些年来，共享经济的发展势头迅猛，作为一种高利用率经济，共享经济俨然成为一种备受瞩目的新型经济形态。2016年3月，发改委等共十部委印发《关于促进绿色消费的指导意见》指出，支持发展共享经济，鼓励个人闲置资源有效利用；2016年7月，《国家信息化发展战略纲要》发布，强调要"发展分享经济，建立网络化协同创新体系"（李芬芬，2016）；2017年7月，《关于促进分享经济发展的指导性意见》发布，支持发展一批共享经济示范平台。在种种利好政策制度的支撑下，伴随着新技术的迅猛发展，共享经济这一浪潮席卷而来。通过对资源的再利用，它不仅极大地改变了人们的生活，也成为我国经济发展的新亮点、新动能。当前，我国的共享经济进入了一个快速发展的阶段，越来越多的人愿意加入共享经济活动中（海霞，2018）。2022年2月，国家信息中心发布《中国共享经济发展报告（2022）》，报告认为，2021年我国共享经济的发展呈现出良好的势态——韧性强、动力足、潜力大，2021年全年共享经济市场交易规模约36881亿元，同比增长约9.2%；共享经济作为一种新业态，如今已经渗透到各个行业、各个市场，正在改变着人们传统的生产生活方式，在降本增效、提高劳动者收入、推动简单生活、绿色生活等方面发挥着举足轻重的作用，并不断激发着新的发展活力，促进可持续发展。

移动互联网的蓬勃发展，导致人们的交流方式发生快速的改变，再加上共享经济的理念深入人心，为线上二手交易的兴起创造了一个很好的条件。经济的高速发展，使人们的收入增加，人们的购买力得到了极大的提升。各大网络电商平台利用节日宣传等进行刺激消费，再加上现在的物品更新换代频率加快，人们在扫货抢购或者是在冲动消费下产生了大量的闲置物品，面对这样的“痛点”，人们对闲置物品的交易接受度也逐步提高，开始积极主动地拥抱二手交易市场。数据显示，2020 年国内二手电商行业市场规模从 2015 年的 45. 9 亿元激增至 3745. 5 亿元，与上年同比增长了 44% （见图 6. 1）；2016 ~ 2020 年国内二手交易电商平台用户数从 0. 49 亿人增长至 1. 82 亿人，占到整个移动电商用户数量的 23. 1% （见图 6. 2）。

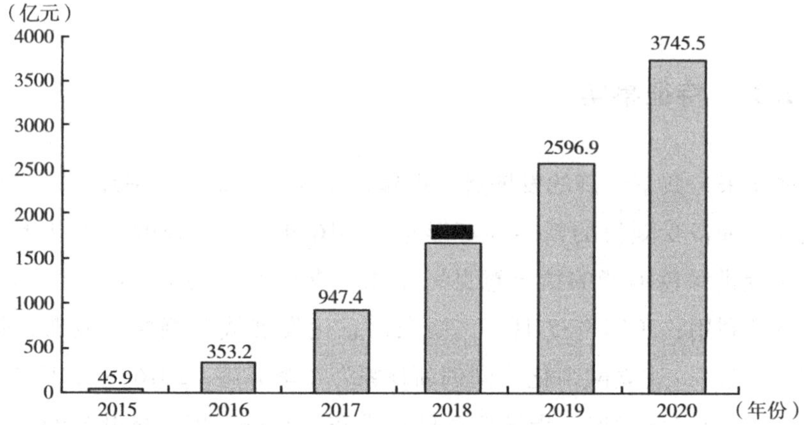


**图 6. 1　2015 ~ 2020 年我国二手电商行业市场规模**

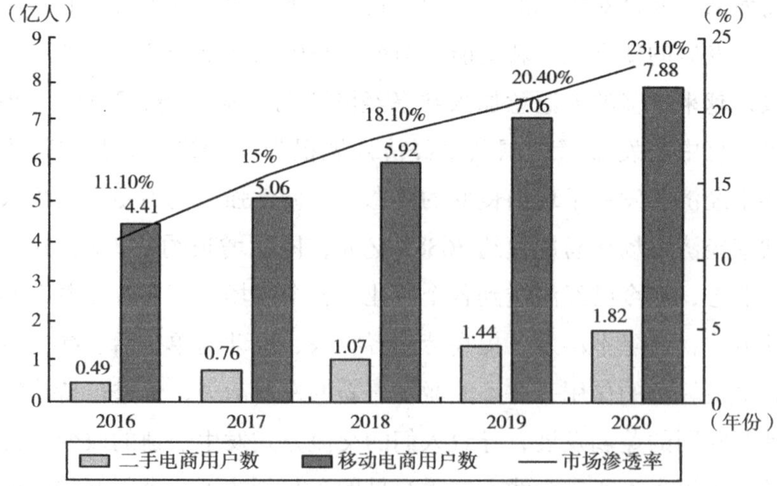


**图 6. 2　2015 ~ 2020 年我国二手闲置物品交易量**

此外，相关数据显示，到 2030 年，二手闲置经济可为全国节省 32 万亿元人民币，到 2040 年节省的金额预计可达到 70 万亿元人民币。不难想象，线上二手交易发展前景十分广阔。2021 年 7 月 7 日，国家发改委印发了《“十四五”循环经济发展规划》，其中提到了要规范发展二手商品交易市场，完善二手商品流通的法规，鼓励“互联网 + 二手”的新发展模式等内容。可见，线上二手交易已成为社会经济发展新动能，并且随着政策的逐步规范，公众认知的不断提升，这个行业将继续保持高速有序的发展态势。

闲置交易虽火，但新兴事物在发展的同时也滋生了许多问题。例如，二手交易平台存在准入门槛低、质量良莠不齐、信用评级简便、个人信息不安全等弊端（魏青，2021），这些突出的问题都会直接或间接地影响用户的体验。

信任是影响用户积极参与到线上交易的决定性因素，二手交易通常发生在陌生人之间，是陌生人之间对于商品或服务进行的交易，买卖双方始终存在不信任感，换言之，二手闲置经济本质上也是一种信任经济，信任是个体间产生交易行为的先决条件，它在一定程度上会影响二手交易的效率和二手交易平台的发展（Botsman et al.，2010）。

移动互联网技术的普及，网络环境下信息安全问题也日趋严重，大量的个人信息被置于网络这个巨大的空间中，特别是当前，许多平台企业为了实现更精准的营销、捆绑消费等目的，对用户的各种信息都表现出高频率读取的特点和过度收集的趋势（李晨端等，2019）。如今，人们的个人信息已经变得越来越“透明”，各种需要实名认证的电子商务网站、手机 App 等成为用户个人信息泄露的主要“元凶”，平台企业存在越权搜集数据、滥用数据、泄露数据等潜在的风险，数据安全管理面临新的挑战（蒙慧欣，2021）。随着共享经济的发展，人们的隐私权意识日益增强，尤其是对个人隐私的保护，使他们对自己的隐私风险的认识更加敏感。

另外，本章也将个性因素纳入其中。心理学认为，人们的心理因素会对其主观意愿和行为产生一定的影响，因此不同心理状态的二手交易平台用户在体验上可能存在差异，有学者曾指出用户个性是电子商务个性化的关键决定因素（Costa et al.，1992）。然而没有人研究个性是如何影响在二手交易平台中的用户体验，因此，本章引入心理学中的“大五”人格理论，综合探讨二手交易平台中个性、信任和隐私对用户体验的作用，并根据研究结论向二手交易平台提出建设性的意见，进一步推动二手交易平台健康有序发展。

闲鱼 App 是目前国内二手交易领域中领军平台企业，是该行业中具有代表性的平台，所以本章以闲鱼 App 为研究案例，从学术的视角对这个行业进行深入探究。

### 6.1.2 研究意义

本章在以下几个方面丰富了二手交易平台研究的内容和相关理论知识：

第一，经查阅大量文献，笔者发现对于二手交易的研究主要聚焦在二手房买卖、二手车买卖或者校园二手交易上，较少对综合性的二手交易平台进行研究。本章立足综合性的交易平台，采用质性研究的方法，通过访谈的方式，能够最直接地了解到使用者的真实想法，并据此构建理论模型，既丰富了研究的视角，也丰富了研究的广度。

第二，本章通过对国内外学者有关线上二手交易、用户体验研究等相关文献进行分析梳理和归纳，发现对于二手交易平台的研究基本集中在平台的发展模式、平台机制或用户使用意愿的影响因素等方面，对用户体验作用的研究仍处于空白，尚未有学者就用户体验与二手交易平台做相关研究，可参考文献较少。因此，本章在结合相关理论基础之上，通过质性研究的方法构建模型并进行实证分析，丰富了二手交易平台的研究内容，也为进一步研究提供了新的思路。

二手交易是一种新兴的经济形式，二手交易平台作为新的商业模式，它能够快速、有效地发现和链接买卖双方，大大提升资源流动的效率，有着良好的发展前景和空间。但新兴事物在发展过程中难以避免会产生一些问题，导致阻碍了更多用户参与到二手闲置经济中来。探讨个性、信任和隐私对二手交易平台用户体验的作用，根据研究结果，平台企业和有关部门就能针对这些问题进行改革，继而极大地促进二手闲置经济的发展，把浪费转化为消费，最大化现有资源的价值，还能创造新的价值，促进资源流通，从而创造巨大的社会价值，推动整个社会的进步。

## 6.2　理论基础与文献综述

### 6.2.1　二手交易及二手交易平台的概念

二手交易指的是，卖方将自己不用或者不需要的东西以较低的价格卖给有需求的买方。在网络还没有普及之前，人们主要是在旧货交易市场和跳蚤市场上进行二手交易。随着电子商务的兴起，二手交易也开始在网络上的论坛、贴吧等网站上推广，不过这样的形式并未受到大家的关注和使用。直到网络时代的到来，二手交易平台应运而生，并开始火爆起来。本章中所涉及的二手交易平台指的是通过移动端实现在线二手交易的应用软件。

### 6.2.2　隐私及隐私担忧

隐私是一个非常广泛的概念体系，笔者对其进行了全面的整合。Culnan 和 Williams 认为，企业对消费者个人信息的再利用和未经许可的访问将损害消费者个人保护自己隐私的能力和权利（2017）。另外，有学者将隐私定义为是个人享有的、不被他人或其他团体（包括政府）监督或干预的道德权利。根据 Lessig（1999）的研究，隐私保护有多种原因：（1）个人拥有对个人信息的控制权；（2）隐私是独留的权利；（3）隐私的使用，就像代理人或代理机构规范管理信息的采集和利用一样。

电子商务活动中的隐私问题是由互联网技术相关的数字存储、移动支付等迅猛发展而引起的。研究者也开始从信息的角度重新界定了对隐私的定义，将隐私描述为个人对自己信息的收集和使用的权利（Stone et al.，1983）。信息隐私担忧是指“个人在信息隐私范围内的主观公平观”（Malhotra. et al.，2004）。如果网站或平台利用信息技术能够监控、存储和未经许可地利用用户的个人信息，那么，消费者在心理上就会感觉受到威胁（Culnan et al.，2003）。消费者对于隐私的担忧正是来自感知自己的信息易受攻击，以及对个人信息的不可控（Tamara et al.，2006）。Smith 等（1996）指出个体关于隐私担忧的几个方面：平台或网站过度收集利用个人信息、未经授权使用个人信息或财务信息、滥用个人信息以及对个人信息的不正当访问。之前的研究显示，由于存在与隐私有关的不确定性以及交易信息的不安全性，消费者的隐私担忧会负面影响他们在互联网上的购买行为（Liao et al.，2011），导致许多消费者不愿意在网络上购物，因此，在今天的技术背景下，个人的信息隐私已经成为一个重要的议题。

本章认可 Smith 对隐私担忧内容的阐述，在互联网上的一切行为都能被分析形成数据信息，它们不再只是单纯的数字，人们害怕不合理的信息采集和信息分析使自己的隐私“透明化”，这也就要求二手交易平台作为责任主体，需要肩负起保护用户的个人信息不被泄露、不被滥用的责任。

### 6.2.3 信任理论

信任这一概念的研究由来已久，众多学者在不同的领域、学科中给出了不同的定义。

从心理学的角度来看，Deutsch（1958）是最早提出信任的人，他从个体的角度出发，对事件的信任进行了研究。当一个人预料到了一件事情发生的可能性时，他就会做出相应的积极反应，同时他也发现，当这件事情没有按照预期发生时，它所产生的负面影响会非常大，甚至会比按照预期发生所产生的正面影响要大得多。Rotter（1980）则认为信任是指个人或群体对他人的诺言、陈述的一种信赖。

从经济学的角度来看，Zucker（1986）提出信任就是在一次交易过程中，人们对被信任的人抱有期望，并把这种期望视为理所应当，一直到这种信任受到辜负为止。此外，经济学的信任也有相关计算模型，Williamson（1996）提出信任可计算这一概念，他认为信任就是在交易过程中人们对已知或未知的风险的估算和预判。

从营销学的角度来看，Moorman（1992）指出信任就是在交易过程中，一方希望与对方进行交易的意向、意愿。Ganesan（1994）指出信任关系在交易市场中起着举足轻重的作用，不管是人或事或物，信誉和信用都是建立在信任基础上的，信任是客户对商家或卖家工作上专业水平的信赖。Gefen（2000）则把信任看成一种对他人的认可。

随着互联网的兴起和普及，网上交易也随之出现，网上购物也逐渐成为人们购买商品的主要途径。网上交易的虚拟化极大地增加了人们的风险意识，而人们的信任也变得越来越重要，这也是现在电子商务能否取得成功的关键因素。

相对于现在实体的、线下的交易而言，网上交易的参与者要多得多，既包括交易双方，还包括交易平台、信息系统等。Kini 和 Choobineh（1998）把网络交易平台作为一个信任的对象，把信任看作人们对网络交易平台能力、可靠性、安全性的一种信赖信念。Jarvenpaa 等（2000）将人们把线上店铺的信任界定为施信方对受信方动机和行为的一种期望。Corritore 等（2003）以交易网站作为研究对象，将线上信任定义为一种自信的态度，个体预期在网络风险环境下自己的弱点不会被利用。

本章认可 Kini 和 Choobineh 对信任的定义，即把网络交易平台作为一个信任的对象，把信任看作人们对网络交易平台能力、可靠性、安全性的一种信赖信念。信任可以是对人、对事、对物、对组织等，本章希望探讨研究的对象是二手交易平台，故引用该学者对信任的定义更加符合本书后续写作的方向。

### 6.2.4 “大五”人格理论

一般认为，人格属于个性心理范畴，“大五”人格理论的理论基础贯穿在整个心理学发展史上，并且人格五因素模型在许多领域都得到了验证和使用，是当前普遍认同的人格模型。

Mc Care 和 Costa（1985）假定一个人的个性可以被描述为五种特质的组合，提出人格五因素理论，其中的五个因素分别为外倾性（Extraversion）、宜人性（Agreeableness）、尽责性（Conscientiousness）、神经质或情绪稳定性（Neuroticism）和开放性（Openness）。

神经质主要指的是恐惧、焦虑、不安全感、悲观和忧虑等，神经质的人一般会表现出悲观、消极、情绪不稳定以及缺乏安全感的状态；外倾性指的是个体具有社交倾向、健谈以及交友能力，外向性格的人往往喜欢交际、善于交际并且精力旺盛。开放性是指想象力、好奇心、创造性、心胸开阔和聪明伶俐，具有高开放性的个体对新的事物充满了好奇心，对未知的世界充满了好奇心，不断地寻求新的知识，不断地增长自己的阅历；宜人性指的是谦逊、灵活、善良、合作、宽容，宜人性的个体通常喜欢合作、帮助别人并且总能保持心情愉悦；尽责性指的是具有条理性、具有高效率、有组织性的人，具备尽责性特质的个体是可信赖的、守时的、有决心的，并有强烈的成就导向。每个个体在五个维度下都有不一样的得分情况，所以这五个维度综合反映了个体之间的个性差异。通过一项45年的纵向研究，证实了个性五因素模型具有高度的稳定性，而且已经被翻译成不同国家的语言，从而获得了大量跨文化研究的支持。

对于人格特质的衡量，已经有非常成熟的理论和模型——“大五”人格理论模型，且常应用在多种研究领域中，故本章将采用王孟成等（2011）编制的中国“大五”人格量表进行调研。

### 6.2.5 研究现状

学术界关于二手交易的相关研究并不多，国外研究方面，有学者对网络拍卖行为进行探究，因为网络拍卖也是对“闲置物品”的价值进行评估，以实现对该商品所有权的转让，Jaeki等（2007）关注到在网络拍卖环境下对卖方收益的影响因素，并为拍卖方提供了策略模型；有学者对二手交易网站进行研究，Janice（2009）探讨了eBay网站在推动二级市场和实现交换价值方面的作用。Thomas和Valerie（2010）分析了二手市场对减少新产品需求的可能性，并证实了二手商品取代新的商品进行交易的程度呈现出了一种函数关系。有学者站在经济学角度上对线上二手交易进行相关研究，Anderson（1994）指出垄断者利用消费者对新老产品的不同喜好来控制交易成本，并通过二手市场达成某种形式的二级价格歧视；Stroeker（1997）探讨了二手交易市场中买卖双方达成交易的潜在可能性，并指出二手商品的效用衰减对交易的达成具有关键的影响。

国内研究方面，过去学术界对线上二手交易的研究多聚焦在单一类型的二手交易市场（尤其是二手汽车网站、二手书籍网站、二手房交易网站居多）。近年来，涌现出越来越多的综合性的二手交易平台，学者们也把目光转移到了综合性二手交易平台上。

吕来明等（2021）从平台作为主体的角度出发，分析了二手交易平台与一般电商平台运营的共性与差异，并提出应通过差异化的管理方式规范发展二手交易平台。余人等（2017）基于校园存在大量二手闲置商品这一需求背景，构想了以学生为主体的具有社交性的二手交易移动端应用模式；张子欣（2020）立足本校的服务需求现状，构建校园二手交易微信小程序，并分析与同类平台的竞争与风险；伊双清等（2020）设计了校园“双线”平台，将校园二手寄卖超市协同线上电商，解决了校园中出现的交易分散等问题；还有一部分学者将关注点集中到具体的二手交易平台上。承心如（2021）关注到了某二手交易平台的评价机制，指出其存在的问题并提出丰富评价体系、加强信用管控、增加信息细节三方面的解决对策。学者陈慧雯等（2017）在相关的研究中以闲鱼为例，与其他二手交易平台做比较分析，挖掘闲鱼能够快速发展的优势，并分析其在目前发展过程中存在的不足之处，以点带面，向目前的二手交易平台提供健康、规范发展的启示。张燕羽（2017）以闲鱼为例，分析平台现存乱象，针对二手市场信用隐患提出相应的对策。

国外一些学者试图将用户体验概念化，并评估其对购物意图的影响，或是研究能够帮助企业全面衡量其整体用户体验的量表、工具等。还有一些学者研究用户体验的前因，以及如何在这个大数据时代更好地管理用户体验。

有学者曾对不同类型的用户体验进行了分析和归纳，认为用户体验具有动态性、环境依赖性、主观性等特征（Law et al.，2009），这些特征的复杂性以及对用户体验研究的多学科间交叉导致了学术界对用户体验定义的不一致。曾有学者将用户体验整体概念化为一个多维度的结构，描述了用户对交易过程的认知、情绪、行动、感知和社会反应（Hsu et al.，2011；Lemon et al.，2016；Verhoef，2009），它包含了用户在整个交易过程中的全部体验（Laming et al.，2014）。此外，虽然衡量用户体验对决策的制定至关重要，但学者们直到最近才开始衡量整体用户体验。因此，到目前为止，还没有一个完善的用户体验衡量方法或量表（Lemon et al.，2016）。顾客满意度和净推广得分（nps）是目前最流行用来衡量用户体验的方法（Klie，2013）。然而，用户满意度只能反映用户与平台或业务互动所产生的情绪状态（Verhoef，2003）。因此，用户满意度量表关注于用户体验的特定维度，并不能强有力地预测用户体验，因此需要开发更强有力的量表（Lemon et al.，2016）。

在线上环境中，用户体验围绕着信息技术的访问和设计、用户支持、用户服务以及与产品质量、价格、描述和交付时间等进行相关的研究（Stanworth et al.,2015）。在线用户体验受到网页语言和视觉设计元素的影响，根据产品类型和品牌可信度，这种经历可能会影响购买决策（Bleier et al.，2019）。人们发现，功利主义和享乐主义会影响在线社会网络服务的用户满意度（Hsu et al.,2014）。虽然网页设计的效果、品质享受度和网站服务会影响用户满意度，但这些关系受到网站交互性的调节（Ku et al.，2015）。

在移动商务环境下，用户体验是促进用户转化和回购意愿的重要因素（Kaatz et al.，2019）。感知享受直接影响用户满意度，而感知享受受到移动商务平台的双向沟通、响应性和同步性的影响（Yang et al.，2017）。技术、易用性、便利性和个性化会影响用户的享受，而使用移动应用程序购物的感知时间会影响用户的购物体验（McLean et al.，2018）。此外，感知的视觉复杂性对用户体验的满意度产生负面影响，这种关系是由感知的心理成本（时间、努力和视觉拥挤）调节的（Sohn et al.，2017）。在交互方面拥有良好用户体验的用户在与供应商发生问题时，往往比其他客户抱怨更少（Wu et al.，2013）。

针对用户体验的要素研究，主要集中在用户体验的内容要素的研究上。按James Garrett（2003）的说法，用户体验包括4个方面，分别是用户在品牌特质、信息可用性、产品功能、服务内容等方面的感受和体验；Norman在James的基础上，将用户体验的内容要素延伸到了用户和产品的交互中，对用户体验进行了更加完整的描述。除了内容要素的研究，在设计要素上，也出现了研究用户体验的模型，即APEC（审美、实用、情感和认知）模型，该模型框架以交互为核心，探讨用户对交互系统的体验。

我国对用户体验的研究比较晚，大多是借鉴参考国外的理论或模型对网页网站或产品设计进行研究的。

出于优化网站的角度和提升用户体验的目的，徐意能和陈硕（2008）采用用户体验评价指标的方式对搜索引擎有效性进行评估。胡昌平（2006）首先关注到了用户体验对信息服务的重要影响，通过宏观和微观两个角度，探讨用户体验与网站信息构建之间的关系和作用。张洁等（2013）构建了 B2C 电商网站中用户体验的评价指标模型，探索用户体验对电商网站发展的相关性，并根据结果提出有针对性的建议。陈为（2011）分析了用户体验在产品设计上的影响作用，提出产品感觉需求、产品交互需求、产品情感需求、产品社会需求、产品自我需求 6 个要素在设计产品上的作用，该方法在产品设计上已经得到广泛的应用。刘冰（2011）在信息质量评价模型中，加入了用户体验这一指标，丰富了信息质量评价模型的理论研究。牟峰（2008）对各类不同的用户体验进行设计应用分析，获得融体验于设计的初步方法。

对于综合性线上二手交易的用户研究较少，Swaminathan 等（1999）首先将个体的行为特征引入用户行为偏好的研究中，发现用户的感知收益对其购物意向有正面的影响，而用户的认知风险则会对其购物意向产生负面的影响。许多学者都认为，信任可以帮助提高消费者的购物意愿。网站的质量、稳定性以及网站氛围、视觉感知能够通过用户信任的中介作用对用户购买行为产生影响（Coritore et al.，2003）。国内学者雷雨箫等（2019）则关注到初始信任这一概念，探索交易双方初始信任的影响因素，发现了感知平台的声誉对初始信任具有正向影响。沈珏婷等（2019）通过调研用户的使用行为及用户满意度探讨二手交易平台所存在的问题，并提出强化短视频功能、巩固信用评价体系、改善鱼塘功能、加强用户警惕性与维权意识 4 点平台营销策略优化建议。

综上所述，对于线上二手交易，在二手房、二手车以及校园二手交易这三个方面有较多的研究，但是对综合性的二手交易平台研究甚少，研究主要聚焦以下几个方面：（1）二手交易平台在机制上存在的问题及解决对策；（2）地域性二手交易平台的相关研究（如构建校园二手交易平台的可操作性、运营模式、营销策略等）；（3）二手交易平台的发展模式、管理研究；（4）二手交易平台的系统设计。在以用户为导向的研究中，多是聚焦在用户信任研究和购买意愿影响因素研究，没有与用户体验研究有交叉的部分，研究内容还有待填补，基于此，本章试图通过相关文献研究和梳理和有关理论的支撑，探讨相关变量在二手交易平台中对用户体验的作用，并根据研究结果给予平台或有关部门一些可行的建议与对策。

## 6.3 质性研究与模型构建

6.2 节阐述了相关研究理论对二手交易平台用户体验作用的参考。在本节中，笔者将采取扎根理论质性研究方法，将访谈资料经过三级编码并通过理论的饱和度检验后进行本章的模型构建。这一模型建立在对有过闲鱼使用经验的访谈者深度访谈所收集的资料之上，由此展开的研究能够更加精确、全面地获取二手交易平台中相关因素对用户体验的作用。

### 6.3.1 研究设计

本节通过研究设计阐释研究思路和路线图，即确定访谈对象，对访谈资料进行收集与整理，提炼出范畴，并梳理范畴之间可能存在的关系，在此基础上构建本章的理论模型（见图 6.3）。

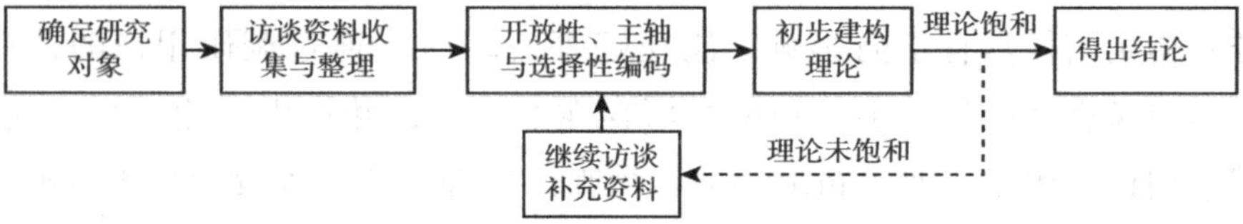


图 6.3 扎根理论研究路线

### 6.3.2 研究对象与数据收集

研究采用半结构化访谈的方法，选取有过二手交易平台经验的用户为具体访谈对象，同时，由于涉及金钱花费，有选择性地选择 18 岁以上的消费群体作为合理的访谈对象，并尽可能选取不同的性别和不同受教育程度的受访者，使统计变量具有一定的代表性，样本数的选择依据理论饱和的准则。最终受访对象共 19 名（见表 6.1），出于对受访者隐私保护的原则，受访者具体信息不予以展示。访谈时间介于 2021 年 12 月至 2022 年 2 月。笔者通过“一对一”

半结构化线上线下访谈的方式收集第一手原始资料，访谈内容聚焦于二手交易平台这一话题，以闲鱼为参考案例。

表 6.1　访谈对象基本情况

| 项目 | 分类 | 人数 | 比例 |
|---|---|---|---|
| 性别 | 男 | 8 | 42% |
| | 女 | 11 | 58% |
| 学历背景 | 本科 | 5 | 26% |
| | 硕、博士 | 14 | 73% |
| 使用时长 | 两年内 | 1 | 5% |
| | 2~3 年 | 5 | 26% |
| | 4~5 年 | 6 | 31% |
| | 5~6 年 | 3 | 16% |
| | 6 年及以上 | 4 | 21% |

本章全部初始访谈语音材料的处理先通过飞书 App 转成文字资料，借助质性分析软件 Nvivo 进行下一步分析编码。根据理论饱和度原则，随机选择 15 位受访者的原始资料，进行编码的分析和模型的建构，剩余访谈记录用于理论饱和度检验。

### 6.3.3　数据编码

研究按照程序化扎根理论进行编码分析，包括“开放性编码”“主轴性编码”“选择性编码”等三阶段编码过程（Strauss，1987），构建“个性、信任和隐私对二手交易平台用户体验的作用”理论模型。

开放性编码也被称为一级编码，在这一阶段主要是对原始材料进行概念化，它需要编码者逐字逐句地阅读收集到的原始资料，并不断地进行比较和提出问题。需要编码者以开放的思维去拆解原始数据的语义、意义，重新组合，从原始数据中提取初始概念，并进行分类，更要求在牢记研究问题的同时对新出现的概念保持敏感性，直到理论饱和为止（张敬伟等，2009）。

在编码时，笔者尽可能地选取访谈的原话形成初始概念，以减少因编码者的主观因素而造成的模糊性。通过对原始资料进行归纳总结，共形成了 32 个范畴。开放式编码结果如表 6.2 所示。

**表 6.2　　访谈资料的开放性编码**

| 序号 | 范畴 | 受访者描述（部分） |
| --- | --- | --- |
| 1 | 烦躁感受 | 如果他一直问一些我在信息上已经写得很明白的东西，一两个问题还好，如果他一直问我可能就会比较烦，也挺浪费我的时间的，可能我就不愿意把东西卖给他了；<br>如果他很啰嗦很烦的话，可能会其实可能会考虑寻找下一个买主了；<br>给我发货很慢什么的，那肯定就比较烦，后面可能就不想要了 |
| 2 | 流通闲置商品 | 比如我的银行卡，每个月会送那种代金券，优惠券，我可能用不上之后我可能就会挂在闲鱼上面卖点去这样子 |
| 3 | 固定交易对象 | 交易中可能会产生一些固定的买家或者卖家，然后基于对他之前的信任，此后会更愿意与他进行更多的一个交易 |
| 4 | 创造线上交易平台 | 我一般都是寄付，我可能不太愿意跑去送货给别人，那么闲鱼这样的一个平台就能满足我的需求。<br>给了一个交易的一个平台，让自己的一个东西自己卖出去 |
| …… | …… | …… |
| 32 | 谨慎交易 | 因为我一般，买二手的东西都是想过，然后再跟对方谈过之后才确定下单的。而且我平时在二手平台上买的比较谨慎，所以说可能就是踩的坑基本上没有；<br>我在买的时候肯定也是会考虑再三再买，因为闲鱼好像不大能退款、退货，所以买的时候还是会比较谨慎的 |

在开放式编码之后，主轴编码的目的是对开放式编码所形成的范畴按照某种关系和逻辑进行聚类，从而提炼出更高层次的范畴（王念祖，2018）。由表 6.2 可知，经过开放式编码，原始资料可分为 32 种副范畴，并根据梳理比较副范畴之间的相互关系，得到了更具有代表性的 5 个主范畴，主范畴及其对应副范畴如表 6.3 所示。

**表 6.3　　访谈资料的主轴式编码**

| 主范畴 | 副范畴 | 内涵 |
| --- | --- | --- |
| 信任因素 | 信任程度 | 用户对平台的信任程度 |
|  | 平台声誉 | 平台自身声誉情况 |
|  | 平台背书 | 有大的集团为平台背书 |
|  | 信任标志 | 平台提供了代表信用的符号 |
|  | 平台保障机制 | 平台交易保护机制完善 |

续表

| 主范畴 | 副范畴 | 内涵 |
|---|---|---|
| 隐私担忧因素 | 隐私滥用担忧 | 用户害怕自己的隐私受侵犯被滥用 |
| | 隐私泄露担忧 | 用户害怕自己的隐私泄露 |
| | 隐私保护意识 | 用户尽可能地保护好自身的隐私 |
| | 隐私保护需求 | 用户希望平台尽可能保护隐私不被泄露滥用 |
| 个性性格因素 | 烦躁感受 | 容易因为事情感到烦躁 |
| | 焦虑感受 | 容易因为事情感到焦虑 |
| | 性格爽快 | 做事直截了当 |
| | 性格热情好社交 | 用户会在平台上与志同道合的人交友 |
| | 心理承受能力 | 用户面对糟糕的情况下的心理承受感受 |
| | 好奇心驱动 | 用户在好奇心驱动下愿意尝试新事物 |
| | 富有同理心 | 用户能够理解交易对象的一些行为 |
| | 回避麻烦 | 主动规避风险、防止冒险行为 |
| | 性格和善 | 用户对交易过程宽容 |
| | 责任心强 | 用户在交易过程中尽职尽责 |
| | 谨慎交易 | 用户在交易过程中谨慎思考、慎重交易 |
| 用户体验 | 流通闲置商品 | 平台可以使用户闲置的商品循环利用起来 |
| | 创造线上交易平台 | 平台弥补了线上二手交易的空白 |
| | 驱动额外的消费行为 | 平台的某些推荐会产生一些计划外的交易需求 |
| | 用户使用意愿 | 用户对于平台的忠诚度、使用意愿 |
| | 需求实现满意度 | 平台能够满足用户的买卖需求 |
| | 试错成本 | 通过平台降低交易过程中的试错成本 |
| | 提高交易效率 | 平台能够提高交易效率 |
| | 节省钱财 | 平台能够帮助用户花费较少的钱得到想要的商品 |
| | 感知易用性 | 平台的功能设置是否易于操作 |
| 先前使用经验因素 | 固定交易对象 | 用户是否更愿意与产生过交易经历的对象进行交易 |
| | 交易体验 | 用户对二手交易平台使用过程中的交易经历 |

选择性编码是对主轴编码的进一步归纳分析，从而概括出核心范畴（王念祖，2018）。本章通过半结构化访谈得到用户在二手交易平台上的情况，通

过梳理范畴之间的关系得出本章的核心范畴——“二手交易平台中的用户体验”；得出本章的“路线”——在二手交易平台中，不同性格的人对于信任和隐私担忧程度各不相同，隐私担忧和信任程度极大地影响了用户使用过程中的体验；同时，隐私担忧因素对用户体验的影响通过用户对二手交易平台的信任来调节；此外，在平台中的使用经验也一定限度地影响了用户对平台的信任度，进而影响用户体验。因此得出各主范畴之间的典型关系（见表 6.4）。

**表 6.4　选择性编码过程**

| 作用路径 | 路径内涵 |
|---|---|
| 信任因素→用户体验 | 信任因素会影响用户体验 |
| 隐私担忧因素→用户体验 | 隐私担忧因素会影响用户体验 |
| 隐私担忧因素→信任因素→用户体验 | 对隐私的担忧会通过影响信任因素，进而影响用户体验 |
| 先前使用经验因素→信任因素→用户体验 | 先前使用经验的好坏会影响信任因素，进而影响用户体验 |
| 先前使用经验因素→信任因素→用户体验 | 先前使用经验的好坏会影响用户体验 |
| 个性因素→隐私担忧因素→用户体验 | 个性因素会通过影响隐私担忧因素，进而影响用户体验 |
| 个性因素→信任因素→用户体验 | 个性因素会通过影响信任因素，进而影响用户体验 |

为了保证编码的有效性和可靠性，本章随机抽取了 15 份访谈资料进行分析，并用另外 4 份访谈数据进行理论饱和度检验，没有发现新的概念和类型，因此笔者得出结论：本章的模型达到理论饱和。

### 6.3.4　模型构建

通过扎根理论的分析过程，本章提炼出 5 个主范畴、32 个副范畴，并对它们之间的相互关系进行了梳理，得到了核心范畴以及范畴之间的关系。因此本小节将结合相关的理论和文献回顾，在半结构化深度访谈的支持下，提出了相关的研究假设，并构建理论模型。由于访谈资料较多，只列举一部分访谈者的原话。

根据隐私理论，人格差异影响信任和隐私担忧，因为人格特质与人们的信息行为有关。我们采用王孟成的“大五”人格理论来确定性格特征，这些性格特征在用户体验表现中起着重要作用。

H6.1：神经质负向影响信任问题。

神经质的用户容易焦虑，他们是缺乏安全感、害怕、情绪化、容易受骗的人。考虑到他们的焦虑本性和对自己的决定缺乏信心，具有这种人格特质的人往往很难对外界产生十足的信任。

访谈原文："我觉得我在这上面买东西的心路历程就像是过山车一样，因为买的商品都是看不到摸不着的，所以我下单以后我就很期待，想赶紧收到货，但是在等待的过程中我经常会产生恐惧的感觉，我害怕收到的货不是好的，我害怕对方欺骗我，你也知道这种平台不像是淘宝京东是商家平台，这上面都是个人卖家；还有一个情况是，会不会我确认收货以后才发现有问题，所以我就非常害怕，我害怕被骗，害怕维权失败……我觉得这也是一个弊端吧，我没办法对卖家产生一个天然的信任。"

H6.2：尽责性正向影响隐私担忧问题。

隐私担忧指的是个人对于平台共享的个人信息的使用控制权的担忧。

尽责性是一种人格特质，用来描述那些有条理、高效、可靠、精确、传统、持久、谨慎、守时、果断的人。尽管如此，他们谨慎和负责的性格使其避免了不必要的风险，这也解释了为什么这种人格特质与隐私问题负相关。网络上的一切活动都需要分享大量的个人信息，以充分受益于它提供的全面体验。由于他们非常谨慎，预计责任心更强的人会更担忧隐私问题。

访谈原文："我感觉我对自己的信息还是很在意的，我尽可能地做好隐私保护工作，我在收货地址和姓名都做了一些模糊化的处理，然后也会删除我的一些浏览记录，我希望我能做好这些简单的工作，不会到处暴露我的偏好之类的，我觉得有时候大数据推荐很方便的同时也让我感到非常害怕……"

H6.3：宜人性正向影响信任问题。

宜人性是一种人格特质，用来描述那些合作、友好、有力、宽容、谦恭、大方、灵活、热情、自然和具有强烈道德价值观的人。由于他们的友好、宽容，有这种特质的人可能更容易信任二手交易平台。

访谈原文："我觉得有这样的一个平台非常好，带给了我很多方便，我也是用了很久了，闲鱼刚上线的时候确实并没有非常完善，但可喜的是，它一直在进步，一直在完善，我觉得一开始有一些弊端漏洞也是很正常的，哪有什么是一下就完美的，能在发展中不断完善就是最难能可贵的，而且现在我也更愿意使用了，因为我觉得会是一个越来越好的App……”

H6.4：开放性负向影响隐私担忧问题。

H6.5：外倾性负向影响隐私担忧问题。

开放性人格的人富有洞察力、富有创造力和好奇心。具有这种人格特质的人喜欢新的体验，而二手交易平台正在不断发展，吸引更多的用户使用。因此，笔者认为，这种人格特质越强，他们就越有可能公开自己的个人信息，以充分体验线上二手交易带来的不同体验，他们的开放性和好奇心会掩盖他们对隐私的担忧。

外倾性是一种性格特征，用来描述那些顽皮、富有表现力、健谈、勇敢、乐观和自发的人，具有这种性格的人更有可能参与社会活动，外倾性可能负向影响隐私担忧，因为他们喜欢社交互动，对隐私问题的警惕性较低，更倾向于相信他人。

访谈原文：“我认为使用闲鱼对我来说非常受益，包括现在这些平台也都越做越好了，开发了很多新的板块，好像是要打造成一个社交圈的样子，我觉得也挺有趣的，我本来也很喜欢社交电商，我喜欢通过这种方式去了解更多的信息，那这过程中我难以避免会泄露一些自己的个人信息，我觉得这是很正常的，同时我也认为现在它这个平台也非常大了，还是会很注重用户的隐私保护的，我没有这方面的担忧”“如果一些有趣的尝试是需要平台获取我们的信息进行分析的话我觉得我是可以接受的，还有，我觉得隐私问题也不是什么大问题，平台肯定也是希望能更好地为我们提供个性化服务嘛……”

H6.6：开放性正向影响信任问题。

与H6.2类似，开放性和好奇心会掩盖这种人格的人对隐私的担忧，让他们相信二手交易平台。

访谈原文：“相信平台呀，为什么不相信呢，其实我觉得我们作为消费者如果事事都非常小心保守、疑神疑鬼的，会过得很辛苦吧，感觉买卖东西也会把自己搞得非常累，与其如此我倒是相信人性本善，而且我有一定的辨识能力，不涉及金钱交易的一些问题的话，我觉得没什么理由不相信平台或者说是卖家，对我来说没心没肺一点我感觉会过得更快乐一些，而且能够尝试到很多新的东西……”

H6.7：隐私担忧影响用户信任问题。

访谈发现，一些用户害怕平台会泄露、滥用自己的隐私，从而对平台产生不信任的心理。

访谈原文："虽然我暂时还没有看到它们泄露我的信息，但我觉得肯定在某方面是有的，只是我没察觉到，可能在我看到的层面就是一些垃圾短信、垃圾广告什么的，但我觉得现在，数据为王的时代，资本家哪里会那么好心，多少都会把我的数据拿去变现，所以我也不太相信这些平台，尽可能减少使用吧，只能说……"

H6.8：隐私担忧负向影响用户体验。

在移动应用盛行的背景下，这些 App、平台的价值降低了隐私交易的成本，尤其是允许应用访问个人数据。因此，关注隐私的用户可能不愿意让平台读取他们的个人资料，但这将限制平台为用户服务的能力。

访谈原文："其实我们可以发现，不管什么 App，现在都需要读取你的信息，通讯录、照片、麦克风等，我非常不愿意同意这些平台获取访问权限，但是如果我不同意，我将无法使用，这真的很矛盾，因为我害怕他获取到一些信息对我造成隐私侵犯，这点我发现苹果手机好像就做得比较好……"

H6.9：信任因素正向影响用户体验。

信任是能够促成二手交易的重要因素之一，这在很多相关文献中也指出信任程度更高的用户会激发他们的使用意愿，甚至会向身边的亲朋好友推荐使用。因此，笔者合理地认为，信任因素也会正向影响用户体验。

访谈原文："其实我觉得大部分人应该都是这样的，如果对一个平台不信任，很难产生好的感受，像闲鱼的话他有阿里背书，资金安全这块做得也蛮好的，虽然有时候会遇到不正常的买家，但我认为个人行为和平台无关，毕竟这是一个鱼龙混杂的市场。我也是因为相信闲鱼，不管是口碑还是机制可以算在闲置交易里的'领头羊'了，使用它我也觉得很安心，他的用户数多，能够帮我更好地完成交易"

H6.10：先前使用经验正向影响信任因素。

H6.11：先前使用经验正向影响用户体验。

用户的感受可能会因为一些不同的经历产生改变。如果过去使用二手交易平台的经验是好的，那么满意的用户更有可能相信平台会提供更好的服务，这也符合我们的一个现实认知。

访谈原文："从这几次的交易经历来说，都是还比较满意的，交易都是很顺畅的，所以感觉还不错。如果说以后有些产品是必须要在闲鱼买的话，还是会可以考虑闲鱼的……”“我曾经买他的一个电子产品，但是买过来的时候我就发现是一个假货，然后退还给了他，但是我们之间也没有产生任何纠纷，也就是比较完美地解决这个事情。但那是我第一次意识到我在闲鱼上买到的假货，我感觉我对闲鱼的信任程度有所降低了”。

理论模型构建如图 6.4 所示。

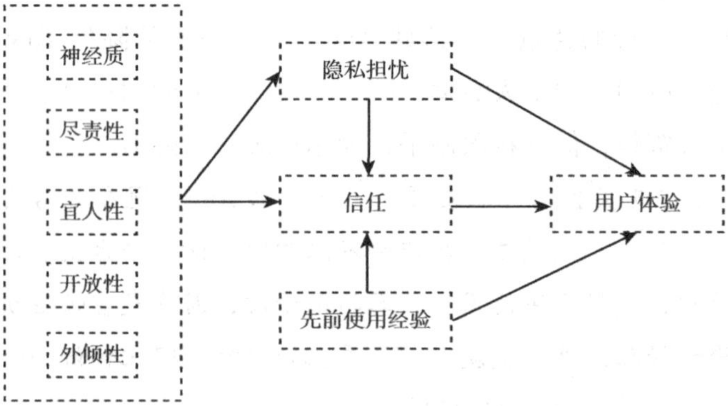


**图 6.4　理论模型构建**

研究假设汇总如表 6.5 所示。

**表 6.5　研究假设汇总**

| 变量 | 研究假设 |
| --- | --- |
| 个性 | H6.1：神经质负向影响信任问题 |
| | H6.2：尽责性正向影响隐私担忧问题 |
| | H6.3：宜人性正向影响信任问题 |
| | H6.4：开放性负向影响隐私担忧问题 |
| | H6.5：外倾性负向影响隐私担忧问题 |
| | H6.6：开放性正向影响信任问题 |
| 隐私担忧 | H6.7：隐私担忧影响信任问题 |
| | H6.8：隐私担忧正向影响用户体验 |
| 信任 | H6.9：信任因素正向影响用户体验 |
| 先前使用经验 | H6.10：先前使用经验正向影响信任问题 |
| | H6.11：先前使用经验正向影响用户体验 |

## 6.4　实证分析与假设检验

本节将对 6.3 节中构建的“个性、信任和隐私对二手交易平台用户体验的作用”理论模型进行实证分析与假设检验。首先，为本章的研究内容设计测量题项；其次，选取调查对象，采用量表问卷进行数据收集并预调研，得到最终量表问卷；再次，通过统计分析软件 SPSS 26.0 软件对收集到的问卷数据进行统计分析和信效度检验；最后，通过 AMOS 24.0 构建结构方程模型，验证变量之间的关系，进行假设检验。综上所述，本节实证分析和假设检验的安排如图 6.5 所示。

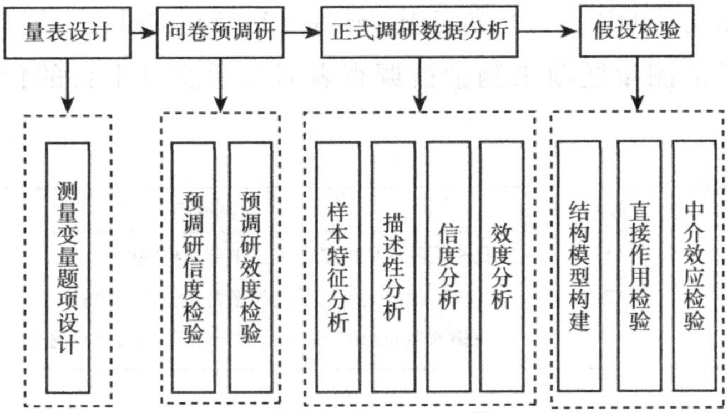


图 6.5　实证分析与假设检验安排

### 6.4.1　量表开发与设计

考虑到调研对象可能从未使用过二手交易平台，故本章在设置问卷时设置跳转题以排除从未使用过二手交易平台的用户，能够更加了解用户的真实想法；参考访谈结果和成熟量表设置测量题项，了解用户对二手交易平台使用过程中的看法。

本章的量表问卷包括四个部分：第一部分为被调查者的基本信息，包含性别、年龄、学历等信息；第二部分为被调查者使用二手交易平台的情况调查，用以筛除未曾使用过二手交易平台的被调查者，并了解用户使用二手交易平台的时长；第三部分为要素部分，包括信任、隐私担忧、个性和先前使用经验等四个变量的测量题项；第四部分为特质要素以外的部分，包括二手交易平台用户体验的测量题项。

本章研究测量的社会人口学变量主要包括性别、年龄、受教育程度、二手交易平台使用情况等五个内容。具体而言，性别变量为两个类别：男、女。年龄分为四个区间段进行测量，分别为：18 岁以下、18 ~28 岁、28 ~38 岁、38 岁以上。受教育程度分为 4 个区间段进行测量：高中及以下、专科、本科、研究生及以上。二手交易平台使用时长分为 4 个区间段进行测量，分别为：2 年以内、2 ~4 年、4 ~6 年、6 年及以上。并设置了多项选择题，了解用户具体使用过的二手交易平台。

结合深度访谈的资料，并参考 Mayer 等（1995）的量表，笔者尝试设计了 3 道用户信任的测量题项来测量被调查者对二手交易平台的信任程度，如图 6. 6所示。

| 变量 | 编号 | 测度项 |
|---|---|---|
| 信任 | A1 | 我相信我使用的二手交易平台是可靠的 |
| | A2 | 我相信我使用的二手交易平台是值得信赖的 |
| | A3 | 我相信我使用的二手交易平台是能够保障我的交易安全的 |

**图 6. 6　信任测量题项**

结合深度访谈的资料，笔者尝试设计了 3 道用户隐私担忧的测量题项以测量被调查者对二手交易平台使用过程中的隐私担忧程度，如图 6. 7 所示。

| 变量 | 编号 | 测度项 |
|---|---|---|
| 隐私担忧 | B1 | 我认为通过二手交易平台进行交易，我的财务或个人信息不会被滥用 |
| | B2 | 我认为通过二手交易平台进行交易，我的财务或个人信息不会被泄露 |
| | B3 | 我对通过二手交易平台提交的个人或财务信息被滥用的担忧程度很低 |

**图 6. 7　隐私担忧测量题项**

结合深度访谈的资料，发现用户在过去的二手交易平台使用经验或多或少会影响用户的使用体验，故笔者尝试设计了 3 道用户先前使用经验的测量题项，如图 6.8 所示。

| 变量 | 编号 | 测度项 |
|---|---|---|
| 先前使用经验 | C1 | 我认为二手交易平台还是很有用的 |
| | C2 | 二手交易平台的使用能够让我从中受益 |
| | C3 | 我在二手交易平台上的使用经历都是比较好的 |

**图 6.8　先前使用经验测量题项**

对于个性性格的测量研究，参考由王孟成和戴晓阳等（2011）编制的“大五”人格成熟量表，共包括 40 个题项、5 个维度，分别为神经质、外倾性、开放性、尽责性和宜人性，如图 6.9 至图 6.13 所示。

| 变量 | 编号 | 测度项 |
|---|---|---|
| 神经质 | D1 | 我常担心有什么不好的事情发生 |
| | D2 | 我常感到害怕 |
| | D3 | 有时我觉得自己一无是处 |
| | D4 | 我很少感到忧郁或者沮丧 |
| | D5 | 别人一句漫不经心的话，我常常会联系到自己身上 |
| | D6 | 在面对压力时，我有种快要崩溃的感觉 |
| | D7 | 我常担忧一些无关紧要的事情 |
| | D8 | 我常常感到内心不踏实 |

**图 6.9　个性（“大五”人格）测量题项——神经质**

| 变量 | 编号 | 测度项 |
|---|---|---|
| 尽责性 | E1 | 在工作上，我常只求能应付过去便可 |
| | E2 | 一旦确定了目标，我会坚持努力地实现它 |
| | E3 | 我常常是仔细考虑之后才做出决定 |
| | E4 | 别人认为我是一个慎重的人 |
| | E5 | 做事讲究逻辑和条理是我的一个特点 |
| | E6 | 我喜欢一开头就把事情计划好 |
| | E7 | 我工作或学习很勤奋 |
| | E8 | 我是个倾尽全力做事的人 |

**图 6.10　个性（“大五”人格）测量题项——尽责性**

| 变量 | 编号 | 测度项 |
| --- | --- | --- |
| 宜人性 | F1 | 尽管人类社会存在着一些阴暗的东西，我仍然相信人性总的来说是善良的 |
| | F2 | 我觉得大部分人基本上都是心怀善意的 |
| | F3 | 虽然社会上有骗子，但我觉得大部分人还是可信的 |
| | F4 | 我不太关心别人是否受到不公正的待遇 |
| | F5 | 我时常觉得别人的痛苦与我无关 |
| | F6 | 我常为那些遭遇不幸的人感到难过 |
| | F7 | 我是那种只照顾好自己，不替别人担忧的人 |
| | F8 | 当别人向我诉说不幸时，我常感到难过 |

**图 6.11　个性（“大五”人格）测量题项——宜人性**

| 变量 | 编号 | 测度项 |
| --- | --- | --- |
| 开放性 | G1 | 我的想象力相当丰富 |
| | G2 | 我头脑中经常充满生动的画面 |
| | G3 | 我对许多事情有着很强的好奇心 |
| | G4 | 我喜欢冒险 |
| | G5 | 我是个勇于冒险、突破常规的人 |
| | G6 | 我身上具有别人没有的冒险精神 |
| | G7 | 我渴望学习一些新东西，即使它们与我的日常生活无关 |
| | G8 | 我很愿意也很容易接受那些新事物、新观点、新想法 |

**图 6.12　个性（“大五”人格）测量题项——开放性**

| 变量 | 编号 | 测度项 |
| --- | --- | --- |
| 外倾性 | I1 | 我喜欢参加社交与娱乐聚会 |
| | I2 | 我对人多的聚会感到乏味 |
| | I3 | 我尽量避免参加人多的聚会和嘈杂的环境 |
| | I4 | 在热闹的聚会上，我常常表现主动并尽情玩耍 |
| | I5 | 有我在的场合一般不会冷场 |
| | I6 | 我希望成为领导者而不是被领导者 |
| | I7 | 在一个团体中，我希望处于领导地位 |
| | I8 | 别人多认为我是一个热情友好的人 |

**图 6.13　个性（“大五”人格）测量题项——外倾性**

结合深度访谈的资料，笔者提炼总结了被访谈者在使用二手交易平台过程中不同的用户体验，设计了 10 道用户体验测量题项，如图 6. 14 所示。

| 变量 | 编号 | 测度项 |
| --- | --- | --- |
| 用户体验 | J1 | 二手交易平台能够帮助我更快地实现我的交易需求 |
| | J2 | 二手交易平台让我更容易完成我的交易需求 |
| | J3 | 使用二手交易平台能够帮我省钱 |
| | J4 | 二手交易平台提高了我的交易效率 |
| | J5 | 使用二手交易平台能够降低我的试错成本 |
| | J6 | 二手交易平台的操作流畅，功能易操作 |
| | J7 | 二手交易平台能够让我闲置的商品循环利用起来 |
| | J8 | 我愿意继续使用二手交易平台来完成一些我的需求 |
| | J9 | 二手交易平台能够让我淘到一些计划外的好物 |
| | J10 | 相比于线下交易、同城交易，二手交易平台更加方便 |

**图 6. 14　二手交易平台用户体验测量题项**

## 6. 4. 2　问卷预调研

为确保收集到的问卷数据有效性，避免由于问卷质量不佳或其他原因而导致数据无效的情况。本章将初步确定的问卷向深度访谈的 19 名用户及有过二手交易平台使用经验的用户发放并回收 100 份预调研量表问卷，其中，线下发放的问卷均当场回收。根据预调研的信效度情况对问卷进行有针对性的修正，以期最终量表的可靠性和有效性。在对数据进行分析之前，先检查了回收的问卷答案情况，均未出现所有问题都勾选同一个选项或在选项选择中出现明显的逻辑矛盾等无效的问卷。因此，此次预调研的问卷有效性为 100%，预调研的基本信息如下。

在预调研环节中，有针对性地选择了有过二手交易平台使用经验的用户进行匿名问卷的填写，以保证问卷回收的有效性。在预调研过程中，使用二手交易平台的女性较多，占 80%，由表 6. 6 可知，调查对象大多处于青年段，在 18 ~28 岁年龄段的受访者人数最多，占 89%，被调查者受教育程度也大多处于本科以上，占 94%，作为占有较大线上二手市场份额的闲鱼，在本次的调查中，高达 90% 的用户均使用过该平台，在访谈过程中也向受访者了解到，闲鱼并非专业性的二手交易平台，作为一个成熟的综合性的二手交易平台，更能满足大众多方面的需求，人们也更愿意在有需求的情况下首选闲鱼。

**表 6.6　　预调研数据分析**

| 变量 | 类别 | 频数 | 百分比 |
|---|---|---|---|
| 性别 | 男 | 20 | 20% |
| | 女 | 80 | 80% |
| 年龄 | 18 岁以下 | 2 | 2% |
| | 18~28 岁 | 89 | 89% |
| | 28~38 岁 | 6 | 6% |
| | 38 岁以上 | 3 | 3% |
| 受教育程度 | 高中及以下 | 0 | 0% |
| | 专科 | 6 | 6% |
| | 本科 | 69 | 69% |
| | 硕士及以上 | 25 | 25% |
| 二手交易平台使用统计（多项选择） | 闲鱼 | 90 | 90% |
| | 转转 | 16 | 16% |
| | 花粉 | 1 | 1% |
| | 爱回收 | 9 | 9% |
| | 拍拍严选 | 1 | 1% |
| | 红布林 | 2 | 2% |
| | 其他平台 | 14 | 14% |
| 使用时长 | 2 年以内 | 53 | 53% |
| | 2~4 年 | 32 | 32% |
| | 4~6 年 | 12 | 12% |
| | 6 年以上 | 3 | 3% |

信度检验，指的是问卷测量结果的可靠性和稳定性。笔者采用科伦巴赫系数（Cronbach's α）作为衡量标准，数值越高，说明测量的数据越准确，那么，相应的问卷可用性就越高，α 值如果越接近于 1，说明问卷的信度就越好（柴辉，2010）。一般认为，当 α 值大于或等于 0.7 时，即表明问卷具有良好的信度。当 $\alpha < 0.6$ 时，表明问卷不可信，就需要修订或删除测量题项。

结合修正后的项与总计相关性（CITC）检验，通常来说，当 CITC 值低于 0.4 时，就应该考虑对题项进行修订或删除处理。由表 6.7 可知，测量题项 D4 的 CITC 值为 0.108 且删除后的 α 值大于分量表的 α 值 0.833，故删除 D4 后可以保证该维度（“大五”人格——神经质）下的量表信度，其余删除项同理。同时，对于维度F（“大五”人格——尽责性）下的CITC值大部分过低，且其量表信度α也低于理想值0.7，故笔者考虑在后续的分析中把“大五”人格——尽责性这一维度进行删除处理。

表6.7　　预调研数据信度分析

| 变量 | 测试题项 | CITC | 删除项后的Cronbach's α | 初始量表的Cronbach's α |
|---|---|---|---|---|
| 信任 | A1 | 0.868 | 0.840 | 0.911 |
| | A2 | 0.810 | 0.883 | |
| | A3 | 0.796 | 0.898 | |
| 隐私担忧 | B1 | 0.787 | 0.837 | 0.888 |
| | B2 | 0.794 | 0.832 | |
| | B3 | 0.766 | 0.856 | |
| 先前经验 | C1 | 0.790 | 0.726 | 0.849 |
| | C2 | 0.743 | 0.766 | |
| | C3 | 0.631 | 0.849 | |
| 个性——神经质 | D1 | 0.487 | 0.823 | 0.833 |
| | D2 | 0.497 | 0.822 | |
| | D3 | 0.688 | 0.796 | |
| | D4 | 0.108 | 0.888 | |
| | D5 | 0.676 | 0.798 | |
| | D6 | 0.721 | 0.791 | |
| | D7 | 0.831 | 0.775 | |
| | D8 | 0.761 | 0.785 | |
| 个性——尽责性 | E1 | 0.223 | 0.838 | 0.806 |
| | E2 | 0.672 | 0.763 | |
| | E3 | 0.583 | 0.776 | |
| | E4 | 0.501 | 0.787 | |
| | E5 | 0.611 | 0.771 | |
| | E6 | 0.504 | 0.786 | |
| | E7 | 0.622 | 0.767 | |
| | E8 | 0.560 | 0.778 | |

续表

| 变量 | 测试题项 | CITC | 删除项后的 Cronbach's α | 初始量表的 Cronbach's α |
|---|---|---|---|---|
| 个性——宜人性 | F1 | 0.318 | 0.632 | 0.656 |
| | F2 | 0.373 | 0.623 | |
| | F3 | 0.355 | 0.624 | |
| | F4 | 0.342 | 0.628 | |
| | F5 | 0.470 | 0.589 | |
| | F6 | 0.278 | 0.642 | |
| | F7 | 0.446 | 0.596 | |
| | F8 | 0.215 | 0.657 | |
| 个性——开放性 | G1 | 0.553 | 0.885 | 0.889 |
| | G2 | 0.681 | 0.874 | |
| | G3 | 0.729 | 0.869 | |
| | G4 | 0.747 | 0.867 | |
| | G5 | 0.814 | 0.859 | |
| | G6 | 0.586 | 0.884 | |
| | G7 | 0.701 | 0.872 | |
| | G8 | 0.514 | 0.888 | |
| 个性——外倾性 | I1 | 0.589 | 0.734 | 0.776 |
| | I2 | 0.267 | 0.788 | |
| | I3 | 0.317 | 0.779 | |
| | I4 | 0.573 | 0.737 | |
| | I5 | 0.636 | 0.723 | |
| | I6 | 0.515 | 0.746 | |
| | I7 | 0.524 | 0.744 | |
| | I8 | 0.442 | 0.758 | |
| “大五”人格量表 | — | — | — | 0.787 |
| 用户体验 | J1 | 0.570 | 0.871 | 0.880 |
| | J2 | 0.649 | 0.865 | |
| | J3 | 0.469 | 0.879 | |
| | J4 | 0.683 | 0.863 | |
| | J5 | 0.471 | 0.880 | |
| | J6 | 0.617 | 0.867 | |
| | J7 | 0.739 | 0.858 | |
| | J8 | 0.817 | 0.852 | |
| | J9 | 0.528 | 0.874 | |
| | J10 | 0.591 | 0.869 | |
| 量表整体 | — | — | — | 0.878 |

效度分析也称有效性分析，是指测量工具能够准确测出所需测量事物的程度，测量结果越吻合，效度越高。通常使用 KMO 值和 Batlett's 球形检验显著性（Sig.）相结合判断（柴辉，2010）。

一般来说，当 KMO 值 >0.7 且 Sig. 值 <0.05 时，说明问卷具有结构效度，可以进行后续分析（柴辉，2010）。预调研问卷的效度分析结果如表 6.8 所示，KMO 值均大于 0.7，且 Sig. 值均小于 0.05，表明预调研问卷具有良好的结构效度，可以保留测量题项进行后续分析。

表 6.8　　预调研问卷效度分析

| 变量 | | KMO | 近似卡方 | 自由度 df | 显著性 P 值 |
|---|---|---|---|---|---|
| 信任因素 | | 0.741 | 209.103 | 3 | 0.000 |
| 隐私担忧因素 | | 0.747 | 165.830 | 3 | 0.000 |
| 先前使用经验 | | 0.701 | 140.105 | 3 | 0.000 |
| 个性 | 神经质 | 0.813 | 421.431 | 21 | 0.000 |
| | 尽责性 | 0.807 | 257.156 | 21 | 0.000 |
| | 开放性 | 0.845 | 472.145 | 28 | 0.000 |
| | 外倾性 | 0.720 | 273.110 | 15 | 0.000 |
| 用户体验 | | 0.838 | 486.750 | 45 | 0.000 |

综合预调研问卷的信度和效度检验结果，删除了预调研量表问卷的测量题项 D4、E1、F1－8、I2 和 I3，最终形成包含 52 个测量题项的正式量表问卷。打分机制采用 Likert5 点量表，非常不同意 =1 分，比较不同意 =2 分，不清楚 =3 分，比较同意 =4 分，非常同意 =5 分。正式量表问卷结构如表 6.9 所示。

表 6.9　　正式量表问卷结构

| 指标 | 基础信息 | 信任 | 隐私担忧 | 先前使用经验 | 个性 | | | | 用户体验 |
|---|---|---|---|---|---|---|---|---|---|
| | | | | | 神经质 | 尽责性 | 开放性 | 外倾性 | |
| 题项 | 1－5 | A1－A3 | B1－B3 | C1－C3 | D1－D3、D5－D8 | E2－E8 | G1－G8 | I1、I4－I8 | J1－J10 |

## 6.4.3　正式调研数据分析

通过用户自填的方式，在微信群、QQ 群、线下发放等渠道分享问卷，通过亲朋好友多方共同收集数据。此次共发放336份正式量表问卷，筛除没有使用过二手交易平台的27份问卷及填写相同选项、填写时间明显较短的30份问卷后，得到具有代表性的量表问卷279份，有效回收率为83%，符合问卷回收要求。

本章首先通过SPSS 26.0软件对279份有效的正式问卷进行样本特征分析，分析结果如表6.10所示。

表6.10　　　　正式量表问卷样本特征分析（$N=279$）

| 变量 | 类别 | 频数 | 百分比 |
|---|---|---|---|
| 性别 | 男 | 56 | 20.1% |
| | 女 | 223 | 79.9% |
| 年龄 | 18岁以下 | 5 | 1.8% |
| | 18~28岁 | 216 | 77.4% |
| | 28~38岁 | 40 | 14.4% |
| | 38岁以上 | 18 | 6.5% |
| 受教育程度 | 高中及以下 | 9 | 3.2% |
| | 专科 | 14 | 5% |
| | 本科 | 171 | 61.3% |
| | 硕士及以上 | 85 | 30.5% |
| 使用时长 | 2年以内 | 156 | 55.9% |
| | 2~4年 | 77 | 27.6% |
| | 4~6年 | 30 | 10.8% |
| | 6年以上 | 16 | 5.8% |

从表6.10中统计出的数据可知，使用二手交易平台的人中，女性居多，为223人，男女比例约为4∶1，绝大多数使用二手交易平台的用户年龄在18~28岁，这与二手交易平台受众的群体相吻合，二手交易平台将目标客户定位在中青年群体，尤其是大学生群体中。在受教育程度变量中，各学历占比都有，其中，本科所占的比例最大。

根据使用时长的调查显示，随着时长的增加，人数越少，这符合事物发展的一个过程，随着互联网近几年的蓬勃发展，电子商务的发展也非常迅速，二手交易平台走进人们的生活，越来越多的人使用二手交易平台。

此次收集到的有效的样本数为279个，远大于100，能够较好地保证SEM

结构方程模型评估的稳定性和代表性。在检验结构方程模型之前，先用多元正态性检验了模型中各个观测变量的数据分布。由表 6.11 可知，所有观测变量的偏度绝对值均小于 3，峰度的绝对值均小于 10，对最大似然法参数估计法的影响很小，说明问卷数据的分布符合正态分布的规律，能够满足模型检验的基本要求，可以进行下一步的分析。

**表 6.11　　测量题项的描述性分析**

| 变量 | 最小值 | 最大值 | 均值 | 标准偏差 | 偏度 | 峰度 |
|---|---|---|---|---|---|---|
| A1 | 1 | 5 | 3.56 | 0.737 | -0.275 | 0.690 |
| A2 | 1 | 5 | 3.50 | 0.791 | -0.314 | 0.484 |
| A3 | 1 | 5 | 3.63 | 0.803 | -0.400 | 0.593 |
| B1 | 1 | 5 | 3.19 | 0.887 | -0.226 | -0.126 |
| B2 | 1 | 5 | 3.14 | 0.875 | -0.171 | -0.126 |
| B3 | 1 | 5 | 3.16 | 0.871 | -0.279 | -0.033 |
| C1 | 1 | 5 | 3.90 | 0.749 | -0.604 | 1.027 |
| C2 | 1 | 5 | 3.79 | 0.782 | -0.481 | 0.514 |
| C3 | 1 | 5 | 3.68 | 0.806 | -0.271 | 0.293 |
| D1 | 1 | 5 | 2.96 | 1.010 | -0.244 | -0.590 |
| D2 | 1 | 5 | 2.64 | 0.994 | 0.245 | -0.248 |
| D3 | 1 | 5 | 2.38 | 1.116 | 0.405 | -0.770 |
| D5 | 1 | 5 | 2.95 | 1.041 | -0.111 | -0.584 |
| D6 | 1 | 5 | 2.93 | 1.043 | -0.066 | -0.685 |
| D7 | 1 | 5 | 2.91 | 1.066 | -0.132 | -0.674 |
| D8 | 1 | 5 | 2.87 | 1.085 | -0.030 | -0.759 |
| E2 | 1 | 5 | 3.75 | 0.786 | -0.605 | 0.854 |
| E3 | 1 | 5 | 3.71 | 0.835 | -0.671 | 0.870 |
| E4 | 1 | 5 | 3.54 | 0.851 | -0.518 | 0.332 |
| E5 | 1 | 5 | 3.68 | 0.811 | -0.445 | 0.210 |
| E6 | 1 | 5 | 3.65 | 0.876 | -0.490 | -0.123 |
| E7 | 1 | 5 | 3.44 | 0.887 | -0.271 | -0.092 |
| E8 | 1 | 5 | 3.62 | 0.856 | -0.326 | 0.005 |

续表

| 变量 | 最小值 | 最大值 | 均值 | 标准偏差 | 偏度 | 峰度 |
|---|---|---|---|---|---|---|
| G1 | 1 | 5 | 3.61 | 0.783 | -0.005 | 0.033 |
| G2 | 1 | 5 | 3.66 | 0.850 | -0.349 | 0.250 |
| G3 | 1 | 5 | 3.70 | 0.870 | -0.539 | 0.465 |
| G4 | 1 | 5 | 3.21 | 1.005 | -0.134 | -0.315 |
| G5 | 1 | 5 | 3.28 | 0.936 | -0.100 | -0.121 |
| G6 | 1 | 5 | 3.03 | 0.954 | -0.075 | -0.145 |
| G7 | 1 | 5 | 3.56 | 0.858 | -0.288 | -0.235 |
| G8 | 1 | 5 | 3.74 | 0.768 | -0.427 | 0.251 |
| I1 | 1 | 5 | 3.30 | 0.945 | -0.214 | -0.239 |
| I4 | 1 | 5 | 3.03 | 0.893 | 0.005 | -0.094 |
| I5 | 1 | 5 | 3.13 | 0.962 | -0.139 | 0.063 |
| I6 | 1 | 5 | 3.23 | 0.981 | -0.059 | -0.286 |
| I7 | 1 | 5 | 3.20 | 0.957 | 0.034 | -0.173 |
| I8 | 1 | 5 | 3.67 | 0.822 | -0.213 | -0.246 |
| J1 | 1 | 5 | 3.61 | 0.787 | -0.266 | 0.162 |
| J2 | 1 | 5 | 3.61 | 0.731 | -0.288 | 0.177 |
| J3 | 1 | 5 | 3.65 | 0.776 | -0.459 | 0.390 |
| J4 | 1 | 5 | 3.50 | 0.772 | -0.242 | 0.128 |
| J5 | 1 | 5 | 3.43 | 0.801 | -0.383 | 0.467 |
| J6 | 1 | 5 | 3.66 | 0.732 | -0.193 | 0.136 |
| J7 | 1 | 5 | 3.65 | 0.753 | -0.237 | 0.353 |
| J8 | 1 | 5 | 3.72 | 0.721 | -0.268 | 0.609 |
| J9 | 1 | 5 | 3.48 | 0.767 | -0.150 | 0.135 |
| J10 | 1 | 5 | 3.60 | 0.802 | -0.505 | 0.623 |

为了能够有效分析问卷的信度，在预调研时删除了部分不符合条件的题项。正式量表问卷的信度如表6.12所示，各个分量表信度和总体量表的信度均大于0.8，表明正式量表问卷具有较好的可靠性和稳定性，可以保留所有测量题项进行后续分析。

表 6.12　　　　　　　　　　正式量表信度分析

| 变量 | 测试题项 | 删除项后的 Cronbach's α | 初始量表的 Cronbach's α |
|---|---|---|---|
| 信任 | A1 | 0.864 | 0.913 |
| | A2 | 0.861 | |
| | A3 | 0.902 | |
| 隐私担忧 | B1 | 0.869 | 0.919 |
| | B2 | 0.873 | |
| | B3 | 0.906 | |
| 先前经验 | C1 | 0.769 | 0.861 |
| | C2 | 0.785 | |
| | C3 | 0.860 | |
| 个性——神经质 | D1 | 0906 | 0.910 |
| | D2 | 0.901 | |
| | D3 | 0.902 | |
| | D5 | 0.894 | |
| | D6 | 0.895 | |
| | D7 | 0.887 | |
| | D8 | 0.887 | |
| 个性——尽责性 | E2 | 0.851 | 0.865 |
| | E3 | 0.841 | |
| | E4 | 0.848 | |
| | E5 | 0.845 | |
| | E6 | 0.851 | |
| | E7 | 0.844 | |
| | E8 | 0.845 | |
| 个性——开放性 | G1 | 0.884 | 0.892 |
| | G2 | 0.877 | |
| | G3 | 0.874 | |
| | G4 | 0.874 | |
| | G5 | 0.871 | |
| | G6 | 0.882 | |
| | G7 | 0.879 | |
| | G8 | 0.883 | |

续表

| 变量 | 测试题项 | 删除项后的 Cronbach's α | 初始量表的 Cronbach's α |
|---|---|---|---|
| 个性——外倾性 | I1 | 0.828 | 0.842 |
| | I4 | 0.815 | |
| | I5 | 0.808 | |
| | I6 | 0.806 | |
| | I7 | 0.803 | |
| | I8 | 0.831 | |
| 用户体验 | J1 | 0.909 | 0.919 |
| | J2 | 0.908 | |
| | J3 | 0.917 | |
| | J4 | 0.909 | |
| | J5 | 0.917 | |
| | J6 | 0.909 | |
| | J7 | 0.908 | |
| | J8 | 0.905 | |
| | J9 | 0.917 | |
| | J10 | 0.912 | |
| 量表整体 | — | — | 0.903 |

在正式问卷的效度分析中，本章采用验证性因子分析，分析其收敛效度与区别效度，为结构方程模型的建构做准备。

（1）收敛效度分析。

收敛效度分析是通过分析每个测量指标的因子载荷来进行分析的。首先要检查测量指标的因子载荷和评估每一个因子的统计显著性。只有当各测量指标的结构具有一个显著的因子载荷，变量才具备较强的收敛效度（陈维等，2016）。

本章主要通过标准载荷系数（Std. Estimate）、平均方差萃取量（AVE）和组合信度（CR）这三个指标来共同判断问卷的收敛效度。一般要求因子载荷 >0.5，越大越好。AVE 是计算潜变量的观测变量的变异数解释力，AVE 越高，越收敛。AVE > 0.5，理想；AVE > 0.36，可接受。此外，组合信度（CR）表示构念内部的一致性，CR 值越高，越收敛。一般要求组合信度大于

0.7，越高越好。

由表6.13可知，各题项的因子载荷均大于0.5，AVE值达到可接受标准，组合信度均大于0.8，表明问卷已达到收敛效度的标准，可以保留所有题项以便进行后续分析。

**表 6.13　　正式量表收敛效度分析**

| 题项 | Estimate | AVE | CR |
|---|---|---|---|
| A1 | 0.899 | 0.7658 | 0.9074 |
| A2 | 0.890 | | |
| A3 | 0.835 | | |
| B1 | 0.912 | 0.7927 | 0.9198 |
| B2 | 0.903 | | |
| B3 | 0.855 | | |
| C1 | 0.877 | 0.6771 | 0.8622 |
| C2 | 0.847 | | |
| C3 | 0.738 | | |
| D1 | 0.603 | 0.5877 | 0.907 |
| D2 | 0.635 | | |
| D3 | 0.660 | | |
| D5 | 0.799 | | |
| D6 | 0.817 | | |
| D7 | 0.903 | | |
| D8 | 0.889 | | |
| E2 | 0.654 | 0.4803 | 0.866 |
| E3 | 0.720 | | |
| E4 | 0.686 | | |
| E5 | 0.707 | | |
| E6 | 0.658 | | |
| E7 | 0.721 | | |
| E8 | 0.702 | | |

续表

| 题项 | Estimate | AVE | CR |
|---|---|---|---|
| G1 | 0. 648 | 0. 5117 | 0. 8931 |
| G2 | 0. 723 | | |
| G3 | 0. 752 | | |
| G4 | 0. 747 | | |
| G5 | 0. 775 | | |
| G6 | 0. 676 | | |
| G7 | 0. 716 | | |
| G8 | 0. 676 | | |
| I1 | 0. 557 | 0. 4721 | 0. 8395 |
| I4 | 0. 621 | | |
| I5 | 0. 666 | | |
| I6 | 0. 821 | | |
| I7 | 0. 829 | | |
| I8 | 0. 576 | | |
| J1 | 0. 803 | 0. 5426 | 0. 9212 |
| J2 | 0. 818 | | |
| J3 | 0. 630 | | |
| J4 | 0. 759 | | |
| J5 | 0. 599 | | |
| J6 | 0. 768 | | |
| J7 | 0. 800 | | |
| J8 | 0. 842 | | |
| J9 | 0. 601 | | |
| J10 | 0. 693 | | |

（2）区分效度。

区分效度分析是通过比较结构变量中测量指标的内部相关性与各结构变量的外部相关性，从而估计出测量指标与内、外不同结构变量相关程度的差异，进而判断出变量的区别效度。通常用具体的关系来衡量区分效度，即当各变量的 AVE 平方根值大于其和其他各变量相关系数时，量表才具有区别效度（方绮雯等，2018）。

如表 6.14 所示，各变量的 AVE 平方根值均大于该变量与其他变量的相关系数，表明此次正式问卷各维度均达到区别效度的标准，正式问卷可以构建结构方程模型。

表 6.14　　　　正式量表区分效度分析

| 变量 | 信任 | 隐私 | 先前经验 | 神经质 | 尽责性 | 开放性 | 外倾性 | 用户体验 |
|---|---|---|---|---|---|---|---|---|
| 信任 | 0.875 | | | | | | | |
| 隐私 | 0.431 | 0.891 | | | | | | |
| 先前经验 | 0.661 | 0.089 | 0.823 | | | | | |
| 神经质 | 0.054 | -0.066 | 0.051 | 0.767 | | | | |
| 尽责性 | 0.112 | 0.191 | 0.132 | -0.254 | 0.693 | | | |
| 开放性 | 0.297 | 0.247 | 0.377 | -0.190 | 0.440 | 0.716 | | |
| 外倾性 | 0.198 | 0.150 | 0.237 | -0.227 | 0.378 | 0.619 | 0.756 | |
| 用户体验 | 0.474 | 0.069 | 0.729 | 0.036 | 0.098 | 0.276 | 0.174 | 0.737 |

### 6.4.4　假设检验

本节在经过验证性因子分析的基础上，首先，构建本次研究的结构方程模型，并对模型进行拟合度检验，以便更好地进行后续的分析；其次，根据路径系数回归的结果对构建的模型进行直接作用检验；最后，根据分析数据，汇总所有的假设结果，并提出“个性、信任和隐私对二手交易平台用户体验的作用”理论模型的合理性。

本节依据前面的相关理论基础和假设框架，采用 AMOS 24.0 软件，构建“个性、信任、隐私和先前使用经验对二手交易平台用户使用体验的作用”的结构方程模型。

为了验证结构方程模型的拟合程度，本章使用相对卡方（CMIN/DF）、近似误差均方根（RMSEA）等作为检验指标，检验结构模型的拟合度（温忠麟等，2004），如表 6.15 所示。

表 6.15　　　正式量表问卷数据拟合结果

| 统计检验量 | 拟合标准 | 实际值 | 拟合判断 |
|---|---|---|---|
| $\chi^2$/df | <3.00 越小越好 | 2.655 | 符合 |
| RMSEA | <0.10 可接受，<0.05 理想 | 0.077 | 符合 |
| CFI | >0.8 可接受，>0.90 理想 | 0.809 | 一般 |
| NFI | >0.8 可接受，>0.90 理想 | 0.728 | 不好 |
| RFI | >0.8 可接受，>0.90 理想 | 0.910 | 符合 |
| IFI | >0.8 可接受，>0.90 理想 | 0.811 | 一般 |
| TLI | >0.8 可接受，>0.90 理想 | 0.796 | 不好 |

拟合结果如表 6.16 所示，存在几个统计检验量拟合效果较差，没有达到标准要求，因此，还需要对该结构方程模型进行修订，确保模型准确性（方绮雯等，2018），才能更好地解释观测数据。通过 AMOS 24.0 计算出的 MI 指标对模型进行逐一修正，并分别对 e13 <--> e14、e20 <--> e21、e24 <--> e25、e31 <--> e35 这 4 个残差进行修正，最终得到拟合的结果。

表 6.16　　　模型修正后拟合结果

| 统计检验量 | 拟合标准 | 实际值 | 拟合判断 |
|---|---|---|---|
| $\chi^2$/df | <3.00 越小越好 | 1.799 | 符合 |
| RMSEA | <0.10 可接受，<0.05 理想 | 0.054 | 符合 |
| CFI | >0.8 可接受，>0.90 理想 | 0.909 | 符合 |
| NFI | >0.8 可接受，>0.90 理想 | 0.818 | 一般 |
| RFI | >0.8 可接受，>0.90 理想 | 0.803 | 一般 |
| IFI | >0.8 可接受，>0.90 理想 | 0.910 | 符合 |
| TLI | >0.8 可接受，>0.90 理想 | 0.902 | 符合 |

拟合结果如表 6.16 所示，绝大部分拟合优度指标能够通过，仅有少部分指标未达到理想标准，且该部分指标与要求标准相差较小，能够接受。因此，该模型能够通过验证，可以接受本章构建的理论模型。

结合上述分析，本章构建的“个性、信任、隐私对二手交易平台用户体验的作用”结构方程模型其标准化估计值及相关系数如图 6. 15 所示。

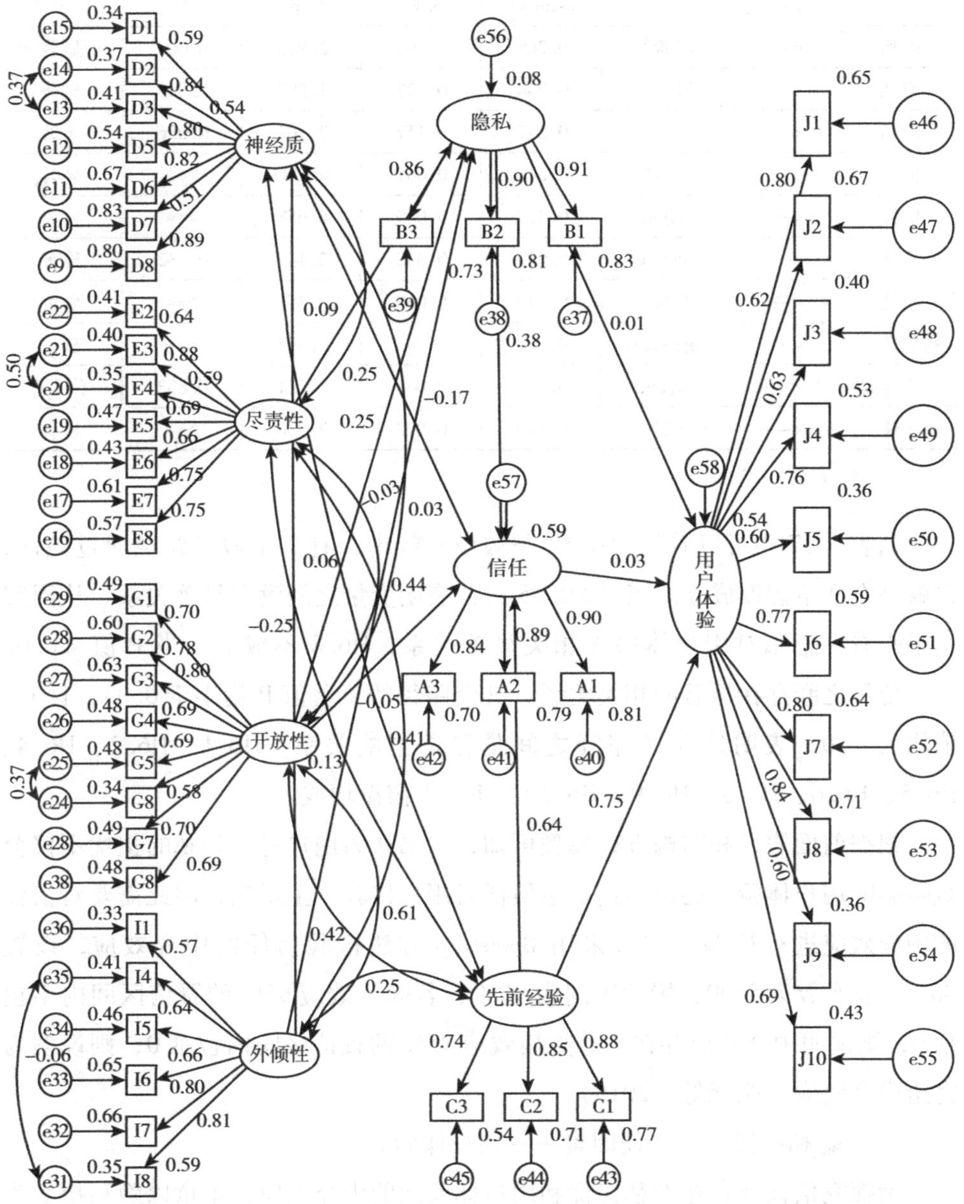


图 6. 15　标准化“个性、信任和隐私对二手交易平台用户体验的作用”结构方程模型

根据 AMOS 24.0 的分析结果，本章的模型路径分析结果如表 6.17 所示。

**表 6.17　　　　　　　　　　　结构模型修正后拟合度**

| 路径 | | | Estimate | S. E. | C. R. | P | 显著性 |
|---|---|---|---|---|---|---|---|
| 隐私 | <--- | 尽责性 | 0.269 | 0.092 | 2.935 | 0.003 | 显著 |
| 隐私 | <--- | 开放性 | 0.244 | 0.122 | 1.997 | 0.046 | 显著 |
| 隐私 | <--- | 外倾性 | 0.247 | 0.117 | 2.102 | 0.036 | 显著 |
| 信任 | <--- | 先前经验 | 0.616 | 0.061 | 10.033 | *** | 显著 |
| 信任 | <--- | 隐私 | 0.422 | 0.049 | 8.658 | *** | 显著 |
| 信任 | <--- | 神经质 | 0.083 | 0.038 | 2.147 | 0.032 | 显著 |
| 信任 | <--- | 开放性 | 0.217 | 0.065 | 3.351 | *** | 显著 |
| 用户体验 | <--- | 先前经验 | 0.715 | 0.091 | 7.895 | *** | 显著 |
| 用户体验 | <--- | 隐私 | 0.010 | 0.048 | 0.211 | 0.833 | 不显著 |
| 用户体验 | <--- | 信任 | 0.529 | 0.072 | 7.320 | *** | 显著 |

注：*** 表示 $P<0.001$。

从表 6.17 中可以看到，在 10 条假设路径中，有 9 条假设路径通过验证，也就是有 9 条假设成立。当 $P>0.05$ 时，表明变量之间没有显著关系。从回归结果来看，隐私对用户体验无相关显著关系，H6.8 不成立。当 P 值 $<0.05$ 时，变量之间存在显著的相关关系。其余路径的显著值 P 均小于 0.05，且 CR 值均大于 0，表明这 9 条路径之间是显著影响关系，H6.1、H6.2、H6.4、H6.5、H6.6、H6.8、H6.9、H6.10、H6.11 假设均成立。

根据前面假设和结构方程模型可知，本书认为用户对于隐私的担忧不仅会直接影响用户体验，还会通过产生信任对用户体验产生影响，因此需要对信任的中介效应进行检验。本节采用 Bootstrap 方法检验信任的中介效应，设置 Bootstrap 次数为 5000，置信区间为 95%，若间接效应 95% 的置信区间内不包括 0，则说明中介效应存在，若直接效应 95% 的置信区间内包括 0，则说明为完全中介效应（张涵等，2016）。

（1）隐私担忧——信任因素——用户体验。

为探究信任因素在隐私担忧和用户体验间的中介效应，本章以隐私担忧为自变量，以用户体验为因变量，以信任因素为中介变量，分析结果如表 6.18 所示。可以看到，在 95% 置信区间中直接效应中包含 0，说明中介效应存在，且起完全中介作用。前面进行路径分析时，隐私担忧与用户体验之间并无显著相关关系，然而单独对隐私担忧、信任因素与用户体验进行中介效应分析时，隐私担忧与用户体验又呈现出显著相关，这可能是因为结构方程里涉及的变量更多，隐私大有对用户体验的影响被其他变量代替了。

**表 6.18　　信任的中介效应检验**

| 统计检验量 | 效应值 | BootSE | BootLLIC | BootULIC |
| --- | --- | --- | --- | --- |
| 总效应 | 0.1902 | 0.0516 | 0.0614 | 0.2647 |
| 直接效应 | 0.0136 | 0.0617 | -0.1350 | 0.1079 |
| 间接效应 | 0.1766 | 0.0297 | 0.1233 | 0.2398 |

（2）先前使用经验——信任因素——用户体验。

为探究信任因素在先前使用经验和用户体验间的中介效应，本章以先前使用经验为自变量，以用户体验为因变量，以信任因素为中介变量，进行中介效应分析，分析结果如表 6.19 所示。间接效应 95% 的置信区间内包括 0，说明中介效应不存在。

**表 6.19　　信任的中介效应检验**

| 统计检验量 | 效应值 | BootSE | BootLLIC | BootULIC |
| --- | --- | --- | --- | --- |
| 总效应 | 0.5316 | 0.0626 | 0.4083 | 0.6549 |
| 直接效应 | 0.4681 | 0.0664 | 0.3374 | 0.5989 |
| 间接效应 | 0.0635 | 0.0355 | -0.0067 | 0.1322 |

综合上述结果可以得到如表 6.20 所示的研究假设检验结果。

**表 6.20　　研究假设检验结果**

| 变量 | 研究假设 | 是否成立 |
| --- | --- | --- |
| 个性 | H6.1：神经质负向影响信任问题 | 成立 |
| | H6.2：尽责性正向影响隐私担忧问题 | 成立 |
| | H6.4：开放性负向影响隐私担忧问题 | 成立 |
| | H6.5：外倾性负向影响隐私担忧问题 | 成立 |
| | H6.6：开放性正向影响信任问题 | 成立 |
| 隐私担忧 | H6.7：隐私担忧影响信任问题 | 成立 |
| | H6.8：隐私担忧正向影响用户体验 | 不成立 |

续表

| 变量 | 研究假设 | 是否成立 |
| --- | --- | --- |
| 信任 | H6.9：信任因素正向影响用户体验 | 成立 |
| 先前使用经验 | H6.10：先前使用经验正向影响信任问题 | 成立 |
| | H6.11：先前使用经验正向影响用户体验 | 成立 |

信任因素在隐私担忧和用户体验之间发挥完全中介作用。中介效应—信任因素在先前使用经验和用户体验之间不存在中介效应。

# 6.5 研究结论

## 6.5.1 研究结论与分析

本章研究的目的是探讨个性、信任、隐私担忧问题和以往的经历会影响用户的体验和这些因素的组合是否能提高用户的体验。

第一，本章的研究在全面梳理信任理论、隐私担忧理论和“大五”人格理论与现有的研究成果基础上，基于扎根理论，使用实证分析的方法，对个性、信任和隐私对二手交易平台中用户体验的作用进行定量验证分析，系统地梳理了相关变量之间的影响关系，并测验信任因素作为中介效应的影响，研究结果显示：(1) 隐私对信任关系有显著影响作用；(2) 信任对用户体验有正向影响作用；(3) 先前使用经验对信任因素和用户体验有正向影响作用；(4) 开放性、外倾性负向影响隐私担忧因素，尽责性正向影响隐私担忧因素，神经质负向影响信任因素，开放性正向影响信任因素。

第二，在一个信息大爆炸的时代，数据也成为一种资产，人们越来越重视自己的一些个人信息，但在二手交易平台的相关研究中，较少有学者探讨这个因素对用户行为的影响，更甚者，几乎没有学者探讨其对用户体验的影响，本章结合信息时代下学者们对隐私担忧的定义，把隐私担忧因素纳入理论模型的建构中，验证用户对隐私担忧对其用户体验的是否有显著影响作用。同时，也探讨了隐私信任因素对隐私担忧因素和用户体验之间的中介作用，然而，令笔者惊讶的是，隐私问题对用户体验表现没有直接影响，这意味着在线上二手交易平台的使用中，隐私问题不会影响用户在整个交易过程中的整体体验。这可能是因为，要从二手交易平台中受益，就需要暴露隐私风险。因此参与线上二手交易平台使用的用户可能已经将隐私担忧纳入了他们的信任信念。对他们来说，信任包括信任平台对隐私的保护，这也意味着隐私担忧问题可能会显著影响用户的使用意愿和实际使用情况，而不是用户体验。另一个可能是，现下，随着互联网、大数据的快速发展，人们对在线分享个人信息这一行为不太在意，因为他们习惯了各种信息授权、大数据算法等行为。还有一个可能是，用户还未察觉到二手交易平台有侵犯、泄露用户隐私的行为，或是不知道自己的隐私被侵犯到了哪一步。因此对二手交易平台的使用和二手交易平台这种方式带来的购物、交易便利性在很大程度上超过了他们的隐私担忧，换句话说，人们愿意用隐私换取便利，在信息纷繁杂乱的时代，人们表现出了对隐私保护问题的无奈，更有甚者消极应对隐私保护问题，这一结论在很大程度上为后续的研究工作提供了新的思路。

第三，任何交易活动都建立在信任的基础上，信任是链接交易双方的重要桥梁，故本章也将信任因素纳入理论模型的构建中，验证信任因素是否对用户体验起到显著正向影响的作用，正如 H6.8，信任对用户的体验有显著的正向影响，也就是说，相信二手交易平台的用户会对自己的用户体验产生积极的影响。他对隐私问题的中介效应也表明用户相信二手交易平台不会允许他们的数据被滥用，从而让他们轻松地分享自己的个人信息。当然，众多的学术研究也证实了信任是二手交易平台健康发展的关键，二手交易是人与人之间的链接，信任则是链接买卖双方的桥梁。

第四，本章通过一对一访谈的方式，能够捕捉到了用户对二手交易平台的一些不同想法和看法，丰富了此次研究中理论模型的构建，能够从整体上挖掘到影响用户体验的相关因素，并将获得到的有效信息纳入此次研究内容。在编码过程中，发现大部分用户的先前使用经验会直接影响其用户体验。此外，本章还将信任因素作为中介变量，探讨其对先前使用经验与用户体验之间的中介效应。结果表明，过去的一些使用经验对用户的信任度和用户的体验有正向影响。这意味着用户通过平台上的某些服务获得的信任和体验将被放大或用作评价线上二手交易体验的基准。这也符合人们的现实态度，当人们在某个平台长期进行交易，交易的商品又快又好，收到货物所产生的情绪就是满意的，长期积累下来，人们会对这样的平台形成信任和依赖，如果有一次交易过程不顺利，用户就会寻找平台的客服进行沟通需求解决方案；反之，如果是一个新平台，没有长期良好的交易所形成的信任和依赖，新用户们也许会做出非理性的行为，给差评、投诉甚至拉黑。一个良好的交易经历能够让用户产生较好的用户体验，对平台也就更加信赖，同时平台的用户黏性也会越强，形成一个良性循环。

第五，本章首次将个人心理因素（个性因素）纳入对二手交易平台的研究中，在研究内容上是一种新的突破和尝试，并得到了一些相关关系：在性格个性方面，开放性对信任和隐私都有显著影响。这意味着这种人格特质本身并不容易产生隐私担忧问题，容易对他人建立信任。这或许是因为积极的个性会产生积极的信任倾向；神经质对信任有显著负面影响。这表明具有这种性格特征的人的歇斯底里本质，他们的情绪不稳定性，使他们难以信任别人。同时，尽责性对隐私问题有显著影响。正如 H6.1，具有这种个性特征的人自律、有条理、能够用逻辑分析问题，当他们在面对各种各样的情景时，能够保持审慎的态度，比较警惕保守，对待道德的要求较高，故而对隐私担忧程度较高。

第六，外倾性和开放性一样，对信任有显著影响，这意味着这种人格特质本身容易对他人建立信任。

研究发现，个性差异会影响用户对线上二手交易体验的感知。二手交易平台是一个具有个性化服务潜力的购物渠道，在一个个性化需求越来越强烈的大背景环境下，有理由相信了解个性与二手交易的关系以及它如何影响用户体验是很重要的。

## 6.5.2 对策与建议

### 6.5.2.1 提供个性化服务，契合用户个性需求

消费者需求的迅速变化，导致人们越来越关注平台如何通过提供更好的服务，从竞争中脱颖而出。本章的研究为二手交易平台提供了有用的启示，寻求开发潜在的二手交易服务的竞争优势。通过提供更个性化的用户服务，以满足

不断增长的用户体验期望。

（1）注重用户个性，制定差异化策略。

个性在面向用户的线上交易服务中扮演着重要的角色，因此，在个性化的尝试中，平台需要根据用户的个性来制定和调整他们的策略。每个人的个性是触发行动的开关，恐惧的心态，人会启动防御，采取必要的保护措施；外向的心态，人会喜形于色，表现出积极乐观的一面；营销人员可以利用这些个性开关促成交易转化。应该更加关注有开放性、外倾性、神经质和尽责性人格特质的顾客，平台可以使用自我评估问题或者通过大数据挖掘等，在不会让用户感受到侵犯的前提下，从用户那里获取关于个性的信息。对于开放性、外向性人格的人可以适当地制造一些竞争感、饥饿感的推送或营销，满足这类个性的用户好奇心的同时也能促进交易，但此举对神经质人格的用户不可取，这类用户难以平衡焦虑，不具有保持情绪稳定的功能，如果平台采取这样的措施就可能会适得其反。

（2）注重页面设计，积极影响用户情绪。

同时，平台也可以在视觉上进行一定的改进，人是视觉感知动物，从视觉感知层就会影响到用户的情绪，进而影响交易。因而可以在页面设计时做到以下几点设计思路：如对于神经质的用户，要注重简单清晰，一个页面只做一件事，删除冗余，信息明确；减少等待，减少步长，缓解焦虑，反馈及时；对于尽责性的用户要采取一些安全可控的操作，如信息脱敏、操作可控、安全提示等以适应他们审慎、警惕的个性，减少他们对隐私的担忧。

总之，了解用户的个性特征可以帮助营销人员设计和提供更加个性化的服务给用户。

#### 6.5.2.2　加强监管，关注用户交易体验

江苏省消保委微信号在 2021 年 1 月 14 日发布的报告指出，二手交易的套路很多，九成以上的用户都有不愉快的体验。超过一半的用户遇到了信息不透明，实物与照片不相符的问题。通过加强对交易过程前中后各环节的监管，才能更好地提升用户体验。

（1）强化平台监督管理责任。

对于二手闲置交易，在商品发布上要严格把关，或是协同第三方对一些高

价值产品，如电子产品、奢侈品等的买卖进行严格审核，防止由于监管不力或规则漏洞等，让平台出现假冒伪劣产品，让用户遇到这种售假诈骗问题，而造成用户不好的体验。

此外，平台应该进一步完善用户准入后平台内活动的监督机制，将监督贯穿在整个交易过程中，利用好大数据、智能化手段，发现违规违法的卖家及时采取措施。同时，在提高审核机制、监督机制的同时，提高检测方法、检测技术，尽量避免产生误判。

二手交易平台不仅是电商发展的挑战也是机遇，在当前电商竞争激烈的市场环境下，二手交易平台想要站稳脚跟，首先还是应该充分发挥平台实力，坚持平台自律，在最大限度上保障平台内用户的权益，才能取得用户的信任，为更多的用户所接受，推动行业的发展；如果不加以规范，任由野蛮生长，就会沦为垃圾中转站。我们既要一个自由的市场，也要一个规范的市场。

（2）主动作为，注重用户体验。

好的体验能够给用户带来满足和愉悦感，其结果可以让用户成为推动者；反之，则可能让用户成为贬低者。建议平台应在每次交易后能系统地衡量用户体验的表现，并在必要时鼓励用户参与这些评估。平台可以让用户将他们的实际经验与之前的经验进行比较，如果可能的话，与他们的预期进行比较，而不是单独对每一种经验进行评级。这将使平台的管理人员能够采取积极主动的行动，规划持续的服务改进。

#### 6.5.2.3 用信任打开闲置经济大门的钥匙

信任是交易的基础，这在二手交易市场显得尤为重要。现在的二手交易平台也深刻地意识到了这一点，在信用体系上都下了大功夫，如资金第三方保障机制、实名认证等举措无不体现了平台对信任进行业务基础的搭建。但在信任交易中，二手交易平台还有可以优化的空间。

（1）做好售后服务保障，强化用户信任感。

如果闲置交易平台也可以实现与电商平台那样的品质保障与售后保障，用户的信任感无疑将大大提升。平台可以开辟官方板块，由第三方的专业服务商提供回收、鉴别服务，像其他电商平台一样为用户提供与购买新品类似的“包真、包退、包邮”的“三包”服务，以此增强用户对平台的信任感，提升用户在使用过程中的体验。

（2）打造线下服务场景。

在网络上，用户不能直观地感觉到实物，对二手产品的新旧程度、质量等，也没有办法得到一个比较明确的心理预期，尤其是一些价格比较高的产品，更是如此。但如果开辟了线下实体店的渠道，通过实体店的体验，便能对要在线上购买的商品产生较为确定的预期，如可以为用户提供电子产品、奢侈品的回收与自提服务，通过线下面对面交易的实体服务场景，将大大提升用户对闲置商品的交易信心。

本章的研究从二手交易平台出发，研究线上二手交易过程中的用户体验。首先，通过文献研读梳理，在扎根理论的支撑下提炼范畴、构建理论模型、提出假设；其次，以问卷形式收集数据，并对结果进行分析和验证，最终验证了“个性、信任和隐私对二手交易平台用户体验的作用”理论模型的合理性。本章的研究结果能够对二手交易平台的研究起到一定的借鉴意义，研究加入了新的变量因素，拓展了现有的理论模型，还为这些二手交易平台提供了可行的对策与建议。

但是，由于时间、成本等原因，本章在研究过程中仍存在以下几点不足：

第一，调查对象的局限性。首先，由于笔者个人背景的制约，本章所采取的访谈、调研的对象多集中于青年段，尤其是学生群体居多，但现实中仍有很大一部分非学生群体使用二手交易平台，使调研对象的广度不够。因此本章的研究成果虽然在大学生群体中有一定的可信度，但并不能完全反映出整个二手交易平台用户的特征。其次，为了保持一致性，调查的数据只从国内的用户收集。这限制了概括性，因为文化和环境因素可能会影响信任和隐私问题。例如，在欧洲国家，隐私与个性的关系可能会有所不同，因为一般的数据保护规定可能会使用户在通过线上平台分享数据时感到更受保护。

第二，量表编制的局限性。本章研究虽然证实了大部分变量间的作用关系，但在量表的编制和设计中，仍有不足。例如，对于个性这一变量的设计研究，“大五”人格量表虽然已经非常成熟，但是可能并不能完美地适应于该领域的测量，以至于在信效度分析中还删除了宜人性这一人格因素。在后续研究中，应选择更具有代表性、概括性的量表来测量个性这一因素。

针对研究存在的不足以及还有待补充的研究空白，提出以下几点展望：

第一，扩大样本来源。在后续的研究中，应该扩展更多的方式和渠道去收集数据，除了访谈、问卷等方法外，还可以结合一些网络新闻、评论等进行分析，并尽量在调查人群上能够做出突破，尽可能辐射到不同年龄段、不同受教育程度、不同区域的人群中。例如，进一步的研究可以在欧洲、非洲和美洲等其他地区进行，以确定是否得到了类似的结果。

第二，寻找更多的影响因素，进一步完善模型。在网络交易环境中，用户体验是一个非常复杂的过程，在后续的研究中可以进一步丰富拓展本书提出的研究模型，例如，在个性因素上，在这方面做的相关研究较少，可以在本章研究的基础上归类出更完整、更全面的模型，提高研究结果的全面性。

第三，未来的研究也应该考虑一个纵向的方法来调查线上二手交易平台的用户体验，因为用户体验可能会随着隐私问题和信任信念的演变而改变。考虑用一个动态过程的调查会使结论更具有准确性。

第四，此次研究结果可以用来调查类似的情况，如面向电子商务环境中的个性、信任和隐私的研究，甚至比较结果的差异。此外，用户体验也已被确定为企业客户服务绩效的主要业绩指标之一，当下，企业试图通过提供优质的客户服务获得竞争优势。我们通过使用不同于客户满意度的量表来获取用户整体体验的感知，从而为用户体验的研究做出贡献。这个衡量标准更加包罗万象，它捕捉到的用户体验不仅仅是从情感角度衡量的满意度。因此，在后续的研究中可以进一步开发、调整和评估其他用户体验量表的能力，以更好地解释用户体验。

## 本章主要参考文献

[1] 国家十部委联合提出关于促进绿色消费的指导意见 [J]. 有色冶金节能，2016，32 (3)：1-3.

[2] 李芬芬. 国家信息化发展战略纲要 [J]. 华东科技，2016 (9)：16-17.

[3] 发展改革委等八部门联合印发《关于促进分享经济发展的指导性意见》[J]. 电子政务，2017 (7)：15.

[4] 海霞. 基于互联网共享经济的理念、实践与出路 [J]. 环渤海经济瞭望，2018

（7）：27.

［5］国家信息中心发布．中国共享经济发展报告（2022）［EB/OL］．http：//www. sic. gov. cn/News/568/11277. html.

［6］华经情报网．我国二手交易电商发展现状与前景分析——存量经济时代中的增量市场［EB/OL］．https：//baijiahao. baidu. com/s？id = 1703346991616510120&wfr = spider&for = pc.

［7］北晚新视觉网．二手闲置市场规模将达1万亿元，网络平台仍有乱象，监管难题待破解［EB/OL］．https：//baijiahao. baidu. com/s？id = 1680686059741836639.

［8］国家发展改革委印发《"十四五"循环经济发展规划》［J］．中国轮胎资源综合利用，2021（8）：8.

［9］魏青．网络二手交易平台的发展现状及规制［J］．大陆桥视野，2021（8）：90 - 91.

［10］Botsman R，Rogers R. What's Mine Is Yours：The Rise of Collaborative Consumption［M］．New York，NY：Harper Business，2010.

［11］李晨端，吴晶宇．互联网用户个人信息被收集情况的调查及对策研究［J］．法制与社会，2019（14）：129 - 130.

［12］蒙慧欣．网信办等四部门发布 App 个人信息收集规定［J］．计算机与网络，2021，47（7）：8.

［13］Costa P. Four ways five factors are basic［J］．Personality and individual differences，1992（6）：653 - 665.

［14］Culnan M J，Williams C C. How Ethics Can Enhance Organizational Privacy：Lessons from the Choice Point and TJX Data Breaches［J］．Mis Quarterly，2009，33（4）：673 - 687.

［15］Lessig L. Code：And other Laws of Cyberspace［M］．Code and other laws of cyberspa - ce. Basic Books，1999：369 - 370.

［16］Stone E F，Gueutal H G. A Field Experiment Comparing Information Privacy Values，Beliefs and Attitudes Across Several Types of Organizations［J］．Journal of Applied Psychol ogy，1983，68（3）：459 - 468.

［17］Malhotra N K，Kim S S，Agarwal J. lnternet Users' Information Privacy Concerns（IU-IP C）：The Construct，the Scale，and a Causal Model［J］．Information Systems Research，2004，15（4）：336 - 355.

［18］Culnan M J，Bies R J. Cosumer Privacy：Balancing Economic and Justice Consideratio ns［J］．Journal of Social Issues，2003，59（2）：323 - 342.

［19］Tamara D，Paul H. Internet Privacy Concerns and Social Awareness as Determinants of Intention to Transact［M］．M. E. Sharpe，Inc，2006.

[20] Smith H J, Milberg S J. Information privacy: measuring individuals' concerns about organizational practices [J]. Mis Quarterly, 1996, 20 (2): 167-196.

[21] Liao C, Liu C C, Chen K. Examining the impact of privacy, trust and risk perceptions beyond monetary transactions: An integrated model [J]. Electronic Commerce Research & Applications, 2011, 10 (6): 702-715.

[22] Deutsch M. Trust and Suspicion [J]. Journal of Conflict Resolution, 1958, 2 (4): 265-279.

[23] Rotter J B. Interpersonal Trust, Trustworthniess, and Gullibility [J]. American Pshchologist, 1980, 35 (1): 1-7.

[24] Zucker L G. Production of trust: Institutional sources of economic structure, 1840-1920. [J]. Research in Organizational Behavior, 1986, 8 (2): 5-111.

[25] Williamson O E. The mechanisms of governance [M]. Oxford University Press, 1996.

[26] Moorman C, Zaltman G, Deshpande R. Relationships between providers and users of market research: The dynamics of trust [J]. Journal of marketing research, 1992, 29 (3): 314-328.

[27] Ganesan S. Determinants of long-term orientation in buyer-seller relationships [J]. Journ al of Marketing, 1994, 58: 1-19.

[28] Gefen D. E-commerce: the role of familiarity andtrust [J]. 0mega, 2000, 28 (6): 725-737.

[29] Kini A, Choobineh J. Trust in Electronic Commerce: Definition and Theoretical Consider ations [C] //Proceedings of the Thirty-First Hawaii International Conference on System Sciences, IEEE Computer Society, 1998.

[30] Jarvenpaa S L, Tractinsky N, Vitale M. Consumer trust in an Internet store [J]. Information Technology and Management, 2000, 1 (1/2): 45-71.

[31] Corritore C L, Kracher B, Wiedenbeck S. 0n-line trust: concepts, evolving themes, a mod el [J]. International Journal of Human-Computer Studies, 2003, 58 (6): 737-758.

[32] Mayer R C, Davis J H, Schoorman F D. An Integrative Model of Organizational Trust [J]. Academy of Management Review, 1995, 20 (3): 709-734.

[33] Costa P T, MeCrae R R. The NEO-PI-R personaliy inveniory manual [M]. Odessa FL: P syehological Assessment Resources, 1985.

[34] 王孟成，戴晓阳，姚树桥．中国大五人格问卷的初步编制Ⅲ：简式版的制定及信效度检验 [J]．中国临床心理学杂志，2011，19 (4)：454-457.

[35] Jaeki Song, Jeff Baker. An integrated model exploring sellers' strategies in eBay auctio

ns [J]. Electronic Commerce Research, 2007, 7 (2): 165 – 187

[36] Janice D, Mike M. "I'll Sell This and I'll Buy Them That": EBay and the Mangement of Possseeions As Stock [J]. Journal of Consumer Behaviour, 2009, 8 (6): 305 – 315.

[37] Thomas V M. Demand and Dematerialization Impacts of Second – Hand Markets [J]. Jou mal of Industrial Ecology, 2010, 7 (2): 65 – 78.

[38] Anderson S P, Ginsburgh V A. Price Discrimination Via Second – Hand Markets [J]. European Economic Review, 1994, 38 (1): 23 – 44.

[39] Stroeker N E, Antonides G. The process of reaching an agreement in second – hand markets forconsumer durables [J]. Journal of Economic Psychology, 1997, 18 (4): 341 – 367.

[40] 吕来明，陈天舒．二手物品网络交易平台的运行机制及义务承担规则 [J]. 商业经济研究，2021 (24): 111 – 114.

[41] 余人，李娅娜．分享经济背景下大学校园旧书交易平台构想 [J]. 出版发行研究，2017 (9): 48 – 50.

[42] 张子欣，高敏，王斯宇，丁雨辰，吴逸帆．校园内部二手交易平台研究 [J]. 合作经济与科技，2020 (9): 84 – 87.

[43] 伊双清，董杰，谢君．基于 C2C 模式的校园二手商品"双线"交易平台研究 [J]. 科技视界，2020 (3): 82 – 83.

[44] 承心如，程诗颢．二手交易平台"闲鱼"评价机制存在问题及其解决对策 [J]. 上海商业，2021 (2): 146 – 147.

[45] 陈慧雯，刘咪．C2C 二手交易平台的发展研究——以阿里巴巴闲鱼为例 [J]. 商场现代化，2017 (5): 53 – 55.

[46] 张燕羽．网络二手市场信用隐患——以二手交易平台闲鱼为例 [J]. 法制与社会，2017 (15): 191 – 192.

[47] Hsu H Y, Tsou H T. Understanding customer experiences in online blog environments [J]. International Journal of Information Management, 2011, 31 (6): 510 – 523.

[48] Laming C, Mason K. Customer experience – an analysis of the concept and its performance in airline brands [J]. Research in transportation Business & Management, 2014, 10: 15 – 25.

[49] Lemon K N, Verhoef P C. Understanding customer experience throughout the customer journey [J]. Journal of Marketing. 2016, 80 (6): 69 – 96

[50] Klie L. Which interaction channels are most popular? [J]. CRM Magazine, 2013, 17 (9): 12.

[51] Verhoef P C. Understanding the effect of customer relationship management efforts on

customer retention and customer share development [J]. Journal of Marketing, 2003, 67 (4): 30 -45.

[52] Verhoef P C, Lemon K N, Parasuraman A, Rogeveen A, Tsiros M, Schlesinger L A. Customer experience creation: Determinants, dynamics and management strategies [J]. Journal of Retailing, 2009, 85 (1): 31 -41.

[53] Law E L C, Roto V, Hassenzahl M. et al. Understanding, scoping and defining user experience: a suvey Approach [C]. Proceedings of the SIGCHI Conference on Human Fators in Computing Systems. Boston, New York, ACM, 2009: 719 -728.

[54] Stanworth J O, Warden C A, Hsu R S. The voice of the Chinese customer: Facilitation ecommerce encounters [J]. International Journal of Market Research, 2015, 57 (3): 459 -481.

[55] Bleier A, Harmeling C M, Palmatier R W. Creating effective online customer experiences [J]. Journal of Marketing, 2019, 83 (2): 98 -119.

[56] Hsu J S, Lin T C, Tsai J. Does confirmation always matter? Extending confirmation - bas ed theories [J]. Behaviour & Information Technoloy, 2014, 33 (11): 1219 -1230.

[57] Ku E C S, Chen C D. Cultivating travellers' revisit intention to e - tourism service: The moderating effect of website interactivity [J]. Behaviour & Information Technology, 2015, 34 (5): 465 -478.

[58] Kaatz C, Brock C, Figura L. Are you still online or are you already mobile? - predicting the path to successful conversions across different devices [J]. Journal of Retailing and Co nsumer Services, 2019, 50: 10 -21.

[59] Yang S, Lee Y J. The dimensions of M - Interactivity and their impacts in the mobile commerce context [J]. International Journal of Electronic Commerce, 2017, 21 (4): 548 -571.

[60] McLean G, Wilson A. Developing a mobile Applications customers experience model (M ACE) - implications for retailers [J]. Journal of Business Research, 2018, 85: 325 -336.

[61] Sohn S, Seegebarth B, Moritz M. The impact of perceived visual complexity of mobile online shops on user's satisfaction [J]. Psychology & Marketing, 2017, 34 (2): 195 -214.

[62] Wu I L. The antecedents of customer satisfaction and its link to complaint intentions in online shopping: An integration of justice, technology, and trust [J]. International Journal of Information Management, 2013, 33 (1): 166 -176.

[63] Garrett J J. The Elements of User Experience: User - Centered Design for the Web [J]. New York: New Riders Publishing, 2003: 13 -20.

[64] Norman D A. The Invisible Computer [M]. New York: MIT Press, 1999: 78.

[65] Vyas D, Gerrit C, Van Der V. APEC: A framework for designing experience [EB/OL]. http://www.infosci.cornell.edu/place/15_DVyas.

[66] 徐意能，陈硕．基于用户体验的搜索引擎有效性评估研究［J］．人类工效学，2008（3）：9－12，73.

[67] 胡昌平，邓胜利．基于用户体验的网站信息构建要素与模型分析［J］．情报科学，2006（3）：321－325.

[68] 张洁，赵英，余红．B2C电子商务网站用户体验评价研究［J］．情报科学，2013，31（12）：84－89，94.

[69] 陈为．用户体验设计要素及其在产品设计中的应用［J］．包装工程，2011，32（10）：26－29，39.

[70] 刘冰，卢爽．基于用户体验的信息质量综合评价体系研究［J］．图书情报工作，2011，55（22）：56－59.

[71] 牟峰，褚俊洁．基于用户体验体系的产品设计研究［J］．包装工程，2008（3）：142－144.

[72] Swaminathan V, Lepkowska－White E, Rao B P Browsers or buyers in cyberspace? An investigation of factors influencing electronic exchange [J]. Journal of Computer－Mediated Communication, 1999, 5 (2): JCMC523.

[73] Coritore C L, Kracher B, W1edenbeck S. On－line trust: concepts, evolving themes, a model [J]. International Journal of Human－Computer Studies, 2003, 58 (6): 737－758.

[74] 雷雨箫，艾洁，王珊．C2C二手市场中买家对卖家初始信任的影响因素研究——以闲鱼交易平台为例［J］．信阳农林学院学报，2019，29（3）：47－49，53.

[75] 沈珏婷，宓芬芳．基于消费者满意度的“闲鱼”二手交易平台营销策略研究［J］．商讯，2019，（24）：11－12.

[76] Strauss A. Qualitative analysis for social scientists [M]. Cambridge: Cambridge university press, 1987.

[77] 张敬伟，马东俊．扎根理论研究法与管理学研究［J］．现代管理科学，2009（2）：115－117.

[78] 王念祖．扎根理论三阶段编码对主题词提取的应用研究［J］．图书馆杂志，2018，37（5）：74－81.

[79] 柴辉．调查问卷设计中信度及效度检验方法研究［J］．世界科技研究与发展，2010，32（4）：548－550.

[80] 陈维，黄程琰，毛天欣，罗杰，张进辅．多维测评工具聚敛和区分效度的SEM

分析——以领悟社会支持量表为例［J］. 西南师范大学学报（自然科学版），2016，41（2）：136－140.

［81］温忠麟，侯杰泰，马什赫伯特. 结构方程模型检验：拟合指数与卡方准则［J］. 心理学报，2004（2）：186－194.

［82］方绮雯，刘振球，袁黄波，蔡宁，何纳，张铁军. 结构方程模型的构建及 AMOS 软件实现［J］. 中国卫生统计，2018，35（6）：958－960.

［83］张涵，康飞. 基于 bootstrap 的多重中介效应分析方法［J］. 统计与决策，2016（5）：75－78.

# 第7章 基于多维属性分析的在线文本特征识别与舆情引导
## ——以Twitter“玛利亚飓风”突发事件评论为例

## 7.1 相关理论基础

### 7.1.1 舆情发生相关理论

信息不对称理论由Kenneth J. Arrow于1963年首次提出，在20世纪70年代由三位美国经济学家G. Akerlof、M. Spence和J. E. Stigliz作了进一步阐述。信息不对称的研究最初只涉及经济领域，是指“在市场经济活动中，双方对某一共同事物所拥有的信息量不一样，一些人拥有其他人无法得到的信息，信息处于不平衡分布的状态，致使信息强者可以获得更多的利益”。本章所指向的“信息不对称”主要是指公众、媒体与政府之间在突发性事件上拥有的社会信息不对称。由于不同主体的信息获取渠道与能力不同，因此在信息的获取程度上，政府在绝大多数情况下拥有的信息大于媒体拥有的信息，并且公众拥有的信息处于最底端。这种个体之间不对称的信息获取情况不仅体现在每个人获得的信息数量不同，还体现在信息的质量不同上：政府获取的信息作为一手信息，通常是最权威、最精准的信息，具有较高的利用价值，而普通民众由于缺乏权威信息的获取途径，通常接收到的是经过了二次传播之后的“加工”信息，这类信息在真实性和准确性上都有待商榷。

在突发事件发生后，公众迫切地需要确切的社会信息来缓解自身的焦虑与恐惧情绪，若信息传播受阻，公众无法获得需要的社会信息将引起全社会的恐慌，进而产生负面舆情。研究以信息不对称理论为切入点之一，借由信息不对称理论下突发事件网络舆情生成机理的解析，探求政府现有解决办法失效的原因，有针对性地思考政府应对舆情效果不当的缘由，思考目前政府的应对措施是否能够有效解决问题，还存在哪些需要改进的地方，以此提出政府相应治理策略的改进方向。

沉默螺旋理论 1973 年由 Elisabeth Noelle – Neumann 在研究德国选举事件过程中提出。作为传播学的经典理论，沉默螺旋理论认为，公众在公开场合表达自己的观点态度时，被多数人持有的意见声音越来越大，少数人的意见声音则会逐渐消失。Neumann 基于对公共意见的大量研究与检验认为人们在受到所处意见环境的影响时，“害怕被孤立”的心理使公众更倾向于表达代表多数的意见，而选择隐藏属于少数的意见。由于少数意见无法被表达，原本占多数的意见越发增加，由此形成循环，少数意见逐渐失去声音，多数意见成为事件中的主流立场。沉默螺旋理论的应用并不仅限于个体上个人态度表达，更重要的是揭示了媒体在观点传达过程中的重要性。理论的提出让媒体可以借用理论，引导公众对事件的观点态度，以此在社会上形成一种定向的舆论方向。但同样需要关注的是，媒体应避免错误地引导公众态度，“错误的引导”会导致社会消极情绪的形成，从而引发更严重的社会问题。

随着新媒体的不断发展，有学者发现沉默螺旋理论在新媒体的传播环境下产生了不适用的情况，随之提出了反沉默螺旋理论。特别在突发事件后的网络媒体平台中，由于互联网表达的特性，多数受众群体并未选择沉默，而是人人勇于发表看法、敢于评论，持有不同观点的少数人选择与网络中的大多数意见持有者进行观点辩论，进而认同“少数人”的观点人数超越了“多数人”，这种结果明显相悖于沉默螺旋理论，因此学术界针对以网络为代表的新媒体，提出了反沉默螺旋现象。虽然学术界未能够对反沉默螺旋现象有统一的明确定义，但大部分学者都认同在新媒体环境下存在反沉默螺旋的现象。

沉默螺旋理论与反沉默螺旋理论为突发公共事件网络舆情的发生提供了理论解释，在网络舆情引导中，可以利用沉默螺旋理论和反沉默螺旋理论，从媒体环境与公众群体的角度进行多层次的引导管控。

### 7.1.2 舆情传播相关理论

突发公共事件网络舆情因其信息传播的实质，在研究过程中借鉴了大量传播学的相关理论：第一，根据大众传播理论的生命周期理论，划分突发事件案例中舆情的传播阶段；第二，借鉴传播学的两级传播理论、议程设置理论进行了传播特征的分析，进而寻找突发事件网络舆情演化和扩散中存在的问题与原因；第三，在突发事件网络舆情的引导管控中，如何有效控制网络舆情消极传播、如何正确引导网络舆情都广泛地借鉴结合了大众传播理论。总体上，这些传播学理论为认识网络舆情的传播过程、特征，以及管控过程中出现的问题的原因与对策，提供了参考与启发。

两级传播理论于 1940 年由美国社会学家 Paul Lazarsfeld 提出，是指信息由媒介传播到意见领袖再传播到受众的传播模式。两级传播理论认为，意见领袖比普通公众更多地接触到媒介信息，因此获得的信息内容更多，是信息传播的中间站，在意见领袖从媒介处获得信息后，再由他们将信息传播给其余公众，形成信息传递的两级传播。

两级传播理论自 1940 年诞生以来由于传播环境的变化以及理论本身的局限，不断受到批评和修正，一直争议不断，十多年间 Lazarsfeld 对两级传播理论的定义做了多次改动。但一直被学者认同的一点，是在媒介传播过程中关注“个人影响”的实质。基于此，意见领袖的概念随之在 1948 年由 Lazarsfeld 提出，并迅速成为两级传播理论的核心支点。意见领袖，又称舆论领袖，是指在人际传播网络中能左右多数人态度倾向的少数人，能够为他人提供信息并影响他人的观点和态度。如今意见领袖正越来越多地走向各种新媒体，网络舆情中的意见领袖不需要在现实社会生活中具有一定身份地位，但是要能够在网民发表意见言论时提供信息并引导舆情走向。

意见领袖具有极高的社会整合性与社会动员能力，在网民中的威望极高，对舆情的形成传播与舆论引导等方面具有重要的作用。本章在从人群属性维度对在线文本进行特征识别时，以两级传播理论为基础，对突发公共事件网络舆情传播过程中的意见领袖进行分析，评估其影响力大小，探寻突发公共事件中的舆情传播特征，对监管舆论、引导舆论走向具有重要作用及意义。

生命周期理论在各学科研究上应用十分广泛，包括经济、社会、新闻、政治等研究领域，理论认为事物一般经过发展、成长、成熟、衰退等几个重要阶段。在突发公共事件网络舆情的研究中，由于突发事件具有突然爆发性与预测相对性等原因，突发事件发生后网络舆情的生命周期迅速进入爆发期，在短时间内舆情迅速传播进入高潮期；在高潮期持续一段时间后舆情进入消退期，在消退期间消退速度变慢、持续时间较长且出现周期性反复；平稳期作为最后的生命周期阶段，舆情起伏与舆情影响力较小。突发事件网络舆情可以通过对公众在线上发布的评论、文章以及对已有发布内容的转发等的数量统计、内容识别来表示。某一事件的网络舆情数量随着时间的推移在演化的过程中符合信息生命周期的发展规律。厘清突发事件网络舆情的信息生命周期，可以提高对网络舆情的阶段性管理能力，同时提高公众对突发事件各阶段的认识。基于生命周期理论与相关领域的生命周期研究，可以揭示网络舆情的发展过程，让管理者更有效地把握舆情的价值变化，提高对舆情的走势预知管理。生命周期理论作为一种概念理论适用于对突发事件的事件解析，在生命周期理论的基础上，根据具体突发公共事件对网络舆情进行阶段性的分析，明确突发事件网络舆情管理的关键步骤与节点。

议程设置理论是新闻学和传播学研究领域的经典理论之一，是美国学者 Walter Lippmann 和 Harold Lasswell 通过实证研究提出的一个理论假说，在传播学中有着重要地位，议程设置是媒介影响公众生活的重要方式。议程设置理论认为媒介可以通过设定的话题来影响公众对政治和社会事件的看法，引导公众按照媒介设置的对事件的关注程度，来改变公众对事件的态度与立场，让舆论沿着设定的方向发展。也就是说，公众对某一事件的关注程度与媒体的报道有关，媒体对事件的报道程度越高，公众对事件的重视程度也越高，反而亦然。

议程设置理论说明了通过议程设置，传统媒介可以对舆论环境起到功能重构作用，在一定程度上让公众、媒体与政府对事件形成较为一致的舆论共识。但在目前由互联网等平台构成的新媒体环境下，由于新媒体具有多元性和互动性，传统的议程设置不一定会成为公众在网络中的热点议题，同时对焦点事件的判断也会出现不同观点。新媒体的出现看似否定了议程设置的观点，但实际上依然认同议程设置的功能，只是需要管理者与媒体工作者转变思想，思考如何设置议程才能够符合当下的新媒体环境，构建一种新的导向需求。

对突发事件网络舆情设置一个正确的舆论导向是政府把控舆情的一个重要步骤，为防止负面情况不断扩大逐步引导公众舆论朝正向发展，这也是典型的网络议程设置。根据议程设置理论对舆情进行把控基于以下两个方面：第一，在新媒体环境下设置的议程虽不一定会成为公众的关注焦点，但在网络中需要议程设置的情况依然存在，可以通过对某些事件报道频率与强度的加大提高公众对事件的关注度，如将话题设置为热搜、增加公众号对事件的推送等；第二，公众在突发事件网络舆情的议程设置中有明显的影响力和作用力，在进行议程设置的过程中要关注公众对相关话题的接受程度，以及表现出的情感倾向与态度。

议程设置实质上是管理人员通过一系列有目的性的行为对舆情进行引导的过程，通过媒体影响公众对事件的关注焦点、关注程度与认可程度。因此，本章在突发事件网络舆情的引导管控上借鉴传播学中的议程设置理论，对如何有效控制网络舆情消极传播、如何正确引导网络舆情进行研究。

### 7.1.3　情感信息相关理论

情绪认知理论主要探讨的问题是情绪与信息之间的关联，理论认为情绪来自个体对其周围的环境的接触，环境中的信息、个体在环境中的生理状况、个体对信息的认知都会对情绪产生影响。Lindsay 和 Norman 认为，每个人会基于自己过去的经验和记忆，对环境或事件产生一种预期判断或期望，若现实中的情况与其原本的判断不一致或产生冲突时，大脑的神经会被唤醒进而产生各种不同的情绪。Schachter 和 Singer 通过实验证明了情绪不仅产生于个体对事物的认知，还与环境刺激下的生理唤醒有关，这两个要素影响着情绪的产生与发展方向。Siminov 根据前人的研究进一步提出，若个体期待获得的信息与实际获得的信息平衡，个体会感到满足进而处于平静的状态；若实际获得的信息少于期待的信息，个体会因没有被满足而产生负面情绪，反之则会产生正面的情绪。总体来说，情绪认知理论最重要的观点是在个体身处环境中的信息，是个体产生各类情绪的原因，并决定着情绪的发展方向。这一理论为分析突发事件后公众情绪的发展态势提供了理论基础。

情感极性是人们表达情绪时的倾向性，在大范围上分为正面情感、中立情感、负面情感。在情感研究领域，通常可以从带有主观态度的文本中，根据相关情感词典提炼出文本表达的情感极性，如何设置情感词典与对实际文本的情绪解读是情感极性研究中的重要内容。情感极性分析能够帮助相关管理人员掌握公众的情感走向，对监测社会舆论的发展趋势提供了参考。情感强度是个体情感表达的强烈程度，是情感最重要的动力趋势。情感强度直接或间接影响着个体在思考、行为和活动时的驱动力，当个体拥有高情感强度时，其行为的驱动力也随之增加，若个体处于低情感轻度的状态时，其行为的驱动力则同样降低。如个体处于高情感强度时，可能会产生兴奋、激动的情绪，这时人们由思考转向行为的动力便会增高，反之亦然。

通过情感极性与情感强度的分析，在情绪属性上探究突发公共事件网络舆情的传播特征，找出在突发事件管理过程中引起网民情感波动的激发器，为分析公众情绪的影响要素与演化趋向提供了逻辑上的线索。

## 7.2 基于多维属性的突发事件在线文本特征识别

### 7.2.1 数据收集与处理

推特（Twitter）是美国一个在线社交网络服务的网站，自推出以来推特已经成为互联网上十大最常用的网站，是目前普及度最广、用户人数最多的全球化社交媒体之一[①]。网络舆情是指众多网民对于社会各种现象、问题所表达的意见、立场、态度和情绪的总和，由于推特具有便捷性、实时互动性和社交性等特点，突发公共事件的舆情能够在平台上迅速传播。目前，该平台已被用作多种目的的媒体交流和公众参与工具，尤其是在政治和治理领域（Lestari and, Karolita, 2019）。所以研究选择以 Twitter 为获取网民评论意见的平台。

2017 年 9 月 20 日，大西洋强烈飓风“玛利亚”以极高的强度登陆了美国的波多黎各岛，此次飓风威力大、破坏程度高、经济损失大。由于波多黎各特殊的行政类别，在飓风来临后引发了各种社会问题，形成了几次大型公众舆论。Twitter 作为国际上影响力较大的信息传播平台，各国公众纷纷在 Twitter 上发表其相关看法。综上几点，本章选择“玛利亚飓风”事件作为研究的案

① SEO 研究协会网．世界上最常用的 10 大社交媒体平台．2019 年 3 月 23 日．https：//www. seoxiehui. cn/article－115687－1. html.

例对象。选取 Twitter 上有关“玛利亚飓风”的推文内容为数据，通过“Maria Hurricane”“Puerto Rico”等关键词在 Twitter 上搜推文样本，爬取了从 2017 年 9 月 16 日至 2017 年 10 月 30 日共 45 天的推文信息，爬取到的相关数据信息包括“推文内容”“推文时间”“推文转发量”“推文回复数”“推文点赞数”以及“推文 ID”。爬取数据时间选取原因如下：

（1）2017 年 9 月 17 日，“玛利亚”由热带风暴升级为飓风，根据在 Twitter 上通过上述关键词搜索到的推文数量显示，在 9 月 16 日之前每日的推文数量较少，无法形成有效的分析，因此选择 9 月 16 日作为爬取数据的起始日期。

（2）2017 年 10 月 30 日，距离“玛利亚飓风”登陆受灾地区已过 45 天，根据搜索到的推文数量显示，网民每日发布的推文数量已逐渐下降到较少的推文数据，代表公众对事件的关注热度已趋于平稳，因此选择 10 月 30 日作为爬取数据的截止日期。

在进行研究分析前，发现爬取到的源数据存在一些会影响分析结果的垃圾评论，因此在进行数据分析前需要删除此类垃圾评论，即对收集到的源数据进行预处理工作。在收集到的推文数据中，少量推文为繁体中文、韩文、日文、法文等，考虑到网民的意见统一性以及后续情感处理的精准度，将非英文推文进行删除；部分网民会在同一天内发表数条内容相同的推文，因内容相同、ID 相同，故判定此类推文多为网民在不同推文下复制发表了自己的观点，故将此类重复推文进行删除；但由于网民可在不同日期上持续对事件持相同意见，以及不同网民可在同一时间上对事件观点相同，因此对于同一发布者在不同日期的相同推文，和不同发布者在同一天内的相同推文进行保留；大部分 Twitter 上的用户会使用“#后加关键词”的方式创建或加入相同话题的讨论组，并在推文中加入附带图片与网址，但由于推文中的网址与图片被爬取后表现为链接形式，所以爬取的绝大部分推文中包含无意义字符、网址链接与图片链接，过长且无意义的链接将会对文本的情感分析与内容分析产生干扰，影响情感分析的精确度与文本意见的提取，故在数据预处理中将此类链接与无意义字符进行删除。最终，保留与“玛利亚飓风”相关的有效数据 23933 条，并将所有推文按照发推日期进行排序与分类。最终收集到的数据如图 7.1 所示。

| 发布人 | 内容 | 发布人id | 时间 | 回复数 | 转发数 | 点赞数 |
|---|---|---|---|---|---|---|
| Barack Obama | Tonight the ex-Presidents are getting together in Texas to support all our fellow Americans rebuilding from this year ' s hurricanes. Join us. | 813286 | 2017年10月21日 | 9.8千 | 80000 | 49万 |
| News of St. John | Today is day 41 that St. John, US Virgin islands is 100% without power following Hurricane Irma. Please keep us in the news-Please retweet. | 28349447 | 2017年10月17日 | 357 | 40000 | 2万 |
| NowThis | This weekend, all five former U.S. presidents raised money for hurricane relief. Trump played golf for the 75th time of his presidency | 701725963 | 2017年10月22日 | 2.0千 | 40000 | 5万 |
| ESPN | Deshaun Watson gave his first game check to Texans employees who lost everything in Hurricane Harvey.There wasn't a dry eye in the house. | 2557521 | 2017年9月27日 | 1.2千 | 30000 | 8万 |
| Riley J. Dennis | holy shit what kinda president goes to hurricane victims & tells them they cost him a lot of money & they should be lucky *only* 16 ppl died | 209699254 | 2017年10月3日 | 201 | 30000 | 4万 |
| Donald J. Trump | Puerto Rico being hit hard by new monster Hurricane. Be careful, our hearts are with you-will be there to help! | 25073877 | 2017年9月19日 | 5.4千 | 20000 | 8万 |
| CNN Breaking News | 5 living former US Presidents expand their hurricane relief effort to include Puerto Rico and US Virgin Islands | 428333 | 2017年9月25日 | 1.3千 | 20000 | 5万 |
| Darren Rovell | In 2006, Warrick Dunn gave Deshaun Watson's (in black sweatshirt) family a home.Watson just gave his 1st NFL check to hurricane victims. | 24277551 | 2017年9月27日 | 379 | 20000 | 4万 |

**图 7.1　经预处理后的部分评论数据截图**

### 7.2.2　在线文本的人群属性特征

意见领袖的识别关键在于根据具体舆情情况，判断并构建识别意见领袖的指标体系，已有相关研究如表 7.1 所示。在已有研究的基础上，计算分析在“玛利亚飓风”突发自然灾害事件中的网络舆情意见领袖，以便于更好地梳理突发自然灾害事件的网络舆情信息演化特点。

**表 7.1　意见领袖识别的指标体系**

| 相关文献 | 一级指标 | 二级指标 |
|---|---|---|
| 文献（宋好，2010） | 无 | 被关注数、被转载数 |
| 文献（周庆山、梁兴堃、曹雨佳，2012） | 无 | 转发数、评论数 |
| 文献（王佳敏、吴鹏、陈芬，2016） | 影响力、活跃度 | 粉丝数、被转发数、被评论数、关注人数、微博数 |
| 文献（彭丽徽、李贺、张艳丰，2017） | 影响力、活跃度、认同度 | 粉丝数、被转发数、被评论数、微博数、关注人数、点赞数 |
| 文献（李玉贞、胡勇、熊熙，2013） | 活跃度、传播力、覆盖度 | 原创微博数、（原创）转发数、（原创）评论数、收藏数 |

续表

| 相关文献 | 一级指标 | 二级指标 |
|---|---|---|
| 文献（杨长春、王天允、叶施仁，2014） | 广度、深度、强度、效度 | 粉丝数、微博数、转发数、评论数、互动率、关注率、原创率、粉丝中大V用户数 |
| 文献（费军、王露，2016） | 传播力、互动力、服务力、活跃度 | 评论数、转发数、点赞数、总关注人数、微博数、被赞过次数、事件相关微博数 |

综合前人的研究，尽管不同学者在二级指标的建立上有不同的意见，但大多数学者都将评论数（即回复数）、转发数、点赞数作为二级指标，且三者所占权重较高。考虑到国外 Twitter 与国内微博的运营区别和本章研究所爬取到的数据情况，研究从影响力与认同度两个一级指标，回复数、转发数与点赞数 3 个二级指标构建指标体系。

在确定权重的方法选择上，因二级指标个数没有达到极大值，故采用主成分分析法进行确定。在数据的选择上，由于总体数据量过大，且回复数、转发数与点赞数较低的数据，明显不具备成为意见领袖的条件，故筛选了回复数过千或转发数过千或点赞数过万的数据，去掉重复值共 92 条数据进行分析。对数据进行归一化处理，并通过 Spss 软件确定出主成分，将回复数、转发数与点赞数 3 个指标分别对应 X1、X2、X3 三个变量，每个变量对应的权重为 w1、w2、w3，通过主成分分析得到 w1、w2、w3 分别为 0.25、0.37 与 0.38，故影响力 Y 的计算如下：

$$S = w1 \times X1 + w2 \times X2 + w3 \times X3 \tag{7.1}$$

经计算得出在此次飓风突发事件中，舆情影响力最高的前十位意见领袖如图 7.2 所示。可以发现在影响力排名前十的推文中，国家领导人所发推文占了 7 条，另外 3 条为体育频道与社交新闻媒体官方账号所发。这说明在此次灾害事件中，公众对领导人的态度观点极为关注。值得注意的是，在 7 条领导人推特中，有 6 条属于美国总统特朗普所发，仅有 1 条为奥巴马所发。且前两名意见领袖影响力得分相差过大，经过权重处理计算，影响力第一的推文由美国前总统奥巴马所发，在满分为 1 的情况下影响力得分 0.872，而排名第二的推文由美国总统特朗普所发，影响力得分 0.334，与第一相差 0.538，而排名 3～25 的推文影响力得分，则以相差 0.01 左右的速度逐渐下降。由此可见，奥巴马所发的推文影响力远超过在事件发生期间的其余推文的影响力，并在转发数和点赞数上同样远高于其他推文，在此次突发灾害事件中奥巴马扮演了绝对意见领袖的角色。美国总统特朗普也以数量的优势成为此次突发灾害事件中的第二意见领袖。

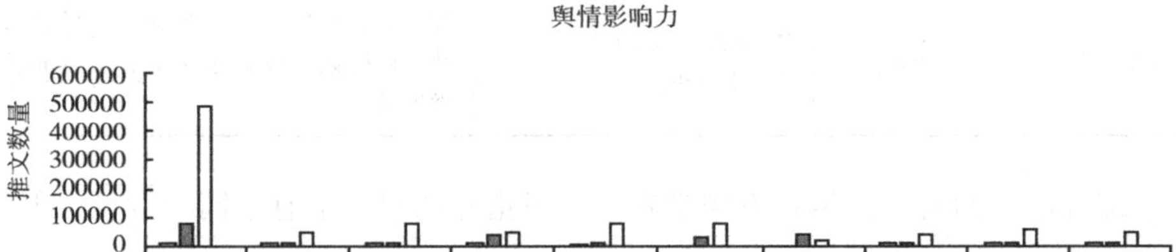


| | Barack Obama | Donald J. Trump | Donald J. Trump | NowThis | Donald J. Trump | ESPN | News of St.John | Donald J. Trump | Donald J. Trump | Donald J. Trump |
|---|---|---|---|---|---|---|---|---|---|---|
| 回复数 | 9800 | 20000 | 10000 | 2000 | 5400 | 1200 | 357 | 10000 | 7500 | 8400 |
| 转发数 | 80000 | 10000 | 20000 | 40000 | 20000 | 30000 | 40000 | 9000 | 10000 | 9000 |
| 点赞数 | 490000 | 50000 | 80000 | 50000 | 80000 | 80000 | 20000 | 40000 | 60000 | 50000 |
| 得分 | 0.87242 | 0.33441 | 0.27893 | 0.24822 | 0.22140 | 0.21518 | 0.20439 | 0.19695 | 0.18583 | 0.18470 |

**图 7.2　舆情影响力排名前十的意见领袖推文情况**

排名 11 ~25 的意见领袖及其社会身份如图 7.3 和图 7.4 所示，可以发现在 15 人中，绝大部分为政治领域相关人员，其中包括特朗普家族 3 人、官方新闻媒体 4 人、YouTube 视频博主 1 人、政治家或评论员 7 人。通过意见领袖的排名可以发现，在突发事件中，公众对政治领域人员所发表的言论、动态极为关注。

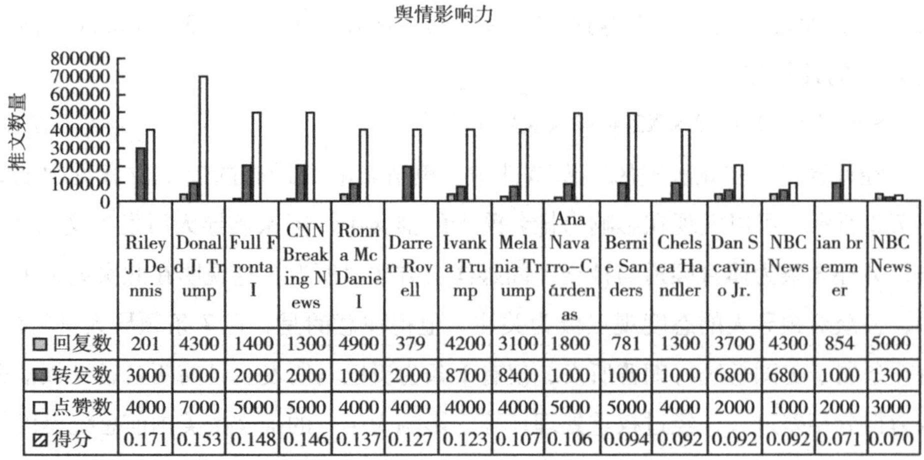


| | Riley J. Dennis | Donald J. Trump | Full Frontal | CNN Breaking News | Ronna McDaniel | Darren Rovell | Ivanka Trump | Melania Trump | Ana Navarro-Cárdenas | Bernie Sanders | Chelsea Handler | Dan Scavino Jr. | NBC News | ian bremmer | NBC News |
|---|---|---|---|---|---|---|---|---|---|---|---|---|---|---|---|
| 回复数 | 201 | 4300 | 1400 | 1300 | 4900 | 379 | 4200 | 3100 | 1800 | 781 | 1300 | 3700 | 4300 | 854 | 5000 |
| 转发数 | 3000 | 1000 | 2000 | 2000 | 1000 | 2000 | 8700 | 8400 | 1000 | 1000 | 1000 | 6800 | 6800 | 1000 | 1300 |
| 点赞数 | 4000 | 7000 | 5000 | 5000 | 4000 | 4000 | 4000 | 4000 | 5000 | 5000 | 4000 | 2000 | 1000 | 2000 | 3000 |
| 得分 | 0.171 | 0.153 | 0.148 | 0.146 | 0.137 | 0.127 | 0.123 | 0.107 | 0.106 | 0.094 | 0.092 | 0.092 | 0.092 | 0.071 | 0.070 |

**图 7.3　舆情影响力排名 11 ~25 的网民推文情况**

| 发布人 | 回复数 | 转发数 | 点赞数 | 得分 | |
|---|---|---|---|---|---|
| Riley J. Dennis | 201 | 30000 | 40000 | 0.171655344 | 油管视频博主 |
| Donald J. Trump | 4300 | 10000 | 70000 | 0.153575925 | 特朗普 |
| Full Frontal | 1400 | 20000 | 50000 | 0.148098933 | 美国深夜谈话和讽刺新闻电视节目 |
| CNN Breaking News | 1300 | 20000 | 50000 | 0.146848245 | 美国有线电视新闻网突发新闻 |
| Ronna McDaniel | 4900 | 10000 | 40000 | 0.137802442 | 共和党全国委员会主席 |
| Darren Rovell | 379 | 20000 | 40000 | 0.127570206 | ESPN体育业务分析师 |
| Ivanka Trump | 4200 | 8700 | 40000 | 0.12302715 | 特朗普女儿 |
| Melania Trump | 3100 | 8400 | 40000 | 0.107880243 | 特朗普夫人 |
| Ana Navarro-Cárdenas | 1800 | 10000 | 50000 | 0.106790322 | CNN美国共和党的战略家和政治评论员 |
| Bernie Sanders | 781 | 10000 | 50000 | 0.094045812 | 美国联邦参议员 |
| Chelsea Handler | 1300 | 10000 | 40000 | 0.092777679 | 美国演员、电视主持人和活动家 |
| Dan Scavino Jr. | 3700 | 6800 | 20000 | 0.092456145 | 白宫社交媒体总监和总统助理 |
| NBC News | 4300 | 6800 | 10000 | 0.092201069 | NBC新闻 |
| ian bremmer | 854 | 10000 | 20000 | 0.071681204 | 美国政治学者 |
| NBC News | 5000 | 1300 | 3000 | 0.070053193 | NBC新闻 |

图 7.4　舆情影响力排名 11 ~ 25 的网民社会身份

### 7.2.3　在线文本的内容属性特征

在社会学领域上，舆情主要由舆情在形成、传播过程中的信息内容构成。若要更好地把握内容复杂、传播迅速的舆情，应在整体上认识事件内容的主题分布、话题范围，把握公众关注焦点分布和舆情事件内容的演进过程，深入研究公众在不同阶段上对舆情关注焦点的变化。

很多学者都对舆情生命周期的划分进行了研究，由于参考案例的具体情况不同，各自划分的观点也各有不同（廖海涵、王曰芬、关鹏，2018）。李凯晴（2016）认为舆情的发展可划分为潜伏期、爆发期、蔓延期和衰退期四个不同阶段，每个阶段的舆情对大众的引导作用也各有不同。王曰芬等（2018）认为一般性事件的生命周期可被分为萌芽期、成长期、衰退期、平稳期四个阶段。杜洪涛等（2017）在将网络舆情演化过程划分为形成（扩散）、高潮和消散三个阶段的基础上，对自然性突发事件和非自然性突发事件分别进行了演化模式的假设，并总结出演化规律。借鉴现有研究成果，并结合本次事件演化的具体情况，将此次突发事件的舆情传播分为灾前、灾中、灾后三个阶段，由于灾后持续时间较长，且属于舆情集中讨论的时期，故再将灾后阶段细分为高热期、持续期、消解期，如图 7.5 所示。

通过对网络舆情阶段的划分，能够有效体现网络舆情信息的演化特点。按

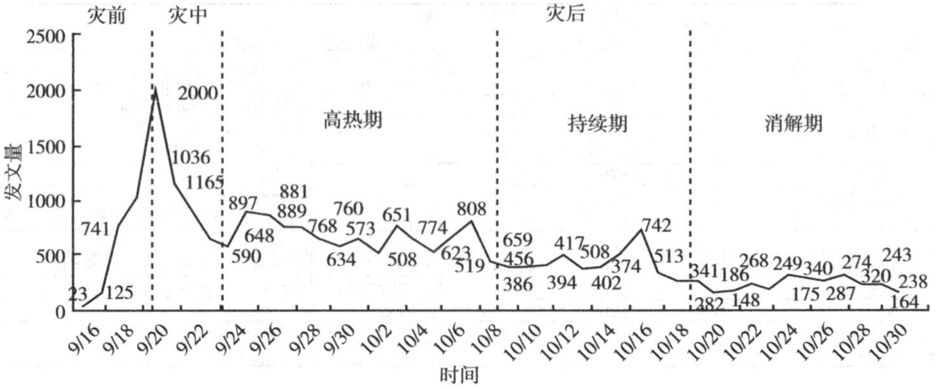


**图 7.5　“玛利亚飓风”事件舆情生命周期**

照划分的 5 个时期展示各阶段舆情关键词及其频次，删除无意义的高频词如“and”“after”等词之后，得出各阶段高频词如表 7.2 所示。根据表 7.2 可以发现“hurricane”“Puerto”等词作为突发事件的主题，始终以最高的频次在 5 个阶段出现，而不同时期的其余关键词则略有不同。灾前主要以“Maria”“Dominica”“Caribbean”等被事件影响的地理名词为关键词，提示此时“玛利亚飓风”已登陆加勒比海、多米尼亚等地区并即将登陆波多黎各；灾中以“help”“power”“storm”等关键词为主，其原因为在被飓风袭击的过程中，公众更关注飓风的实时破坏情况并祈祷受灾群众能被救助；灾后高热期的主要关键词为“Trump”“victim”“response”等，在飓风袭击过后，公众的关注焦点转变为国家领导人对事件的回应与处理，并开始聚焦于受灾者的情况；灾后持续期加入了“Ophelia”的关键词，说明公众在持续关注灾情和政府救援的基础上，开始关注即将到来的下一场“Ophelia”飓风；最后灾后消解期舆情热点逐渐退散，公众的注意力则转移到“presidents”“donate”“money”，即关注奥巴马等前总统们举办慈善音乐会筹集善款的事件上。

**表 7.2　各阶段关键词及词频**

| 灾前 | | 灾中 | | 灾后高热期 | | 灾后持续期 | | 灾后消解期 | |
|---|---|---|---|---|---|---|---|---|---|
| 关键词 | 词频 | 关键词 | 词频 | 关键词 | 词频 | 关键词 | 词频 | 关键词 | 词频 |
| hurricane | 1221 | hurricane | 2589 | hurricane | 7539 | hurricane | 1673 | hurricane | 2121 |
| Puerto | 547 | Puerto | 1764 | Puerto | 4533 | ophelia | 1259 | Trump | 214 |

续表

| 灾前 | | 灾中 | | 灾后高热期 | | 灾后持续期 | | 灾后消解期 | |
|---|---|---|---|---|---|---|---|---|---|
| Rico | 533 | relief | 402 | Trump | 1432 | relief | 147 | help | 192 |
| Maria | 450 | help | 281 | relief | 1422 | Trump | 131 | presidents | 164 |
| category | 377 | power | 207 | help | 980 | storm | 131 | power | 162 |
| Dominica | 256 | storm | 175 | nate | 866 | response | 128 | victims | 132 |
| storm | 288 | island | 172 | victims | 834 | Approval | 125 | Texas | 117 |
| Caribbean | 193 | category | 171 | response | 527 | safe | 124 | donate | 111 |
| island | 193 | winds | 171 | efforts | 517 | victims | 121 | concert | 93 |
| cat | 180 | cnn | 165 | news | 429 | affected | 119 | money | 63 |

在有关“玛利亚飓风”网络舆情的完整生命周期中，网民的主要关注焦点从对飓风事件的相关信息了解，到政府及相关领导人对突发事件的回应与措施，到后续的具体解决方案，最后到事件过后的相关活动开展，体现了舆情内容属性的演化过程。在舆情生命周期的5个阶段，第一关键词“hurricane”贯穿始终，但除此之外几乎每个阶段的第2至第10关键词都有所不同，如灾前、灾中与高热期的第2关键词为“Puerto”，持续期第2关键词变为“Ophelia”，消解期的第2关键词则为“Trump”。后置位的关键词在每个阶段也不尽相同，每个阶段的关键词反映出公众在不同时期的聚焦问题，如公众在灾前多关注即将到来的飓风的情况、在灾中关注飓风的实时破坏情况、在高热期关注国家对事件的回应与处理、在持续期关注受灾者后续情况、在消解期关注引发的其他社会事件，以上情况说明在此次突发事件的舆情传播中产生了信息异化与舆情失焦的现象。

### 7.2.4 在线文本的情绪属性特征

在发生突发事件期间，受灾者、未受波及的公众、新闻媒体、政府官方等群体会在社交平台上传播对突发事件的看法以及相关资讯信息，这些信息内容代表了发文者的情感表达。通过分析网民对于“玛利亚飓风”事件的情感变化，研究情绪与舆情传播的相关性，能够反映网民对于事件中热点问题的态度，全面了解公众对灾情事件的看法走势，对消极的言论能够及时发现并对消极情感趋势进行有效管控，对积极言论及积极情感趋势的分析能帮助政府更好地采取应对措施，对舆情进行合理引导。

在突发事件情感内容的研究上，已有研究通过对文本情感极性的判断及预测，对不同情感极性的文本进行内容分析，得出影响网民情感波动的因素和应急过程中存在的问题等（沙勇忠、阎劲松、王峥嵘，2015；刘雯、高峰、洪凌子，2013）。因此本章首先通过情感极性分类与情感极性时间预测确定事件过程中公众的舆情焦点，在此基础上进一步从情感强度的角度挖掘高情感强度、低情感强度与舆情焦点的关系，从情感极性和情感强度两个方面度量网络社交平台的舆情传播，探讨在突发公共事件下导致公众情绪波动的内在原因。图7.6分四个步骤说明了本部分的研究过程。

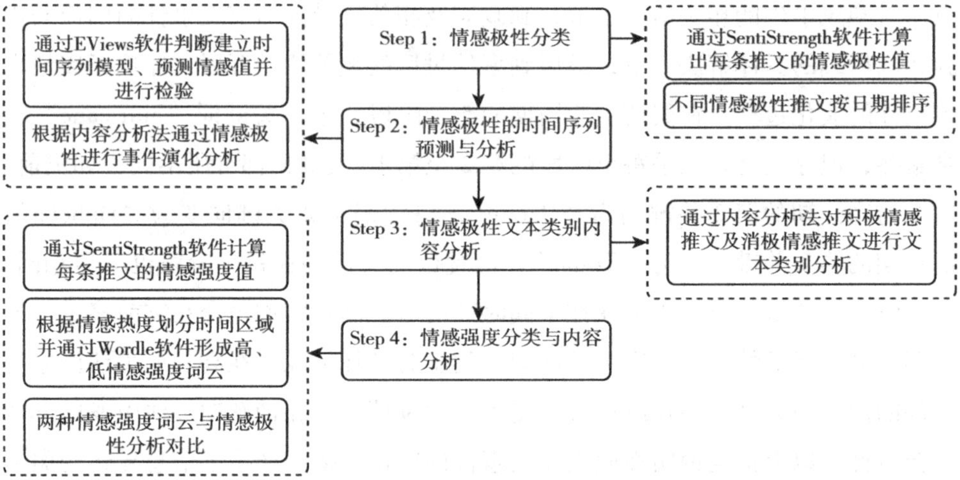


**图7.6　舆情情绪属性研究过程**

情感极性分析是为了找出评论者对某种事件或观点的态度和其当时的情感状态。网民的情感表达不仅影响舆情的传播速度，而且能够迅速感染其他网民的情感导致舆情的爆发（张鹏、兰月新、李昊青，2016；纪雪梅，2014）。目前已有多种情感分析软件工具可对文本进行分析，包括SenticNet、Luminoso、SentiStrength、Factiva、Attensit和Converseon等，本章选择使用SentiStrength软件对推文进行情感分析。

SentiStrength是一个基于已有情感词典的情感分析程序，可以同时对文本的情感极性和强度进行分析，针对Twitter上的推文等非正式短文本具有较高的情感分类精度（Thelwall，Buckley and Paltoglou，2011；2012）。相关心理学研究认为每一个短文本都会同时表达出两种情感观念（Raul，Peter and Stephen，2015），SentiStrength根据自身的情感词典将每个短文本标注出正面情感评价与负面情感评价，情感评价取值为[-5，-4，-3，-2，-1]与[+1，+2，+3，+4，+5]。情感极性表示为两种情感评价之和，若值为正则为积极情感，值为负则为消极情感，值为0则表现为中立情感。情感极性计算如式（7.2）所示，文本示例如表7.3所示。

$$\text{Sentiment} = \text{positive rating} + \text{negative rating} \quad (7.2)$$

**表7.3　情感极性计算示例**

| 情感极性 | 推文文本 |
|---|---|
| negative | The devastation caused by Hurricane Maria is heartbreaking. Here's what New York City is doing to help.<br>(positive rating：1；negative rating：-5) |
| neutral | More than 95% of customers are without regular electricity service in Puerto Rico 10 days after Hurricane Maria hit.<br>(positive rating：1；negative rating：-1) |
| positive | YES!!! Tesla is sending hundreds of battery packs to Puerto Rico in the wake of major hurricanes.<br>(positive rating：2；negative rating：-1) |

将经过预处理后的23933条数据导入SentiStrength情感分析软件，计算得到消极情感推文共9573条，总体占比40%；中立情感推文9334条，总体占比39%；积极情感推文5026条，总体占比21%。可以看到消极情绪和中立情绪的推文是积极情绪推文的两倍，说明网民对于此次突发事件大部分持悲观、消极态度，持积极态度的公众较少。

突发公共事件网络舆情预测的意义在于及早发现危机，对舆情走向和危机规模进行判断，为实施舆情危机预案提供支持。为清晰看出每日情感趋势并进行预测，对所有推文按照发文时间和情感极性进行分类，计算其每日的情感极性平均值，最终得到每日总情感极性平均值如图7.7所示。

将2017年9月16日到2017年10月29日的情感极性值数据作为情感极性预测的原始数据，具体预测步骤如图7.8所示。

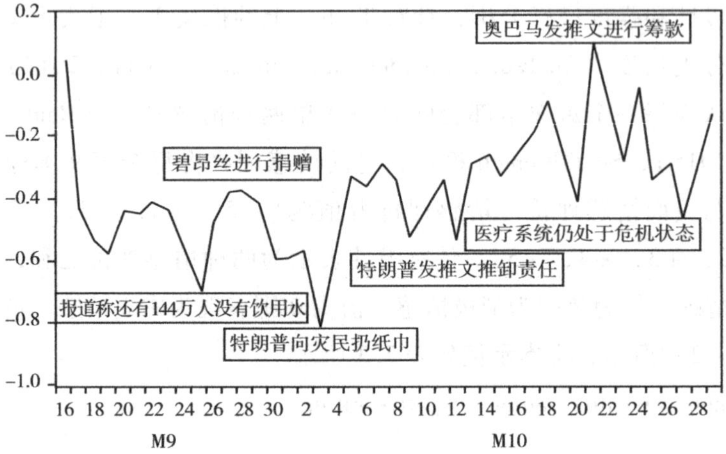


**图 7.7　情感极性时间序列走势**

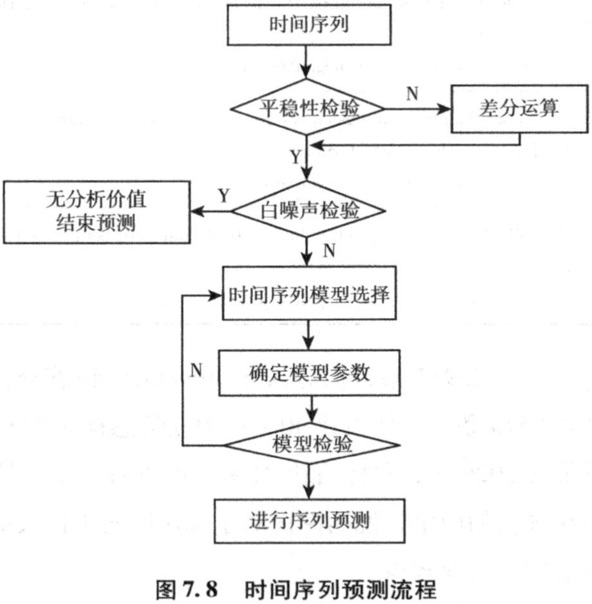


**图 7.8　时间序列预测流程**

首先通过 EViews 软件对原数据序列进行 ADF 单位根检验，以判断数据是否平稳，检验显示 ADF 检验中的 t 统计值远小于各检验水平临界值，如表 7.4 所示，故可判定该时间序列稳定，无须进行差分处理。其次，通过自相关和偏自相关图进行模型的选择和定阶。在自相关系数与偏相关系数分析中，Q 统计量的 P 值 $<0.05$，为非白噪声序列说明可以进行下一步的建模预测。

表7.4　ADF单位根检验结果

| 情感 | ADF检验值 | 1%显著性水平 | 平稳性 |
|---|---|---|---|
| total | -4.106715 | -3.592462 | 平稳 |
| positive | -5.510985 | -3.592462 | 平稳 |
| negative | -5.613920 | -3.592462 | 平稳 |

根据总情感极性值的ACF图和PACF图可判断，自相关为拖尾，偏自相关在1阶截尾，故选取AR（1）时间序列模型。对于消极情感时间序列模型的选择，选取ARMA（2，2）、ARMA（1，2）、AR（2）三种模型进行指标对比。在积极情感时间序列模型选择上，选取ARMA（1，1）、MA（1）、AR（1）三种模型进行指标对比。通过AIC、SC值的对比，以及显著性的检验，最终确定消极情感时间序列模型为ARMA（2，2），积极情感时间序列模型为MA（1）。在各模型的残差序列检测中，Q统计量的P值>0.05，残差不存在序列相关，为白噪声序列，各情感时间序列模型稳定。最后，用EViews进行动态预测，预测出10月30日的总体情感极性值、积极情感极性值、消极情感极性值，如表7.5所示。

表7.5　各情感模型检测值与预测值

| 情感 | 模型 | AIC | SC | 预测值 | 实际值 | 相对误差 |
|---|---|---|---|---|---|---|
| total | AR（1） | -0.601359 | -0.479710 | -0.236769 | -0.269938 | 0.1228 |
| positive | MA（1） | -2.871054 | -2.749405 | 1.211292 | 1.151515 | 0.0519 |
| negative | ARMA（2，2） | -0.675137 | -0.431838 | -1.542154 | -1.389830 | 0.1095 |

通过测试结果可以看出，各情感的预测值和实际值较为接近，可以通过时间序列来预测公众在突发事件来临后的情感极性走势，并且可以根据情感极性的时间走势图探寻网民在灾害期间的舆情关注焦点。

本章使用内容分析法对Twitter文本进行语义分析，通过不同词语之间的关系分析得到突发事件应对过程中重要的舆情信息，并得到舆情的主题类别。每日情感极性走势图的波峰及波谷代表着公众在一段时间内的情感变化，通过波峰波谷当天的文本内容，根据高转发、高评论、高点赞数的推文找出影响网民情感波动的事件因素。同时经观察后发现，情感极性值为0的推文，多是对灾后事件的客观陈述或各家媒体的受灾新闻报道，因此情感极性值往往表达为中立情感。这些中立情感的推文很少涉及网民的情感表达，但可从这些客观事实的陈述中，找出引起网民当日情感变化的原因。因此在推文内容的分析上，不对情感极性值为0的中立情感推文做详细分析，仅将其作为对探究公众情感波动的辅助参考。

（1）积极情感文本统计与分析。

统计后发现在23933条推文中，情感极性表达为积极态度的推文占比最小，仅占所有感情值的21%。这是因为此次自然灾害带来的损失过大，且政府对飓风事件的应对处理持续引发公众争议与不满，公众始终对事件的处理保持着不乐观的态度。在所有表达为积极情感的推文中，可将推文内容分为以下几类：救援进展、祈祷祝愿、表达感谢、公益募捐。表达为积极情感的部分推文及发布者ID如表7.6所示。

**表7.6　　积极情感文本类别**

| 文本类别 | 发布者 | 推文内容（举例） |
|---|---|---|
| 救援进展 | Bethenny Frankel | As we speak，we're unloading planes & I'm coordinating transport of 10 million in Hurricane Relief on cargo ships.<br>…… |
| 祈祷祝愿 | Nancy Pelosi | My heart is with all in Puerto Rico contending with #Hurricane Maria. Be safe. Your fellow Americans are with you.<br>…… |
| 表示感谢 | Franklin Graham | I want to thank everyone who is helping—and praying—for those who have had their lives turned upside down by hurricane after hurricane.<br>…… |
| 公益募捐 | Elijah Daniel | We've raised over 13k already Hurricane Maria relief im so fuckin proud of y'all. thank you for helping. if u can't donate，spread the link!<br>…… |

当美联邦应急管理署（FEMA）发布救援进度推文或新闻媒体报道相关救援消息时，公众的情感通常表达为积极情感。在飓风来临前以及受灾前期，祈祷祝愿类的推文相对较多，公众纷纷对灾区人民表达祝福，希望灾区人民能够收到救助并挺过难关。表示感谢主要指公众对官方救援人员、慈善机构、社会各界知名人士对灾区的帮助表示赞赏，以及对普通公众前往灾区进行支援表达了钦佩。在所有的积极情感的推文中，公益募捐类的推文数量占比较大，且持

续存在于灾后的三个阶段。

（2）消极情感文本统计与分析。

此次由“玛利亚飓风”引起的相关社会事件，在美国引起了极大社会舆论争议，大部分社会各界人士都保持着消极的态度，这也侧面印证了本章公众消极情绪偏多的研究结果。在这些表达为消极情感的推文中，可大致分为以下几类：灾害影响、救援不力、相关社会影响、政府形象下降、政府的沉默。表达为消极情感的部分推文及发布者 ID 如表 7.7 所示。

表 7.7　消极情感文本类别

| 文本类别 | 发布者 | 推文内容（举例） |
| --- | --- | --- |
| 灾害影响 | DJ Many | I Just Got Word From My Mother That Our Home On The Island Is Completely Destroyed By Hurricane Maria, Haven't Been Able To Reach My Daddy.<br>…… |
| 救援不力 | Bernie Sanders | I am deeply disturbed by the inadequate federal response to the devastation caused by Hurricane Maria.<br>…… |
| | Amy Siskind | 20 days since Maria: just 15% of Puerto Rico has electricity, 59% have drinking water. We are failing Americans!<br>…… |
| 相关社会影响 | The Associated Press | BREAKING: US loses 33, 000 jobs after hurricanes slam Texas, Florida; first decline in six years.<br>…… |
| 政府形象下降 | Seth Abramson | Trump spent the day throwing toilet paper at hurricane victims and telling them how lucky they were that Maria was not a "real" catastrophe.<br>…… |
| 政府的沉默 | Richard W. Painter | Sorry, Trump is focusing on his tax cut. Puerto Ricans still waiting for aid a week after Maria's devastation.<br>…… |

灾害影响主要是由于飓风本身给群众心理或生理带来的消极影响，以及公众对受灾地区的担忧。救援不力问题指美政府派出的救援队，未能及时给予灾民应有的救助，死亡人数持续增加。相关社会影响主要指在灾害后期，新闻报道的由于飓风引发的后续社会问题，此类新闻让公众感到恐慌，因此产生消极情绪。在消极情绪的推文中，占比最大的是政府的沉默和政府形象下降两种类型的推文，政府的沉默主要指在飓风来临后，美政府并未快速响应指导救援，

美领导人也并未将注意力放在波多黎各的救灾上，没有及时对此次事件作出更多指示，而是在推特上发生了与黑人运动员的骂战，像往常一样在度假村打高尔夫，并在灾后访问时向灾民投篮般地扔纸巾。随后美国总统与波多黎各总督在推特和新闻上互相推卸责任，并在“玛利亚飓风”事件后期，美国政府被爆出向公众隐瞒了死亡人数，真实的死亡人数远高于美国政府给出的数字。美领导人在救灾过程中的一系列不当行为造成了政府形象的下降，群众对此表现出了极高的愤怒及消极情绪，对政府的信任度同时降低。

综上所述，网民处于积极情感时，往往是由于部分人群主动对受灾地区进行了救助或在社会中发起相关募捐活动；而网民在处于消极情感时，通常是由于政府未能够采取有效的应急救助措施或国家领导人、政府人员被曝出与灾害事件有关的负面新闻等。由此可见，在此次突发自然灾害事件持续的过程中，公益募捐、应对管理、政府形象等会成为影响公众情绪演化的激发器。

在 SentiStrength 情感分析软件中，情感强度表示为两种情感评价之差，差值越大代表情感强度越高，反之情感强度越低（Thelwall，Buckley and Paltoglou，2014）。情感强度计算如式（7.3）所示，文本示例如表 7.8 所示。

$$\text{Strength} = \text{positive rating} - \text{negative rating} \tag{7.3}$$

**表 7.8　　　　情感强度计算示例**

| 推文文本 | 情感强度 |
|---|---|
| Please support my brother @ carmeloanthony as he helps the people of Puerto Rico with their hurricane relief efforts. | positive rating：2；negative rating：－1 Strength：3＝2－（－1） |
| Florida stands ready to help our friends & neighbors in Puerto Rico following the devastation of Hurricane Maria. | positive rating：2；negative rating：－5 Strength：7＝2－（－5） |
| To find loved ones who marked themselves as safe after #HurricaneMaria or to register yourself. | positive rating：4；negative rating：－1 Strength：5＝4－（－1） |

将数据集中的 23933 条原创推文输入 SentiStrength 中计算各自情感强度，将情感强度大于 4 的推文视为高情感强度推文，得到低情感强度和高情感强度推文分别占 86.91% 和 13.09%。所有推文按时间分为灾前、灾中、灾后三个阶段，并根据情感热度将灾后细分为高热期、持续期、消解期，分别做出各阶段高情感

强度与低情感强度的词云。为可以更明显地在词云上显示出情感关注的演变，将所有推文删除“Puerto Rico”“Hurricane”“Maria”等词，可以看出在突发事件应对过程中，各个阶段有其不同的舆情关注角度，如图 7.9 所示。

图 7.9　各阶段低情感强度词云与高情感强度词云

在灾害前期，除去在 5 个阶段都被持续关注的“Maria Hurricane”和“PuertoRico”，可以看到有很多关于在飓风袭击多米尼加时的相关词汇，如“Dominica”“Caribbean”“storm”等。相比较于低情感强度，高情感强度有明显的“dangerous”“threaten”“devastated”等关键词，表达出公众对即将到来的飓风的担忧与恐慌，这与前面通过情感极性得出的公众情感相同，更贴合公众的关注焦点。

在受灾期间，高情感强度词云中明显出现了“devastation”“help”“victim”等关键词，表明在受灾期间公众更关注的是受灾者的救助问题与飓风带来的系列毁坏，这与基于舆情生命周期的焦点内容分析得到的阶段结论相同。而低情感强度的词云中则极少出现相关关键词。

在灾后高热期，可以看到高情感强度与低情感强度均出现了“Trump”“help”等词，说明公众在持续关注救援情况的同时，开始陆续把关注点转移到政府行为上。在高情感强度词云中出现的“efforts”“support”“donating”等词，反映出此时公众已开始关注并开展慈善、募捐等活动，以此来支持受灾群众。这也反映出高情感强度比低情感强度更广泛地代表了公众的关注焦点。

在灾后持续期，“Trump”等关键词依然属于两种情感强度的高频词汇，此外，相较于低情感强度，高情感强度里的“paper”“president”“catastrophe”等词，代表了公众对这段时间发生的热点新闻事件的高度关注，同时表明人们对于特朗普本人以及其政府团队在应急救灾上的质疑。

在灾后消解期，高情感强度与低情感强度均显示公众的关注重点逐渐转移到即将到来的“Ophelia”飓风上，但高情感强度中的关键词，如“victims”“money”等词额外显示了公众对受害者灾后社会保障问题的关注。

## 7.3 突发事件网络舆情应对存在的问题及成因分析

### 7.3.1 突发事件网络舆情应对过程中显露的问题

经前面的在线文本舆情分析发现，在本次突发事件的应对过程中出现了很多失当行为，导致网络舆情出现多次高潮，本部分将主要在三个分析维度的基础上，论述在突发公共事件应对过程中出现的问题。

#### 7.3.1.1 新媒体时代政府危机传播管理体系有待加强

在突发事件政府形象的研究中，学者严江（2014）认为在突发公共事件发生后，政府形象通常会出现两种情况：一是由于正确的运用危机公关，迅速采取有效、适当的危机管理政策，取得媒体的支持与帮助，赢得公众的理解与认同，使政府形象在管理过程中得到改善并大幅度提高；二是由于危机管理不当或管理不足，引发公众对政府的不信任，降低政府公信力，破坏政府原有的良好形象。因此，对于政府来说，突发公共事件是政府形象管理中的一次挑战与机遇。学者何李丹（2018）认为有效的危机管理可以助力政府形象提升，不当的管理行为则会冲击良好形象。新媒体环境下，政府形象作为公众心目中的总体反映和评价，同样直接关系到危机应对管理的成败，危机管理与政府形象相辅相成、息息相关。政府若能保持良好的形象，在公布决策并实施的过程上会得到公众的认同与支持，能够号召、凝聚公众并有效地稳定社会形势；而不佳的政府形象则会弱化政府的公信力，在缺乏公众信任和支持的情况下，政府的危机应对管理将阻碍重重，不利于突发公共事件的有效应对。而困难的危机应对极易造成管理的不当或不足，不当或不足的危机应对又会进一步降低政府在公众心中的形象，形成恶性循环。

在此次突发事件中，研究发现在应对危机的过程上，由于政府的应急处理失误，修复与重构不力，造成公众对政府的回应态度与后续处理极为不满，通过情感内容分析，绝大部分消极情感的推文，内容均与控诉政府的失职有关。例如，在飓风来临后，美国领导人没有及时发出对救灾的指示，而是在推特上发生了与黑人运动员的骂战，像往常一样在度假村打高尔夫，并在灾后访问时向灾民投篮般地扔纸巾；在灾害中期美国总统与波多黎各总督在推特和新闻上互相推卸责任，并且在“玛利亚飓风”事件后期，美国政府被爆出向公众隐瞒了死亡人数，真实的死亡人数远高于美国政府给出的数字。这些不当言论及行为，被美国公众视为美领导人在此次救灾上的失职，公众纷纷在 Twitter 上表达了对领导人及政府相关部门的不满。而政府对这种不满采取了忽视的态度，任其发展，使公众的消极情绪不断蔓延，造成了严重的舆论危机，也让政府形象在此次突发事件中大幅度下降。

#### 7.3.1.2　信息异化与舆论失焦

在社会生活中，突发公共事件的性质决定了在事件发生后，往往会为公众带来生理上或心理上的严重损失，随之产生的社会问题由于与公众自身密切相关，因此通常会引起社会各界人士的广泛关注。这类信息传播范围广、讨论热度高、扩散速度快，在传播的过程中极易发生捏造事实、夸大负面影响甚至危言耸听的现象，导致原始信息逐渐失真，产生信息异化。有研究认为信息异化会把简单的问题复杂化、扩大化、政治化，形成巨大的负面舆论效果，导致社会产生不稳定因素引发社会危机（刘珺，2011）。信息异化后产生的大量虚假信息，造成公众思维上的混乱，无法在大量信息中判定真实信息，引发公众情感逐渐失控，非理性情绪扩散蔓延，增加处理紧急情况的难度。

信息异化在某种角度来看是网络产生衍生舆情的原因之一，在原始舆情传播的过程中，大量虚假、不实、夸大的信息混入其中产生信息异化，导致原始舆情发展方向改变，二次舆情随之而生，以至于逐渐偏离事件的中心议题。兰月新等（2018）认为由网络舆情主体导致的信息异化主要包括普通网民、政府、意见领袖、网络媒体等。李佳（2018）在对突发公共事件案例分析后认为，突发事件信息异化在主体方面的原因分别是新老媒体的传播行为存在问题、政府部门对事件处理不当、网民的素质参差不齐。

本章通过对“玛丽亚飓风”突发事件的研究，印证了上述学者的观点，在研究选取的突发事件案例中，公众之间互相影响的消极情绪、相关政府部门不作为或不妥当的回应、媒体未能成功设置正确议程以及“网络推手”的幕后推动，在一定程度上影响事件本身，让舆情逐渐失控，引发次生负面危机。例如，在灾前和灾中两个阶段，公众对到来的飓风灾害是未知的，此时公众主要关注焦点集中于对飓风的情况了解；到灾后高热期，由于未能及时有效控制舆论的消极传播，信息逐渐出现异化，公众的关注焦点逐渐转移到政府的管理行为上；到持续期与消解期，信息异化程度增加，公众关注焦点聚集在由灾害引发的其他恶性社会事件。

#### 7.3.1.3 公众情绪持续发酵造成的舆论混杂

目前全球进入移动互联网时代，每一个人在网络上都有接收信息和传递信息的权利与能力，开拓了网民表达意见态度的渠道，互联网方便网民抒发观点、沟通思想、表达情绪，网民情绪交流是网民在互联网领域的一种特殊的情感传播活动。安璐等（2017）认为突发事件在传播的过程中，往往会出现不同的主题，而网民在不同主题下的情绪表达也会直接影响事件的传播速度和发展方向。因为网民的言论往往具有耸动性、扩散性，这样能够吸引与之观点相似的人，从而形成一种社会情绪（计璐，2019）。在突发公共事件中，公众大多会呈现担忧、谴责、愤怒等负面情绪，加上公众普遍缺乏相关专业知识，这些负面情绪会以极快的速度在网络和现实生活中传播，带来了负面的社会舆情。

在“玛利亚飓风”事件中，“波多黎各人民被迫使用污水污染的水”“特朗普要求他的支持者向他捐款，以支付他的律师费用”“波多黎各82%的美国人没有电”“波多黎各的公共债务已经不可持续”“联邦应急管理局拒绝在波多黎各分享其应对飓风的草案”“波多黎各的火化尸体在死亡人数中被遗漏”“一种罕见的食肉细菌感染由飓风造成，导致两人死亡”“飓风后美国失去33000工作岗位”“数千名波多黎各人将会失去医疗保险”等舆论四起，进一步扩大公众的恐慌，扩散负面情绪，普通公众长时间处于负面的社会情绪中，也会过度焦虑紧张影响到正常的生活。

从公众的视角出发，社会中的负面情绪会引导公众的负面情绪激增，无数的负面情绪又会在社会中不断发酵，负面情绪的强化与累加会造成全社会的不良状态。在这种情况下，及时控制公众的不良情绪扩散尤为重要。

### 7.3.2　突发事件网络舆情应对过程中存在问题的成因分析

#### 7.3.2.1　相关权威信息公开不及时、不透明

在“玛利亚飓风”发生后，政府对网络舆情相关权威信息的不及时公开行为，以及公布虚假信息的行为，引发了舆情危机的蔓延扩大。在突发性公共事件网络舆情爆发时，政府多数情况下都没有能够及时向公众公开政府所掌握的信息，并且由于突发事件会造成严重社会损失的特殊性，政府会因为担心公开信息会对政府部门造成损害而采取了错误的公开方式，如忽视网络舆情的发展、遵行“少说少错”的原则、隐瞒信息以期蒙混过关等，这些方法都说明相关部门由于没有意识到信息公开的重要性而错过了平息、解决舆情的最佳时机。相关权威信息公开不及时，不仅让事件发酵，给负面舆情传播留空间，还间接促使公众被舆论、谣言所欺骗，并放任网络中不实信息的传播，造成政府信誉度降低、不知情公众愈加恐慌、虚假“言论自由”更盛等情况。

造成政府形象下降、舆情危机扩大同样有信息公开不透明的原因（徐静静，2017；吕克，2016）。在突发事件中公民往往处于信息的被动接收地位，对事件的了解来自媒体的报道和官方解释。不完善的数据披露制度容易导致公众获取政府新闻的脱节和滞后，从而造成信息不对称，加深舆论危机程度。公众对政府遮掩的信息往往具有好奇心理，这种心理更容易引发公众不符合实际情况的讨论和恐慌情绪，形成分散杂乱的舆情。在信息公开的过程中，由于突发事件特殊的事件性质，以及严重的危害后果，下级政府官员在上报信息时或对公众进行信息公开汇报时，往往会选择隐瞒部分有可能造成自身利益损害的信息，如报道时减少死亡受伤的人数、隐瞒或部分隐瞒事件发生真相、对受灾现场实际情况进行美化、不公开捐赠物资的流动去向等。这些行为严重地影响了处理突发事件的效率和进展，损害了政府的公信力。回顾“玛利亚飓风”事件发现，在政府发布飓风导致的死伤数字后，数字的真实性被相关学者和公众怀疑，并被公众拿出证据证实死伤人数远超政府公布数字，这一结果引发了公众对政府极大的不满情绪，认为政府没有对公众讲实话，造成政府的形象下降。

由于政府回应信息的不及时不透明，造成了“知识沟”的存在。当公众的立场、态度与政府管理者不一致时，会对政府及领导人产生敌对情绪，并且通过舆论信息传播，引发大规模群体事件，这就是由政府与公众之间存在的信息“知沟”引发的公众抗议。在覆盖面极广的网络中，拥有信息媒体和渠道越多的人，拥有的信息资源就越多，这也决定了这些人与其他公众的区别（刘丽丽、陈晨、兰月新，2012；王晓晴 2016）。政府与公众拥有的信息不同导致的信息“知沟”使掌握信息贫乏的公众，处于比较不利的地位。

#### 7.3.2.2 政府回应理念偏差与言论失当

政府回应力度主要指各级政府和有关部门在多大程度上关注来自公众的呼声与意见，并是否实际有效地为公众解决遇到的各方面困难。作为管理国家的领导者，政府的一举一动皆为公众所关注，在面对突发事件时，政府官方的回应尤为公众看重。在此次“玛利亚飓风”事件中，政府在舆情的回应上出现了明显的失误，主要原因在于以下几点：

（1）未主动进行舆情回应。在突发事件发生后，政府作为社会管理主体，其态度是网络、新闻媒体和公众的关注焦点，应在第一时间给予事件关注和解释，以期快速平息舆情。有学者认为，若舆论已经出现激化、呈现明显的负面消极状态，政府应该采取相应解决措施而不是一直处于不回应的被动状态，政府若不能对舆论进行良好回应，会让加剧负面舆论的激化（谈敏，2019）。此次突发事件美政府没有主动进行回应、安排应急工作、表明官方态度，直接导致了舆论的激增，使公众质疑政府危机应急能力和国家管理能力。

（2）回应内容形式化或言辞不当导致舆情激化。目前各政府部门对舆情回应的意识已逐渐提升，对突发事件后产生的舆情不回应现象已逐渐减少，但在回应方式上仍有不足。由于突发事件的特殊性质，公众对此类事件的关注度极高，因此相关部门或相关人员在回应的过程中，会因为缺乏经验导致在语言技巧、回应途径上有所欠缺，如回应内容过于官僚化和形式化、部分词语欠妥、缺乏设身处地的考虑、回应随意等，这些情况都会影响政府的回应效果。有学者认为，在突发事件后公众对任何信息都极其敏感，政府在回应上的一点失误都会引发公众的热议（付超，2010）。导致舆情不但没有因政府的回应而平息，反而会掀起新一轮的舆情热潮，这不仅没有实现政府出面回应的目的，反而让局面向更糟的方向发展。因此政府在回应舆情的过程中，在注重回应速度的同时也要注意回应的方式。

（3）回应没有贴合网民的核心诉求。Birkland 在 1997 年提出了焦点事件理论，阐述了危机通过焦点事件逐渐改变政策议程的基本原理，这一理论对突发事件危机中的政府回应、新闻发布有很多启示与帮助（周庆安、孟祥夫，2014）。根据上述理论及相关研究，政府在回应时应主要针对公众关注的焦点事件进行回应，因为焦点事件是经过多数人的意见交流汇集而成的主要舆情“发源地”。当公众处于同情或愤怒的情绪时，往往对政府舆情回应的要求更为严苛。突发事件后政府在对网络舆情回应时，往往把更多的精力放在了单纯平复公众情绪上，而忽略了公众产生负面情绪的根本原因，未能把握住公众的焦点走向，从而导致公众对政府舆情回应的评价不高。

#### 7.3.2.3　忽视特殊社会群体的舆情引导作用

在突发公共事件网络舆情传播和扩散的过程中有一类特殊的社会群体，他们在一定程度上主导了舆情的发展方向，对网民意见走向有着重要的指引作用，因此被称为网民的“意见领袖”。在信息爆炸时代，每日大量涌入的信息让公众需要一类能够为他们提炼关键信息点的人，这类人能够在提炼信息点的基础上，总结形成对事件的看法与观点，通过公众对他们观点的认同来引导事件舆情的走向。

通过对舆情中意见领袖的研究，目前已有不少学者认为意见领袖对网络舆论影响巨大，在突发事件中扮演着具有传播、引导、推动舆论发展等重要作用的角色，通过对网民的影响，左右着舆论的走向（王佳敏、吴鹏、陈芬，2016；胡婷婷，2018；王睿、张恩普、李婷，2016；刘林沙、陈默，2012）。在突发事件发生后，意见领袖通过各种公开或非公开的渠道获取突发事件相关信息，并将信息汇总至自己的社交软件个人页面上，通过自身带有的网络关系资源，为舆论形成做铺垫。在突发事件中，面临共同到来的灾害、纷杂的信息和不同思想的碰撞，公众往往需要能够传达、解读政府观点的人群，这类人群能够在解读时间信息后，总结自己的看法并引导公众、代表公众传递意见。部分意见领袖凭借自己因处于政治领域的信息优先获取能力或是足够的社会经验，对突发事件进行深入剖析，并发表自己对于当前公众关注焦点的见解，引导公众在其发表的见解下自由表达，对公众的疑惑进行答疑，发表的言论意见也逐渐发展为公众热议的焦点话题。

在此次“玛利亚飓风”事件中，意见领袖绝大多数为具有话语权的国家领导人或在政治领域有特殊地位的用户。这些意见领袖因具有更好信息获取能力与意见表达能力，让自己在网络中表达的观点被绝大多数网民所接受，由此在网络中形成不同方向的舆情。如在此次事件中影响力最高的美国前总统奥巴马，在发布的推文中号召大家和他一起参加慈善音乐会的募捐活动，这次号召引导公众形成了空前积极态势的舆论方向；但影响力排名第二的特朗普所发推文，则因其言论失当导致公众愤怒情绪蔓延，爆发了消极的二次舆论。

#### 7.3.2.4 信息匮乏与信息传递过程不对称

目前，在对负面社会事件的处理上，仍存在大量隐瞒真相的现象，更有甚者为防止公众了解到对自身不利的消息，对信息传播渠道进行封锁，对媒体或社交平台的信息发布设置障碍，让公众没有获取信息的途径。在以互联网为主的新媒体环境下，对信息强制性封锁、禁止公众获取和讨论信息只会让谣言和流言进入，加剧虚假舆论的传播和升级，是最不明智的做法（童兵，2009；王春业，2009；袁维海，2011）。当政府和官方媒体信息发布滞后导致公众获取信息的正规渠道出现阻碍时，谣言等替代性信息的传播模式就会占据公众获取信息渠道的主导地位。公众对信息的聚焦又扩大强化了信息的传播速度，已有研究表明，社交平台中网民大量关注社会负面信息（王国华、郑全海、王雅蕾，2014），且负面的“坏消息”传播速度比普通信息更快（史伟，2018），由于处于危机状态下的公众更易于接受这种“危言耸听”的信息，公众不但会主动接收获取到的全部信息，还会以传播主体的身份积极扩散信息，造成未被证实的信息快速传播使局面变得难以控制。在突发事件处理的过程中，公众长期积累的不满、焦急、恐慌、愤怒等情绪要宣泄，由于正常诉求渠道不畅，导致网络成为公众发泄不满的重要工具，Naveed 等（2011）分析了影响社交平台转发的诸多因素，发现带有消极情感倾向的转发量更高。在现实生活中，公众因言论、行为受制于法律和其他因素的制约，会时刻约束自己的言论及行为，但在网络世界中，由于网络的匿名性、虚拟性等特征，公众可以在网络平台上自由发表言论。在网络平台缺少法规与监督且无须担心真实身份暴露的情况下，部分公众极易发表出对社会不负责任的言论，让公众的道德底线很容易被冲破。言论发表的随意性让公众在发表信息和自己观点时不负责任的行为显著增加，在突发事件发生后，部分公众凭直观感受，传播一些缺乏真实根据，主观臆测后又二次加工的使公众难辨真伪的信息。这些带有主观性、随意性和夸张性的信息，伴随着认知能力之间的差距，会促使公众对虚假信息盲听盲从，以讹传讹使谣言急速扩散，带来了信息的失真与异化。信息的匮乏和传递过程中的信息不对称情况，为信息异化的产生与升级提供了条件，网络更是为虚假有害信息的传播与扩散提供了平台。显然信息的匮乏和信息传递过程的不对称，往往是导致不实舆论大幅度扩散的重要原因，也是造成社会恐慌和次生舆论危机的主要原因。

## 7.4　突发事件网络舆情引导与控制

本节从政府、公众、媒体三个不同主体的角度来阐述突发事件网络舆情的引导策略与管理方式，归纳了政府应对突发事件网络舆情的信息公开机制、舆情管理机制和舆情应对理念，阐述突发事件中意见领袖在网络舆情传播中的作用，强调培养公众媒介素养的重要性，总结了媒体在突发事件网络舆情中应承担的责任与正确的报道策略。根据研究过程与发现和已有学者的研究理论，提出了应对突发公共事件网络舆情的策略。

### 7.4.1 强化政府引导，体现担当形象

通过前面对“玛丽亚飓风”突发事件的实证分析，可以发现在突发事件中政府作为管理社会情况的负责人是公众主要的关注对象，政府在应对突发灾害及社会舆情时的一举一动都会引发公众的探讨。本部分根据前面对案例的实证研究，结合案例中政府出现的管控问题，并结合相关理论及研究提出以下以政府为主体的舆情引导策略。

#### 7.4.1.1 提高信息公开透明度，消除信息不对称

通过前面实证分析可以清晰地看到，在“玛丽亚飓风”突发事件中，由于政府及相关部门未能及时且正确地公布相关灾害信息，导致公众因难以及时拥有正确的社会信息而产生愤怒、焦虑情绪，不但导致公众对政府的管理能力质疑，更因此爆发了新一轮的负面舆情，为政府的舆情管控带来了新的挑战。此类负面舆情由信息不对称造成，就要从解决信息不对称问题入手，根据在实证案例中信息不对称的产生原因，政府在应对突发事件过程中，应及时对民众公开相关信息，并提高信息公开的透明度，消除政府与其他社会成员的信息不对称状况。

突发事件后，及时、迅速、准确的信息公开不仅可以让公众获得知情权、了解事件全貌，更能提高政府自身的形象、在开展应急工作上获得公众的支持，提高应急管理的效率与效果（严江，2014）。结合案例事件中出现的信息公开问题与原因的分析，基于信息不对称理论，同时借鉴政府信息公开相关研究（赵华，2010；王明，2015；李昕，2010），对提升突发事件管理中信息公开能力提出以下建议：

（1）遵守信息公开化建设原则，强化信息及时公开意识。要解决公众之

间负面情绪四处蔓延、不实信息四处扩散的现象，需要在根源处防止公众负面情绪的大量产生。政府在回应处置负面网络舆情时，最好的选择是诚恳和适时公开消息。一方面，在舆情开始传播初期，政府就应该保持信息的开放性，让公众具有信息的知情权，若阻止公众了解真相，对事件缘由、发展过程、造成影响不甚清楚的公众会更多地聚集讨论猜测情况，并且会在政府实施决策时不理解政府的用意，产生不配合的状况；另一方面，信息若没有时效性则缺乏价值，突发事件特殊的性质决定了在应对过程中时间的重要性，这两点特性督促着信息的及时公开，要充分意识到在突发事件的环境下公众对真实信息的渴求度，若公众无法在缺乏时效性的信息中获取想要的信息，此时政府公开的便是没有价值的信息。因此在突发事件发生后，相关部门对公众公开的信息的价值，大部分取决于信息公开是否及时，为此，相关部门需要树立在事件发生后及时、迅速、完整地对公众公开信息的理念，确保公众获取到具有价值的信息，提高公众对信息的知情权与满意度。

（2）做好各阶段不同的信息公开工作。政府部门在及时、准确地公开信息后，也应该根据不同阶段舆情的特点与公众不同的关注焦点，有针对性地做好每个阶段的信息公开工作（刘鹏瑞，2018）。例如，在灾害来临前，大部分公众的警惕度偏低，没有意识到可能出现的危机与可能达到的危害程度，或缺乏应对危机的相关知识与经验，此时应该及时发布预警信息，引起公众对灾害的关注，培养公众的危机意识，在避免让公众出现恐慌心态的同时，提高公众对危机的警惕度；在突发事件的舆情高热期，应当根据公众的聚焦情况，及时更新有关突发事件的信息，让公众了解事件信息和事件的防控进展，知晓相关部门正在做什么、还要做什么，保障人民群众的知情权。在突发事件的消解期，应该将全部工作向公众进行汇总报告，让公众在高热期的高强度、快节奏的信息环境中缓解焦虑、恐慌的心态，为公众恢复到正常生活打好基础、做好准备。

（3）完善突发公共事件信息的公布标准，拓宽信息公开渠道。随着目前科技的发展，出现了更多的信息传播渠道，相比较于报纸、期刊等传统型媒体，新出现的网络社交平台、视频网站等也成为新的信息传递媒介。完善政府信息公开要本着渠道多样化的原则（余珊珊，2007；傅荣校、郭啸笑，2013），建立公众与政府的信息交流平台，传统媒体与新媒体双管齐下，在传统媒体继续为全体公众传递信息的同时，可以尝试通过新媒体媒介让公众可以向上级政府部门传递自己的声音。同时建立健全政府层面的信息发布协调机制，制定突发公共事件信息公开标准，确认不同行政部门之间的信息互通和信息公开标准一致，加强各部门之间的信息沟通，避免出现各部门向公众公开的信息出现不一致的信息“壁垒”现象。

#### 7.4.1.2 筑牢信息传播主动权，控制信息异化

通过前面的研究可以发现，在突发事件舆情的传播过程中，出现了明显的信息异化现象。信息异化的已有研究认为信息异化的产生，主要有信息滞后、信息不对称、虚假信息无管控传播等原因（刘珺，2011；李昊青，2015）。政府作为管控舆情的主体部门与多数信息的拥有者，也是控制信息异化的最佳管理者，公众最希望能够从政府处获得最权威、最准确的信息，了解政府对事件的态度与立场。基于对网络舆情信息异化的演化机理与突发事件实际情况，本章认为政府治理网络舆情信息异化的关键在于：一是筑牢权威信息发布地位，从源头遏制网络其他主体造谣、传谣行为的可能性；二是与媒体共同合作，把控好信息传播时间点，在政府主导下协同多方力量治理网络不实信息的传播与扩散。因此，根据信息异化控制理论，从政府的视角阐述控制网络舆情信息异化的引导策略如下：

（1）筑牢及时发布权威信息的地位。在新媒体的传播环境下，突发事件往往能在引起公众关注的初期快速传播。有学者针对网络事件中舆论信息的自组织复杂网络进行了计算机仿真研究发现，政府越快对危机信息进行公开，信息环境越会尽早进入稳定状态（江耘、张星久，2011）。在突发事件发生初期，若政府相关部门和官方权威媒体没有及时发声，那么各种未经核实的虚假信息会借助网络社交平台迅速传播，缺乏权威信息的公众无法对广泛传播“真实信息”进行有效判断，会让公众产生不安情绪并指责政府工作不到位，为后续的舆情管理造成极大困难。因此，政府在突发事件发生后反应必须迅速，以最快速度实施救援行动，并及时公布权威信息。

（2）与媒体共同合作，把控好信息传播时间点。由于突发事件中的问题往往比较敏感，因此在处理这些重大敏感的问题上，政府需要把控信息的发布、话题引导、事件处理的主动权，但由于政府可对公众的引导渠道稍显单

一，因此与媒体共同合作通过多种信息传播渠道向公众传递信息，会更快速有效地应对突发事件。突发事件发生后，政府与媒体需要对两个时间点格外关注：一是在突发灾害发生前期，政府通过监测或其他渠道确认事件将要发生时，要迅速确定灾害的相关信息，联合主流权威媒体紧急通知公众，告知公众有关灾害的预警信息，做到尽量通知到每一位公众，让其认识到问题的严重性并在生理和心理上做好充足的应急准备；二是突发事件爆发后的最初几个小时，公众由于受到了日常生活中未曾出现过的冲击，往往会产生恐惧情绪，并且对事件的未知会让谣言与不实信息迅速在社会中广泛传播，极易发生信息异化。因此，在突发事件发生后的信息爆发期，政府若能通过自己最准确的信息获取渠道判断事件的发生缘由、发展过程、解决方法，并迅速开展相关行动，与媒体在第一时间向公众传达信息，将会降低公众的恐慌情绪、阻止负面不实信息的蔓延、提升政府在公众中的权威形象、快速稳定社会局势。

#### 7.4.1.3　转变回应理念，增强政府舆情责任意识

回应性是规范民主理论的核心概念，政府需要回应公众是大多数民主概念的基础（Lipset，1993）。舆情回应作为政府回应的重要组成部分，事关社会和谐、发展成本以及公众福祉（Cleary，2007）。在“玛丽亚飓风”事件中，政府对灾情以及公众关注焦点的回应不尽如人意，相关领导人及部门未能重视起舆情回应这一工作，在公众的视角上政府同样未能持有严谨的回应理念，引发了公众的不满与新一轮的负面舆情。基于突发事件案例分析与相关研究（郝丽，2014；杨立华、程诚、刘宏福，2017），提出转变政府回应理念、增强政府舆情责任意识的引导策略如下：

（1）牢固政府主动的舆情引导思想。在突发事件危机处理时，政府在公众疑问面前若不能给出正面的答案，会让公众产生更大的困惑乃至产生恐慌情绪，导致事件朝不可控的负面发展（王雯雯，2019）。在以互联网为代表的新媒体环境下，公众可以通过各种渠道发表自己的观点言论，如短信、社交短文本、视频等，并且话语自由度极高，这为政府部门的舆情管理带来了便利也带来了挑战。而且通过近年来的网络舆情案例观察，可以发现舆情会不断产生衍生舆情，出现某一类事件网络舆情不断反复的周期性情况。因此政府要明确了解网络舆情会带来的危害，树立起及时解决舆情的观念，在突发事件的事前、

事中、事后各个环节上做好相关工作与预案措施，并在突发事件结束后认真与相关部门总结经验教训，以其为以后可能会发生的网络舆情提供参考。

（2）完善政府新闻发言人制度。突发事件发生后，政府回应失败则可能引发信任危机，造成不可挽回的舆情灾害，因此政府回应要更为谨慎（马翔、包国宪，2020）。政府新闻发言人是政府向公众传达信息的第一形象，公众无须通过任何中间媒介的二次加工转述获取政府言论。新闻发言人承担着政府对公众回应的关键作用，官方发言人的回应效果，直接影响着公众是否同意并接受政府的管理。完善政府新闻发言人制度、制定权责一致的新闻发言人法规，在明确发言人责任义务的同时明确他们的权利和待遇，并确保新闻发言人对政府相关信息和决策过程有着清晰的了解和把握。

## 7.4.2 强化公众参与自律意识，提高公众媒介素养

在突发事件网络舆情中，公众是主要的参与者，公众的观点、情绪、意见左右着舆情的演化，对网络舆论环境的影响至关重要，大部分网络舆情是否能够合理应对、妥善解决，归根结底与公众的舆情表达有很大关系。根据前面介绍的沉默螺旋与反沉默螺旋理论、两级传播理论以及相关研究，提出以下以公众为主体的舆情引导策略。

### 7.4.2.1 倡导公众自律，控制信息异化

虚假信息不断扩散，不实传言演化升级，会直接影响公众对事件的判断，导致负面舆情对社会产生严重危害。在突发事件的网络舆情中，公众既是舆情的生产者又是舆情的接收者，作为舆情传播的主体，提高信息环境下的自我要求是应对信息异化最重要的方法（王国华等，2016；黄如花、李白杨，2016）。在各种信息面前能够保持冷静的公众往往对信息的分辨力较强，并且有着自己对事件的独立观点。因此，从公众的角度出发，培养公众的信息自律意识，提高公众对信息的分辨能力，做到在面对纷杂的信息时能够冷静思考，能从根源处避免不实信息与负面舆情的传播与扩散。

公众既是信息的接收者也是信息的制造者，根据反沉默螺旋理论，在网络新媒体环境中由于网民可以自由表达意见，极易出现“网络水军”和“网络

推手”等有目的性持“反对”意见的个体，若不加管制则极易出现网民被有目的性言论误导的情况，因此需要严厉打击“网络水军”和“网络推手”等非法网络公关行为，严惩网络谣言传播者，呼吁公众言行自律，对此类公众进行教育，严把新闻信息内容关，自觉抵制网络谣言。同时让公众在享有言论自由的前提下对公众普及相关法律教育，让公众在网络中依然能够对自我的言行进行约束。

#### 7.4.2.2　发挥“网络意见领袖”的积极作用

根据沉默螺旋理论，网络舆情在形成到传播的过程中，会出现在舆情形成初期被多数人持有的观点意见，由于持相反意见的人不能够与多数人辩驳，而导致的多数人的意见逐渐演变成单一的主流意见的现象。目前在网络这一新媒体形式下，网络社交平台中会出现一类粉丝数量多、影响范围广、分析能力强、有独到见解的网络“大V”。两级传播理论认为，在舆情汇集的这一过程中，意见领袖起到了重要引领的作用。网络意见领袖需要把网络舆情引导向正确的方向，网络中的意见领袖可以是社会各阶层、各领域的人群，如高校教师、政界人士、媒体工作者甚至是普通民众，虽然每位意见领袖的相关工作领域不同，但他们的观点往往简单明了、能够被公众快速接受并认同，随着网络平台上信息的迅速传播扩散而对社会舆论产生影响，引导公众从不同的角度正确认识突发事件。

通过对“玛丽亚飓风”突发事件的分析，可以发现意见领袖发表有关正能量的观点意见时，公众纷纷表示支持，并达到了积极情绪值的最高点；或从另一个角度解析，发表正能量观点看法的人，大多数成为在此次事件中的意见领袖。因此要利用好意见领袖的积极引领作用，对观点、立场正确的网络领袖予以培养，同时可以培植体制内网络“意见领袖”，强化主流言论，让更多拥有正确观念立场的意见领袖发挥自身作用，不断引导强化主流正确言论。加强网络舆论引导，培植体制内网络“意见领袖”需要在网络舆论中占据主要的发声阵地，强化主流言论需要建立快速反应的网络舆论引导机制，在突发事件发生后根据相关部门的规章制度，对网络上的不实信息、有害谣言、虚假报道进行排查，通过正面引导的方式对网络言论信息加以管控。

#### 7.4.2.3 培养公众的媒介素养

新媒体传播的时代对公众媒介素养提出了更高的要求，媒介素养已成为现代社会公众所必需的基本素质。媒介素养在1992年被美国媒体素养研究中心定义为，人们在复杂的信息面前所具备的信息选择能力、质疑能力、理解能力、评估能力、思辨能力以及创造和生产能力。若公众面对海量信息时能够准确判断信息真伪、全面系统地解读信息、积极正向地传播信息，会为社会营造健康良好的舆论氛围，减轻政府处理突发事件舆情的压力。

在网络时代，公众可以在突发事件发生后从各种渠道获得信息，如网页推送新闻、公众号文章、平台热搜、音频新闻分享等，这些无法确定真实性且带有各自观点的文章推送，都会影响每一位阅读过的公众对事件的观点判断。公众一方面需要提高甄别信息真假的能力，做到可以通过自身的媒介素养识别出网络信息中的谣言，减轻相关部门每日辟谣的工作量；另一方面也需要在信息真实的前提下，对事件有着自己的解读，根据获得的信息拥有自己的正确观点与立场。甄别信息真假需要公众拥有核实报道能力，从他人态度中提炼正确观点需要公众拥有独立思考能力（周葆华、陆晔，2008）。不能对获得的所有信息全盘接收，能够通过不同媒体的新闻报道的对比，对新闻信息的真实性、准确性提出质疑。但同时要坚定对主流媒体的信任，主流媒体这一角色决定了其所发布的信息真实性和权威性，决定了主流媒体在发布信息时为全体公众着想的出发点。有研究认为知识能够提升人类运用信息处理问题的能力，表现出人对事物和事物发展的洞察力（荆宁宁、程俊瑜，2005）。通过加强丰富自身的知识储备，积累个人经验，当拥有庞大而有效的知识系统时，主体能够更理性、科学、有效地面对媒体发出的突发事件信息，树立科学的信息意识，增强对虚假信息的“免疫力”，不断学习提升自身的媒介素养。

### 7.4.3 引导社会媒介合理平衡社会责任与商业利益

通过对“玛丽亚飓风”突发事件的实证分析，可以发现在此次突发灾害事件中媒体作为普通民众获取信息的重要中介，是危机管理中重要的参与主体，媒体的行为动向与社会舆情的发展方向息息相关。根据前面介绍的议程设置理论可以了解到，媒体可以通过安排相关议题和提供信息的方式来有效地左右公众关注哪些事件以及人们认识这些意见和事实的顺序。基于上述理论及相关研究，提出以下以媒体为主体的舆情引导策略。

#### 7.4.3.1　确保新媒体新闻的真实性，控制信息异化

美国著名记者李普曼认为，新闻的功能在于将公众不了解的事实公之于众，真实地揭示事件之间的相互关系。在突发事件的环境下，对媒体报道信息的真实性、准确性和安全性提出了更严苛的要求，一旦信息出现偏差就可能造成内容传播的失控，引发信息异化现象。这要求媒体在报导新闻时要牢记基本的新闻特性，加强对新闻内容的筛选。在“玛丽亚飓风”突发事件过程中，由于媒体多次不实新闻的报导，导致公众人心惶惶，为后续的不实信息辟谣工作与社会维稳管理带来了不便。互联网的发展让 Twitter 等社交网络平台成为新的媒体媒介，在新媒体的信息环境下，结合已提出的“新闻真实性保障机制”（金菊爱，2015），对确保突发事件新闻的真实性提出以下策略：

（1）宏观上完善信息真伪筛选制度，优化信息真伪筛选技术。随着互联网媒体的蓬勃发展，现行管理体制存在明显弊端，对互联网的管理远远没有跟上互联网发展的速度，尤其是对影响范围广、使用人口多的网络社交平台，更应加强网络法制建设和舆论引导（习近平，2019）。完善信息真伪筛选制度，优化信息真伪筛选技术，如严格制定、遵循新闻稿件审查制度，网络中的信息不但数量呈现爆炸的趋势，并且内容质量参差不齐，因此在网络新闻从产生到发布再到审查的过程中要严格遵守相关制度；适时推行网络实名制，网民必须对网络信息的可信性、客观性负责；建立虚假信息汇总平台，利用大数据技术实时筛选虚假信息并监测信息的流动，对虚假信息进行汇总，统一向民众公布虚假信息清单。

（2）微观上提升全体新闻从业者的媒介素养。与传统媒体相比，由于网络媒体对编辑的职业要求低，导致部分网络发布的新闻真实性与可读性偏低。因此要提升网络上记者与编辑的职业道德水平和专业能力，做到事实真实、总体真实、转发真实（刘可扬，2014）。媒体工作人员在提高自身专业能力的基础上，在信息发布时应严格遵守职业操守，对明显不符合事实的新闻，应该严禁报导、取消发布，而不是为获得阅读量、评论量、转发量等数据，拟订骇人

听闻的标题，编造文中内容、夸张文中事实。在信息发布后要注意后续发布的信息的连续性，让公众了解到事件处置的最新进展，避免出现同一事件前后矛盾。在转发其他渠道的突发事件信息时，由于与公众的自身利益密切相关，且影响范围广泛，新闻审稿人更应以严谨、慎重的态度审核信息的真实性，确定信息真实无误后再允许发文，避免新闻传播中信息异化的产生。

#### 7.4.3.2 发挥主流媒体的信息导向作用

周胜林（2011）认为，主流媒体需要具备较大的发行量和收视率、较多的广告营业额、很大的影响力和权威性三个特点，这三个特点决定了主流媒体在公众获取新闻信息过程中的重要性。突发事件由于其特殊的性质，往往涉及公众的自身利益，公众认为自身有可能受到危害的恐慌情绪会引发社会的不安定情况。这种情况中，公众对主流媒体的需求，不止限于从主流媒体处获得权威、真实、准确的事件信息，更需要从主流媒体的报道中获取国家政府对事件的定义，了解政府对突发事件即将采取的下一步措施。

议程设置理论认为大众传媒具有重建舆论环境和方向的功能，通过议程设置，媒体可以在一定程度上就某些问题达成相对一致的共识。基于此理论及相关研究（李本乾、张国良，2003；麦考姆斯、贝尔、郭镇之，1999；程曼丽，2008；黄慧霞，2013），主流媒体可以对网民及公众进行话题引导，防止在信息传播中出现不可控事件，让公众的关注焦点放在政府可控的问题上。所谓导向作用，通过上述对案例的分析，就是时刻关注明晰公众关注的焦点、情绪和观点，分析公众会产生这些情绪的原因，明确公众因何聚焦于某一事件。当公众无法清晰认识突发事件时，通过对事件全面、清晰的报导，为公众“答疑解惑”；当公众出现大范围消极情绪时，通过报导一些正能量事件，控制公众的消极情绪蔓延；当公众的关注焦点出现明显偏差时，通过加大其他新闻的播报力度，转移公众的聚焦视线。例如，在事件发生时或事后，新闻总台全天候持续播报最新动态、特别策划相关栏目、对设置的议题多次反复报导、在网络媒介上以官方形式引导话题等。

#### 7.4.3.3 加强和改进网上正面宣传和引导

纵观近年来的网络舆情事件，尤其是在处理突发事件引起的网络舆情问题上，面对网络上的各种声音，相关权威部门能够联合媒体在第一时间采取措施，积极回应网络上公众的困惑与质疑，发布一些在事件后正能量的个人事迹，引导网民正面评论，净化网络环境，通常能够起到较好的管理效果（方付建、汪娟，2012；彭辉、姚颉靖，2014）。因此，媒体在遇到由突发事件爆发的网络舆情时，充分发挥媒体与网民及社会人士的沟通桥梁作用，加强和改进网上正面宣传和引导将会对舆情的正面管控起到良好作用。例如，在“玛丽亚飓风”事件中，当线下传统媒体或线上新媒体报道宣传公益慈善募捐等正面事件时，公众的情感显著表现为积极情绪，衍生的舆情也同样为正面舆情。

通过培育、利用新闻网站，做好网上正面宣传和引导工作的同时，也要加大对Facebook、Twitter等互联网新应用的运用管理，设立官方社交媒体账号，安排专业人员进行正面的营销，积极在网络上与网民互动，了解网民实时的心态与观点，发布公众想要了解的信息。事后网络舆情呈现负向发展势头时，能够联合各大官媒和个人媒体在网络中发声，对消极舆论进行排查辟谣，将舆论的发展势头转至正面的方向，并确保所有公众都能获知网络中的正面宣传和权威新闻信息，这也是政府在应对突发事件网络舆情时的主要出发点（王先斌，2015）。例如，通过互联网听取公众意见，有效改变政令不畅的现象，传递正能量，潜移默化地强化正面宣传，不断提升政府公信力，从而营造出良好的网络舆论氛围。

## 7.5　总结与展望

本部分主要包括两个方面的内容：第一，对前述的研究进行全面回顾和总结；第二，对数据样本和研究局限性进行归纳，并结合研究结果对未来研究进行展望。

### 7.5.1　研究结论

（1）对基于在线文本下的突发公共事件网络舆情的基本概念、特征、阶段、现有研究结论和主客体概念体系进行了全面梳理和总结。从舆情发生、舆情传播和公众情感的角度对本章研究所涉及的理论进行了概述，包括信息不对称理论、沉默螺旋与反沉默螺旋理论、两级传播理论、议程设置理论、生命周期理论、情感极性与情感强度、情绪认知理论等。

（2）基于案例分析法和社会学视角，以2017年发生的“玛利亚飓风”事件为研究案例，以相关Twitter内容文本为数据，从人群属性、内容属性、情绪属性三个方面对网络社交平台用户在线评论进行研究分析，提炼此次事件中的文本特征。在人群属性上根据两级传播理论，通过爬取数据的相关指标，确定网络社交平台上网民所发推文的影响力权重，挖掘出在舆情传播过程中能够引导网民关注焦点的意见领袖；在内容属性上根据生命周期理论划分此次事件的舆情阶段，通过各阶段的关键词，挖掘各周期阶段网民聚焦的不同侧重点；在情绪属性上根据所有推文的情感极性值与情感强度值，以情感极性与情感强度两个指标对推文进行分类，引入时间序列方法对未来情感进行预测，并解析用户情感波动与事件焦点演化的关联性。

（3）根据对案例在线文本数据的分析，提出突发公共事件网络舆情演化过程中的问题、原因和引导策略。对案例事件研究后发现，在突发公共事件发生后出现了信息异化与舆论失焦、政府危机传播管理体系有待加强、公众情绪持续发酵等一系列问题。针对上述问题与产生原因，从政府、公众、媒体三个主体方面来阐述突发事件网络舆情的引导策略与管理方式。基于信息不对称理论归纳了政府应对突发事件网络舆情的信息公开机制、舆情管理机制和舆情应对理念；基于两级传播理论、沉默螺旋与反沉默螺旋理论对意见领袖在突发事件网络舆情传播中的作用进行了解读，强调培养公众媒介素养的重要性；基于议程设置理论总结了媒体在突发事件网络舆情中应承担的责任与正确的报道策略。

### 7.5.2 不足与展望

本章的研究虽取得了一定的研究成果，但在研究过程中尚存在一些局限性，研究视角、研究内容还有待从以下几个方面进行拓展、更新：

（1）由于客观技术原因，在推文数据的爬取上只能获取到一级的数据，如推文点赞数、推文转发量、推文ID等，无法获取更深层次的二级数据，如转发ID、发文ID地点、转发时间等。未来研究需要进一步对数据爬取技术进行改进，根据可被爬取到的更多二级数据进行更深入的研究，包括完善意见领袖指标构建、舆情转发的社会网络关系、不同区域对灾害事件的关注点等。

（2）在情感极性与情感强度的确定上，使用的是情感分析软件的自带情感词典。因不同事件中存在特定情境下的词语，这些词语在事件中代表了与日常不同的情感，故在未来的研究上需要对原有情感词典进行填充与完善。同时对情感极性的分类进行完善，在消极情感与积极情感的基础上，对情感进行细分，如愤怒的、平静的、重要的等系列情绪，更准确地对推文内容的情感极性、强度进行判断。

## 本章主要参考文献


[1] Page B, Shapiro R. The Effects of Public Opinion on Policy [J]. The American Political Science Review, 1983, 77: 175.

[2] 郑昱．突发公共事件中舆论信息传播倾向的影响因素——基于民众负性情绪的研究视角 [J]. 情报理论与实践, 2017, 40 (7): 80-87.

[3] 王石番．民意理论与实务 [J]. 台湾黎明文化事业公司, 1995.

[4] Kherwa P, Sachdeva A, Mahajan D, et al. An Approach towards comprehensive sentimental data analysis and opinion mining, 2014 [C].

[5] Sul H K, Dennis A R, Yuan L I. Trading on Twitter: Using Social Media Sentiment to Predict Stock Returns [J]. Decision Sciences, 2016, 48 (3): 454-488.

[6] Joyce B, Deng J. Sentiment analysis of tweets for the 2016 US presidential election: 2017 IEEE MIT Undergraduate Research Technology Conference (URTC), 2017 [C].

[7] Bovet A, Morone F, Makse H A. Predicting election trends with Twitter: Hillary Clinton versus Donald Trump [J]. 2016.

[8] Lestari A, Karolita D. Summarizing Netizens' Sentiments Towards the 1 st Indonesian Presidential Debate using Lexicon Sentiment Analysis [J]. IOP Conference Series: Materials Science and Engineering, 2019, 546: 52041.

[9] Vieweg S, Hughes A, Starbird K, et al. Microblogging during two natural hazards events: What Twitter may contribute to situational awareness [M]. 2010.

[10] Mendoza M, Poblete B, Castillo C. Twitter Under Crisis: Can we trust what we RT? [M]. 2010.

[11] Kim J, Bae J, Hastak M. Emergency information diffusion on online social media during storm Cindy in U. S. [J]. International Journal of Information Management, 2018, 40: 153-165.

[12] Pourebrahim N, Sultana S, Edwards J, et al. Understanding communication dynamics on Twitter during natural disasters: A case study of Hurricane Sandy [J]. International Journal of Disaster Risk Reduction, 2019, 37: 101176.

[13] Neppalli V, Caragea C, Squicciarini A, et al. Sentiment analysis during Hurricane Sandy in emergency response [J]. International Journal of Disaster Risk Reduction, 2017, 21: 213-222.

[14] Singh N, Roy N, Gangopadhyay A. Analyzing the Sentiment of Crowd for Improving the Emergency Response Services, 2018 [C]. 06.

[15] Fearnbanks K, Ebrary I. Crisis communications: a casebook Approach [J]. 2016.

[16] Heath R. Crisis Management for Managers and Executives [J]. 1998.

[17] Fink S. Crisis Management: Planning for the Inevitable [J]. 2002.

[18] Birkland T A. Focusing events, mobilization, and agenda setting [J]. Journal of public policy, 1998, 18 (1): 53-74.

[19] Stewart A, Chen L, Paiu R, et al. Discovering information diffusion paths from blogosphere for online advertising, 2007 [C]. 2007.

[20] Ratkiewicz J, Conover M D, Meiss M, et al. Detecting and Tracking Political Abuse in Social Media [J]. 2011.

[21] Mason H. You just shared a link. How long will people pay attention? [Z]. bitly blog, 2011.

[22] Galam S. Minority opinion spreading in random geometry [J]. The European Physical Journal B-Condensed Matter and Complex Systems, 2002, 25 (4): 403-406.

[23] Warshaw C, Rodden J. How Should We Measure District-Level Public Opinion onIndividual Issues? [J]. The Journal of Politics, 2012, 74 (1): 203-219.

[24] Gruhl D, Guha R, Liben-Nowell D, et al. Information diffusion through Blogspace [M]. 2004.

[25] Sznajd-Weron K, Sznajd J. Opinion Evolution in Closed Community [J]. International Journal of Modern Physics C, 2001, 11.

[26] Deffuant G, Neau D, Amblard F, et al. Mixing beliefs among interacting agents [J].

Advances in Complex Systems, 2001, 3: 87 - 98.

[27] Lorenz J. Consensus Strikes Back in the Hegselmann - Krause Model of Continuous Opinion Dynamics Under Bounded Confidence [J]. Journal of Artificial Societies and Social Simulation, 2006, 9.

[28] Weisbuch G. Bounded confidence and social networks [J]. The European Physical Journal B, 2004, 38 (2): 339 - 343.

[29] Sousa A O. Consensus formation on a triad scale - free network [J]. Physica A Statistical Mechanics & Its Applications, 2004, 348 (C): 701 - 710.

[30] Hegselmann R. OPINION DYNAMICS AND BOUNDED CONFIDENCE MODELS, ANALYSIS, AND SIMULATION * [J]. Journal of Artificial Societies & Social Simulation, 2002, 5 (3): 2.

[31] 王仁武，宋家怡，陈川宝. 基于 Word2vec 的情感分析在品牌认知中的应用研究 [J]. 图书情报工作，2017，61 (22)：6 - 12.

[32] 唐晓波，兰玉婷. 基于特征本体的微博产品评论情感分析 [J]. 图书情报工作，2016，60 (16)：121 - 127.

[33] 聂卉，刘梦圆. 基于细粒度情感的评论感知效用预测研究 [J]. 情报理论与实践，2019，42 (9)：117 - 122.

[34] 朱晓霞，宋嘉欣，孟建芳. 基于动态主题——情感演化模型的网络舆情信息分析 [J]. 情报科学，2019，37 (7)：72 - 78.

[35] 范炜昊，徐健. 基于网络用户评论情感计算的用户痛点分析——以手机评论为例 [J]. 情报理论与实践，2018，41 (1)：94 - 99.

[36] 马松岳，许鑫. 基于评论情感分析的用户在线评价研究——以豆瓣网电影为例 [J]. 图书情报工作，2016，60 (10)：95 - 102.

[37] 丁诗晴. 基于在线网站评论的中文文本挖掘 [D]. 华中科技大学，2016.

[38] 赵晓航. 基于情感分析与主题分析的“后微博”时代突发事件政府信息公开研究——以新浪微博“天津爆炸”话题为例 [J]. 图书情报工作，2016，60 (20)：104 - 111.

[39] 蒋知义，马王荣，邹凯，等. 基于情感倾向性分析的网络舆情情感演化特征研究 [J]. 现代情报，2018，38 (4)：50 - 57.

[40] 安璐，吴林. 融合主题与情感特征的突发事件微博舆情演化分析 [J]. 图书情报工作，2017，61 (15)：120 - 129.

[41] 王晰巍，邢云菲，韦雅楠，等. 大数据驱动的社交网络舆情用户情感主题分类模型构建研究——以“移民”主题为例 [J]. 2019.

[42] 张凌，罗曼曼，朱礼军，等．情感视角下的社交网络信息传播分析研究 [J]．图书情报知识，2019 (2)：111－119.

[43] 沙勇忠，阎劲松，王峥嵘．雅安地震后红十字会的公众信任研究——基于微博数据的网民情感分析 [J]．公共管理学报，2015，12 (3)：93－104.

[44] 王来华．论网络舆情与舆论的转换及其影响 [J]．天津社会科学，2008 (4)：66－69.

[45] 谈国新，方一．突发公共事件网络舆情监测指标体系研究 [J]．华中师范大学学报（人文社会科学版），2010，49 (3)：66－70.

[46] 刘毅．略论网络舆情的概念、特点、表达与传播 [J]．理论界，2007 (1)：11－12.

[47] 康伟．突发事件舆情传播的社会网络结构测度与分析——基于“11·16 校车事故”的实证研究 [J]．中国软科学，2012 (7)：169－178.

[48] 郑昌兴，苏新宁，刘喜文．突发事件网络舆情分析模型构建——基于利益相关者视阈 [J]．情报杂志，2015，34 (4)：71－75.

[49] 喻国明，李彪．舆情热点中政府危机干预的特点及借鉴意义 [J]．新闻与写作，2009 (6)：57－59.

[50] 李纲，陈璟浩．突发公共事件网络舆情研究综述 [J]．图书情报知识，2014 (2)：111－119.

[51] 卿立新．突发公共事件网络舆论及其应对研究 [D]．湖南师范大学，2013.

[52] 孙帅．突发事件网络舆情管理机制研究 [D]．苏州大学，2014.

[53] 姜珊珊，李欲晓，徐敬宏．非常规突发事件网络舆情中的意见领袖分析 [J]．情报理论与实践，2010，33 (12)：101－104.

[54] 陈福集，陈婷．舆情突发事件演化探析——基于意见领袖引导作用视角 [J]．情报资料工作，2015 (2)：23－28.

[55] 王佳敏，吴鹏，陈芬，等．突发事件中意见领袖的识别和影响力实证研究 [J]．情报学报，2016，35 (2)：169－176.

[56] 张玉强．网络舆情危机的政府适度反应研究 [D]．中央民族大学，2011.

[57] 张宇，王建成．突发事件中政府信息发布机制存在的问题及对策研究——基于 2015 年“上海外滩踩踏事件”的案例研究 [J]．情报杂志，2015，34 (5)：111－117.

[58] 杜蓉，梁红霞．公共危机事件中政府对网络舆论的引导仿真 [J]．情报杂志，2011，30 (11)：61－66.

[59] 曾润喜，徐晓林．网络舆情的传播规律与网民行为：一个实证研究 [J]．中国行政管理，2010 (11)：16－20.

［60］姜胜洪．怎样认识网络意见领袖的作用？［J］．红旗文稿，2012（1）：38.

［61］兰月新，曾润喜．突发事件网络舆情传播规律与预警阶段研究［J］．情报杂志，2013，32（5）：16－19.

［62］易承志．群体性突发事件网络舆情的演变机制分析［J］．情报杂志，2011，30（12）：6－12.

［63］曾润喜，王晨曦，陈强．网络舆情传播阶段与模型比较研究［J］．情报杂志，2014，33（5）：119－124.

［64］张凤哲．基于社会燃烧理论的网络舆情社会稳定风险形成机理与管控［J］．农业图书情报学报，2020，32（2）：22－28.

［65］夏立新，毕崇武，梅潇，等．基于事件链的网络舆情事件演化研究［J］．情报理论与实践，2019：1－13.

［66］李明，曹海军．信息生态视域下突发事件网络舆情生发机理研究——基于40起突发事件的清晰集定性比较分析［J］．情报科学，2020，38（3）：154－159.

［67］刘华欣．群体性突发事件网络舆情演变机制的传播学解读［J］．新闻知识，2013（3）：10－12.

［68］赖胜强，张旭辉．网络舆情危机事件对网民情绪传播的影响机理——基于D&G辱华事件的扎根理论研究［J］．现代情报，2019，39（9）：115－122.

［69］吴绍忠，李淑华．互联网络舆情预警机制研究［J］．中国人民公安大学学报（自然科学版），2008（3）：38－42.

［70］马哲坤，涂艳．基于知识图谱的网络舆情突发话题内容监测研究［J］．情报科学，2019，37（2）：33－39.

［71］张艳丰，李贺，彭丽徽，等．基于语义隶属度模糊推理的网络舆情监测预警实证研究［J］．情报理论与实践，2017，40（9）：82－89.

［72］陈越，李超零，黄惠新．网络舆情监测与预警中的知识库研究［J］．图书情报工作，2011，55（S2）：262－266.

［73］兰月新．突发事件网络舆情安全评估指标体系构建［J］．情报杂志，2011，30（7）：73－76.

［74］陈新杰，呼雨，兰月新．网络舆情监测指标体系构建研究［J］．现代情报，2012，32（5）：4－7.

［75］李弼程，林琛，郭志刚．突发事件网络舆情研究探讨［J］．情报杂志，2010，29（7）：54－57.

［76］宋好．微博时代“意见领袖”特点探析［J］．今传媒，2010，18（11）：96－97.

［77］周庆山，梁兴堃，曹雨佳．微博中意见领袖甄别与内容特征的实证研究［J］．山东图书馆学刊，2012（1）：22－27.

［78］王佳敏，吴鹏，陈芬，等．突发事件中意见领袖的识别和影响力实证研究［J］．情报学报，2016，35（2）：169－176.

［79］彭丽徽，李贺，张艳丰．基于灰色关联分析的网络舆情意见领袖识别及影响力排序研究——以新浪微博“8·12 滨海爆炸事件”为例［J］．情报理论与实践，2017，40（9）：90－94.

［80］李玉贞，胡勇，熊熙，等．微博意见领袖的评估模型［J］．信息安全与通信保密，2013（2）：79－81.

［81］杨长春，王天允，叶施仁．微博意见领袖影响力评价指标体系研究——基于媒介影响力视角［J］．情报杂志，2014，33（8）：178－183.

［82］费军，王露．基于网络意见领袖影响力评估的网络治理研究［J］．电子政务，2016（7）：63－70.

［83］廖海涵，王曰芬，关鹏．微博舆情传播周期中不同传播者的主题挖掘与观点识别［J］．图书情报工作，2018，62（19）：77－85.

［84］李凯晴．微博在突发公共卫生事件中的舆论引导作用——以“魏则西”事件为例［J］．视听，2016（9）：123－124.

［85］杜洪涛，王君泽，李婕．基于多案例的突发事件网络舆情演化模式研究［J］．情报学报，2017，36（10）：1038－1049.

［86］刘雯，高峰，洪凌子．基于情感分析的灾害网络舆情研究——以雅安地震为例［J］．图书情报工作，2013，57（20）：104－110.

［87］张鹏，兰月新，李昊青，等．基于 HAYASHI 数量化理论的网络谣言分类应对策略分析［J］．情报杂志，2016，35（1）：110－115.

［88］纪雪梅．特定事件情境下中文微博用户情感挖掘与传播研究［D］．南开大学，2014.

［89］Thelwall M，Buckley K，Paltoglou G. Sentiment in Twitter events［J］．Journal of the American Society for Information Science and Technology，2011（2）：406－418.

［90］Thelwall M，Buckley K，Paltoglou G. Sentiment strength detection for the social web［J］．Journal of the American Society for Information Science and Technology，2012（1）：163－173.

［91］Raul B，Peter T，Stephen K. Eliciting mixed emotions：a meta－analysis comparing models，types，and measures［J］．Frontiers in Psychology，2015，6：428.

［92］Thelwall M，Buckley K，Paltoglou G，et al. Sentiment strength detection in short informal text [J]. Journal of the Association for Information Science & Technology, 2014, 61 (12): 2544-2558.

[93] 严江. 应对突发公共事件中我国政府形象管理的研究 [Z]. 中共江苏省委党校, 2014.

[94] 何李丹. 公共危机管理中的政府形象提升研究 [Z]. 西华师范大学, 2018.

[95] 刘珺. 突发事件传播中的信息异化与化解策略 [J]. 实事求是, 2011 (2): 29-31.

[96] 夏一雪, 兰月新, 赵玉敏. 大数据背景下网络舆情信息异化控制模型研究 [J]. 现代情报, 2018, 38 (2): 3-11.

[97] 李佳. 新媒体环境下突发事件信息异化及应对研究 [J]. 2018.

[98] 计璐. 突发事件中网络情绪的引导研究 [D]. 黑龙江大学, 2019.

[99] 徐静静. 突发事件微博舆情政府引导策略研究 [D]. 湘潭大学, 2017.

[100] 吕克. 突发事件舆情管理中的政府形象建设研究 [D]. 山东大学, 2016.

[101] 刘丽丽, 陈晨, 兰月新. 政府对网络舆情引导与管控机制研究 [J]. 现代情报, 2012, 32 (5): 21-24.

[102] 王晓晴. 网络传播中的知沟理论再探 [J]. 当代传播, 2006 (6): 56-57.

[103] 谈敏. 负面网络舆情应对与政府公信力建设研究 [D]. 湘潭大学, 2019.

[104] 付超. 政府网络发言人现象与政府回应能力研究 [J]. 电子政务, 2010 (6): 89-92.

[105] 周庆安, 孟祥夫. 从焦点事件理论看公共安全危机的新闻发布 [J]. 新闻与写作, 2014 (7): 77-80.

[106] 胡婷婷. 突发事件网络舆情的演化要素及治理策略研究 [J]. 现代情报, 2018, 38 (10): 51-56.

[107] 王睿, 张恩普, 李婷. 基于微博的突发事件网络舆情对策研究 [J]. 情报科学, 2016, 34 (4): 94-98.

[108] 刘林沙, 陈默. 突发事件中的微博意见领袖与舆情演变 [J]. 电子政务, 2012 (10): 50-55.

[109] 童兵. 突发公共事件的信息公开与传媒的宣泄功能 [J]. 南京社会科学, 2009 (8): 37-44.

[110] 王春业. 突发公共事件中谣言传播与政府信息公开 [J]. 政法论丛, 2009 (2): 84-88.

[111] 袁维海. 突发事件管理中的政府信息公开 [J]. 中国行政管理, 2011 (1): 66-69.

[112] 王国华，郑全海，王雅蕾，等．新浪热门微博的特征及用户转发规律研究[J]．情报杂志，2014，33（4）：117－121.

[113] 史伟．基于内容分析的微博转发行为研究［J]．情报科学，2018，36（4）：27－31.

[114] Naveed N，Gottron T，Kunegis J，et al. Bad news travel fast：A content－based analysis of interestingness on twitter，2011［C].

[115] 赵华．我国公共危机管理中的信息公开策略研究［Z]．燕山大学，2010.

[116] 王明．论公共突发事件中信息传播的对称性与政府公信力［J]．情报杂志，2015，12：116－120.

[117] 李昕．试论突发事件中的政府信息公开［J]．实事求是，2010，2.

[118] 刘鹏瑞．突发事件网络舆情的演化机理及引导策略研究［Z]．黑龙江大学，2018.

[119] 余珊珊．我国政府信息公开的渠道、问题和展望［J]．情报科学，2007（4）：628－631.

[120] 傅荣校，郭啸笑．政府信息公开渠道的对比分析［J]．电子政务，2013（2）：87－93.

[121] 李昊青．基于信息异化理论的网络衍生舆情演化规律及对策研究——以网络谣言治理为例［J]．现代情报，2015，35（5）：4－8.

[122] 江耘，张星久．网络事件中舆论信息的自组织复杂网络仿真探究［J]．学习月刊，2011（10）：20－22.

[123] Lipset S M. Reflections on capitalism，socialism & democracy［J]．Journal of Democracy，1993，4（2）：43－55.

[124] Cleary M R. Electoral competition，participation，and government responsiveness in Mexico［J]．American Journal of Political Science，2007，51（2）：283－299.

[125] 郝丽，崔永刚．网络民主对政府回应的影响和对策研究［J]．理论探讨，2014（1）：33－35.

[126] 杨立华，程诚，刘宏福．政府回应与网络群体性事件的解决——多案例的比较分析［J]．北京师范大学学报（社会科学版），2017（2）：110－124.

[127] 王雯雯．自媒体时代网络舆情政府回应问题研究［D]．河南大学，2019.

[128] 马翔，包国宪．网络舆情事件中的公共价值偏好与政府回应绩效［J]．公共管理学报，2020：1－24.

[129] 王国华，范千，王雅蕾，等．突发事件微博舆论中的网民素养提升研究——以

“东方之星”客轮倾覆事件为例［J］. 情报杂志，2016，35（2）：116－121.

［130］黄如花，李白杨. 数据素养教育：大数据时代信息素养教育的拓展［J］. 图书情报知识，2016（1）：21－29.

［131］周葆华，陆晔. 受众的媒介信息处理能力——中国公众媒介素养状况调查报告之一［J］. 新闻记者，2008（4）：60－630.

［132］荆宁宁，程俊瑜. 数据、信息、知识与智慧［J］. 情报科学，2005（12）：1786－1790.

［133］金菊爱. 新媒体环境下的新闻真实性问题探析［J］. 浙江树人大学学报（人文社会科学），2015，15（6）：50－56.

［134］习近平. 关于《中共中央关于坚持和完善中国特色社会主义制度 推进国家治理体系和治理能力现代化若干重大问题的决定》的说明［J］. 时事报告（党委中心组学习），2019，38（6）：1.

［135］刘可扬. 突发事件信息传播中的信息异化问题研究［D］. 黑龙江大学，2014.

［136］周胜林. 论主流媒体［J］. 新闻知识，2001，12：15.

［137］李本乾，张国良. 中国受众与大众传媒议程设置功能研究［J］. 复旦学报（社会科学版），2003（1）：114－123.

［138］M. 麦考姆斯，T. 贝尔，郭镇之. 大众传播的议程设置作用［J］. 新闻大学，1999（2）：32－36.

［139］程曼丽. 论“议程设置”在国家形象塑造中的舆论导向作用［J］. 北京大学学报（哲学社会科学版），2008（2）：162－168.

［140］黄慧霞. 论网络传播环境中的涉警舆情引导——从“议程设置”到“议程融合”［J］. 中国人民公安大学学报（社会科学版），2013，29（3）：99－103.

［141］方付建，汪娟. 突发网络舆情危机事件政府回应研究——基于案例的分析［J］. 北京理工大学学报（社会科学版），2012，14（3）：137－141.

［142］彭辉，姚颉靖. 我国政府应对网络舆情的现状及对策研究——基于 33 件网络舆情典型案例分析［J］. 北京交通大学学报（社会科学版），2014，13（3）：102－110.

［143］王先斌. 新形势下我国政府网络舆情应对策略研究［Z］. 山东大学，2015.

# 第 8 章　新媒体环境下高校网络舆情危机应对策略及效果检视
## ——基于 SCCT 与 MET 的视角

## 8.1　问题提出

### 8.1.1　特征事实及意义

中国互联网络信息中心（CNNIC）发布的第 49 次《中国互联网络发展状况统计报告》显示，截至 2021 年 12 月，我国网民规模达 10.32 亿，互联网普及率达 73.0%。在现代社会中，各类危机事件层见叠出，随着传播手段和信息技术日新月异的发展，一场危机的发生越来越容易在新媒体环境下被放大，受到大众广泛关注和讨论，危机产生后再次引发次生舆论危机的可能性也因此大大增加。如此一来，危机的发生更加容易影响到大众对组织的整体认知和评价，对组织形象和声誉方面都是一次巨大的冲击。

现如今互联网的覆盖面及影响力已经辐射到我们社会生活的各个方面，新媒体时代为社会发展带来宝贵机遇的同时也伴随着不断升级的挑战，随着科技和网络的发展，人们的物质生活水平在不断提高，但也正处于矛盾突出的时期，网络平台成为社会大众发泄情绪的渠道。同时，近年来高校大学生手机和电脑的使用率正处于全覆盖式上升，网络信息传播又具有速度快、资源存储量大、传播手段多样化等特点（彭涵，2018），大学生正处于思维灵敏、表达欲旺盛但考虑尚不全面的年龄阶段，他们往往是高校网络舆情的重要催化剂，也可能是事态发展的中心人物，这就增加了高校应对网络舆情危机的压力。人才是第一发展动力，是国家创新的新鲜活力，高校肩负着人才培养的重要使命，而现如今网络平台舆论危机对高校产生的影响又越来越深重，因此如何去正确地处理网络舆情危机，不仅仅关系着高校声誉和未来发展前景，在某种程度上也影响着社会环境的和谐稳定。

在新媒体盛行的当代，网络的开放性、交互性和及时性特点让社会环境中的每个人都有表达态度、发表看法以及传播信息的机会，近年来自媒体的热潮也增加了大众在网络平台上追问真相和揭露事实的可能性（曹银忠等，2012）。这一情况的出现推动网络信息的传递更直接、更迅速，但也给高校在处理舆论危机时增加了不少的难题。高校只有在繁杂的网络舆论中，用行之有效且合理的回应方式及策略来处理不同危机，与舆论相关人、利益相关人保持良好沟通和交流，才能站在应对网络舆论危机的主导位置，才能给大众一个满意的答复，尽可能做好危机发生后的补救工作，进而切实维护高校自身形象，尽快脱离网络舆情危机的困境。

笔者收集并分析了多个高校应对网络舆论危机的案例，发现许多高校在面对网络舆情危机时未能做出及时的反应，也没有采取有效合理的回应策略，甚至小看了网络舆情危机的影响，最终往往让高校形象和声誉造成难以修复的伤害。因此，高校网络舆情危机的研究是时事所趋，对社会的发展有重要的意义。

本章尝试把情境危机沟通理论作为主要理论基础，将其运用到高校网络舆情危机应对策略的研究中，结合内容分析法、案例分析等研究方法，搜集和选取相关真实案例进行深入研究，探究在媒体效能的评估下有着不同危机历史的高校，在采用不同的回应策略时，对于高校声誉的影响、被归因责任的程度之间会产生怎样的差异。研究在一定程度上拓展了情境危机沟通理论的适用范围，也检视了情境危机沟通理论与媒体效能理论的合理性与适用性，丰富了高校应对网络舆情危机的理论基础和思路。

从实践方面看，长期以来，面对网络舆论危机，高校的危机管理工作大多是凭经验进行的，缺乏对危机处理结果的客观评价，很难形成清晰的自我定位，从而导致了危机应对不当，进而高校形象严重受损。本章旨在将情境危机沟通理论应用于高校网络舆情危机管理的研究实践中去，在把握高校网络舆情危机的发展规律和时代新特点的基础上，能够给高校在网络舆情危机的判断和处理中提供一定的指导，并且提醒高校组织在危机发生变化的每一阶段都要做好相应的危机管理，从而才能更好地维护高校的良好形象、维持和谐稳定的校园之风。

### 8.1.2　国内外相关研究状况

国外对于舆情方面的研究起步较早，1781 年“Public Opinion”一词最早问世，翻译过来有“舆论”或“民意”的意思（曹银忠等，2012）。但其实在 1651 年出版的《利维坦》一书中就能够看到学者对“公共意见”的表达，霍布斯表示公共意见就是辩论所得的决议和一切审议的目的（伊甜园，2013）。后来，法国著名的思想家卢梭提出了一个新的概念——“公众意见”，并针对民意做了更加深入的研究。直至现代，民意的概念一直被广泛应用到各个领域，不断被赋予新的内蕴。德国传播学家诺尔·诺依曼在其作品《沉默的螺旋：舆论——我们的社会皮肤》中表达了舆论对于个人而言具有的控制作用，“沉默的螺旋”就是人们不断地用自己的方式记录下来周遭发生的那些变化，当发现自己的观点得到了更多支持，具有了说服力，他们就会主动地公开发表自己的意见，否则就会让发言变得过分谨慎（伊丽莎白·诺尔-诺依曼，2013）。除此以外，美国学者 Walter Lippmann 于 1922 年发表了一本名为《公众舆论》的著作，这本书中第一次通过较为全面的描述对公众舆论进行了刻画，读者可以借此了解到各种舆论现象之间的内外联系，该书对新闻学和传播学领域的发展具有相当重要的意义。

由于互联网的产生和发展最早开始于国外，因此国外对于网络舆情的研究也比国内早，相对来说也更加深入，但起初外国学者并不直接以网络舆论为研究对象进行研究，后来随着互联网技术的不断发展，人们开始越来越普遍和广泛地接触到网络，网络舆论对社会环境带来的影响越来越显著，于是学术界开始逐渐把目光聚焦到针对网络舆情的具体性研究。学者 Lipschultz（1999）就在他的研究中指出，网络信息时代的到来使政府的权力不只是在于能够自由地表达政治，另外更在于对信息的操控。还有一些学者认为，现代网络信息技术为数据的收集、存储和整理提供了强大支撑，这一优势可以协助人们从大量的信息中挖掘出与舆论相关的内容，进而促进网络舆情研究不断进步。进入 21 世纪以来，国外许多学者开始聚焦网络舆情，对网络舆情的特点和演化机制做了较为深入的研究，也创新了理论模型。例如，Stauffe（2004）提出将 S 模型和有限信任模型结合起来，之后创造出有限说教（Limited Persuasion，LP）模型。O'Connor 等（2010）以情感分析技术为工具，对网民态度进行量化分析，再把这一结果与传统的民意调查结果进行了对比。国外对于网络舆情的研究就这样处于不断进步和发展中。

美国学者罗森豪尔特用自己的观点界定了危机，他把危机视为一种对社会体系的基本价值和行为标准造成的严重威胁，而且由于危机具有时间紧迫和高度的不确定性，于是需要组织针对危机及时做出重要决策（吕本富，2005）。国外危机方面的话题开始得到大众关注是来自 1982 年的强生泰诺投毒事件（梁雪婷，2020），从那时起，学术界对危机管理进行了深入的探讨。一名荷兰危机管理专家在他的著作当中，最早提出了他对“危机事件”的定义：对社会行为规范或价值造成了严重负面影响，需要及时并有效应对的事件（Tamuz，1991）。而对于危机管理方面的研究，国外虽然相较于国内而言发展更为成熟，但更多的是存在于金融危机、政府公共危机及企业管理危机相关的领域。事实上，20 世纪 50 年代以来，国外学者开始了对高校突发危机事件管理的相关研究，且在这期间陆续取得了一些成果（Eife et al.，2007）。例如，在美国著名学者卡特里普等（1998）共同完成的作品《有效的公共关系》中，他们对于美国高校教育成本增加而产生的一系列经济危机问题提出了很多解决措施和建议。

国外对于高校网络舆情危机的相关研究还比较少，大多是从一个具体的案例来展开研究的，缺乏一些系统性的分析，很少把多个案例结合起来分析得出一些具有普遍意义的看法和结论。而且大部分主要是围绕互联网对高校的发展来展开的，其中包含了网络对于大学生学习成绩、社会交往等方面的影响。学者 Jon 和 Pamela（2013）就是代表，他们研究认为社交媒体的出现从根本上重建了大学生去认识和探索他们个人身份的整个过程，大学生使用社交媒体来塑造一种新的数字身份，并指出社交媒体是一把“双刃剑”，为学生的学习和发展提供了机会，也带去了风险。而 21 世纪以来有更多的研究者关注到高校网络舆情的负面影响，如学者 Aronson 等（2005）通过分析发生在亚特兰大公立学校的成绩作弊事件，呼吁学校要从该事件当中吸取经验和教训，注意避免由于人为利用系统管理漏洞引发的意外危机。但总的来说，由于国外与中国的国情和发展状况都有所不同，因此针对高校网络舆情方面的研究在研究方式、研究结果以及成果的适用性上都极可能与中国有一些差别。

国外学者 Coombs（2007）把归因理论（Attribution theory）作为研究的理论

基础发展出了情境危机沟通理论，以此探究危机发生的情境对组织声誉影响的因素（Situational Crisis Communication Theory，SCCT）。国外危机传播学者 Kim（2009）认为，情境危机沟通理论在危机传播理论中占有很重的分量，他认为情境危机沟通理论在研究方法和思想上都实现了前所未有的突破，提供了一种新颖的危机传播研究路径，对后人的研究有重大意义。从理论的应用对象上来看，国外的研究相对较为集中在企业和公益组织等一类主体上，运用在高校危机管理方面的研究还较为少见；关于研究方法的选择，多是以实验法的研究为主。而近几年来，情境危机沟通理论在新媒体相关领域的作用越来越显著，国外学者 Mina（2015）表示，传统危机沟通理论已经无法适用于新媒体环境了，他也在尝试着扩展情境危机沟通理论的适用范围，使其能够顺应新时代的发展和变化。

改革开放以来，随着我国经济、社会、文化、政治各个方面的飞速发展，我国在舆情方面的研究也有了新的飞跃。网络舆情研究的发展与互联网技术的发展是同步前进的，同时这些成果还要得益于新闻传播学、管理学等多个学科的发展。与国外的研究相比，我国网络舆情的研究相对少一些，在研究的深度和广度方面还有很多进步空间，但也已经有了不少宝贵的研究成果。首先，国内关于网络舆情的定义及内涵研究，最早的代表是刘毅（2006），他认为舆情就是在一定的历史条件及社会环境下，大众对各种类型的公共事务所持有的看法，他还总结出了网络舆情自由性、情绪化、即时性、隐匿性、交错性等特点，对后来网络舆情相关内容进一步深入探究有非常深远的意义。纪红等（2007）又进一步完善了网络舆情的内涵，认为网络舆情就是当舆情事件处于发展变化的过程中，网民对政治事务方面的态度，他们的研究更侧重于网络舆情在政治宏观角度的表现。而对于网络舆情管理方面的研究，中共中央宣传部并没有懈怠，国家官方的舆情信息局（2006）组织在《舆情信息汇集分析机制研究》中就从舆情的回应、分析、发布、评估等几个方面做出了较为详细的阐述。著作从舆情内容为主的观点出发，建议对网络舆论信息要进行事实跟踪和科学处理。还有很多学者也在研究中表达了他们对网络舆情危机管理的看法，大多数研究者认为在自媒体的时代突发危机事件的情况常有发生，所以政府必须重视起来，发挥引导与监督的作用，两者并行，适当时主动介入，及时处理舆情危机。当前网络社交平台已经成为多重文化、多方信息的交流和聚集地，对现代社会的发展有着不可或缺的作用。在这样的时代背景下，可以说网络舆情就是反映社会大众态度的一台显示器，了解网络舆情并正确引导舆论显得非常重要。学者彭知辉（2008）就从群体性危机事件的引导与控制这一角度提出在危机事件中要重点发挥网络媒体的积极作用，充分加强网络舆情管控的机制，吸纳并善用信息管理人才，不断提高网络舆情危机管理能力。

我国高校有关网络舆情的研究起步较晚，但发展势头良好，论文数量也在逐年增长，不过目前的研究大多是把重点落脚于特征、意义以及学生思想教育的方面。例如，李阳杰（2019）把新媒体时代的师生关系与传统媒体时代之间做了一个比较研究，针对其中的变化进行了较为系统的分析，事实上这一研究也为当代学校思想教育的研究指定了方向。而学者黄奕（2008）在其研究中对高校网络舆情作了说明，他表示高校网络舆情是指大学生通过网络社交媒体平台对一些重大事件发表一系列的影响比较大的有主观倾向性的言论集群。而学者方硕瑾（2014）也发表了她的观点，她认为高校网络舆情是以大学生为主要的群体，通过互联网对与自己利益相关的问题发表的观点、态度等的集合。邢文雪则认为，高校网络舆论就是指由于高校内部发生的事情，或者是其他社会事件的刺激，在网上引起广泛传播后高校学生对事件的认知、态度、情绪和行为取向。关于高校网络舆情的准确定义，学者们看似还没有统一观点，但大致方向却是一致的。提及高校网络舆情的特点普遍有开放性、多元性、直接性、突发性等，而认同水平比较高的几个特征是互动性和及时性、自由性和可控性、情感因素和理性、个体化和群体性、一致性和多元性、内隐性和外显性等（唐亚阳，2013）。国内学者对高校网络舆情也展开了技术层面的研究，目前还没有建立起能够成熟有效地分析各影响因素的模型，但仍然创造了一批优秀的研究成果。孙庆川等（2010）构造出了一个新的信息传播模型，并从中得出三条重要结论：一是当信息超过了阈值时才能够传播；二是传播中随机接触的面积增加使它产生一个更大的传播范围，从而使其实际传播阈值变小；三是当信息吸引力增加时，信息的传播规模实际上会趋于稳定。邓春林、杨柳、王涵之等（2016）国内学者对五所大学进行了研究，对高校相关网络舆情事件数据进行整理而建立了一个多层次舆情发展规律的模型，这对高校舆情应对起到了重要的理论支撑作用。高校网络舆情危机成因方面的研究也有不少，例如，杨娟（2013）认为社会条件、网络心理效应、意见领袖等因素的影响都可能会导致网络群体性危机事件的发生，她还讨论了网络舆情危机事件的形成机理，这为高校和相关部门应对网络舆情危机提供了很多宝贵的参考意见。到2015年我国研究又有了新的进步，许静等（2015）对高校网络舆情危机的演变展开研究，还构建出了高校网络舆情危机的GERT完整演化模型，该模型以百度指数和活动持续的时间为指标对高校网络舆情危机进行了分级讨论，以此来判断危机的影响程度。这一研究也为后人对高校网络舆情危机传播和管理方面的探索提供了重要的方向指导。

SCCT理论作为一个重要的危机传播理论，也随着危机的频繁出现而逐渐在国内发展和充实起来，最早将情景危机沟通理论引进中国的是吴宜蓁（2005）。这位学者在她的书中向人们介绍了还尚处于发展阶段的危机情境沟通理论。除此以外，她还提到如果有媒体介入危机传播的过程中，就很有可能会增加危机处理的难度，媒体的报道将会影响到大众对危机的认知和评估，因此我们需要借助有效合理的沟通策略，来正确地处理危机。有关危机情境沟通理论的应用研究，我国发展得确实相对较晚，汪菲在2007年第一次使用情境危机理论的角度对企业的公共关系展开深入研究，她认为在发生公关危机时，企业领导人应当到达现场去了解真实状况，并以此来确定回应策略。近年来，越来越多的研究者开始把情境危机沟通理论运用到各类危机事件应对策略的研究中去，如2016年学者马相彬基于SCCT理论，列举出最近几年来发生在几个大热门城市的各种危机事件，并将其与修辞策略相结合，着重分析了在不同的情境下公众对危机回应效果的感知情况。SCCT理论的研究被放到越来越多的领域，研究深度也不断增加，对于其在各领域的适用性也引发更多国内学者思考。

截至2022年2月，笔者在中国知网（CNKI）数据库中以检索词“高校+网络舆情”检索到相关文献3210篇，其中硕博士学位论文369篇；以“高校+舆情危机”为检索词组检索到文献224篇；以“危机+情境沟通”来检索得到文献40篇；而用“高校网络舆情+情境”和“高校网络舆情+SCCT”来检索则分别得到文献仅2篇。在Web Of Scienc（e WOF）数据库中检索外文文献，以“Internet public opinion”为检索词得到2110篇文献，以“Internet public opinion AND college”检索得到393篇文献，而以“Internet public opinion AND college AND crisis management”检索只得到文献14篇。

由此可见，放眼国内外能够查阅到的有关网络舆情方面资料确实较多，但是针对高校网络舆情危机方面的文献却少之又少，说明学术界对高校网络舆情危机方面的关注还不够，而危机情境沟通理论应用于高校网络舆情的研究也还有很多可以继续探索的空间。但同时，值得注意的是，随着新媒体时代不断向前发展，近年来与这一课题相关的发文量呈现出上升的趋势，表明在相当一段时间内它都将是一个热点话题，并且会有越来越多的学者参与到该话题的研究中去。

国外较早就开始网络舆情的研究，他们已经形成了一些较为成熟的相关理论基础，但有关高校网络舆情的研究，主要内容大多与高校网络管理、校内丑闻以及舆情管理技术研究相关，对高校回应策略的探索比较少。在使用方法上有许多是通过个案分析来进行有针对性的对策研究，再就是以实验法加上回归性分析的一类研究为多。而危机情境沟通理论在高校网络舆情中的研究就比较少见，但单从对理论的研究方面来看，是较为深入和系统的。

从总体上来看，我国学者对高校网络舆情危机的研究大多是围绕新媒体、舆情引导、思想政治教育和高校突发事件等主题进行的，研究的重点放在概念、形成、特征之类的理论基础上，多是结合新媒体的特征以引出对高校舆情形成原因和特点的研究，如何进行高校学生的舆情引导，或是进一步探讨高校突发事件的应对机制构建等一系列内容。研究领域主要涉及教育、新闻传播、社会学及统计学和互联网等。而在研究方法上，国内质性研究和描述性分析比较多，也有一部分选用实验法、问卷调查法来进行实证研究，但由于样本量等问题也很难具有普遍性说服力。国外对网络舆情和危机管理的研究开始得比较早，理论更加成熟，因此国内学者研究选择的理论基础也大多是来自国外学者的危机管理理论、危机传播理论等，如 Steven Fink 的“危机阶段理论”，William Benoit 所提出的“形象修复理论”以及美国危机管理学家 Robrt Heath 提出的“4R 理论”等。而国内对于情境沟通理论在高校网络舆情的研究深度还不够，本土实践检验还不足，依旧存在很多争议。

## 8.2　相关理论与研究假设

### 8.2.1　相关理论

前面已经提到过，情境危机沟通理论（Situational Crisis Communication

Theory，SCCT）是由美国学者 Coombs 等提出的在危机传播领域具有重要地位的理论，并在之后的二十多年来不断发展，也不断被应用于新的领域。在情境危机沟通理论诞生之前，心理学家 Weiner（1986）提出了归因理论（Attribution Theory）指出了“归因”的含义：公众意识到或了解到某个事件发生背后的原因。Weiner 还指出，当发生那些有害的又不可预知的事件时，会有更多的人想要去探究事情发生的原因。由于危机既是不能预期的，同时也是负面的，Coombs 就将归因理论与危机的相关特点进行一个结合，情境危机沟通理论就此诞生。SCCT 理论的重点是通过对危机情境中的各种变量进行分析，再来选择适用的危机回应策略从而去影响大众对危机责任的归因，最终实现保护组织形象和声誉的目的（Coombs，2010）。也就是说，情境危机沟通理论要表达的核心在于：回应危机时想要保护组织形象和声誉，那么最好的办法就是改变公众对企业所承担危机责任的形象感知，主要操作方式是选择与当前危机情境所匹配的回应策略。这一理论为危机回应提供了一种类似于参照标准的框架，让危机处理的方式能够有迹可循。

作为情境危机沟通理论的重要代表人物，Coombs 还全面构建出 SCCT 模型（见图 8.1），并设计实验来验证该模型的有效性，自此以后 SCCT 模型被认为是危机传播和管理学界的重要成果之一。情境危机沟通理论的模型构建基础是：危机的发生促使了公众寻找危机产生的原因并对相应的组织进行归责；而组织信誉的损害程度则依赖于有关事件的利益关系人和公众的认知，即公众对事件责任的认定。

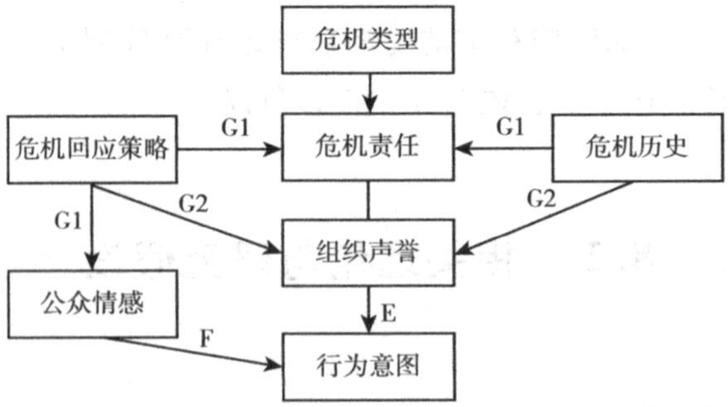


**图 8.1　情境危机沟通理论模型**

根据这一理论模型的各变量关系图，我们能够从中得到几个结论：

（1）危机的发生会带来危机责任，这种责任可能需要组织承担；

（2）组织的危机历史和关系历史会影响利益相关者对组织危机责任的归因；

（3）如果组织确实需要承担危机责任，那么组织形象会相应地受到影响；

（4）危机历史和历史名誉会影响组织形象；

（5）危机反应策略的制定要依据组织的危机责任归因；

（6）危机反应策略会对组织的形象产生一定的影响（杨晨，2017）。

由 Coombs 情境危机沟通理论的内容可知，SCCT 是主要是由三大要素构成的：危机情境、危机回应策略以及危机情境—危机回应策略配对的系统。明确组织所处的危机情境就是进行危机沟通的第一步，而危机情境又包含三个方面的内容：组织初始危机责任、危机历史还有关系历史（Coombs et al.，2006）。

初始危机是指相关利益人所认为的由于组织造成该危机的程度有多少（Coombs，1995）。而初始危机责任则又是根据危机类型来进行评估的，不同的危机类型所要求组织要承担的危机责任是不同的。Coombs 和 Holladay 根据相关的危机管理文献资料最终整理细分出十三种危机类型：（1）谣言；（2）自然灾害；（3）恶意破坏；（4）挑战；（5）工作场所暴力；（6）技术故障所导致的意外；（7）技术故障所导致的产品事故；（8）意外的环境破坏；（9）人为故障所导致的意外；（10）人为故障导致的产品事故；（11）未造成人员伤亡的组织过失；（12）组织管理失误；（13）造成人员伤亡的组织过失（Stinnett et al.，1999）。后来 Coombs 又按责任程度的等级从低到高进一步将这十三种危机类型划分为三种危机集群，分别是：受害者危机集群、意外危机集群、可预防危机集群（故意危机集群）。

受害者型危机是指那些由自然灾害、谣言或工作场所的暴力行为等带来的危机，这些危机的发生往往是意外的，具有很强的不可控性和不可预测性。而且这类危机的源头多出现在组织外部，因此受害者型危机集群当中组织的责任是很小的，甚至可以不用承担危机发生的责任。

意外型危机则包括组织内部挑战所带来的意外、技术故障和技术问题引发的生产危机，来自这一集群中的危机发生源有可能是组织内部导致的，也有可能是组织外部导致的。因此意外型危机的发生既不是完全可控的，也不是完全不可控的。这种界限不清的危机会让组织承受一定的危机责任归因。在这一类型危机集群当中，组织要为危机的发生承担一定的责任。

可预防危机是指那些人为导致的失误、人为失误引起的生产危机以及组织的管理失误。对于可预防型危机集群来说，危机的发生是由于组织内部的原因，因而危机的发生是可以得到防空的。可预防危机从本质上看来就是由于组织自己的过错而致使危机发生，一般被大众认为是组织有目的或故意造成的危机。因此，组织需要承担绝大部分的危机责任。

危机类型分类归纳如表 8.1 所示。

**表 8.1　危机集群分类**

| 危机类型 | 危机类型细分 | 含义 | 危机归因程度 |
|---|---|---|---|
| 受害者危机 | 自然灾害 | 引起危机的自然事件 | 归因程度轻，相当于对组织声誉没有影响 |
| | 谣言 | 关于组织的错误或虚假信息 | |
| | 工作场所暴力 | 雇员对其他雇员进行攻击 | |
| | 产品遭受破坏 | 遭受来自外部的恶意攻击 | |
| 意外危机 | 挑战 | 利益相关者对组织运行不规范的质疑 | 归因程度比较低，非蓄意破坏导致的危机，因此对组织声誉破坏并不严重 |
| | 技术故障 | 技术或是设备出现问题 | |
| | 技术故障导致的生产危机 | 技术或是设备故障导致的产品事故 | |
| 可预防危机（故意危机） | 人为导致的故障 | 人为错误导致的事故 | 归因程度极高，由于是人为导致，对组织声誉的伤害极大 |
| | 人为故障导致的生产危机 | 人为事故导致的产品事故 | |
| | 无伤亡的组织错误 | 组织侵犯到相关人的利益，但没有造成人员伤亡 | |
| | 无伤亡的组织失误 | 组织将利益相关者置于险境，并造成伤亡 | |
| | 组织管理失误 | 组织管理不当，或组织故意违背法律和规则 | |

危机历史就是指组织过去发生过类似危机的历史状况如何；关系历史也称为关系名誉或名誉历史，指的是组织在过去的时间里是否与利益关系人维持了比较良好的关系，是否出现名誉不佳的情况。

危机历史与关系历史就是情境危机沟通理论模型当中影响危机责任归因的

两个变量，也可以说是两个强化因素（陈经超等，2012）。如果机构或企业有危机历史，或者声誉不佳、与利益关系人关系较差，那么大众就会倾向于认为组织应当为危机的发生负担更多的责任，或是把危机的发生全部被归咎到组织的身上，这将严重影响到组织之后的形象修复。反之，组织没有发生过同类的事件，或与相关利益关系人维持了较好的关系，声誉良好，那么大众会更加倾向于认为该危机是偶然发生的，对组织的归因就会减少很多，组织名誉损伤的程度也就相应降低了，同时大众会在情感上更加认同组织后续针对危机做出的回应策略和形象修复策略。

SCCT 理论的第二个重点就是危机反应策略。当危机事件出现时，按照情境危机沟通理论的观点，组织要先对危机所处的情境进行分析，然后再针对不同的危机情境来选择适配的危机反应策略。处理危机的整个过程中，组织需要不断地控制事态的发展，还要与利益相关人进行沟通与协商，通过官方渠道来对外发布声明或通告等以表达组织当下的立场和态度。因此，组织采取何种最合适且有效的危机回应策略显得非常重要。使用危机反应策略所要达到的目的是尽可能减少危机对组织名誉的伤害和防止危机产生其他负面行为的倾向（Eife et al. ，2007）。而 Coombs 对危机回应策略的归纳也随着他对情境危机沟通理论研究的不断深入而不断发展和变化。

最初 Coombs（1995）将危机反应策略划分了五种类型，以及其中包含的诸多下级策略。1999 年，Coombs 又做了进一步归纳和整理，将所有的危机反应策略按照从“防卫”到“调节”的逻辑来划分了七项。Coombs 强调想要正确处理危机以保护组织名誉的关键是要选择恰当的危机反应策略。危机反应策略应该随危机情境而发生变化。2006 年，Coombs 等经过反复的研究后将情境危机沟通理论下的危机反应策略重新分为三大类，当中又各自包含更为具体的策略。

本章的研究即是采用这种危机回应策略的分类方法进行相关研究。

**表 8.2　危机回应策略分类**

| 三大危机反应策略 | 子策略 | 含义 |
|---|---|---|
| 否认策略 | 否认 | 否认危机存在 |
| | 攻击 | 与指控者对质，或起诉指控者 |
| | 替罪羊 | 将责任推到组织外部人员 |

续表

| 三大危机反应策略 | 子策略 | 含义 |
|---|---|---|
| 淡化策略 | 辩解 | 声称是组织无意行为或对危机源不可控 |
| | 正当化 | 表示危机带来的损失或伤害很小 |
| 重建策略 | 讨好 | 感谢利益相关者并提起组织曾经的良好行为 |
| | 关心 | 对危机受害者表示关心 |
| | 同情 | 对危机受害者表示同情并提供援助 |
| | 道歉 | 组织承认错误，承担所有责任并向利益相关者道歉以请求原谅 |

在完成了以上两大环节——危机情境判断和危机策略的分析之后，组织需要做的就是依照情境选择不同的危机策略，来帮助组织减少负面影响，降低被归因的程度，从而达到维护组织名誉的目的。基于 SCCT 理论的核心观点，Coombs（2010）把三大危机集群看作三种危机情境，提出与三大危机反应策略进行一个匹配，如表 8.3 所示。

**表 8.3　　危机回应策略与危机类型匹配**

| 危机响应策略 | 匹配的危机类型 | 搭配情境 |
|---|---|---|
| 否认策略 | 受害者危机 | 危机不存在；责任归因小 |
| 淡化策略 | 意外危机 | 危机由技术原因导致，非组织蓄意 |
| 重建策略 | 可预防危机 | 危机由人为错误导致；责任归因大 |

Coombs（2007）还就此对危机情境与危机反应策略进行了更为细致的匹配说明，他指出，在危机初始责任小、无危机历史而历史名誉好时，组织只需要提供事件的指示性信息即可；当组织处于危机初始危机责任较小但却有危机历史且历史名誉差的情况，而组织又属于受害者危机集群时，使用淡化策略较为合适；当有一定的危机归因但是并没有危机历史而且历史名誉良好时，组织若处于意外型危机集群也可以使用淡化策略应对；重建策略用于有一定危机归因并且组织有危机历史，历史名誉差的意外型危机集群的情境；重建策略也适用于有较强危机归因的情况，不论有无危机历史和历史名誉好坏；否认策略的使用要多加判断，可以运用于受害者危机当中的谣言和挑战一类的情境中；危机反应策略应与危机情境保持适配性，否则危机反应策略的效果会大打折扣。

危机事件在传播的过程中一定会或多或少地受到媒体报道的影响，媒体对危机的观点态度有时会直接影响到大众对组织在危机应对中的认知和评价，也会影响到组织进行危机后形象修复的程度和可能性。媒体为公众带去了对于危机的大部分描述，因而大众针对危机类型的认知和归类在很大程度上会受到媒体报道的影响，危机类型又是媒体对整个危机事件进行报道的大致方向，这就会在潜移默化中引导公众去思考危机的可控性和危机事件发生的源头（汪臻真，2010）。

为了能够更加客观地评价组织处理危机时所用策略是否合适、有效，2002 年吴宜蓁提出一个新的理论观点：通过媒体的报道来代表公众意见和态度，从媒体报道当中找到一个能够检验组织危机回应策略是否成功的衡量指标。这便是“媒体效能”理论的雏形，即在媒体报道中展现危机沟通的成效如何。按照每条媒体报道的相关内容来评估媒体对于组织在该危机事件应对中的评价主要是积极的还是消极的。吴宜蓁还指出了媒体对危机回应有效性评估的方式有三种：（1）把组织作为消息主要来源的程度；（2）媒体报导对于组织危机管理的正负面评价；（3）新闻工作者对危机管理组织的总体评估（吴宜蓁，2005）。

### 8.2.2　研究模型与研究假设

本章基于 Coombs 提出的 SCCT 理论的传播模型图来构建研究模型，对影响危机责任归因及高校声誉的 4 个因素进行假设研究。从中明确本章研究的四个自变量：危机类型、危机历史、危机反应策略、危机情境—反应策略的匹配情况，以及一个因变量：媒体效能（见图 8.2）。

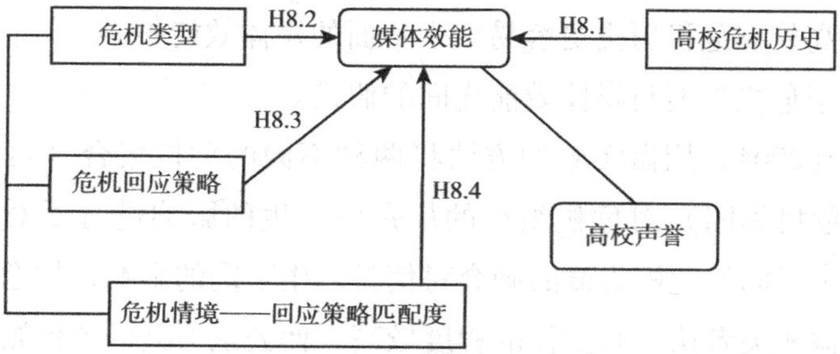


图 8.2　本章的研究模型

首先针对危机类型与媒体效能关系的探究，本章将一个属于受害者危机集群的高校网络舆情危机事件与一个属于故意型危机集群的高校网络舆情危机事件进行对比假设；对于危机历史与媒体效能关系的研究，则把有历史危机的高校舆情危机事件与无危机历史的高校舆情危机事件进行对比假设；而危机反应策略与媒体效能关系，危机情境—回应策略匹配度与媒体效能关系的研究，则综合三个高校危机案例中的所用策略与媒体效能之间展开分析。借此来分析各影响危机责任归因的变项是不是会显著地影响到高校的声誉及形象，其评估指标就是媒体效能。

本章要运用媒体效能的观点来检视组织在危机中影响责任归因的几个变量与媒体效能之间关系是否显著。媒体报道的正面和负面评价会作为本章研究当中高校声誉这一变量的测量指标，用以探讨在不同的危机情境之下使用不同的危机反应策略是否会对所产生媒体效能的不同有显著影响，进而分析它们对于高校声誉和被归因责任程度间的影响是否会产生差异，产生何种差异。即危机类型、危机历史以及危机类型与反应策略的匹配度与媒体效能之间究竟会产生什么样的关联。

基于前面所提到的情境危机沟通理论和媒体效能理论，在此提出本章的 4 个假设：

（1）关于危机历史与媒体效能之间的关系。

Coombs（2005）在 2004 年的研究中提出，危机历史与历史关系也许会在不受危机类型的影响之下，直接对组织声誉造成损害。此外，有学者在探究韩国游轮泄漏事件时指出，若民众接受了相关机构的负面关系史，则会认为其内部危机归因更高，而外在归因则会降低，因此不良的关系荣誉将会影响到公司的名誉（Jeong，2009）。根据以上相关研究，得出以下假设：

H8.1：高校有危机历史更容易产生负面的媒体效能。

（2）关于危机类型与媒体效能之间的假设。

Coombs（2004）用做实验的方法将两种不同的危机集合（可预防危机集团和受害者危机集团）对危机组织的信誉所产生的影响进行了对比。他的发现指出，处于不同的危机集群的确会对信誉产生不同的影响，故意型危机集群的企业被利益相关者认为有责任的程度较高，而公众对其的评价则相对较为负面；处于受害者危机集群的企业，其责任程度较小，公众对其印象也较好。基于此，提出假设：

H8.2：高校处于责任程度较高的可预防危机集群时，会得到更多负面的媒体效能；高校处于责任程度较低的受害者型危机集群时，会得到较少的负面媒体效能。

（3）关于危机回应策略与媒体效能之间的关系。

以往的研究表明，在不同的危机回应策略下，利益相关者对组织负责任的程度也会有不同的评价，重建策略被认为是最负责任的回应策略，使用该策略时相关利益者会认为该机构比较负责，其形象受损害程度降低；而否定策略是指组织完全否定这次危机，所以表现出不负责任的态度，进而机构声誉和形象受损伤的程度会较高（Coombs，2004）。基于此，本章为了讨论危机回应策略与媒体效能之间的关系提出假设：

H8.3：高校选择负责任程度较高的危机回应策略（重建）时会得到更多正面的媒体效能；高校选择负责任程度较低的危机回应策略（否认）时会得到更高的负面媒体效能。

（4）关于情境危机—危机回应策略匹配度与媒体效能之间的关系。

根据危机情境来选择相应的危机反应策略进行危机回应是众多学者所呼吁的，这样的匹配原则在理想状态下最能体现危机反应策略的效果。但这样的理想状态在现实生活当中却是很少存在的，在实践当中出现更多的可能是较为复杂和难以预测的情况，这种情况会在很大程度上给情境危机沟通理论在危机回应方面的应用带来一定的难度。基于此，针对这种情况把它代入真实的案例中去，以探究情境危机—危机回应策略匹配度与媒体效能之间有怎么样的关联，提出假设：

H8.4：高校选择与危机类型匹配的危机回应策略时会得到更多正面的媒体效能；高校选择与危机类型不匹配的危机回应策略时会得到更多负面的媒体效能。

## 8.3　基于 SCCT 与 MET 的高校网络舆情危机应对策略实证研究

### 8.3.1　案例选择

本章通过新华网近年来的中国教育舆情报告，选取了三例与高校相关且在网络上引发激烈讨论的相关案例。分别是“中国科学院大学硕士在海外社交媒体公开发表辱国言论事件”“吉林大学新宿舍疑似甲醛超标事件”以及“武汉理工大学大一男生坠亡事件”。以下对选取的三个案例情况进行简要概述并说明选取原因。

**案例一：中国科学院大学硕士在海外社交媒体公开发表不当言论事件**

2022 年 6 月 27 日下午，据一网民爆料，一名疑似为中国科学院大学的学生在 Twitter（某海外社交网络平台）发表了诸多有辱国家的言论，引起众网友们的愤怒。这位网友向中国科学院大学喊话：应该管管你们的学生了。与此同时，还贴出了该学生不当言论的相关截图。随后，这一事件迅速得到广泛关注，在网络上不断发酵，大众讨论空前激烈，各家媒体争相报道。

当天下午 15 时，中国科学院大学就立刻发布了一则紧急公告，称校方对此事件极其重视，已经即刻成立了调查小组着手进行深入调查，如果核实是国科大的学生将按校纪校规对其进行严肃处理，后续调查结果将会在第一时间公布。当天晚上 21 点 27 分，中国科学院大学发布了一则情况说明，证实了爆料中所述相关不当言论确实是该校 2019 级硕士季某某在海外期间发布。2020 年 7 月 19 日，中国科学院大学公布了对季某某事件的最终处理结果：予以开除学籍处分。

选取该案例的原因如下：首先，此事件在网络上引起了不小的讨论潮，造成了严重的影响，多家网络新闻媒体都持续展开对事件的追踪报道；其次，此事件判定为由于学生个人原因导致高校名誉受损害的危机，因此在较大程度上判定为“受害者型危机”。

**案例二：吉林大学新宿舍疑似甲醛超标事件**

2021 年 8 月 13 日，吉林大学研究生收到学院辅导员通知：8 月 17 日第一批同学要开始搬进新宿舍。8 月 16 日吉林大学宿舍楼竣工，但仍有工人在装修。8 月 17 日有部分学生反映新装修宿舍疑似甲醛超标，这一通知引起诸多学生不满。有学生称他们自行购买了仪器检测，结果显示室内甲醛含量超标。8 月 17 日从吉林大学校园服务热线得知，这个问题目前正在协调解决，但具体哪个部门在处理表示并不知情。吉林大学党委学生工作部综合科工作人员表示，这个事情属于公寓管理科负责，目前未得到公寓管理科的回复。当晚，吉林大学党委宣传部副部长回应称，检测机构 3 次抽检了 81 间宿舍，结果显示甲醛浓度均不超过有关规定的极限值。大部分学生对学校回应表示无法信服，8 月 18 日多名同学表示校方并未听取学生建议，搬迁仍在进行。在 8 月 19 日学生的诉求终于得到回应，吉林大学表示：暂缓搬迁计划。

该事件的起因是吉林大学坚持让学生搬进刚竣工不久、装修气味浓烈的新宿舍，这一行为极有可能对学生的身体健康造成伤害，因此引起很多学生不满，大家开始在社交媒体平台表达不满，舆论在网上不断发酵。也因为诸多媒体参与报道并对学校产生了一定社会压力，由此选取此事件更有利于分析其中的媒体效能。同时，此案例中高校的是有意为之，被判定为是“可预防危机”（即故意危机）。

### 案例三：武汉理工大学大一男生坠亡事件

2019 年 4 月 8 日，武汉理工大学教学区一名大一年级男生坠楼身亡，公安介入调查后排除刑事案件。与此同时，一张疑似坠楼学生遗书的截图在网络广泛流传，文中提到其辅导员江某，“每听你讲一次话，就给我一点死的理由”。事件马上在网络受到热议，引起各方讨论，媒体也迅速跟进了报道。4 月 9 日学校方发布通告称初步调查没有发现辅导员有言论过激和不当的情况出现，也未发现批评、辱骂的情况。但通报发出后，舆情发展没有得到较好的控制，众多网友均提起武汉理工学校在 2018 年 3 月也发生过同类型事件：研究生陶某某涉嫌受虐坠亡事件，这样一来网友们猜测不断，一时间波涛不平。

“武汉理工大学大一男生坠亡事件”在当时造成了非常大的影响，引起大众在各社交媒体平台的广泛讨论。由于高校有危机历史而很适合用以研究“危机历史”对媒体效能的影响。此案例的发生既不是完全可控，也不是完全不可控的，界限不那么清晰，属于“意外危机”。

### 8.3.2 样本收集

选取以上3个案例后在新浪微博收集每个案例的相关网络报道，为使所收集到的样本更具影响力、权威性以及可信度，仅筛选出在微博媒体势力榜中各类型媒体账号前20名行列中的媒体网站、报纸以及杂志所发布的新闻报道或时事评论。再剔除其中有重复的文本，最终每个事件选取报道文本各30篇，一共90篇报道文本，报道文本共约45300字，用以进行后续的内容分析。本章研究的90个文本来源如表8.4所示。

表8.4 样本来源分布

| 范围 | 文本来源 | 所在势力榜排名 | 文本数量 |
|---|---|---|---|
| 媒体网站 | 人民网 | 1 | 4 |
| | 环球网 | 2 | 5 |
| | 凤凰网 | 3 | 5 |
| | 中国新闻网 | 4 | 4 |
| | 大众网 | 11 | 3 |
| | 澎湃新闻 | 12 | 6 |
| | 看看新闻网 | 17 | 3 |
| | 观察者网 | 19 | 7 |
| 报纸 | 人民日报 | 1 | 5 |
| | 环球时报 | 2 | 7 |
| | 成都商报 | 3 | 3 |
| | 钱江晚报 | 4 | 2 |
| | 中国日报 | 6 | 3 |
| | 新京报 | 9 | 5 |
| | 中国青年报 | 15 | 3 |
| | 北京青年报 | 18 | 2 |
| 杂志 | 中国新闻周刊 | 1 | 6 |
| | Vista看天下 | 2 | 4 |
| | 凤凰周刊 | 5 | 3 |
| | 三联生活周刊 | 7 | 8 |
| | 半月谈 | 9 | 2 |

### 8.3.3　内容分析

Wimmer 和 Dominick 把内容分析法的操作分为若干个步骤，如下：

（1）形成研究问题或假设；

（2）界定研究对象；

（3）抽样；

（4）建构编码类目；

（5）确定分析单位；

（6）建立信度；

（7）分析资料内容并编码（Wimmer，1991）。

上述内容中本章已经完成了对前三个步骤的处理，下面是对研究类目的构建，构建的编码类目必须契合所研究的内容。针对理论基础和提出的研究假设，得到类目及其定义如下：

（1）报道编号：就是指该篇报道在所有样本篇数中的编号。为了方便之后将案例进行对比分析，案例一的报道文本编号从 1 至 30 号，案例二文本编号从 31 至 60 号，案例三从 61 至 90 号。

（2）危机历史：即高校以往发生类似危机的情况，这里特别指的是负面的危机历史。高校有危机历史编码为 1，高校无危机历史编码为 2。

（3）危机类型：依照 Coombs 把 13 种危机类型归为 3 种危机集群，本章就此把受害者危机编码为 1；意外危机编码为 2；可预防危机（即故意型危机）编码为 3。

（4）危机回应策略：即在危机过程中采取了何种回应策略。否认策略编码为 1；弱化策略编码为 2；重建策略编码为 3。

（5）媒体效能：媒体报道对于事件的态度。媒体报道若以正面的、积极的态度来评价高校在危机处理、回应中的做法则标记为“正面”，编码为 1；在报道中若体现出对于高校回应和处理的不满，或是对高校有责备批评则标记为“负面”，编码为 2；当报道中对高校危机回应的评价正面和负面都有，且比例适当合理则标记为“中立”，编码为 3。编码类目如表 8.5 所示。

表 8.5 编码类目

| 一级类目 | 二级类目 | 编码 |
|---|---|---|
| 危机历史 | 有危机历史 | 1 |
| | 无危机历史 | 2 |
| 危机类型 | 受害者危机 | 1 |
| | 意外危机 | 2 |
| | 可预防危机 | 3 |
| 危机回应策略 | 否认型策略 | 1 |
| | 淡化型策略 | 2 |
| | 重建型策略 | 3 |
| 危机情境—危机回应策略匹配情况 | 匹配 | 1 |
| | 不匹配 | 2 |
| 媒体效能 | 正面效能 | 1 |
| | 反面效能 | 2 |
| | 中立 | 3 |

开始编码前先明确本章的研究内容分析的单位界定为每一篇报道文本。

(1) 基于危机历史的编码。

本章已经明确了案例一中的中国科学院大学及案例二中的吉林大学无危机历史，故将案例一、案例二的高校在危机历史类目下均编码为2，而案例三中武汉理工大学明确有危机历史，故在危机历史这一类目下编为1。编码规则为“文本编号—危机历史”，编码结果如表8.6所示。

表 8.6 基于危机历史的内容编码结果

| 一级类目 | 二级类目 | 编码结果 | 合计 |
|---|---|---|---|
| 危机历史 | 有危机历史 | 61－1，62－1，63－1，64－1，65－1，66－1，67－1，68－1，69－1，70－1，71－1，72－1，73－1，74－1，75－1，76－1，77－1，78－1，79－1，80－1，81－1，82－1，83－1，84－1，85－1，86－1，87－1，88－1，89－1，90－1 | 30 |

续表

| 一级类目 | 二级类目 | 编码结果 | 合计 |
|---|---|---|---|
| 危机历史 | 无危机历史 | 1－1，2－1，3－1，4－1，5－1，6－1，7－1，8－1，9－1，10－1，11－1，12－1，13－1，14－1，15－1，16－1，17－1，18－1，19－1，20－1，21－1，22－1，23－1，24－1，25－1，26－1，27－1，28－1，29－1，30－1，31－1，32－1，33－1，34－1，35－1，36－1，37－1，38－1，39－1，40－1，41－1，42－1，43－1，44－1，45－1，46－1，47－1，48－1，49－1，50－1，51－1，52－1，53－1，54－1，55－1，56－1，57－1，58－1，59－1，60－1 | 60 |
| 合计 | | | 90 |

（2）基于危机类型的编码。

根据 SCCT 中对危机类型的区分，本章把案例一中的中国科学院大学归为受害者危机集群，编码为 1；案例二中的吉林大学归为可预防危机集群，编码为 3；案例三中的武汉理工大学归为意外危机集群，编码为 2。编码规则为“文本编号—危机类型”，编码结果如表 8.7 所示。

**表 8.7　　基于危机类型的内容编码结果**

| 一级类目 | 二级类目 | 编码结果 | 合计 |
|---|---|---|---|
| 受害者危机 | 危机类型 | 1－1，2－1，3－1，4－1，5－1，6－1，7－1，8－1，9－1，10－1，11－1，12－1，13－1，14－1，15－1，16－1，17－1，18－1，19－1，20－1，21－1，22－1，23－1，24－1，25－1，26－1，27－1，28－1，29－1，30－1 | 30 |
| | 意外危机 | 61－2，62－2，63－2，64－2，65－2，66－2，67－2，68－2，69－2，70－2，71－2，72－2，73－2，74－2，75－2，76－2，77－2，78－2，79－2，80－2，81－2，82－2，83－2，84－2，85－2，86－2，87－2，88－2，89－2，90－2 | 30 |
| | 可预防危机 | 31－3，32－3，33－3，34－3，35－3，36－3，37－3，38－3，39－3，40－3，41－3，42－3，43－3，44－3，45－3，46－3，47－3，48－3，49－3，50－3，51－3，52－3，53－3，54－3，55－3，56－3，57－3，58－3，59－3，60－3 | 30 |
| 合计 | | | 90 |

（3）基于危机回应策略的编码。

通过对收集到的90个报道文本的分析，对其中涉及高校危机回应策略的内容进行编码，按照SCCT中对三大策略的解释，把报道文本与危机回应策略进行对应，编码规则为“文本编号—回应策略”。例如，进行分析后，对第1条报道文本涉及危机回应策略的编码为1－1，如表8.8所示。

表8.8　基于危机回应策略的内容分析编码示例

| 文本编号 | 内容分析单元 | 编码证据 | 编码 |
|---|---|---|---|
| 1 | 季某某因个人原因，于2020年1月13日赴美国，又因疫情等原因未回国。季某某在今年3月至6月期间，在校外活动期间，曾在国外的社交网站上发表过许多关于辱国的言论 | 撇清高校与危机之间的关系，强调是季某某个人的过失，与组织无关，符合否认型策略 | 1－1 |
| …… | …… | …… | …… |
| 31 | 学校方给出了委托的具有检测资质的三家机构进行检测的报告单，表示室内空气质量检测都是合格的 | 否认甲醛超标，否认危机存在，符合否认型策略 | 31－1 |
| …… | …… | …… | …… |

按照上述方式完成对90个样本的编码，得到最终所有基于危机回应策略的编码结果，如表8.9所示。

表8.9　基于危机回应策略的内容编码结果

| 一级类目 | 二级类目 | 编码结果 | 合计 |
|---|---|---|---|
| 危机回应策略 | 否认型策略 | 1－1，2－1，3－1，4－1，5－1，6－1，7－1，8－1，9－1，10－1，11－1，12－1，13－1，14－1，31－1，32－1，33－1，34－1，35－1，36－1，37－1，38－1，39－1，40－1，41－1，42－1，43－1，44－1，45－1，46－1，90－1 | 31 |
| | 淡化型策略 | 16－2，17－2，18－2，47－2，48－2，49－2，50－2，51－2，52－2，53－2，54－2，55－2，56－2，61－2，62－2，63－2，64－2，65－2，66－2，67－2，68－2，69－2，70－2，71－2，72－2，73－2，74－2，75－2，76－2 | 30 |

续表

| 一级类目 | 二级类目 | 编码结果 | 合计 |
|---|---|---|---|
| 危机回应策略 | 重建型策略 | 19－3，20－3，21－3，22－3，23－3，24－3，25－3，26－3，27－3，28－3，29－3，30－3，57－3，58－3，59－3，60－3，7－3，78－3，79－3，80－3，81－3，82－3，83－3，84－3，85－3，86－3，87－3，88－3，89－3 | 29 |
| 合计 | | | 90 |

（4）危机情境—危机回应策略匹配情况的编码

按照前面提到的 SCCT 中针对危机情景与危机回应策略的匹配说明，对收集到的 90 个报道文本的内容进行分析后编码，编码规则为“文本编号—危机情境与危机回应策略匹配情况”。例如，进行分析后对第 12 条报道文本显示危机情境与危机回应策略匹配情况满足匹配要求，编码为 12－1；第 30 条显示不匹配，编码为 30－2，如表 8.10 所示。

**表 8.10　　基于危机回应策略的内容分析编码示例**

| 文本编号 | 内容分析单元 | 编码证据 | 编码 |
|---|---|---|---|
| …… | …… | …… | …… |
| 12 | 学校对此事高度重视，已经成立调查小组。如确系国科大学生发表的不当言论，学校将依据校规校纪做出严肃处理，后续结果将及时公布……经过校方初步调查，相关不当言论为该校 2019 级硕士季某某在国外发表……经校长办公会审议批准，我校给予季某某开除学籍处分 | 高校处于受害者危机集群，且无危机历史，关系历史佳，持续性提供指示性信息，满足匹配说明 | 12－1 |
| …… | …… | …… | …… |
| 30 | 学校官网公布：立刻暂停江某相关工作，调查后没有发现其在年级周会上言论过激和不当，也未批评该生，而且并未发现其有辱骂学生的行为 | 高校属于意外型危机集群，但有危机历史，关系历史较差，但使用了淡化策略中的辩解策略，属于危机情境与危机回应策略不匹配情况 | 30－2 |
| …… | …… | …… | …… |

按照上述方式完成对 90 个样本的编码，最终得到所有基于危机情境与危机回应策略匹配情况的编码结果，如表 8.11 所示。

表 8.11　　基于危机情境与回应策略匹配情况的内容编码结果

| 一级类目 | 二级类目 | 编码结果 | 合计 |
|---|---|---|---|
| 危机情境与危机回应策略的匹配情况 | 匹配 | 1－1，2－1，3－1，4－1，5－1，6－1，7－1，8－1，9－1，10－1，11－1，12－1，13－1，14－1，47－1，48－1，49－1，50－1，51－1，52－1，53－1，54－1，55－1，56－1，67－1，58－1，59－1，60－1，61－1，62－1，63－1，64－1，65－1，66－1，67－1，68－1，69－1，70－1，71－1，72－1，73－1，74－1，75－1，76－1 | 46 |
| | 不匹配 | 15－2，16－2，17－2，18－2，19－2，20－2，21－2，22－2，23－2，24－2，25－2，26－2，27－2，28－2，29－2，30－2，31－2，32－2，33－2，34－2，35－2，36－2，37－2，38－3，39－2，40－2，41－2，42－2，43－2，44－2，41－2，42－2，43－2，44－2，45－2，46－2，77－2，78－2，79－2，80－2，81－2，82－2，83－2，84－2，85－2，86－2，87－2，88－2，89－2，90－2 | 44 |
| 合计 | | | 90 |

（5）基于媒体效能的内容分析编码。

按照前面吴宜蓁所提出的媒体效能（MET）理论的相关概念和说明，对收集到的 90 个报道文本进行分析，对其中涉及媒体效能的内容进行编码，编码规则为“文本编号—媒体效能”。例如，对第 13 条报道文本涉及媒体效能的内容进行分析后编码为 13－1；对第 90 条文本进行分析后，编码为 90－2，如表 8.12 所示。

表 8.12　　基于危机回应策略的内容分析编码示例

| 文本编号 | 内容分析单元 | 编码证据 | 编码 |
|---|---|---|---|
| …… | …… | …… | …… |
| 13 | 给中国科学院大学点个赞，校方在季某某事件的处理上行动迅速，有始有终，开除学籍的方式以儆效尤，起到了处罚和震慑的双重作用 | 媒体对高校行为做出极大赞赏，符合正面媒体效能 | 13－1 |
| …… | …… | …… | …… |

续表

| 文本编号 | 内容分析单元 | 编码证据 | 编码 |
|---|---|---|---|
| 90 | 武汉理工大学在任某某之前，还有一位学生也曾跳楼身亡，引发热议，短短几年的时间，武汉理工的形象在大家的心里一落千丈，希望学校以后对学生多一些关注 | 媒体对高校态度较为消极，符合负面媒体效能 | 90 - 2 |

按照上述方式完成对 90 个样本的编码，最终得到所有基于媒体效能的报道文本内容分析编码结果，如表 8.13 所示。

**表 8.13　基于危机情境与回应策略匹配情况的内容分析编码结果**

| 一级类目 | 二级类目 | 编码结果 | 合计 |
|---|---|---|---|
| 媒体效能 | 正面 | 8 - 1，9 - 1，10 - 1，11 - 1，12 - 1，13 - 1，19 - 1，20 - 1，74 - 1，75 - 1，76 - 1，88 - 1，89 - 1 | 13 |
| | 负面 | 14 - 2，16 - 2，17 - 2，18 - 2，31 - 2，32 - 2，33 - 2，34 - 2，35 - 2，36 - 2，37 - 2，38 - 2，39 - 2，40 - 2，41 - 2，42 - 2，43 - 2，43 - 2，44 - 2，45 - 2，46 - 2，51 - 2，52 - 2，53 - 2，54 - 2，55 - 2，56 - 2，67 - 2，68 - 2，69 - 2，70 - 2，71 - 2，72 - 2，73 - 2，84 - 2，85 - 2，86 - 2，87 - 2，90 - 2 | 38 |
| | 中立 | 1 - 3，2 - 3，3 - 3，4 - 3，5 - 3，6 - 3，7 - 3，15 - 3，21 - 3，22 - 3，23 - 3，24 - 3，25 - 3，26 - 3，27 - 3，28 - 3，29 - 3，30 - 3，47 - 3，48 - 3，49 - 3，50 - 3，57 - 3，58 - 3，59 - 3，60 - 3，61 - 3，62 - 3，63 - 3，64 - 3，65 - 3，66 - 3，77 - 3，78 - 3，79 - 3，80 - 3，81 - 3，82 - 3，83 - 3 | 39 |
| 合计 | | | 90 |

## 8.3.4　信度检验

对于内容分析法的使用也要注意其信度的要求，它的可信度是指两个或者多个研究者对同一材料按照相同的分析维度和类目进行内容分析后，结果的一致性程度用来保证研究当中内容分析的结果具有可靠性及客观性。

对内容分析法进行信度检验的过程大致是：第一，培训其他的研究人员；

第二，由两个或多的研究者对同一材料按照相同维度展开独立分析；第三，使用专门的信度计算公式对研究员各自的分析结果进行系数计算；第四，根据计算结果继续修订分析维度或是进行重新编码；第五，重复编码过程，直至能够达到可接受信度（李海峰等，2018）。

为了保证本章的研究结果达到一定程度的准确与可靠，本章依照内容分析法信度检验要求，请另一名同专业研究生进行再次独立分析，对本章 90 篇网络报道的文本进行随机编码——将三个案例报道文本的排列顺序打乱后再进行编码。最终编码结束后，这位编码员有 83 篇文本编码与笔者相一致。根据 Holsti 的信度公式来计算两个编码员之间编码一致性的程度，即编码员信度。编码员信度 =2M/（N1 + N2），其中，M 是指另一编码员与笔者编码相一致的样本数量，N1 就是笔者单独进行编码的样本数量，N2 则是指另一位编码员单独分类编码的样本数，在本章中另一编码员实现全部重新编码，所以 N2 为 90。根据上述公式可计算出本章内容分析的编码信度为 92.22%，信度达到 90% 以上，可以进行后续研究。

## 8.4 假设检验与结果讨论

### 8.4.1 假设检验

（1）危机历史与媒体效能的关系。

本章提出 H8.1：有危机历史的高校更容易得到负面的媒体效能。即假设之前存在负面危机历史的高校，在媒体报道中会产生更多的负面评价；而没有危机历史的高校相比较之下会产生较少的负面评价。在研究中，把有过较为严重危机历史影响的“武汉理工大学大一男生坠亡事件”与没有过类似危机历史的“中国科学院大学硕士海外发表辱华言论事件”进行比较分析。“武汉理工大学大一男生坠亡事件”的 30 篇报道文本中，有 5 篇报道显示产生正面媒体效能，12 篇报道显示负面媒体效能，3 篇报道中立。而在“中国科学院大学硕士海外发表辱华言论事件”的 30 篇样本当中，8 篇报道显示具有正面的媒体效能；4 篇报道具有负面的媒体效能，18 篇媒体报道为中立，如表 8.14 所示。

表 8.14　　危机历史与媒体效能的频数分布统计

| 媒体效能 | 危机历史 | | 合计 |
|---|---|---|---|
| | 有 | 无 | |
| 正面 | 5 | 8 | 13 |
| 负面 | 12 | 4 | 16 |
| 中立 | 13 | 18 | 31 |
| 合计 | 30 | 30 | 60 |

利用 SPSS 软件对内容分析编码所得相关数据进行卡方检验。为了验证 H8.1，把代表有危机历史的“武汉理工大学事件”数据与代表无危机历史的“中国科学院大学事件”报道文本内容进行分析得到的相关数据统计后导入 SPSS 当中进行卡方分析，以观测危机历史与媒体效能之间是否呈现出显著相关性，若 P 值小于 0.05 或 0.01 则具有显著的统计学意义，可进一步探讨，具体可以选择对比，描述其中的具体差异所在。各项按照前面所述编码规则表示，正面媒体效能为 1，负面媒体效能为 2，中立为 3；有危机历史为 1，无危机历史为 2。得到分析结果如表 8.15 所示。

表 8.15　　危机历史与媒体效能的卡方分布

| 名称 | | 危机历史 报道数（占比） | | 总计 | $\chi^2$ | P |
|---|---|---|---|---|---|---|
| | | 1 | 2 | | | |
| 媒体效能 | 1 | 5（16.67%） | 8（26.67%） | 13（21.67%） | 5.499 | 0.064 |
| | 2 | 12（40.00%） | 4（13.33%） | 16（26.67%） | | |
| | 3 | 13（43.33%） | 18（60.00%） | 31（51.67%） | | |
| 总计 | | 30 | 30 | 60 | | |

* P < 0.05、** P < 0.01

最终卡方分析得到 P = 0.064，从表 8.15 可以看出，不同危机历史样本对于媒体效能没有表现出显著性（P > 0.05），分析结果不支持 H8.1，假设不成立。这意味着高校有无危机历史会对媒体报道做出怎么样的评价影响不大，并非有危机历史的高校会比无危机历史的高校更容易产生负面媒体效能。即危机历史对于媒体效能没有直接的关联，是否有危机历史对于高校的责任归因也并没有明显的影响作用。

（2）危机类型与媒体效能的关系。

关于探究危机类型对媒体效能的影响，本章提出 H8.2：高校处于责任程度较高的可预防危机集群时，会得到更多负面的媒体效能；高校处于责任程度较低的受害者型危机集群时，会得到较少的负面媒体效能。即假设高校处于可预防危机（故意危机）的危机集群时，媒体更倾向于进行负面报道，给该高校造成较高的危机责任归因；而高校处于受害者危机集群时，会得到媒体更多正面的评价，被归因责任较小。在本章的研究中，三个事件分别代表了三种危机类型，但由于假设仅仅针对受害者型危机与可预防型危机展开，故只把代表受害者危机的“中国科学院大学硕士海外社交媒体公开发表辱华言论事件”与代表故意危机集群的“吉林大学新宿舍疑似甲醛超标事件”进行比较分析。“中国科学院大学硕士海外社交媒体公开发表辱华言论事件”的 30 篇报道文本中，有 8 篇报道显示产生正面媒体效能，4 篇报道是负面媒体效能，18 篇报道中立。而在“吉林大学新宿舍疑似甲醛超标事件”的 30 篇样本当中，内容分析显示当中没有体现出正面媒体效能的报道，22 篇报道具有负面的媒体效能，8 篇媒体报道为中立，如表 8.16 所示。

**表 8.16　　危机类型与媒体效能的频数分布统计**

| 媒体效能 | 危机类型 | | 合计 |
|---|---|---|---|
| | 受害者危机 | 可预防危机 | |
| 正面 | 8 | 0 | 8 |
| 负面 | 4 | 22 | 26 |
| 中立 | 18 | 8 | 26 |
| 合计 | 30 | 30 | 60 |

进一步使用 SPSS 软件对内容分析编码所得相关数据进行卡方检验。为了验证 H8.2，把代表受害者危机的“中国科学院大学事件”与代表故意危机集群的“吉林大学事件”的相关编码数据导入 SPSS 当中进行卡方分析，以验证危机类型与媒体效能之间是否呈现出显著相关性，若 P 值小于 0.05 或 0.01 则具有显著的统计学意义，可进一步探讨，具体可以选择百分比进行对比，描述其中的具体差异所在。各项按照前面所述编码规则表示，正面媒体效能为 1，负面媒体效能为 2，中立为 3；受害者危机为 1，可预防危机为 2。分析结果如表 8.17 所示。

表 8.17　　危机类型与媒体效能的卡方分布

| 名称 | | 危机类型 报道数（占比） | | 总计 | $\chi^2$ | P |
|---|---|---|---|---|---|---|
| | | 1 | 3 | | | |
| 媒体效能 | 1 | 8（26.67%） | 0（0.00%） | 8（13.33%） | 24.308 | 0.000 |
| | 2 | 4（13.33%） | 22（73.33%） | 26（43.33%） | | |
| | 3 | 18（60.00%） | 8（26.67%） | 26（43.33%） | | |
| 总计 | | 30 | 30 | 60 | | |

* P<0.05、** P<0.01

从表 8.17 可知，利用卡方检验（交叉分析）去研究不同危机类型（这里仅针对受害者危机与可预防危机）对于媒体效能之间的差异关系，得到分析结果 P=0.000，也就是说，不同的危机类型样本对于媒体效能呈现出显著性关联（P<0.05），H8.2 成立。这意味着危机类型对媒体效能有显著影响，也就是对责任归因和高校声誉有影响。具体下面再结合括号内的百分比进行差异对比：危机类型对于媒体效能呈现出 0.01 水平显著性（P=0.000<0.01），通过百分比对比差异可知，在 30 个受害者危机样本中得到正面媒体效能的比例是 26.67%，明显高于可预防危机样本得到正面媒体效能的比例 0。而 30 个可预防危机样本中得到负面媒体效能的比例是 73.33%，远远高于受害者危机得到负面媒体效能的比例 13.33%。分析结果表明 H8.2 成立，也就是说，高校属于责任程度较高的可预防危机集群，更容易产生负面的媒体效能，危机责任归因程度也较高；若高校属于责任程度较低的受害者危机集群，会产生较少的负面媒体效能，危机归因小。

（3）危机回应策略与媒体效能。

关于危机回应策略与媒体效能方面的探究，本章提出 H8.3：高校选择负责任程度较高的响应策略（重建）时会获得更多正面媒体效能；高校选择负责任程度较低的响应策略（否认）时会获得更多负面媒体效能。即假设高校在危机回应中使用重建策略，媒体更倾向于进行正面的报道，对该校声誉的负面影响降低；而高校在危机中使用否认策略，则会得到媒体更多负面的评价，对该校声誉的破坏程度增加。在本章的研究中，按照情境危机沟通理论的三大危机回应策略进行研究，但由于假设仅仅针对否认型策略与重建型策略展开，故从内容分析编码结果中筛选出代表否认策略与重建策略的样本进行比较分析，在三个案例共90篇报道中，提及上述两种回应策略的共有60篇。其中，代表否认策略的31个样本中，有6篇报道显示产生正面媒体效能，18篇报道是负面媒体效能，7篇报道中立。而在代表重建型策略的29篇样本当中，9篇报道体现出正面媒体效能的报道，4篇报道具有负面的媒体效能，16篇媒体报道为中立，如表8.18所示。

**表8.18　　回应策略与媒体效能的频数分布统计**

| 媒体效能 | 回应策略 | | 合计 |
|---|---|---|---|
| | 否认型策略 | 重建型策略 | |
| 正面 | 6 | 9 | 15 |
| 负面 | 18 | 4 | 22 |
| 中立 | 7 | 16 | 23 |
| 合计 | 30 | 30 | 60 |

进一步使用SPSS软件对与假设相关编码数据进行卡方检验。为了验证H8.3，把代表否认型策略与代表重建型策略的样本数据导入SPSS中进行卡方分析，以检验回应策略与媒体效能之间是否呈现出显著相关性，若P值小于0.05或0.01则具有显著的统计学意义，可进一步探讨，具体可以选择对比，描述其中的具体差异所在。各项按照前面所述编码规则表示，正面媒体效能为1，负面媒体效能为2，中立为3；否认型回应策略为1，重建型回应策略为3。分析结果如表8.19所示。

**表8.19　　危机回应策略与媒体效能的卡方分布**

| 名称 | | 危机回应策略<br>报道数（占比） | | 总计 | $\chi^2$ | P |
|---|---|---|---|---|---|---|
| | | 1 | 3 | | | |
| 媒体效能 | 1 | 6（19.35%） | 9（31.03%） | 15（25.00%） | 12.979 | 0.002 |
| | 2 | 18（58.06%） | 4（13.79%） | 22（36.67%） | | |
| | 3 | 7（22.58%） | 16（55.17%） | 23（38.33%） | | |
| 总计 | | 31 | 29 | 60 | | |
| * P<0.05、** P<0.01 | | | | | | |

由表 8.19 可知，利用卡方检验（交叉分析）去研究不同危机回应策略（这里仅针对否认策略与重建策略）对于媒体效能之间的相关性，得到分析结果 $P=0.002$，也就是说，不同的危机回应策略样本对于媒体效能呈现出显著性关联（$P<0.05$），H8.3 成立。这表示高校所处危机类型集群对于媒体效能有显著影响，也就是对责任归因和高校声誉有影响。具体再结合括号内的百分比进行差异对比：危机回应策略对于媒体效能呈现出 0.01 水平显著性（$P=0.002<0.01$），通过百分比对比差异可知，在 29 个重建策略的样本中得到正面媒体效能的比例是 31.03%，明显高于否认策略样本得到正面媒体效能的比例 19.35%。而 31 个否认策略样本中得到负面媒体效能的比例是 58.06%，远远高于重建策略样本得到负面媒体效能的比例 13.79%。也就是说，高校使用负责任程度较高的危机回应策略（重建），会更容易产生正面的媒体效能，危机责任归因程度也相对较低；若高校使用负责任程度较低的危机回应策略（否认），就会产生较少的正面媒体效能，危机归因大。

（4）危机情境—危机回应策略系统与媒体效能。

H8.4：高校选择与危机情境匹配的危机回应策略时会更容易获得正面的媒体效能；高校选择与危机情境不匹配的危机回应策略时会更容易获得负面的媒体效能。即假设高校在危机回应中使用与危机发生的情境相匹配的策略，媒体就会更倾向于进行正面的报道，该校声誉的负面影响降低；而高校如果在危机回应中没有使用与危机情境相匹配的策略，则会得到更多媒体的负面评价，责任归因较大，声誉受损程度增加。首先要再次明确危机情境中包含危机历史、历史关系以及初始危机责任。

按照 Coombs 总结的危机情境—危机回应策略匹配说明，对 90 个报道文本进行“是否匹配”的重新编码，得到 46 个匹配样本和 44 个不匹配样本，判断指标如前所述：如果组织危机归因相对较小但有危机历史且历史名誉差，组织属于受害者危机集群时，采用淡化策略；当组织有一定程度的危机归因但是无危机史，历史关系良好时，采用淡化策略；当组织有一定程度的危机归因，而且有危机历史，历史关系比较差，处于意外型危机集群时，采用重建策略；若组织有很大程度的危机归因，不论组织危机有无危机历史和历史关系如何，均采用重建策略；谣言和挑战型危机可以采用否认策略，但要在可行的具体情境下。为了探究高校危机回应策略与危机情境是否匹配对于媒体效能影响的显著情况如何，故从内容分析编码结果中筛选出危机情境—回应策略相匹配的样本，使之与危机情境—回应策略不匹配的样本数据进行比较分析。在三个案例共 90 篇报道中，代表危机情境—回应策略相匹配的有 46 个样本，其中，有 11 篇报道显示产生正面媒体效能，14 篇报道体现出负面媒体效能，21 篇报道中立。而在代表危机情境—回应策略不匹配的 44 篇样本中，2 篇报道体现出正面媒体效能的报道，24 篇报道具有负面的媒体效能，18 篇媒体报道为中立，如表 8.20 所示。

**表 8.20　危机情境—回应策略匹配情况与媒体效能的频数分布统计**

| 媒体效能 | 危机情境—回应策略匹配情况 | | 合计 |
|---|---|---|---|
| | 匹配 | 不匹配 | |
| 正面 | 11 | 2 | 13 |
| 负面 | 14 | 24 | 38 |
| 中立 | 21 | 18 | 39 |
| 合计 | 46 | 44 | 90 |

为了验证 H8.4，本研究对前面内容分析编码结果进行二次加工，再对 90 个样本中危机情境—回应策略匹配的情况进行编码，统计得出结果后把代表危机情境—回应策略匹配与不匹配的数据导入 SPSS 当中进行卡方分析，以观测危机情境—回应策略匹配情况与媒体效能之间是否呈现出显著相关性，若 P 值小于 0.05 或 0.01 则具有显著的统计学意义，可进一步探讨，具体可以选择对比，描述其中的具体差异所在。各项按照前面所述编码规则表示，正面媒体效能为 1，负面媒体效能为 2，中立为 3；在此基础上增加一项编码规则：危机情境—回应策略匹配为 1，危机情境—回应策略不匹配为 2。分析结果如表 8.21 所示。

**表 8.21　危机情境—危机回应策略匹配情况与媒体效能的卡方分布**

| 名称 | | 危机情境与回应策略是否匹配<br>报道数（占比） | | 总计 | $\chi^2$ | P |
|---|---|---|---|---|---|---|
| | | 1 | 2 | | | |
| 媒体效能 | 1 | 11（23.91%） | 2（4.55%） | 13（14.44%） | 9.053 | 0.011* |
| | 2 | 14（30.43%） | 24（54.55%） | 38（42.22%） | | |
| | 3 | 21（45.65%） | 18（40.91%） | 39（43.33%） | | |
| 总计 | | 46 | 44 | 90 | | |

* $P<0.05$、** $P<0.01$

从表 8.21 可知，利用卡方检验（交叉分析）去研究危机情境—危机回应策略是否匹配的情况对于媒体效能之间的差异关系，得到分析结果 $P = 0.011$，也就是说，危机情境与所使用危机回应策略的匹配情况对于媒体效能呈现出显著性关联（$P < 0.05$），H8.4 成立。这意味着危机情境—回应策略是否匹配对媒体效能有显著影响，对责任归因和高校声誉有影响。以下再结合括号内的百分比进行差异对比：危机情境—回应策略是否匹配对媒体效能呈现出 0.01 水平显著性（$P = 0.000 < 0.01$），通过百分比对比差异可知，在 46 个危机情境—回应策略匹配的样本中得到正面媒体效能的比例是 23.91%，明显高不匹配样本得到正面媒体效能的比例 4.55%。而 44 个危机情境—回应策略不匹配的样本中得到负面媒体效能的比例是 54.55%，明显高于受害者危机得到负面媒体效能的比例 30.43%。

（5）小结。

根据以上分析结果得到本章研究假设被支持情况，如表 8.22 所示。

**表 8.22　　研究假设结果**

| | 研究假设 | 结果 |
|---|---|---|
| H8.1 | 有危机历史的高校更容易产生负面媒体效能 | 不支持 |
| H8.2 | 高校处于责任程度较高的可预防危机集群时，会得到更多负面的媒体效能；高校处于责任程度较低的受害者型危机集群时，会得到较少的负面媒体效能 | 支持 |
| H8.3 | 高校选择负责任程度较高的响应策略（重建）时会获得更多正面媒体效能；高校选择负责任程度较低的响应策略（否认）时会获得更多负面媒体效能 | 支持 |
| H8.4 | 高校选择与危机情境匹配的危机回应策略时会更容易获得正面的媒体效能；高校选择与危机情境不匹配的危机回应策略时会更容易获得负面的媒体效能。<br>选择负责任程度较低的响应策略（否认）时会获得更多负面媒体效能 | 支持 |

### 8.4.2　结果讨论

（1）危机历史与媒体效能。

在研究结果中表现出危机历史对于媒体效能没有直接的相关性，与 H8.1

不符，原因大概是多方面的。在主观上由于惯性思维的影响，我们可能会更倾向于认为历史危机必然会影响到媒体和大众对于危机事件的归因与评价，人们往往会对没有危机历史的高校更加宽容；而对于有过负面危机历史的高校，常常会有“某高校怎么又出现类似情况”的最直观感受，并可能先入为主地认为该高校必须承担一定的责任。但是本章研究的结果却表明事实上高校危机历史与媒体效能之间的相关性并非那么显著，笔者认为从某种程度上看用媒体报道的态度来完全代表民意的媒体效能理论是偏向于理想化、概念化的观点，因为媒体并不能等同于普通大众。由于媒体报道是既具有真实性、科学性，也具有一定程度的自主性（金强，2016），因此记者对事件的报道虽然是对一个客观事实进行主观反映后的信息，但新闻报道大多被要求处于一个中立的立场之上就事论事，这就使媒体报道通常都是冷静的、理性的，因而有无危机历史就不会过分影响到媒体态度的倾斜。

吴宜蓁曾经关于危机历史与媒体效能之间有过同类型的研究，她提出假设：组织过去有危机历史会获得负面声誉，组织过去没有危机历史则容易获得正面声誉，而她得到的研究结果是支持假设；首先，吴宜蓁的研究对象是来自台湾地区的几个电子商务网站公司，本章的研究对象则是聚焦高校，并且她所选的报道来源均是台湾地区的媒体，在报道风格和新闻写作习惯上与大陆均会有很大不同，所以对于媒体效能方面的研究由于研究对象、样本量及地区差异的影响而出现研究结论不一致的情况也并不鲜见。

同时，网络舆情危机的发生并不是一个瞬间，而是一整个过程，在危机事件发生的不同阶段媒体对事件的评价也很可能会有所不同，媒体一般情况下会更加关注事件的事实发展，也许对一个事件的报道在初期是负面评价，而随着事件的不断发展和高校对危机的处理，媒体态度也可能转为正面积极。因此，在研究当中没有考虑到危机过程也会对研究的结果造成一定的影响，危机历史对媒体效能的影响还值得从更多维度、更多角度进行细致研究。

（2）危机类型与媒体效能。

本章研究结果表示支持 H8.2，也就是验证了高校处于可预防型危机集群中时得到的负面效能远高于正面效能。可预防型危机也称为故意型危机，它表示危机的发生与组织的人为错误是脱离不了关系的，因此这类型的危机会很难得到大众的原谅。比如说本章中“JL 大学新宿舍疑似甲醛超标事件”，这本是一个完全可以预防或是避免的危机，如果当时 JL 大学方面能够切实关心和考虑到学生的身体健康和居住环境情况，合理安排学生搬进新宿舍的时间；甚至在危机发生后及时安抚学生情绪，尽快给出有效的解决措施，那么这个舆论风波大概率不会发生，即使发生也会很快得到有效控制。但我们不难看到，在这个危机事件发生的过程中，当 JL 大学已经被大众和利益相关者归为有严重过失的一方，并且大众倾向于把很大程度的责任都归因于学校，学校方却依旧执着于一味地否认过错，一味地反驳学生的质疑，这样一来直接严重刺激了众多学生，他们把不满和失望情绪排解到互联网上，网络舆情的危机就此扩大了，进而引起了社会上众多谴责的声音，也带来了媒体的负面评价，最终影响了高校的形象和声誉。

H8.2 的另一部分是高校处于受害者危机集群中时得到的正面效能远高于负面效能。如果高校处于受害者危机集群当中，会更加容易得到大众和媒体的谅解，因为在那样的危机事件里，大多数高校会被归入“受害者”的行列，而在大众普遍的认知当中受害者往往是无辜的、需要同情的，在这样的感情基调下，大众和媒体会很难对高校进行责任归因，高校的声誉也几乎不会受到任何影响。比如说在“ZKY 大学硕士海外社交媒体公开发表不当言论”这一事件中，由于学校学生在脱离学校管理期间的纯粹个人行为造成了对组织的极大负面影响，大众便会倾向于认为高校处于值得被认同的受害行列，媒体的报道中也只是对学生季某某进行了一定程度的谴责，极少有对高校本身的指责。当然，即使是属于受害者型危机，高校也需要做出一些合理且有效的危机应对行为以从根本上得到大众认可。ZKY 大学在第一时间调查了解事情真相后就迅速发布公告表明妥善处理的决心，随后季某某被开除学籍，整个处理过程不负众望。ZKY 大学虽然难免会受到危机事件带来的一些不良影响，但最终处理的结果在网络上得到大众与媒体的众多好评，那些负面影响会在一段时间内逐渐消失，高校声誉就此得到了保护，也在危机应对中收获了不少正面积极的媒体评价。

事实上故意型危机与受害者型危机由于造成危机发生的源头有所不同——一个是来自组织内部，另一个来自组织外部，因此不同类型的危机所带来的影响力、波及面也相差甚远，一般情况下故意型危机比受害者危机更加容易对社会造成严重影响。在此情况下，大众对高校的归因程度以及媒体对高校的直接主观评价就会有很大的差别。

（3）危机回应策略与媒体效能。

重建型策略是负责任程度最高的危机回应策略，其中包括道歉、讨好、关心、同情、遗憾和补偿等一系列子策略。事实上，本章研究在对高校网络舆情危机事件的相关报道进行分析的过程中发现重建策略在危机回应中的使用是比较常见的，并不仅仅是处于故意危机集群的组织才首选重建策略，大多高校在危机出现时会最先采用重建策略中的一些下属策略进行危机回应。当危机发生已然成为事实，公众并不会在第一时间去自行判断该事件属于哪种危机类型，高校究竟应不应当被归责。实际上，他们更直观地感受是来自第一时间组织的回应，组织的回应也影响着大众对组织的责任归因程度。从某种层面上来说，重建策略中的道歉、补偿、同情和关心的回应方式比起狡辩、攻击等逃避行为，必然会更有利于组织体现出其真诚负责的态度，首先以一个良好的姿态和开放包容的处事格局来接受危机的存在，承担应尽的责任，妥善处理危机的发生，这就会让利益相关人或是危机中的受害者在一定程度上感受到组织的担当，这种感受直接对组织在大众认知中的形象起到部分保护作用，也会增加媒体对组织的正面评价。例如，本章研究中的 WHLG 大学在进行危机处理时的部分做法，并没有在舆论危机发酵时急于撇开自己的关系，而是先认清自己内部的问题，承认不足，对大众和相关利益关系人表示歉意和关怀，这种基于人道主义的做法可能会让大众更易于接受。

而否认型策略是负责任程度最低的危机反应策略，其核心是直接否认危机的存在或者是否认危机的发生与组织有关系，其中包括攻击、否认和“替罪羊”三种具体的处理方式。在否认型策略当中，高校常把自己放在受害者的位置上，这样一来大众的第一感受却可能是该组织要逃避责任，因此对组织的责任归因可能反而更大，基于这种情境，媒体也不会有较多正面评价，不利于组织形象的保护。但是在一些特定的情形之下高校实施否认策略是有必要的，如谣言或受到外部挑战等原因，务必在适当时配合其他策略使用，才能真正让否定策略行之有效。

（4）危机情境—危机沟通理论匹配情况与媒体效能。

本章研究分析结果表明 H8.4 成立，也就是说，高校在危机沟通时使用与危机情境相匹配的危机回应策略，更容易产生正面的媒体效能，危机责任归因的程度更低；若高校使用与危机情境不相匹配的危机回应策略，会产生较多的负面媒体效能，危机归因程度可能加深。

在危机处理中，针对不同的危机情境选择适配的危机回应策略是非常必要的，大多情况下只有在适合的情境之下合理应用与之匹配的危机回应策略，才能得到更多的正面媒体效能和公众的认可，从而降低责任归因的程度，以缓解危机对组织声誉和形象造成的伤害。但事实上，危机情境—危机回应策略的匹配系统内核也并不是把危机类型与危机回应策略进行简单的一对一搭配，更多的是出于对危机历史、关系历史和荣誉以及组织危机初始责任的考虑，两者的匹配要关照到危机情境中的每个组成部分。组织处于不同危机类型集群、有不同的危机历史即关系历史时，相应地要去寻找和运用与之相匹配的不同沟通策略。

当高校属于受害者危机集群时，在某些情况下，及时的否认策略是必要的，在一定程度上强调组织处于“受害者”的局面，例如，ZKY 大学在学生季某某不当言论风波发生后，第一时间站出来表态，承认该生是本学校硕士的同时又坚决谴责他的个人行为，事实上已经把涉事人与高校主体进行了界限的划分，在后续过程中搭配了一些重建策略的使用，照顾大众情绪的同时非常利于修复组织在事件中形象的损伤。而组织属于意外危机集群时，选择淡化与重建的策略大多时候是稳妥的，淡化策略可能降低危机的影响力和发酵程度，强调危机没有大众所以为的那么严重，重建的回应策略让大众看到该高校对相关利益人的关心及对事件的重视。“WHLG 大学大一学生坠亡事件”中，学校最先采取了淡化策略中的辩解策略，结果却非但没有得到正面效果，反而又唤起了大众对该校危机历史的记忆，网络上讨伐的声音越发响亮；在后续的回应中，WHLG 大学才开始采用重建策略，表示会继续对事件跟进处理，对涉事相关教师进行停职调查，并对该生的离世表示惋惜，对其家属表示同情，至此才得到了一部分大众和媒体的理解。可见，淡化策略的使用还需要灵活搭配重建策略并行，因为辩解这一行为的确很难被人们所接受。而当组织已经处于被严重归因的故意型危机集群，第一时间使用重建型沟通策略才有可能减少大众的不满，本章研究中的“JL 大学新宿舍疑似甲醛超标事件”就是一个反面例子，JL 大学在网络舆论发酵的初期坚决采取否认和淡化的沟通策略，不但没有控制住舆情的发展，引起了更多学生和各界人士的指责，众多媒体报道中很大部分均是负面评价，显然大众并不接受学校的否认和辩解。事件不断拉扯了几日之后 JL 大学才采取重建策略，表示会对学生的健康负责，并会另外安排搬宿舍事务，风波才逐渐平息，但由于经历了较长时间的发酵，舆情危机的处理变得困难，当下学校的形象已经难以修复。如今，危机情境日益复杂，究竟怎么搭配沟通策略才合理有效还需要高校组织根据具体情况多做思考，而对于危机情境与危机回应策略的搭配规律也还值得后续更加深入的研究。

## 8.5 建议与展望

本章基于情境危机沟通理论和媒体效能理论，针对三个高校网络舆情事件的案例——“ZKY 大学硕士在海外社交媒体公开发表不当言论事件”“JL 大学新宿舍疑似甲醛超标事件”“WHLG 大学大一男生坠亡事件”进行了相关比较研究。分别探究了危机历史、危机类型、危机回应策略、危机情境—危机回应策略匹配情况几个影响责任归因的变项与媒体效能之间是否具有显著的关联性。结果显示，危机历史对于媒体效能没有直接的关联；危机类型对媒体效能有显著影响；高校所处危机类型集群对于媒体效能有显著影响；危机情境—回应策略匹配情况对媒体效能有显著影响。基于以上结论并结合高校当前实际情况提出以下关于高校网络舆情危机回应策略和危机管理方面的一些可行性建议。

### 8.5.1 研究建议

#### 8.5.1.1 回归危机沟通的本质

无论高校处于一个怎样的危机情境中，首先最重要的是——明确危机沟通的本质其实是与人沟通，一切脱离人的沟通都是无效的。高校在根本上不同于其他营利性组织，其肩负着培养人才的高尚使命和艰巨责任，因而大部分人对高校的情感是更为深厚而复杂的，更因为这样，高校组织在处理危机时更不应背离以人为本的中心观点。

那么危机回应其实要回应的是什么？其实在很大程度上是回应大众的情绪。特别是当前处在互联网时代的高速发展时期，人们更习惯于把个人情绪倾吐到网络上，危机一旦发生，就会迅速形成一个围绕该事件的网络舆论社群集合，公众在里面展开你来我往的情绪抒发，这就很容易在初始危机的基础上形成严重的舆情危机。因此高校针对网络负面舆情要想做出有效的危机回应，关键是在于关注大众的情绪，如果大众情绪得到有效疏导，舆情危机所产生的负面影响自然而然也会得到降低。本章研究的结果也与这一观点契合，重建策略更容易被大众所接受的原因就在于此，关心、道歉和补偿等方式都是对人情绪的直接回应。

要想与大众之间进行有效的危机沟通，还需要了解大众情绪中的不满因素大多来自哪里，他们此刻在这个危机事件当中更加关注的是什么，回应策略和补救措施就应当围绕这两个方面进行。如果大众更加关注事件的真相或是对事实结果存疑，高校应当在第一时间站出来给出所知真相，或是联合各方相关人员对未知情况展开深入调查，隐瞒和一味地否认并不会让事态平息，只会滋生越来越多的谣言和负面评价，在此种情况下高校会更加难以得到公众原谅；如果利益相关者的不满情绪来自切身利益没有得到关照，那么高校就要对利益相关者和危机受害者进行应有的关心和安抚，并且从实际上合理保障其个人权益，做好危机后的妥善收尾工作。如果高校真正做到了关心人的感情，切实维护人的权利，那么实现有效的危机沟通就已经向前迈进了一大步。

适当的时候以情绪回应情绪很重要，组织与公众之间关系的亲疏都是源于情感。大众是一个个鲜活的、有思想感情的人，高校组织也不是冰冷的机器，因此对于高校来说，有温度的回应可以在一定程度上平复大众心情，控制舆情危机的不断扩张，进而有可能弱化公众的负面情绪，减少媒体的负面评价。故建议高校在危机回应中增加对情感因素的分析，更有利于对后续回应策略做出更准确的选择；在危机回应中增加一些情感化的表达，及时起到安抚人心的作用。在高校危机的发生中，公众可能是遭遇身体健康的伤害、心灵的创伤以及个人财产的损失，组织除了要给予财务或医疗上的实质性补偿和援助之外，更加不应该忽视对公众心情的安抚，否则会引起相关利益者的极度不满，公众负面情绪爆发将使高校形象与名誉遭受重创因此政府不应该忽视在危机公关中情感的表露和使用（孙双双，2008）。

但要切记使用情感回应也不是没有限度的，要针对不同的公众情绪状况，有不同程度的把握，否则也可能反而加剧大众的反感和对立。

#### 8.5.1.2 结合危机情境—危机回应策略的匹配系统

情境危机沟通理论诞生发展至今，已经经历了世界各地许多丰富的实践检验，但它仍然不是组织进行危机回应的必胜法宝，也不一定适用于所有的危机事件，但把危机情境进行综合考虑后再搭配相应的回应策略的这一思想无疑是非常可贵的，同样值得高校组织借鉴到危机处理中去。

情境危机沟通理论指导组织在危机发生后准确判断对自身处于何种危机集群，是否有同类危机历史，并对自身的初始责任进行判定，最终确定匹配的危机回应策略。本章研究的结果表明，把危机回应策略的选择与危机情境进行匹配对高校组织降低舆情危机负面影响是行之有效的。但除了考虑危机情境以外，笔者认为危机回应策略的选择有时候还要随着不同的危机阶段而发生相应的变化，也就是在实际情况中高校要增加对于危机发展的过程和阶段的关注与监测，在危机的潜伏期、爆发期、恢复期和解决期高校所要做的危机管理工作不能够一概而论，应当是有一定差别的。高校在回应网络舆情危机时，除了与情境危机沟通理论中的危机情境—回应策略匹配原则相结合以外，还应该要对危机的每个阶段做到精准把控，不同的阶段做出不同的反应，这样才能让危机回应策略变得更有针对性和适用性。

本章研究中 H8.3 的验证结果同时也为高校网络舆情危机的回应提供了新的思路，重建策略相较于其他回应策略而言更有利于得到正面媒体效能，对维护组织形象有重要作用。因此，在分析危机情境后选择危机回应策略时，可以依照具体情况来决定是否考虑加入重建策略的使用。但必须充分明确高校所处的危机情境，在一些情况下有的策略之间不宜混用，否则会出现前后矛盾、沟通不一致的情况，这样一来反而不利于危机管理，巧用重建策略也许是转危为安的重要节点。

情境危机沟通理论发展到今天虽已然成熟了很多，各方面都有值得借鉴的可取之处，每一个层面都有可能给人们带来新的启发，但情境危机与回应策略相匹配的危机回应系统也不是危机回应策略最优解的终点，不可将它奉为圭臬，在瞬息万变的新时代，在危机状况越来越复杂的当前，高校只有对具体情况做出具体分析，从实际出发才能实现有效的危机沟通和危机管理。

#### 8.5.1.3　把握危机回应的关键时机

除了回应策略的选择外，在危机处理中把握好危机沟通的时机也格外重要，既不能操之过急又不可拖沓怠慢。如果只是一味地追求快速回应可能会造成危机形势掌握不清、危机情境分析有误或者民众态度了解不足的状况发生；而危机回应太慢则会让舆情危机的发酵难以遏制、大众情绪难以疏导以及错过危机回应的黄金时期。这就需要高校组织对舆情危机做出迅速反应的同时，还要准确又及时地掌握危机动向。

政府进行危机回应的时机，多采纳“黄金四小时”的原则，高校进行网络舆情危机应对时也可根据情境进行学习和借鉴。“黄金四小时”是当前新媒体蓬勃发展的大环境下人民网舆情监测室首次提出的概念，它所强调的是政府新闻及时发布的重要性，第一时间发布危机相关的信息，事实上 4 个小时包括摸清事实真相、协调各部门工作和撰写信息通告的时间，而“黄金四小时”的努力并不是只停留在这短短“4 小时”上，更多的是落在政府部门长期贯彻上（胡泳，2010）。高校对于危机事件的回应也可以尝试按照“黄金四小时”的原则进行，提高危机回应和危机管理的速度和质量，在弄清事实的基础上第一时间站出来发声，掌握话语权。

#### 8.5.1.4　树立新时代高校网络舆情危机管理理念

新时代的到来伴随着互联网和信息技术的飞速发展，各种各样的新媒体如雨后春笋般从中萌发出来，它们给高校网络舆情危机管理带来很多便捷的同时，也给高校处理舆情危机带来了更加艰巨的考验。如今，危机的情境早已经变得复杂多样，为了在新媒体环境下应对层出不穷的各类危机事件，高校组织首先要从管理理念上有一个新的转变和突破。

（1）以开放、平等的姿态进行危机管理。

在新媒体快速发展的今天，高校越来越不是一个与外界有着一层天然隔阂的“孤岛”，它有更为开放的环境和更加包容的氛围，而高校舆情危机的管理就自然需要脱离从前的封闭和专断。对于与危机相关的信息高校需要第一时间传递到公众面前，保证对公众开放，经得起公众质疑和检验，让大众从根本上了解危机的一切动态，这样可以降低谣言传播的风险，减少危机的扩散。同时，在危机管理的过程中要保持与外界的及时沟通，包容大众的情绪，了解利益相关者的诉求，在对待学生中的舆情危机时还需要以平等的姿态进行危机沟通，避免管理者的姿态压制学生意见，激起更多不满与对立。

（2）增强媒介沟通意识。

在高校舆情危机管理中，高校必须增强媒介意识和沟通意识，新时代要求高校舆情危机管理的相关人员应当学习和掌握各种新媒体的运营方法，进行多角度信息输出和交流。高校可以使用各种社交媒体平台发布危机相关的信息并了解公众的意见和态度，如充分利用官方微博、微信、抖音、B 站等平台发声，保障扩大信息传播的范围和广度。舆情发酵时，还能在各新媒体平台上引导校内校外舆论往积极正面的方向发展，疏导公众情绪。

（3）树立有担当、负责任的高校形象。

危机过后，高校形象和声誉的维护工作常常是极为困难的，但其中也有一些值得践行的奥义。第一，从始至终贯彻和落实“以人为本”的危机管理思想，把人放在最重要的位置，无论是高校大学生还是危机背后的任何利益关系人，都应当被高校组织纳入切实关注的行列，一切舆论皆出自人之口，只有照顾了人的情绪，才能防悠悠之口。第二，承担应尽责任，网络舆情危机发生时，高校应该果断在第一时间站出来，主动向公众回应危机，勇于掌握话语权。逃避责任只会对高校形象造成难以修复的损害，唯有认领并担起自己的那份责任，于情于理都能得到更多公众的认同。

（4）做好长期化、常态化应对舆情危机的心理准备。

对于高校而言，网络舆情危机总是层出不穷，将处于长期伴随的状态，高校组织要做好长期应对网络舆情危机的心理准备，舆情危机管理常态化是大势所趋。因此高校要从过去的危机历史中总结出宝贵的经验和教训，不断探究高校网络舆情危机的回应机制，才能够更加从容冷静地处理今后的危机事件。

#### 8.5.1.5 提高舆情监测水平，制定应急预案

在技术手段方面，高校要不断提高舆情监测的能力，这样才能在最短的时间内准确识别到与高校相关的负面信息并做出反应。舆情监测是一种全新的技术，它可以为高校提供定性和定量的舆情分析内容，以此判断舆情危机事件发

展的趋势和方向（王青等，2011），还能够在危机发生前采取一些相应的措施进行及时的干预甚至是规避。高校组织要想维护好高校形象和声誉，就必须时时刻刻把控与高校相关的舆情动向，最好能构建出一个比较完备的系统，能够把监测、追踪和化解危机更好地联系在一起并进行直线化处理。

然而，只把对舆情危机的管理依赖于技术手段是远远不够的，就算技术手段再先进，面对波诡云谲的危机情境和舆情趋势时也难免有转不过弯的时候，这个时候必然要发挥人的能动性。古人有云："居安思危，思则有备，有备无患"（杨伯峻，1981）。在高校处理的众多网络舆情危机中，事实上有很大一部分是可预防型危机，也就是说，在事前如果可以做好准备，很多危机就可能避免发生，这种时候高校制定应急预案的优势就会体现出来。应急预案即应急计划，它是指在应对可能出现的重大突发事件或灾难时，为了确保快速反应、有效地开展应急和救灾工作，以降低危机损失而事先准备的有关方案（刘功智，2004）。高校也可以结合情境危机沟通理论的核心要义，按照"情境—任务—能力"为模式来针对各类网络舆情危机事件编制具体的应急预案（刘铁民，2012），能够在危机出现时就能够在很大程度上避免慌乱和无序，保障高校组织在危急的情况下做出合理有效的危机响应，降低大众对高校的负面评价，最大限度地降低危机带来的伤害。

总之，高校想要妥善处理网络舆情危机，实现危机回应的效果最大化，是一件需要多方考量的事。从危机管理理念、社会责任明晰、时机把握、回应策略的选择到技术手段的使用，方方面面都应尽量做到最优，才能在应对网络舆情危机时处之泰然，退一步说也不至于起反作用，给高校声誉造成更大的损伤。

### 8.5.2　研究不足与展望

本章基于情境危机沟通理论和媒体效能理论，结合案例分析方法、内容分析法，通过选取案例和收集样本并进行内容分析编码，针对高校网络舆情危机的应对效果进行研究，最终将相关数据进行卡方检验后验证了 4 个假设，分析了基于 SCCT 与 MET 理论下高校网络舆情危机应对的相关结论，提出了上述建议。但要承认由于受研究能力以及研究条件等方面的制约，本章的研究仍存在很多不足之处和可提高的空间。

本章用媒体效能的观点来检视 SCCT 的几个变项对高校舆情危机回应效果的影响，事实上看来这个指标可能并不适用于每个变量的测量。在对危机历史进行探索时，没有考虑到由于媒体报道需要保持真实性、及时性，媒体就事论事的程度较高，媒体效能在客观上明显较少地受高校有无危机历史的影响。在测量危机历史对高校声誉的影响时，使用媒体效能的指标可能多少会有失偏颇。

由于针对的是高校网络舆情方面的研究，本章的报道样本均收集整理自网络社交媒体平台，以微博为主，而网络报道的重复性和雷同率比较高，于是需要剔除掉大部分重复多余报道，得到每个案例 30 篇，共 90 篇网络媒体报道样本，样本数量偏少，研究结果可能会不够准确。

研究方法层面略为单一，在后续的研究中可以尝试增加实验法来对高校网络舆情危机应对策略效果进行更为直观的探索，可以看作与内容分析法的一次对比实验，让受测者更直接地代表公众也许会得到一些新的结论。

上述的问题在今后的研究当中一定会得到充分重视和努力改善。期待学术界能够继续探索出一个更为客观的危机回应效果检视指标，对高校舆情危机回应策略进行多方研究，情境危机沟通理论在高校的运用还需要更多的实践检验，能够实现“取其精华”“为我所用”，为高校提供更多有效、可行的建议，甚至形成一个成熟的高校网络舆情危机回应机制，帮助高校做好网络舆情危机管理和应对工作。

## 本章主要参考文献


[1] 中国互联网络信息中心．第 49 次中国互联网络发展状况统计报告［EB/OL］. 2021 (12).

[2] 彭涵. 网络传播特点与利弊之我见［J］. 神州，2018 (34)：1.

[3] 曹银忠，许方圆. 高校网络舆情引导研究［J］. 毛泽东思想研究，2012 (6)：5.

[4] 伊甜园. 高校网络舆情预警机制研究［D］. 华中师范大学，2013.

[5] 蒋超. 论霍布斯《利维坦》中的国家学说［D］. 黑龙江大学，2014.

[6] 伊丽莎白·诺尔－诺依曼. 沉默的螺旋：舆论——我们的社会皮肤［M］. 北京：北京大学出版社，2013.

［7］ Lippmann W. Public opinion/by Walter Lippmann ［J］. Wilder Publications, 1922.

［8］ Lipschultz J H. Free Expression in the Age of the Internet: Social and Legal Boundaries ［J］. Westview Press, 1999.

［9］ Stauffer D, Meyer – Ortmanns H. Simulation of Consensus Model of Deffuant et al on a Barabasi – Albert Network ［J］. International Journal of Modern Physics C, 2004, 15 (2): 241 – 246.

［10］ O'Connor B. From Tweets to Polls: Linking Text Sentiment to Public Opinion Time Series ［C］. 2010.

［11］ 吕本富. 政府在危机事件中的重要职能——危机管理［J］. 紫光阁, 2005 (3): 50 – 53.

［12］ 梁雪婷. 以强生公司"泰诺中毒"事件为例研究企业危机公关策略［J］. 新闻研究导刊, 2020, 11 (17): 2.

［13］ Tamuz R B M. Coping With Crises: The Management of Disasters, Riots and Terrorism ［J］. Administrative Science Quarterly, 1991, 36 (3): 501 – 504.

［14］ 王柳梅. 自媒体时代高校网络舆情危机管理研究［J］. 兰州教育学院学报, 2016, 32 (5): 2.

［15］ Cutlip S M, Center A H. Effective public relations ［M］. PRENTICE HALL, 1998.

［16］ Dalton J C, Crosby P C. Digital Identity: How Social Media Are Influencing Student Learning and Development in College ［J］. Journal of College & Character, 2013, 14 (1): 1 – 4.

［17］ Aronson B, Murphy K M, Saultz A. Under Pressure in Atlanta: School Accountability and Special Education Practices During the Cheating Scandal ［J］. Teachers College Record, 2005, 118 (14).

［18］ Coombs W T. Protecting Organization Reputations During a Crisis: The Development and Application of Situational Crisis Communication Theory ［J］. Corporate Reputation Review, 2007, 10 (3): 163 – 176.

［19］ Kim S, Avery E J, Lariscy R W. Are crisis communicators practicing what we preach? An evaluation of crisis response strategy analyzed in public relations research from 1991 to 2009 ［J］. Public Relations Review, 2009, 35 (4): 446 – 448.

［20］ Roshan M, Warren M, Carry R. Understanding stakeholders' expectations of organisational crisis communication by social media, 2015.

［21］ 刘毅. 网络言论传播与民众舆情表达［J］. 电影评介, 2006 (14): 102 – 103.

［22］ 纪红, 马小洁. 论网络舆情的搜集、分析和引导［J］. 华中科技大学学报: 社会科学版, 2007, 21 (6): 4.

[23] 中共中央宣传部舆情信息局．舆情信息汇集分析机制研究［M］．北京：学习出版社，2006.

[24] 彭知辉．论群体性事件与网络舆情［J］．上海公安高等专科学校学报（公安理论与实践），2008，18（1）：46 -50.

[25] 李阳杰．改革开放 40 年我国师生交往研究的回顾与展望［J］．教师教育研究，2019（1）：6.

[26] Kim S，Avery E J，Lariscy R W. Are crisis communicators practicing what we preach? An evaluation of crisis response strategy analyzed in public relations research from 1991 to 2009［J］．Public Relations Review，2009，35（4）：446 -448.

[27] 刘行芳．新媒体概论［M］．北京：中国传媒大学出版社，2015（5）.

[28] 方硕瑾．新时期高校学生网络舆情与危机管理研究［J］，时代文学，2014（6）：183 -184.

[29] 唐亚阳，李亚斌．高校网络舆情研究的回顾与展望［J］．湖南师范大学社会科学学报，2013，42（2）：98 -104.

[30] 孙庆川，山石，兰田田．一个新的信息传播模型及其模拟［J］．图书情报工作，2010，54（6）：52 -56，79.

[31] 春林，杨柳，王涵之．高校网络群体性事件舆情演化规律初探——基于多项式拟合的定量分析［J］．现代情报，2016（5）：16 -20.

[32] 杨娟．论高校网络群体性事件的发生和应对策略——以高校 BBS 信息传播为例［J］．企业导报，2013（9）：209 -210.

[33] 许静，李亚平，方志耕．高校网络舆情危机演化 GERT 模型及其应对机制和策略［J］．数学的实践与认识 Mathematics in Practice and Theory，2015（5），75 -82.

[34] 吴宜蓁．危机传播：公共关系与语艺观点的理论实证［M］．苏州：苏州大学出版社，2005：7 -10.

[35] 汪菲．危机情境下的企业公共关系研究［J］．技术经济，2007（6）：123 -125.

[36] 马相彬．基于情境危机传播理论的城市危机传播应对策略［J］．西部学刊（新闻与传播），2016（8）：43 -45.

[37] Coombs W T. Choosing the Right Words：The Development of Guidelines for the Selection of the "Appropriate" Crisis - Response Strategies［J］．MANAGEMENT COMMUNICATION QUARTERLY，1995.

[38] 吴宜蓁．危机传播［M］．苏州：苏州大学出版社，2005：36 -38.

[39] Berelson B. The State of Communication Research［J］．The Public Opinion Quarterly，

1959，23（1）：1－6.

［40］Berelson B B. Content analysis in communication research［J］. american political science association，1952，46（3）：869.

［41］Weiner，Bernard. An Attributional Theory of Motivation and Emotion［M］. Springer US，1986.

［42］WT Coombs. Ongoing Crisis Communication：Planning，Managing and Responding［M］. 2010.

［43］杨晨．情境危机沟通理论下政府危机公关策略研究［D］．华东师范大学，2017.

［44］Coombs，Timothy W. The Protective Powers of Crisis Response Strategies：Managing Reputational Assets During a Crisis.［J］. Journal of Promotion Management，2006.

［45］Coombs W T. Choosing the Right Words：The Development of Guidelines for the Selection of the "Appropriate" Crisis－Response Strategies［J］. MANAGEMENT COMMUNICATION QUARTERLY，1995.

［46］Stinnett T A，Fuqua D R，Coombs W T. Construct Validity of the AAMR Adaptive Behavior Scale－School：2.［J］. School psychology review，1999，28（1）：31－43.

［47］陈经超，文珺洁．情境危机沟通理论（SCCT）视角下可口可乐"含氯门"事件的危机处理策略探析［C］//2012年企业社会责任与中国发展国际学术研讨会，2012.

［48］Eife T A，Coombs W T. Coping with People's Inflation Perceptions during a Currency Changeover［J］. Working Papers，2007.

［49］Coombs W T，Holladay S J. How publics react to crisis communication efforts：Comparing crisis response reactions across sub－arenas［J］. Journal of Communication Management，1995.

［50］Stinnett T A，Fuqua D R，Coombs W T. Construct Validity of the AAMR Adaptive Behavior Scale－School：2.［J］. School psychology review，1999，28（1）：31－43.

［51］Coombs W T，Holladay S J. Unpacking the Halo Effect：Reputation and Crisis Management［J］. Journal of Communication Management，2006，10（2）：123－137.

［52］Coombs W T. PR Strategy and Application：Managing Influence［M］. Wiley－Blackwell，2010.

［53］Eife T A，Coombs W T. Coping with People's Inflation Perceptions during a Currency Changeover［J］. Working Papers，2007.

［54］汪臻真．情境危机传播理论在公共领域的实证检验与修正——以水污染危机为例［D］．中国科学技术大学，2010.

［55］吴宜蓁．危机传播［M］．苏州：苏州大学出版社，2005.

[56] Coombs W T, Holladay S J. An Exploratory Study of Stakeholder Emotions: Affect and Crises [J]. Research on Emotion in Organizations, 2005, 1 (1): 263 - 280.

[57] Jeong S H. Public's Responses to an oil spill accident: A test of the attribution theory and situational crisis communication theory [J]. Public Relations Review, 2009, 35 (3): 307 - 309.

[58] Coombs, W. T. Impact of Past Crises on Current Crisis Communication: Insights From Situational Crisis Communication Theory [J]. Journal of Business Communication, 2004, 41 (3): 265 - 289.

[59] Coombs, Timothy W. The Protective Powers of Crisis Response Strategies: Managing. Reputational Assets During a Crisis. [J]. Journal of Promotion Management, 2006.

[60] Wimmer R, Dominick J. MASS MEDIA RESEARCH [M]. BOOKS/COLE PUBLISHING COMPANY, 1991.

[61] 李海峰，王炜. 在线学习内容分析法的基本研究范式 [J]. 开放教育研究，2018，24 (2)：9.

[62] 金强. 马克思主义新闻观 [J]. 新闻论坛，2016 (1)：4.

[63] 倪杨金子. 社交媒体时代我国危机传播过程中的社会情感因素分析 [J]. 新闻传播.

[64] 孙双双. 论公众在公共危机中的负面心理反应及调控 [J]. 科技信息 (科学教研)，2008 (23)：576 - 593.

[65] 胡泳. "黄金四小时" 法则 [J]. 商务周刊，2010 (20)：90 - 90.

[66] 田忻. 新媒体环境下高校危机公关管理的现状、问题及策略研究 [D]. 西北师范大学.

[67] 王青，成颖，巢乃鹏. 网络舆情监测及预警指标体系构建研究 [J]. 图书情报工作，2011，55 (8)：5.

[68] 杨伯峻. 春秋左传注 [J]. 中华书局，1981：8.

[69] 刘功智，刘铁民. 重大事故——应急预案编制指南 [J]. 劳动保护，2004 (4)：8.

[70] 刘铁民. 应急预案重大突发事件情景构建术——基于 "情景—任务—能力" 应急预案编制技术研究之一 [J]. 中国安全生产科学技术，2012，8 (4)：8.